PRACTICAL ANALYSIS OF

建设工程质量纠纷

实务解析

CONSTRUCTION PROJECT

QUALITY DISPUTES

周明刚　周瑞军　王诗高

成　敏　何艳萍　单　宾　李　婷——著

法律出版社 | LAW PRESS

北京

图书在版编目(CIP)数据

建设工程质量纠纷实务解析 / 周明刚等著. -- 北京:法律出版社, 2023
ISBN 978-7-5197-7883-5

Ⅰ. ①建… Ⅱ. ①周… Ⅲ. ①建筑工程-工程质量-经济纠纷-中国 Ⅳ. ①D922.297.5

中国国家版本馆 CIP 数据核字(2023)第 073026 号

建设工程质量纠纷实务解析
JIANSHE GONGCHENG ZHILIANG JIUFEN SHIWU JIEXI

周明刚 等 著

策划编辑 冯雨春 李沂蔚
责任编辑 李沂蔚
装帧设计 鲍龙卉

出版发行 法律出版社
编辑统筹 法律应用出版分社
责任校对 王 丰
责任印制 刘晓伟
经　　销 新华书店

开本 710 毫米×1000 毫米 1/16
印张 23.5 **字数** 384 千
版本 2023 年 7 月第 1 版
印次 2023 年 7 月第 1 次印刷
印刷 北京金康利印刷有限公司

地址:北京市丰台区莲花池西里 7 号(100073)
网址:www.lawpress.com.cn
投稿邮箱:info@lawpress.com.cn
举报盗版邮箱:jbwq@lawpress.com.cn

销售电话:010-83938349
客服电话:010-83938350
咨询电话:010-63939796

书号:ISBN 978-7-5197-7883-5
定价:98.00 元

序　言　一

《建设工程质量纠纷实务解析》一书是周明刚、周瑞军、王诗高、成敏、何艳萍、单宾、李婷等七位执业律师通力合作的成果。书稿经历了严格的编辑、审校，最终形成了务实、专业且能够指导实践的终版。

该书聚焦建设工程质量纠纷。众所周知，建设工程质量问题的复杂性源自于多个方面的因素。建设工程项目自勘察、设计至施工，投资大、周期长，各个环节及工序纷繁复杂，需要多方民事主体的共同合力，诸如业主、勘察方、设计方、施工方、监理方等，每个参与方都有自己的角色和责任。建设工程项目环环相扣，任何一环出现纰漏都会对整体工程的质量埋下隐患，这正是建设工程质量纠纷屡见不鲜的现实原因。加之，质量问题的存在往往涉及多个参与方之间的合作与配合，不同参与方之间的利益关系、责任划分和沟通协调，大大增加了问题的复杂性。

同时，确定责任归属必然需要对工程建设过程、建设工程本身进行探究与检测。然而，建设工程涉及的技术项目广泛，包括结构设计、材料选用、土建施工、设备安装等，每个环节都有其特定的工艺流程和技术要求，需要专业的知识和经验在背后做支撑。例如，在勘测、设计、施工环节，需要地质学、力学、材料学等多个专业的支持。技术问题的分析还涉及多学科的交叉与协同，即使是经验老到的资深法官（仲裁员），仅靠自身学识也很难分析透彻如此复杂的工程质量问题，故将存在争议的事项交由专业、高效且公正的第三方机构来鉴定，成为了法院（仲裁委）审理建筑工程案件的常见做法。通过鉴定机构出具的鉴定意见书，法官（仲裁员）能够厘清工程质量问题的根源，从而确定责任的归属。

以上建设工程质量问题成因的复杂性，相关程序的专业性，都体现在了一件件质量纠纷案件中。几位作者在深入探析建设工程案件重点法律关系的基础之上，针对问题提供切实的解决策略与方案，特别是设专章对勘测与设计质量纠纷、建设工程验收质量纠纷、建设工程质量鉴定等进行深入浅出的分析，是一本难得的实践层面的专业参考书。

相信本书的出版,不仅能为建工律师、建工企业法务人员提供直接的参考和借鉴,也能为有志于进入该领域从业的相关人士提供很好的指导,甚至对从事建工纠纷审理的法官(仲裁员)都会有所助益。

本书作者之一周明刚律师是北大法学院的校友,他在书稿付梓之际,请我阅稿作序。我浏览书稿后,感动于七位作者的认真与努力,由衷地希望他们把本书的出版作为法律事业再发展、再突破的新起点,携手并进,共同推动建设工程领域法律实务的发展与提高,继续为法治中国建设不断贡献法律专业人士的力量!

楼建波*

2023 年 6 月 30 日

---

* 北京大学法学院教授、博士生导师、北京大学房地产法研究中心中方主任。

序　言　二

我国有基建大国的美誉，建设工程是社会发展的重要基石，其质量关系到广大人民群众的人身安危和财产安全，向来备受国家重视。不过，力求建设工程高质量，并不能达到无讼的理想后果。在实践中，建设工程质量纠纷为数不少。之所以如此，根本原因在于建设工程的参与方多，涉及的技术范围广泛、技术环节庞杂，在这样的客观限制下，有一方参与主体未同步或有一个技术细节出问题，就很容易产生梗阻现象，结果导致质量问题。

有问题就要解决，并且要依法解决。围绕建设工程质量，我国目前有较系统的法律规制，《建筑法》《建设工程质量管理条例》等，民法领域有《民法典》专章规定的建设工程合同及其配套的司法解释等，它们为解决建设工程质量纠纷提供了强有力的法律支持。不过，由于建设工程高度专业化，不熟稔其行业运作，即便对前述法律条文烂熟于心，也未必能准确理解并恰当运用，未必能为纠纷化解提供妥当方案。同样地，虽然精通建筑行业知识，但对建设工程质量法律制度的理解并不精到，在解决问题时也未必能挠到痒处。可以说，要想妥当地化解建设工程质量纠纷，必须两手抓，一手抓法律知识，一手抓行业知识，两手都要硬。这说起来容易，做起来很难，要有实践机遇，能遇到这样的纠纷，能让自己置身于解决纠纷之中；仅此还不行，还要有心上心，要有学习力，要有行动力，要肯花时间思考和写作。

"世上无难事，只要肯登攀。"面对如何妥当解决建设工程质量纠纷的这一难题，周明刚、周瑞军、王诗高、成敏、何艳萍、单宾、李婷等律师组成的团队给出了一份出色的方案，这就是《建设工程质量纠纷实务解析》一书。在通读这部书稿后，我认为它有以下几个突出特点：

第一，该书是专业的。书的写作团队在建工领域有着处理纠纷的丰富实战经验，在办案过程不断思考和总结，因而在法律知识上是专业的，在行业知识是专业的，在法律知识和行业知识的融合方面也是专业的，这些专业知识在书中得到了淋漓尽致的表现。

第二,该书是聚焦的。书名以建设工程质量为主题词,内容也紧扣这个主题词展开了多角度、多层面的专业分析,努力展示了法律与行业、规范与实践的契合之处,内容实在,干货很多。

第三,该书是实践的。书的内容源于写作团队对解决建设工程质量纠纷实践的参与及关注,反映了实务痛点及其解决思路和方案,其中有关建设工程司法鉴定、质量保证金的返还、保修期内的建设工程维修维护、未竣工建设工程的质量等论述,对法律界同行、建筑业从业者等实务界人士都有参考和借鉴意义。

第四,该书是读者友好型的。书很专业,同时用了不少学理来支持论述,但并不艰涩难懂,因其在必要之处有图、有数据、有案例、有条文,在阐述各类纠纷实务问题时还有必要的基础知识铺垫,这些都增强了书的可读性,便于读者理解。这一特点表明,该书对业主、建筑企业等企业的风险防范是有意义的。企业会面临着各种建设工程风险,质量纠纷是其中最常见也最突出的问题之一,若能掌握好质量保证金、保修期等制度构造、常见问题及其防范措施等必要知识,就能够更好地管理和控制风险,降低质量纠纷的发生概率,维护企业的合法利益。

看着或远或近的一栋栋建筑工程,我觉得它们不仅是钢筋水泥的混合物,不仅是多方主体共同塑造的财富载体,更是蕴含着复杂法律规制的信息综合体。面对这样的信息综合体,我衷心希望《建设工程质量纠纷实务解析》能成为合适的解码途径,业界能借此有效化解质量纠纷和控制质量风险。

该书作者之一单宾律师曾任法官,专注于建设工程纠纷争议解决领域,实务经验丰富,其他几位作者也大致如此。我衷心希望他们继续秉持专业第一、客户至上的原则,精益求精,不断提升自身的专业水平和服务品质,在建设工程纠纷争议解决领域取得更大成绩。

常鹏翱*

2023 年 6 月 25 日

---

* 北京大学法学院教授,博士生导师。

Contents | 目 录

第一章
工程质量纠纷概要

第一节　工程质量纠纷大数据

为了更加全面、准确地了解建设工程质量纠纷案件的涉案信息，更好地掌握原告、被告在案件中的诉求、抗辩、反诉等情况，更好地领会受案法院的裁判要旨，对建设工程质量纠纷公开的裁决文书进行检索、梳理乃至归纳相关共性的内容以供各方参考颇有实际意义。需要说明的是，建设工程质量纠纷采取仲裁方式解决争议的无法获得公开数据，故本节的统计仅限于采取诉讼方式解决争议。

我们使用威科先行法律信息库进行案例检索，案由选择“建设工程勘察合同纠纷、建设工程设计合同纠纷、建设工程施工合同纠纷”，时间选择“2019 年 1 月 1 日至 2022 年 6 月 30 日”（后统称为“近三年”），文书类型选择“判决书”，审判程序选择“一审”“二审”“再审”，案件类型选择“民事”。在此基础上，在案情部分检索关键词“质量”，检索到法律文书 114,950 篇；在裁判理由及依据部分检索关键词“质量”，检索到法律文书 54,873 篇。[①] 通过对两种条件下检索出的案例进行抽样分析，我们发现前者的检索结果中仍包含非“建设工程合同质量纠纷”的法律文书，后者在判决主文法院观点部分进行检索，其检索结果与本书的研究内容具有更高相关性，故本节对“建设工程合同质量纠纷”案件的大数据统计以后者检索到的信息为准进行分析。

---

① 数据为 2022 年 9 月 22 日的检索结果，不包含于该日之后上传至威科法律信息网的案件数据。

一、近三年建设工程质量纠纷审理法院层级分布

从图 1－1 可知，基层人民法院发布的裁判文书数量多达 33，932 篇，占比 61.84%；中级人民法院发布的裁判文书数量次之，共 18，829 篇，占比 34.31%；高级人民法院发布裁判文书 1850 篇，占比 3.37%；最高人民法院发布裁判文书 199 篇，占比 0.36%；专门法院发布裁判文书 63 篇，占比 0.11%，专门法院主要包括各地海事法院和铁路运输法院，审理的案件为与海事、铁路运输专业性相关的建设工程质量纠纷（下同）。

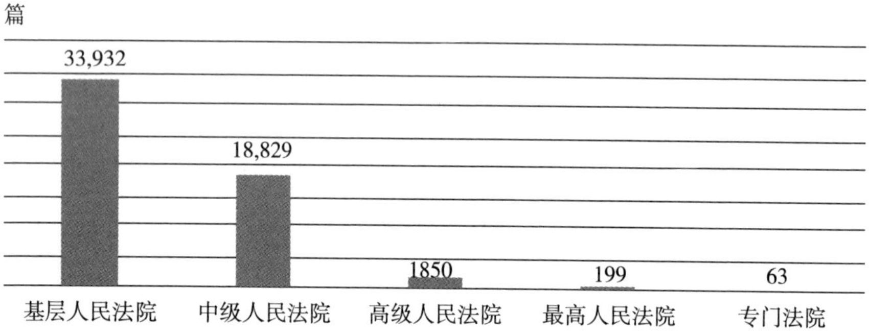

图 1－1　建设工程质量纠纷审理法院层级分布

综上分析，基层人民法院和中级人民法院发布的裁判文书比例合计高达 96.15%，两级法院承担了绝大部分建设工程质量纠纷案件的审理工作。

《最高人民法院关于调整中级人民法院管辖第一审民事案件标准的通知》（法发〔2021〕27 号）规定：自 2021 年 10 月 1 日起，当事人住所地均在或者均不在受理法院所处省级行政辖区的，中级人民法院管辖诉讼标的额 5 亿元以上的第一审民事案件。

为了比较该管辖调整对基层人民法院受理案件的影响，我们将上述检索条件中的时间范围、审理级别进行修改，2019 年 1 月 1 日至 2021 年 9 月 30 日范围内，建设工程质量纠纷 93.37% 的一审案件由基层人民法院审理；2021 年 10 月 1 日至 2022 年 6 月 30 日范围内，建设工程质量纠纷 97.70% 的一审案件由基层人民法院审理，相较于最高人民法院《关于调整中级人民法院管辖第一审民事案件标准的通知》发布前有一定幅度的提高。

二、近三年建设工程质量纠纷诉求集中度

在检索结果(指使用本节所述的检索方式检索出的54,873篇建设工程质量纠纷法律文书,本节以下称“检索结果”)中继续检索关键字“解除”,检索范围限定在裁判理由及依据部分,共检索到5590个案件,即在近三年建设工程质量纠纷案件中约有10.19%的案件,至少有一方的诉讼请求涉及解除合同。

在检索结果的检索条件中去掉“质量”的关键字,改为在裁判结果部分检索关键字“解除”,同句包含关键字“合同”或“协议”,并在检索结果中全文检索关键字“质量”,共检索到2880个案件,即在近三年建设工程质量纠纷案件中约有5.25%的案件,最终法院裁判确认合同解除。

在检索结果的检索条件中去掉“质量”的关键字,改为在裁判结果部分检索关键字“无效”,同句包含关键字“合同”或“协议”,并在检索结果中全文检索关键字“质量”,[①]共检索到1486个案件,即在近三年建设工程质量纠纷案件中,最终被法院确认合同无效的案件占比约为2.71%。

我们对检索结果中由最高人民法院审理的共计199个建设工程质量纠纷案件的诉求集中度(包含本诉与反诉[②])进行了统计与分析,诉讼请求[③]按由多到少排序,列前16位的如下。

(1)请求给付/不给付工程进度款及利息,或确认金额计算有误,共计185件;

(2)请求赔偿/不赔偿损失(包括停工/预期利益/税费/业主赔偿等),共计134件;

(3)请求承担/不承担违约责任,或支付/不支付违约金(因质量/工期等违约情形),共计99件;

(4)请求就工程价款/拍卖款/变卖款/折价款享有优先受偿权,共计88件;

(5)请求解除/继续履行合同,共计52件;

---

① 我们尝试检索建设工程质量纠纷案件中法院认定合同无效的案件数量,但受制于检索条件,采用在裁判理由及依据部分检索关键字“无效”或“合同无效”等相关内容后,我们对检索结果中的部分文书进行研读后发现,检索结果与我们的日常认知有一定差异,故此处我们选择更换检索方式。

② 反诉请求内容与本诉请求内容为同一类且对立或数额不同的,与本诉请求共记1件,否则单独记1件。

③ 仅统计主要诉讼请求,不包括请求由一方承担诉讼费、保全费、律师费、差旅费、鉴定费、实现债权的费用等;不包括请求一方开具增值税普通/专业发票等诉讼请求。

(6)请求支付/返还履约保证金及利息,共计 47 件;

(7)请求判令承担连带/补充法律责任,共计 42 件;

(8)请求给付/不给付因迟延支付造成的损失,共计 41 件;

(9)请求承担/不承担质量修复费用,共计 35 件;

(10)请求承担/不承担工程额外费用(包括设备租赁/设备运行/办公家具等费用),共计 34 件;

(11)请求配合竣工验收/移交施工现场/移交已完成工程的工程资料,共计 33 件;

(12)请求确认合同有效/无效,共计 31 件;

(13)请求判令对质量问题进行修复/重新施工,共计 26 件;

(14)请求依法启动/重新/补充鉴定,共计 22 件;①

(15)请求支付垫付费用(包括工人工资/罚款/设备维修款/监理费用/另行发包工程造价等费用),共计 20 件;

(16)请求确认工程造价认定有误,调整合同价格等,共计 13 件。

除上述主要类别的诉讼请求外,还包括因具有个案特殊性,案件数不足 2 件的诉讼请求,如请求立即撤离涉案施工现场部分设备及留守人员;请求撤销原审法院对合同变更的判决等,因不具有统计价值,未做大数据分析。

建设工程质量纠纷案件的诉求通常包括多项,我们建议在代理此类案件时充分全面了解案件的具体情况,参考同类案件的诉求,向当事人及时释明可以向对方主张的权利和主张权利的方式,尽最大努力协助当事人实现合法权益。

三、近三年建设工程质量纠纷审理(结)法院级别

(一)近三年建设工程质量纠纷审理法院级别

图 1-2 为近三年建设工程质量纠纷案件审理法院级别分布图。其中,建设工程质量纠纷案件的审理级别一审案件,共 36,010 件,占比 65.62%;二审案件 18,207 件,占比 33.18%;再审案件 656 件,占比 1.20%。

---

① 仅包括在诉讼请求中提出的与鉴定有关的请求,与在庭审中提出鉴定申请和已经进行过司法鉴定的案件无必然关联关系。建设工程质量纠纷案件司法鉴定情况详见本节后续内容"九、近三年建设工程质量纠纷司法鉴定情况"。

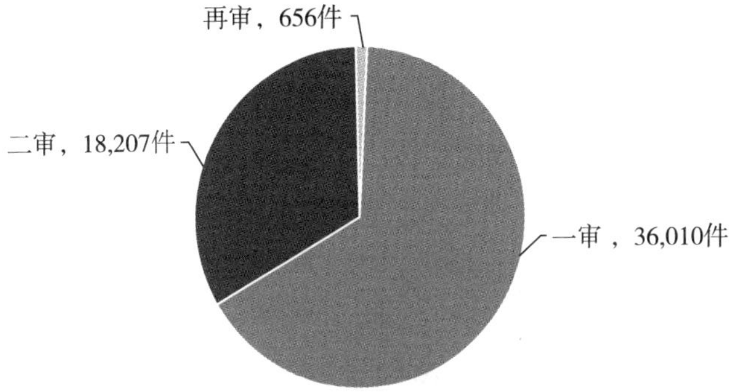

图 1－2　建设工程质量纠纷审理法院级别分布

保持其他检索条件不变，文书类型改为“裁定书”，审判程序改为“二审”，审理结果改为“发回重审”，共统计出 784 个案件；审判程序改为“再审”，审理结果改为“发回重审”，共统计出 70 个案件，即近三年建设工程质量纠纷共有 70 个案件经再审法院裁定发回重审。为了区别再审案件裁定发回重审的法院级别，我们对这 70 个案件进行统计，发回一审基层人民法院的案件共计 58 个，发回一审中级人民法院的案件共计 12 个。

保持其他检索条件不变，文书类型改为“判决书”“裁定书”，审判程序改为“二审”，共检索到 19，369 个案件。在此结果中检索关键字“被上诉人（原审被告）”，[①]共检索到 6096 个案件；检索关键字“被上诉人（原审原告）”，共检索到 10，752 个案件；两项之和共计 16，848 个，即在近三年建设工程质量纠纷提起上诉的案件中，原告提起上诉的案件共有 6096 件，占比为 31.47%；被告提起上诉的案件共有 10，752 件，占比为 55.51%；原告、被告均提起上诉的案件共有 2521 件，占比为 13.02%。

（二）近三年建设工程质量纠纷审结法院情况

根据近三年建设工程质量纠纷审理法院情况的大数据统计，一审法院审理的案件共计 36，010 件，二审法院审理的案件共计 18，207 件，再审法院审理的案件共计 656 件。在再审案件中检索关键字“二审法院”，共检索到 380 件案件，即约有 380 件案件经二审程序后又提起了再审程序，约有 276 个案件未经过二

---

① 此处采用“被上诉人（原审被告）”为关键字而非“被上诉人（原审被告）”检索，可以同时检索到文书中包含“被上诉人（原审被告）”和“被上诉人（原审被告，反诉原告）”的案件且无重复。以下同理。

审法院,在一审法院审结后提起了再审程序。[①] 通过统计得出,约有 17,527 件案件在一审阶段审结,且未提起上诉和再审,占比为 48.67%;[②]约有 17,827 件案件经一审、二审后审结,且未提起过再审,占比为 49.51%;[③]约有 276 件案件经一审、再审后审结;约有 380 件案件经一审、二审、再审后审结,共 656 件案件经再审后审结,占比为 1.82%。[④] 如图 1-3 所示。

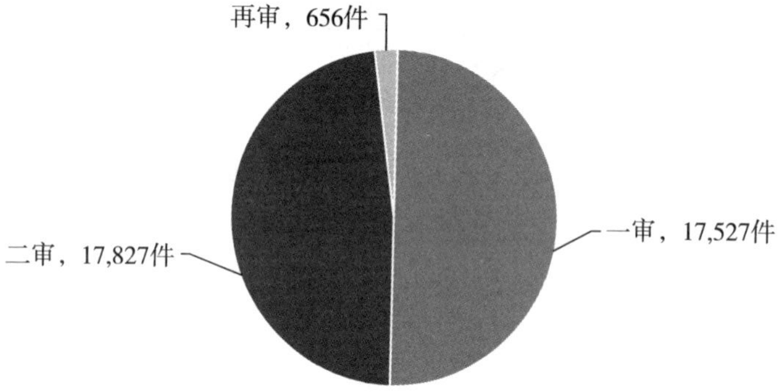

图 1-3　建设工程质量纠纷审结法院的级别分布

为了统计出不含发回重审案件的数据,我们将近三年建设工程质量纠纷各个审理级别的案件数量分别减去对应级别的发回重审的案件数量,计算得出不含发回重审的案件数量共计 54,023 个,其中一审案件共计 35,160 个,占比 65.08%;二审案件数量不变,共计 18,207 个,占比 33.70%;再审案件数量不变,共计 656 个,占比 1.21%。

在近三年的建设工程质量纠纷案件中,约有 54.02%[⑤]的案件(不含发回重审)进入二审程序,约有 2.06%[⑥]的案件(不含发回重审)进入再审程序并审理终结。

我们对不同审理级别的审结案件审理法院层级进行了统计,其中建设工程

---

① 受检索条件限制,未对经再审后再次提起再审的案件进行统计。

② (一审法院审理案件数 - 二审法院审理案件数 - 一审法院审结后提起再审案件数) ÷ 一审法院审理案件数。

③ (二审法院审理案件数 - 二审法院审结后提起再审案件数) ÷ 一审法院审理案件数。

④ 再审法院审结案件数 ÷ 一审法院审理案件数。

⑤ (二审法院审结案件数 + 二审法院发回重审案件数) ÷ (一审法院审结案件数 - 发回一审法院重审案件数)。

⑥ (再审法院审结案件数 + 再审法院发回重审案件数) ÷ (一审法院审结案件数 - 发回一审法院重审案件数)。

质量纠纷一审审结案件的法院层级分布如图 1－4 所示，基层人民法院承担了主要的一审案件审理工作，审结建设工程质量纠纷案件共计 33，089 件，在一审案件中占比为 94.14％；中级人民法院审结共计 1859 件，在一审案件中占比为 5.28％；高级人民法院审结共计 149 件，在一审案件中占比为 0.42％；专门法院审结共计 53 件，在一审案件中占比为 0.15％。

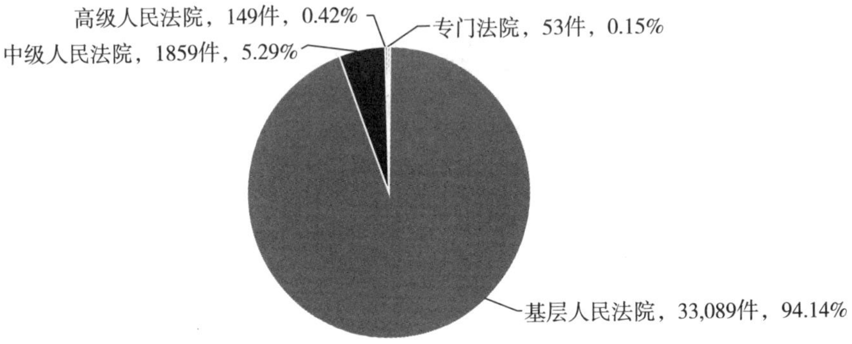

图 1－4　一审法院审结案件情况

建设工程质量纠纷二审审结案件的法院层级分布如图 1－5 所示，中级人民法院承担了主要的二审案件审理工作，审结建设工程质量纠纷二审案件共计 16，540 件，在二审案件中占比为 90.84％；高级人民法院审结共计 1476 件，在二审案件中占比为 8.11％；最高人民法院审结共计 181 件，在二审案件中占比为 0.99％；专门法院审结共计 10 件，在二审案件中占比为 0.05％。

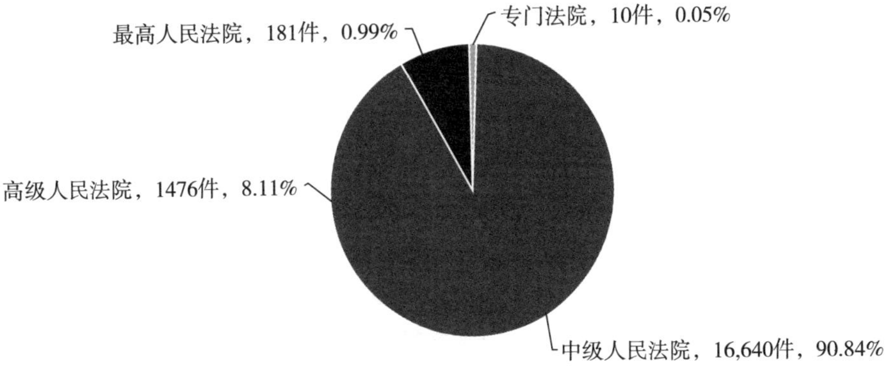

图 1－5　二审法院审结案件情况

建设工程质量纠纷再审审结案件的法院层级分布如图 1－6 所示，其中中级人民法院和高级人民法院承担了主要的案件再审工作，合计占比达 83.05％；

基层人民法院审结共计94件,在再审案件中占比为14.35%;中级人民法院审结共计334件,在再审案件中占比为50.99%;高级人民法院审结共计210件,在再审案件中占比为32.06%;最高人民法院审结共计17件,在再审案件中占比为2.60%。

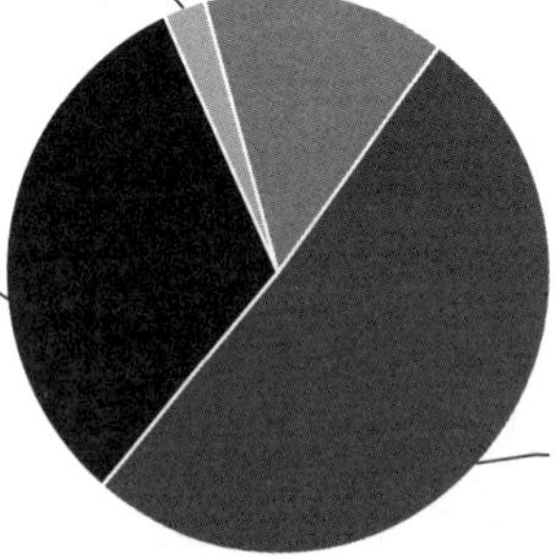

图1-6　再审法院审结案件情况

四、近三年建设工程质量纠纷反诉案件

在检索结果中检索关键字“反诉原告”“反诉被告”,审判程序选择“一审”,共检索到4944个案件,在全部建设工程质量纠纷一审案件中占比为13.73%,即在近三年的建设工程质量纠纷案件中,约有13.73%的一审案件中被告一方向法院提起过反诉,标的额在1000万元以上的案件中,提起反诉的比例约为22.18%。同时间段内,一般民事一审案件提起反诉的案件占比为1.04%,[①]远远低于建设工程质量纠纷的反诉案件比例。(见图1-7)

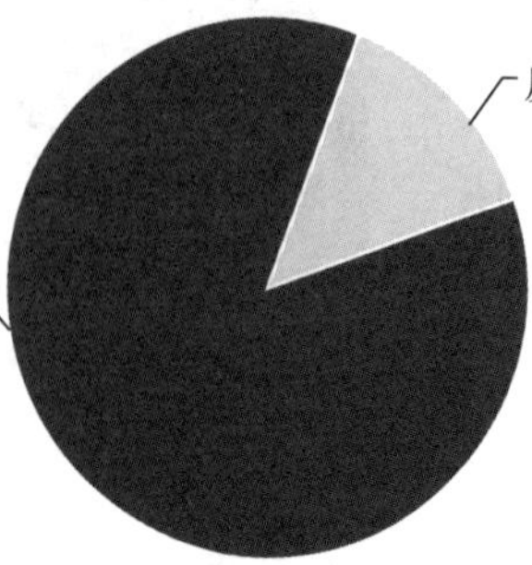

图1-7　建设工程质量纠纷一审反诉案件

① 此处的“民事一审案件”检索条件案由选择“民事”;检索关键词“反诉原告”“反诉被告”;审判程序选择“一审”,其他检索条件与建设工程施工合同质量纠纷案件大数据的检索条件保持一致。

为了统计在一审中审理过反诉的二审案件,在检索结果中同时检索包含关键字“反诉原告”和“反诉被告”的案件,审判程序选择“二审”,共检索到3811个案件,在全部建设工程质量纠纷二审案件中占比为20.93%,即在近三年的建设工程质量纠纷案件中,约20.93%的二审案件涉及反诉;一审中未提起过反诉的案件中,约79.07%提起上诉进入二审审判程序。(见图1-8)

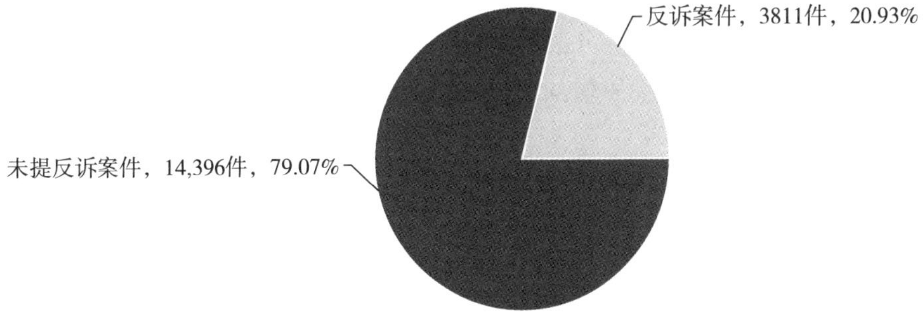

图1-8　建设工程质量纠纷二审反诉案件

在上述检索结果中检索关键字“被上诉人(原审原告、反诉被告)”,共检索到1596个案件;检索关键字“被上诉人(原审被告、反诉原告)”,共检索到586个案件,即在一审中提起过反诉的案件,原审原告、反诉被告提起上诉的案件共计1596个,占比为41.88%;原审被告、反诉原告提起上诉的案件共计586个,占比为15.38%;双方均提起上诉的案件共计1629个,占比为42.74%。

为了统计在一审中审理过反诉的再审案件,在检索结果中同时检索包含关键字“反诉原告”和“反诉被告”的案件,审判程序选择“再审”,共检索到154个案件,在全部建设工程质量纠纷再审案件中占比为23.48%,即在近三年的建设工程质量纠纷案件中,约23.48%的再审案件涉及反诉。(见图1-9)

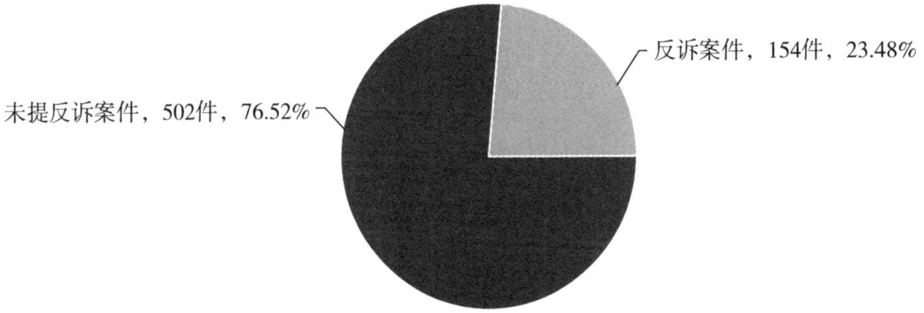

图1-9　建设工程质量纠纷再审反诉案件

在一审、二审、再审程序中,涉及反诉案件的比例逐步增高。一审中提起过反诉的案件上诉率为77.08%，约为一审中未提起过反诉案件上诉率的1.7倍。一审中提起过反诉的案件提起再审的比例为3.11%，约为一审中未提起过反诉案件提起再审比例的1.9倍。相比较而言，提起过反诉的案件的上诉率和再审率都远高于未提起过反诉的案件。基于此，我们认为建设工程质量纠纷案件涉及反诉的案件相较于未提反诉的案件，提起上诉和再审的比例均有所提高，因此律师在代理此类纠纷案件时，若出现可能提起反诉的情况，则更需做好案件经多级法院审理的准备。

五、近三年建设工程质量纠纷地域分布

从图1－10① 中看，近三年建设工程质量纠纷案件数量排名前十的省份分别为：山东省5242件，占比9.67%；江苏省4236件，占比7.82%；河南省3928

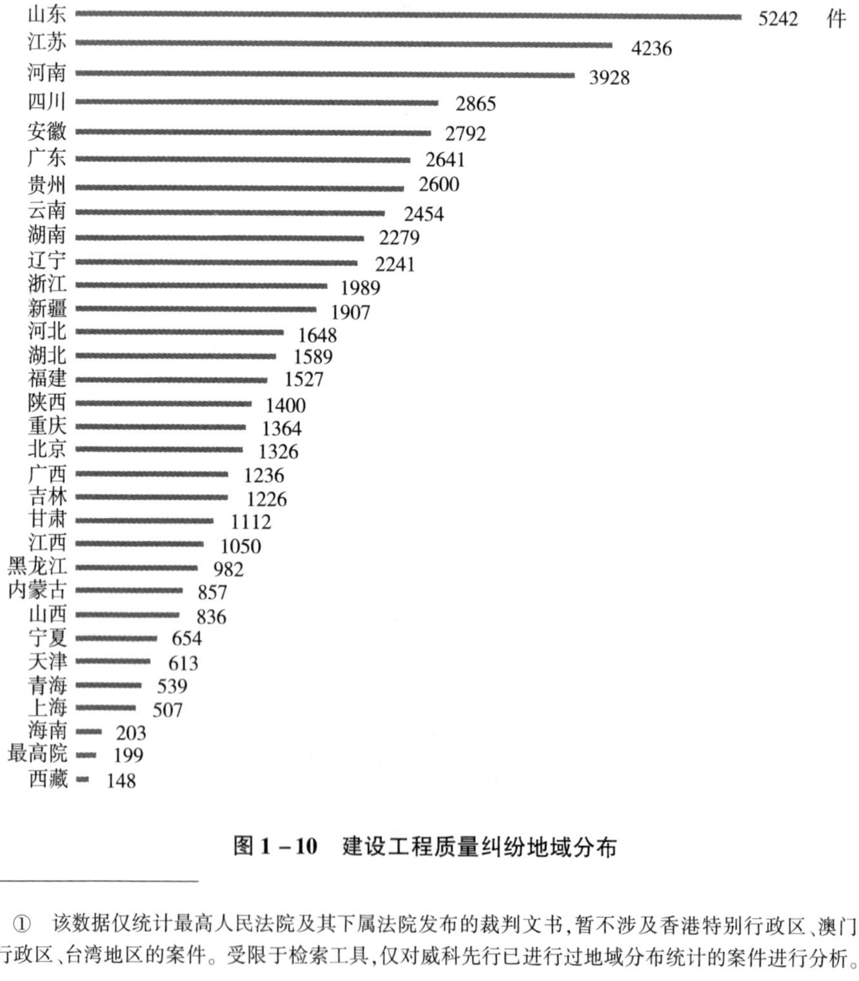

图1－10　建设工程质量纠纷地域分布

---

① 该数据仅统计最高人民法院及其下属法院发布的裁判文书，暂不涉及香港特别行政区、澳门特别行政区、台湾地区的案件。受限于检索工具，仅对威科先行已进行过地域分布统计的案件进行分析。

件,占比7.25%;四川省2865件,占比5.29%;安徽省2792件,占比5.15%;广东省2641件,占比4.87%;贵州省2600件,占比4.80%;云南省2454件,占比4.53%;湖南省2279件,占比4.21%;辽宁省2241件,占比4.14%。

由于各省纠纷案件数量相差悬殊,考虑到各省人口基数差异的影响,我们将原检索条件下的案由筛选条件去除,将建设工程质量纠纷与全部民事纠纷进行对比,同时间段内一般民事案件数量最多的广东省案件数占全国案件数9.92%,建设工程质量纠纷的案件数量仅为4.87%,二者相比低了5.05%;山东省一般民事案件数量占比为7.54%,而建设工程质量纠纷案件数量占比为全国最高的9.67%,后者比前者高了2.13%。

六、地方法院发布的建设工程质量相关司法裁判指导/文件

地方法院发布的建设工程质量相关司法裁判指导/文件如图1-11所示:

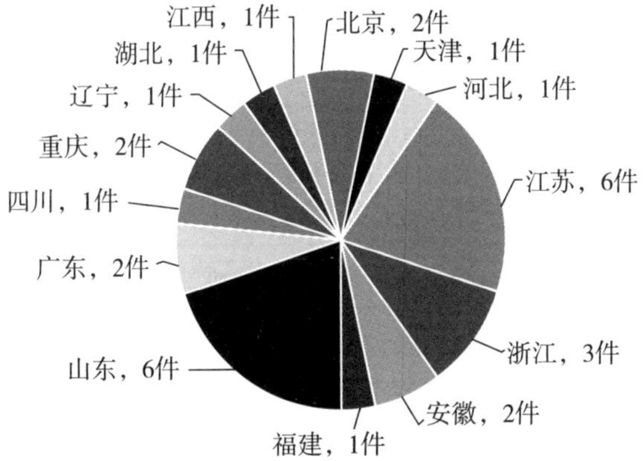

图1-11 地方法院发布的建设工程质量相关司法裁判指导/文件

2001年10月30日,在江苏高院首次发布包含建设工程质量相关条文的指导性文件后,各地高院、中院相继出台建设工程质量相关指导性文件,截至2022年6月30日,累计发布共计30件(见表1-1),其中中院发布的共计6件(山东济南市中院1件、广东深圳市中院2件、浙江宁波市中院1件、浙江杭州市中院1件、辽宁沈阳市中院1件);高院发布的共计24件,文件类型包括对某一类问题的解答、案件审理指南、指导意见、裁判指引等,表1-1为相关文件信息明细:地方法院发布的司法裁判指导/文件与建设工程质量相关的条文统计。

表1－1　各地高院、中院发布的建设工程质量相关指导性文件

序号	类别	发文法院	文件名称	生效时间	条文数量
1	高院专项文件	福建省高级人民法院	《福建省高级人民法院关于审理建设工程施工合同纠纷案件疑难问题的解答》	2007/11/22	7
2		江苏省高级人民法院	《江苏省高级人民法院关于审理建设工程施工合同纠纷案件若干问题的意见》(苏高法审委〔2008〕26号)	2008/12/17	3
3		安徽省高级人民法院	《安徽省高级人民法院关于审理建设工程施工合同纠纷案件适用法律问题的指导意见》	2009/5/4	5
4		江苏省高级人民法院	《江苏省高级人民法院建设工程施工合同案件审理指南》	2010/1/31	8
5		浙江省高级人民法院	《浙江省高级人民法院民事审判第一庭关于审理建设工程施工合同纠纷案件若干疑难问题的解答》	2012/4/5	7
6		北京市高级人民法院	《北京市高级人民法院关于审理建设工程施工合同纠纷案件若干疑难问题的解答》(京高法发〔2012〕245号)	2012/8/6	12
7		安徽省高级人民法院	《安徽省高级人民法院关于审理建设工程施工合同纠纷案件适用法律问题的指导意见(二)》	2014/1/1	5
8		四川省高级人民法院	《四川省高级人民法院民庭关于审理建设工程施工合同纠纷案件若干疑难问题的解答》	2015/3/16	5
9		江苏省高级人民法院	《江苏省高级人民法院建设工程施工合同纠纷案件司法鉴定操作规程》	2015/12/21	7
10		河北省高级人民法院	《河北省高级人民法院关于印发〈建设工程施工合同案件审理指南〉的通知》(冀高法〔2018〕44号)	2018/6/13	9
11		江苏省高级人民法院	《江苏省高级人民法院关于审理建设工程施工合同纠纷案件若干问题的解答》	2018/6/26	2
12		江苏省高级人民法院	《江苏省高级人民法院建设工程施工合同纠纷案件委托鉴定工作指南》	2019/12/27	4

续表

序号	类别	发文法院	文件名称	生效时间	条文数量
13	高院专项文件	山东省高级人民法院	《山东省高级人民法院民一庭关于审理建设工程施工合同纠纷案件若干问题的解答》	2020/8/15	1
14		山东省高级人民法院	《山东省高级人民法院关于审理建设工程施工合同纠纷案件若干问题的解答》	2020/11/16	5
15		天津市高级人民法院	《天津市高级人民法院关于审理建设工程施工合同纠纷案件相关问题的审判委员会纪要》	2020/12/9	3
16	中院专项文件	深圳市中级人民法院	《深圳市中级人民法院关于建设工程合同若干问题的指导意见》	2010/3/9	9
17		杭州市中级人民法院	《杭州市中级人民法院关于民一庭审理建设工程及房屋相关纠纷案件若干实务问题的解答》	2010/11/1	3
18		深圳市中级人民法院	《深圳市中级人民法院关于建设工程施工合同纠纷案件的裁判指引》(第二次修订)	2014/8/28	6
19		宁波市中级人民法院	《宁波市中级人民法院关于审理建设工程施工合同纠纷案件疑难问题解答》	2018/11/30	2
20		济南市中级人民法院	《济南市中级人民法院民五庭关于建设工程合同纠纷案件工程造价等专门性问题鉴定程序的指导意见》	2020/4/17	1
21	高院综合性文件	江苏省高级人民法院	《江苏省高级人民法院 2001 年全省民事审判工作座谈会纪要》(苏高法〔2001〕319 号)	2001/10/18	4
22		江西省高级人民法院	《江西省高级人民法院 2004 年全省法院民事审判工作座谈会纪要》	2004/12/16	1
23		北京市高级人民法院	《北京市高级人民法院关于依法快速处理建设领域拖欠农民工工资相关案件的意见》(京高法发〔2005〕189 号)	2005/7/19	1
24		山东省高级人民法院	《全省民事审判工作座谈会纪要》(鲁高法〔2005〕201 号)	2005/11/23	1
25		重庆市高级人民法院	《重庆市高级人民法院关于当前民事审判若干法律问题的指导意见》	2007/11/22	1
26		山东省高级人民法院	《山东省高级人民法院 2008 年民事审判工作会议纪要》(鲁高法〔2008〕243 号)	2008/10/13	1

续表

序号	类别	发文法院	文件名称	生效时间	条文数量
27	高院综合性文件	山东省高级人民法院	《山东省高级人民法院2011年民事审判工作会议纪要》(鲁高法〔2011〕297号)	2011/11/30	5
28		湖北省高级人民法院	《湖北省高级人民法院民事审判工作座谈会会议纪要》	2013/9/1	2
29		重庆市高级人民法院	《重庆市高级人民法院民营企业法律风险防控提示书》	2019/1/23	1
30	中院综合性文件	沈阳市中级人民法院	《沈阳市中级人民法院关于审理房地产案件若干问题的处理意见(之一)》	2004/3/27	1

以上文件中,与建设工程质量相关的条文共计122条。(见图1-12)其中,高院发布的建设工程专项文件中涉及工程质量的条文共计83条,中院发布的建设工程专项文件中涉及工程质量的条文共计21条,高院发布的综合性文件中涉及建设工程质量的条文共计17条,中院发布的综合性文件中涉及建设工程质量的条文共计1条。地方法院发布的建设工程专项文件中,其余条文主要涉及工程价款、合同效力等内容。

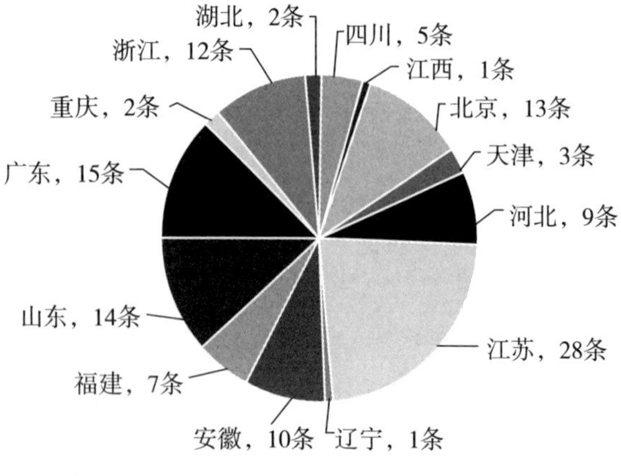

图1-12 涉及工程质量的条文数量地域分布

建设工程质量纠纷案件具有较高的专业性,许多地方法院发布了建设工程质量相关的司法文件,基于属地管辖原则,我们建议律师在代理异地建设工程质量纠纷案件时,应当充分了解建设工程所在地的相关司法规定。

七、近三年建设工程质量纠纷标的额

我们对检索结果中已记录争议标的额的49,966篇文书进行统计并得出图1-13中的数据,其中,标的额为0~10万元的案件数量共计7062件,占比约为14.13%;标的额为10万~50万元的案件数量共计13,278件,占比约为26.57%,位列第二;标的额为50万~100万元的案件数量共计6413件,占比约为12.83%;标的额为100万~500万元的案件数量共计13,461件,占比约为26.94%,位列第一;标的额为500万~1000万元的案件数量共计3839件,占比约为7.68%;标的额为1000万~5000万元的案件数量共计4835件,占比约为9.68%;标的额在5000万元以上的案件数量共计1078件,占比约为2.16%。

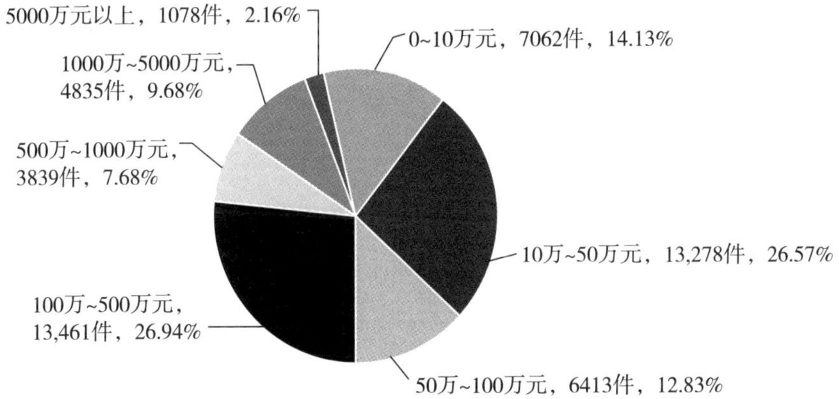

图1-13 建设工程质量纠纷标的额情况

以上数据显示,标的额在100万元以下的案件数量占比多达53.53%,与往年其他文献数据差异较大。经对其中部分裁判文书研读,我们发现除部分案件确系小型低造价工程外,造成大型工程的工程造价与案件争议标的额相差悬殊的原因有:(1)案件诉求集中在质量保证金的给付;(2)案件仅在整个工程中的某一部分存在纠纷,争议标的额为局部工程造价;(3)施工方起诉业主方主张工程质量达标,双方诉求仅限于尾款的给付。

八、近三年建设工程质量纠纷裁判结果

为统计一审案件驳回起诉的案件、二审裁定发回重审的案件、驳回再审申请的案件、再审裁定发回重审的案件数量,我们对 2019 年 1 月 1 日至 2022 年 6 月 30 日发布的建设工程质量纠纷的"判决书"和"裁定书"进行了整理,详见图 1 – 14。

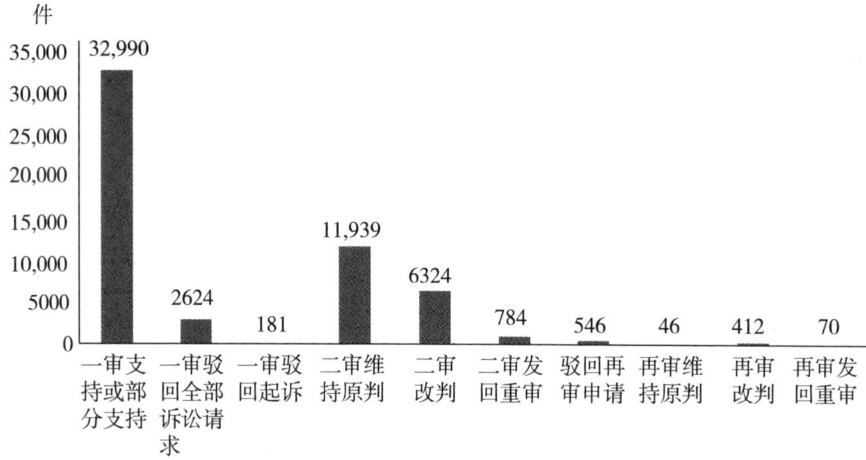

图 1 – 14 建设工程质量纠纷裁判结果

一审案件中,裁判文书检索结果显示原告获得支持或部分支持的案件共 32,990 件,占比 92.16%;一审驳回全部诉讼请求的案件共 2624 件,占比 7.33%;一审裁定驳回起诉的案件共 181 件,占比 0.51%。(见图 1 – 15)

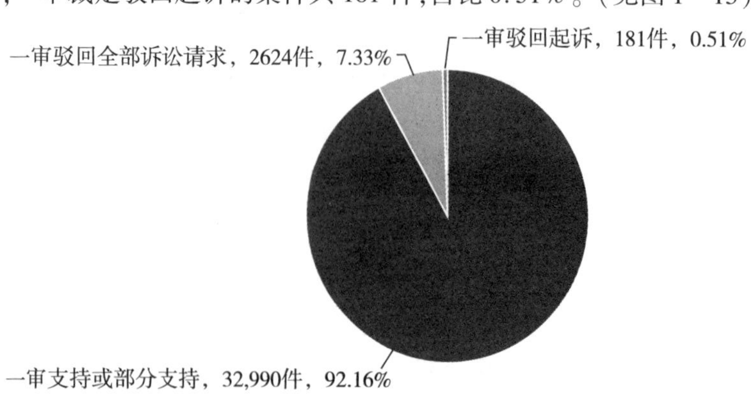

图 1 – 15 一审裁判结果

通过对其中部分案例进行研读，我们发现一审支持或部分支持类别下的案件，裁判结果相差较大，从对原告的全部诉讼请求全部支持，到仅支持原告的某一项或某一部分诉讼请求，受限于检索功能，无法统计更为详细的数据，故对一审裁判结果不做过多分析，仅供参考。

近三年建设工程质量纠纷案件中，一审驳回全部诉讼请求的原因主要归纳为以下7点：(1)原告提供的证据不能支持自己的主张；(2)原告主张合同无效，法院认为合同系真实意思表示且合法；(3)原告主张返还质量保修金，但条件尚未成就；(4)原告主张工程质量不合格的责任，但工程已验收完毕、投入使用；(5)原告主张给付工程价款及利息，但存在合法对抗事由；(6)原告主张的权利义务主体非合同相对人；(7)原告主张承担合同责任，但合同被确认无效。

近三年建设工程质量纠纷案件中，一审驳回起诉的原因主要归纳为以下5点：(1)受诉法院无管辖权；(2)重复起诉；(3)原告主体不适格；(4)工程尚未进行阶段性及整体验收，不能确定工程量和工程质量，尚不具备起诉条件；(5)合同约定了合法有效的仲裁条款。

二审案件中，裁判文书检索结果显示二审维持原判的案件共11,939件，占比62.68%；二审改判的案件共6324件，占比33.20%；二审发回重审的案件共784件，占比4.12%。（见图1-16）

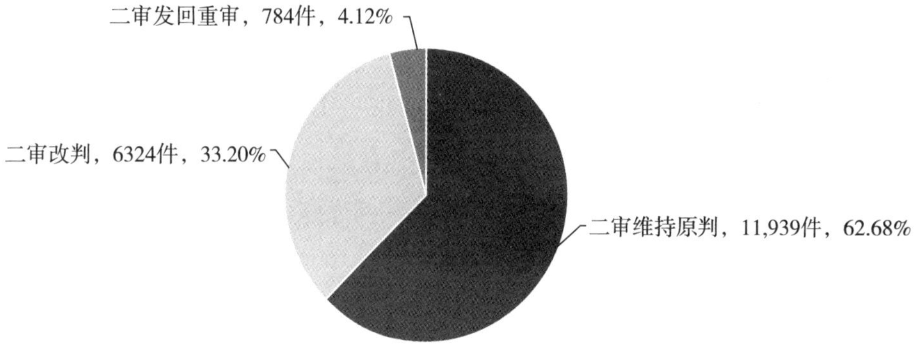

图1-16　二审裁判结果

以上数据与同时间段一般民事二审案件的裁判结果进行对比发现，二审维持原判的案件建设工程质量纠纷案件占比62.68%，明显低于一般民事案件的76.51%；[①]二审改判的案件建设工程质量纠纷案件占比33.20%，明显高于一般民事案件的17.32%；[②]二审发回重审的案件建设工程质量纠纷案件占比4.12%，略低于一般民事案件的6.17%。[③]

二审改判一般包括两种情形。

1.一审判决事实认定不清，二审法院在查清事实后，依法改判

建设工程施工合同往往涉及业主方、发包方、承包方等多方法律主体，因质量问题产生的纠纷更是牵一发而动全身。例如，业主方可以因工程质量不合格起诉施工方赔偿、修复，向下可能具体到某一专业分包工程，或是施工方因工程质量已达标或已结算起诉业主方给付尾款，基于各方的诉求产生的案件更是千变万化，在事实审理部分涉及的民事法律关系较为复杂。同时，建设工程施工具有较高的专业性，建设工程涉及材料、力学、结构、工艺等多个学科知识，工期根据工程规模不等，长可达数年乃至十数年，工程量繁重，对工程质量的判定常常需要借助专业鉴定机构出具的鉴定报告。

建筑工程质量纠纷案件基本都伴随相应的合同价款给付或赔偿数额的确定，对数额确定部分除依据鉴定机构出具的工程质量鉴定书或工程修复费用鉴定书外，还需根据双方提交的证据，综合判断计算。我们对部分二审改判案件研读发现，因事实认定不清改判的案件，绝大部分系因质量问题引发的欠付工程款的数额、工程价款给付问题及其利息计算方式、修复费用的认定、扣减工程款的计算方法错误或不合理，二审法院予以纠正。

2.适用法律不当，二审法院予以纠正

建设工程质量纠纷法律关系复杂，相关法律法规繁多，易出现适用法律不恰当的错误。对二审改判适用法律大数据及裁判思路详见本章第二节，在此不予展开。

再审案件中，驳回再审申请的案件共计546件，在再审案件中占比约为

① 此处“民事案件”检索条件案由选择“民事”；审判程序选择“二审”；无检索关键词，其他检索条件与建设工程施工合同质量纠纷案件大数据的检索条件保持一致。

② 此处“民事案件”检索条件案由选择“民事”；审判程序选择“二审”；无检索关键词，其他检索条件与建设工程施工合同质量纠纷案件大数据的检索条件保持一致。

③ 此处“民事案件”检索条件案由选择“民事”；审判程序选择“二审”；无检索关键词，其他检索条件与建设工程施工合同质量纠纷案件大数据的检索条件保持一致。

50.84%；维持原判的案件共计46件，在再审案件中占比约为4.28%；再审改判的案件共计412件，在再审案件中占比约为38.36%；再审发回重审的案件共70件，在再审案件中占比约为6.52%。（见图1－17）

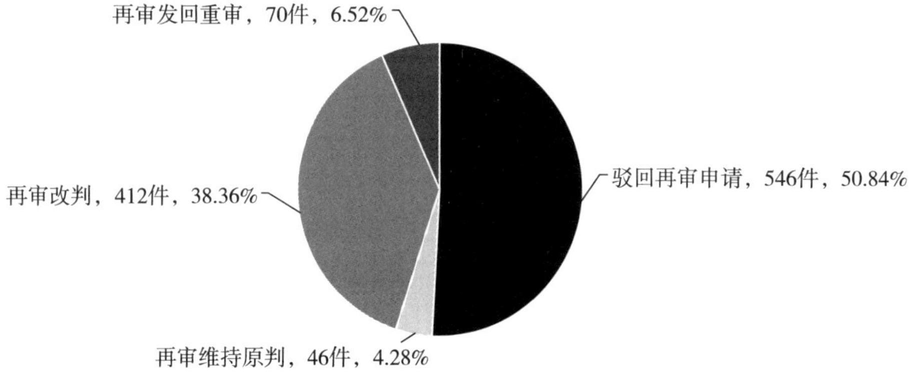

图1－17　再审裁判结果

再审改判原因与二审改判原因基本一致，主要为质量问题引发的欠付工程款的数额、工程价款给付问题及其利息计算方式、修复费用的认定、扣减工程款的计算方法错误或不合理，再审法院予以纠正。再审发回重审的原因主要为：原审法院事实认定不清；责任认定不清（包括实体法律责任和举证责任等）；程序适用不当；鉴定意见存在不合法情形；提交的新鉴定意见得到合理采信并足以推翻原鉴定意见。

九、近三年建设工程质量纠纷司法鉴定情况

在检索结果中继续检索关键字“鉴定”，共检索到25,855个案件，其中一审案件共计14,715件，即在近三年的建设工程质量纠纷案件中涉及司法鉴定的案件占比约为40.86%。[①]

因受到检索条件的限制，采用检索关键字的方法与实际情况差异较大，例如，案件中当事人提出过鉴定申请的描述在判决书中的表述包括“……向本院提出鉴定申请……”“……申请鉴定……”“……申请对工程质量进行鉴定……”等诸多表述，检索特殊关键字难以穷尽全部，同时同一案件中也可能存在不同的表述方式，无法采用枚举法检索后进行简单累加的方式计数，故以下

① 一审案件中涉及司法鉴定的案件数/一审案件数。

对司法鉴定的统计数据全部采用标准表述，统计分析主要围绕宏观比例，具体案件信息仅供参考。

在检索结果中继续检索关键字“鉴定申请”，共检索到6814个案件；检索关键字“质量鉴定”，共检索到4557个案件；检索关键字“修复方案鉴定”，共检索到234个案件；检索关键字“修复费用鉴定”，共检索到356个案件。① 在近三年的建设工程质量纠纷案件中向法院申请质量鉴定的案件中，申请工程质量鉴定的案件占比约为66.88%②；申请工程修复方案鉴定的案件占比约为3.43%③；申请工程修复费用鉴定的案件占比约为5.22%④。除此之外，申请司法鉴定的类别还涉及如已确定工程质量不达标后，对相应工程费用予以确认的工程造价鉴定等。

在检索结果中继续检索关键字“重新鉴定”，共检索到2278个案件，其中一审案件共计875件，⑤二审案件共计1329件，再审案件共计74件。在近三年的建设工程质量纠纷案件中，提起过重新鉴定申请的案件，在一审案件中占比约为2.43%⑥，在二审案件中占比约为7.30%⑦，在再审案件中占比约为11.28%⑧。

在检索结果中继续检索关键字“补充鉴定”，共检索到1795个案件，其中一审案件共计820件，二审案件共计936件，再审案件共计39件。在近三年的建设工程质量纠纷案件中，提起过补充鉴定的案件，在一审案件中占比约为2.28%⑨，在二审案件中占比约为5.14%⑩，在再审案件中占比约为5.95%⑪。

在检索结果中继续检索关键字“退回鉴定”，共检索到180个案件，在近三

① 以上数据采用检索关键字方式，不排除有重复计数的案件。
② 包含关键字质量鉴定的案件数/包含关键字鉴定申请的案件数。
③ 包含关键字修复方案鉴定的案件数/包含关键字鉴定申请的案件数。
④ 包含关键字修复费用鉴定的案件数/包含关键字鉴定申请的案件数。
⑤ 以上数据包含发回重审的一审案件，未一一比对。
⑥ 一审涉及重新鉴定的案件数/一审案件数。
⑦ 二审涉及重新鉴定的案件数/二审案件数。
⑧ 再审涉及重新鉴定的案件数/再审案件数。
⑨ 一审涉及补充鉴定的案件数/一审案件数。
⑩ 二审涉及补充鉴定的案件数/二审案件数。
⑪ 再审涉及补充鉴定的案件数/再审案件数。

年的建设工程质量纠纷案件中，约有2.64%[①]的案件。鉴定机构接受委托后退回鉴定申请，退回的主要原因包括：(1)未按时缴纳鉴定费用；(2)因达成和解申请退回鉴定申请；(3)因无具体施工标准退回鉴定申请；(4)因现场不具备鉴定条件等。

鉴定意见法院不予采信的情形，在检索结果中同时检索关键字"鉴定申请"和"不予采信"，共检索到2912条，不予采信的主要情形包括：(1)因鉴定机构不具备相关资质，认定鉴定意见不具有合法性；(2)因鉴定机构未赴实地勘验就做出质量不合格及修复费用的鉴定意见，认定鉴定意见依据不足；(3)因鉴定意见系一方单方委托且另一方不认可该鉴定意见；(4)鉴定机构应进行现场勘验未勘验的，或勘验情况与实际有出入的；(5)因举证责任应由一方承担，不应以鉴定方式确定等。

多数案件涉及司法鉴定确认工程质量及与工程质量相关联的成因鉴定、修复费用鉴定等情形，诉讼程序中也有一定数量的案件鉴定程序或结论存在瑕疵，基于以上数据，我们认为在代理建设工程质量纠纷案件时，应当对可能发生的司法鉴定做好充足准备，以防鉴定程序或结论存在瑕疵，进一步提高案件办理水准。

十、近三年建设工程质量纠纷案件审理时长

在检索结果中，已明确审理时长的建设工程质量纠纷案件共9159件，其中15日内审结的案件共计2492件，占比约为27.21%；16～30日审结的案件共计1448件，占比约为15.81%；31～90日审结的案件共计2695件，占比约为29.42%；91～180日审结的案件共计1196件，占比约为13.06%；181～365日审结的案件共计743件，占比约为8.11%；365日以上审结的案件共计585件，占比约为6.39%。不同审理级别和标的额条件下，各审理时长区间案件数占比的差异较小。(见图1－18)

① 包含关键字"退回鉴定"案件数/包含关键字"鉴定申请"案件数。

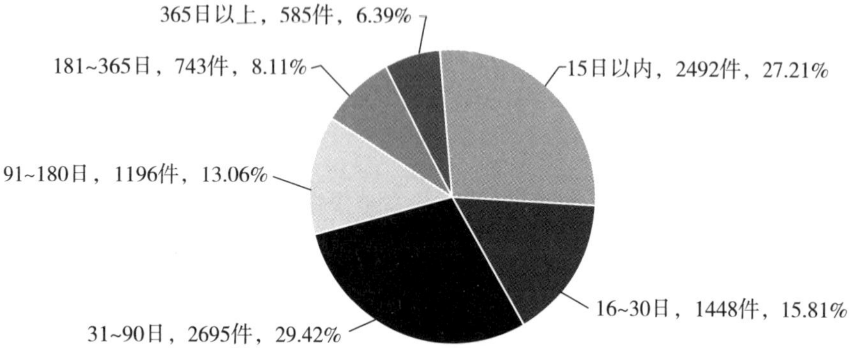

图 1－18　建设工程质量纠纷案件审理时长

审理时长相关统计数据因受检索条件的限制，无法查找到依据更加可靠的数据，故不对该数据做过多分析，仅供参考。

第二节　工程质量纠纷裁决的主要思路

一、近三年建设工程质量纠纷案件法条引用情况

本节继续沿用本章第一节的检索方法和检索条件，对近三年建设工程质量纠纷案件的引用法条情况进行统计。因时间跨度内涉及《民法典》的施行及大量相关法律、法规和司法解释的变动，为统计更具有参考价值的法条引用数据，实体法法条引用情况的统计选择 2019 年 1 月 1 日至 2020 年 12 月 31 日和 2021 年 1 月 1 日至 2022 年 6 月 30 日两个时间区间，分别统计法条引用情况。

近三年建设工程质量纠纷案件在《民法典》施行前，实体法法条引用情况（部分）见图 1－19 和图 1－20。以下将《中华人民共和国合同法》（已失效）简称原《合同法》，《最高人民法院关于审理建设工程施工合同纠纷案件适用法律问题的解释》（法释〔2004〕14 号，已失效）简称原《施工合同司法解释》，《最高人民法院关于审理建设工程施工合同纠纷案件适用法律问题的解释（二）》（法释〔2018〕20 号，已失效）简称原《施工合同司法解释（二）》。

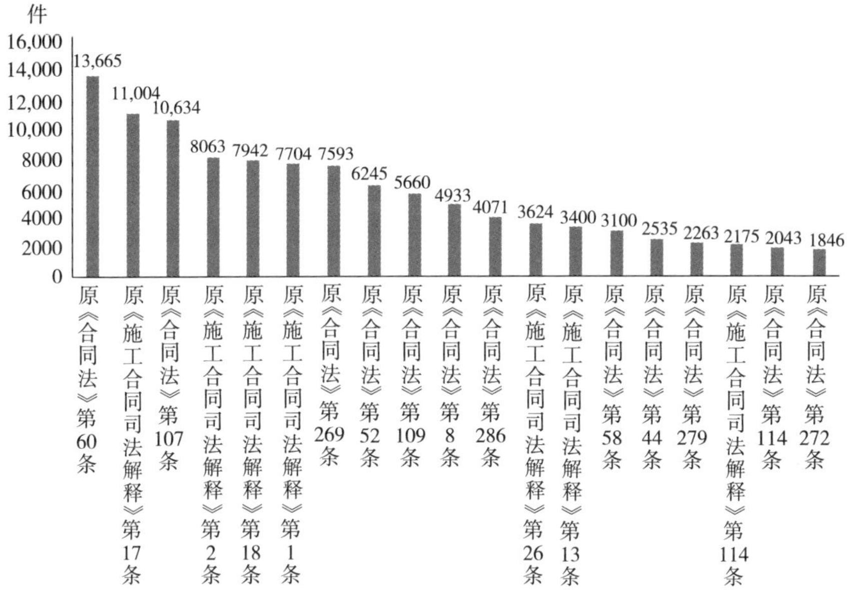

图 1－19 《民法典》施行前实体法法条引用情况(部分)

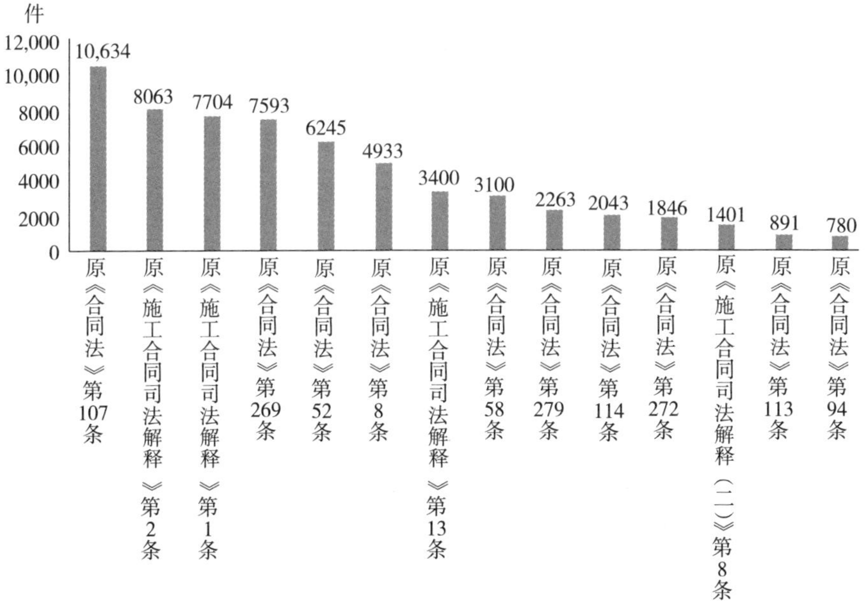

图 1－20 《民法典》施行前与质量争议相关实体法法条引用情况(部分)

近三年建设工程质量纠纷案件在《民法典》施行后,实体法法条引用情况(部分)见图 1－21、图 1－22。以下将《最高人民法院关于审理建设工程施工合同纠纷案件适用法律问题的解释(一)》(法释〔2020〕25 号)(以下简称《施工合同司法解释(一)》),《最高人民法院关于适用〈中华人民共和国民法典〉时间效力的若干规定》(以下简称《民法典效力规定》)。

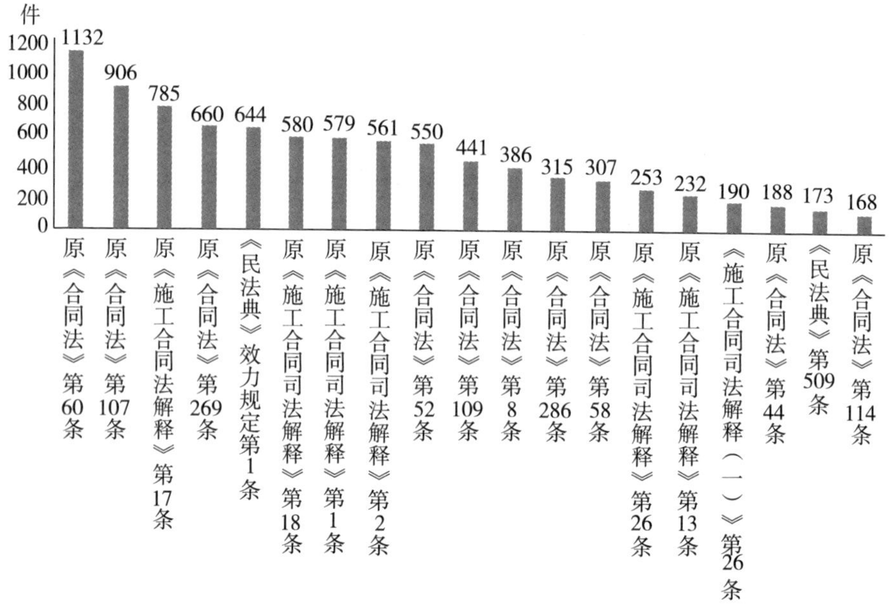

图1-21 《民法典》施行后实体法法条引用情况(部分)

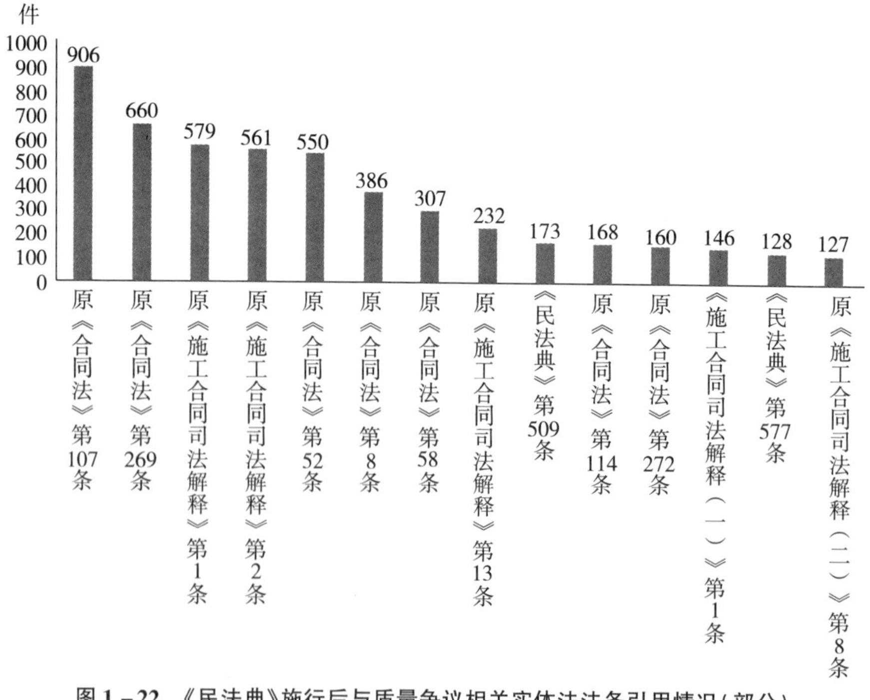

图1-22 《民法典》施行后与质量争议相关实体法法条引用情况(部分)

近三年实体法引用法条中与质量相关的法条如表1－2所示。

表1－2 建设工程质量争议相关实体法法条新旧前后对比

《民法典》施行前	《民法典》施行后
原《合同法》第一百零七条：当事人一方不履行合同义务或者履行合同义务不符合约定的，应当承担继续履行、采取补救措施或者赔偿损失等违约责任	《民法典》第五百七十七条：当事人一方不履行合同义务或者履行合同义务不符合约定的，应当承担继续履行、采取补救措施或者赔偿损失等违约责任
原《施工合同司法解释》第二条：建设工程施工合同无效，但建设工程经竣工验收合格，承包人请求参照合同约定支付工程价款的，应予支持	《民法典》第七百九十三条第一款：建设工程施工合同无效，但是建设工程经验收合格的，可以参照合同关于工程价款的约定折价补偿承包人
原《施工合同司法解释》第一条：建设工程施工合同具有下列情形之一的，应当根据原《合同法》第五十二条第（五）项的规定，认定无效： （一）承包人未取得建筑施工企业资质或者超越资质等级的； （二）没有资质的实际施工人借用有资质的建筑施工企业名义的； （三）建设工程必须进行招标而未招标或者中标无效的	《施工合同司法解释（一）》第一条：建设工程施工合同具有下列情形之一的，应当依据民法典第一百五十三条第一款的规定，认定无效： （一）承包人未取得建筑业企业资质或者超越资质等级的； （二）没有资质的实际施工人借用有资质的建筑施工企业名义的； （三）建设工程必须进行招标而未招标或者中标无效的。 承包人因转包、违法分包建设工程与他人签订的建设工程施工合同，应当依据民法典第一百五十三条第一款及第七百九十一条第二款、第三款的规定，认定无效
原《合同法》第二百六十九条：建设工程合同是承包人进行工程建设，发包人支付价款的合同。 建设工程合同包括工程勘察、设计、施工合同	《民法典》第七百八十八条：建设工程合同是承包人进行工程建设，发包人支付价款的合同。 建设工程合同包括工程勘察、设计、施工合同
原《合同法》第五十二条：有下列情形之一的，合同无效： （一）一方以欺诈、胁迫的手段订立合同，损害国家利益； （二）恶意串通，损害国家、集体或者第三人利益； （三）以合法形式掩盖非法目的； （四）损害社会公共利益； （五）违反法律、行政法规的强制性规定	《民法典》第一百四十八条、第一百四十九条、第一百五十条、第一百五十三条、第一百五十四条[1]

续表

《民法典》施行前	《民法典》施行后
原《合同法》第八条：依法成立的合同，对当事人具有法律约束力。当事人应当按照约定履行自己的义务，不得擅自变更或者解除合同。 依法成立的合同，受法律保护	《民法典》第五百零九条：当事人应当按照约定全面履行自己的义务。 当事人应当遵循诚信原则，根据合同的性质、目的和交易习惯履行通知、协助、保密等义务。 当事人在履行合同过程中，应当避免浪费资源、污染环境和破坏生态
原《施工合同司法解释》第十三条：建设工程未经竣工验收，发包人擅自使用后，又以使用部分质量不符合约定为由主张权利的，不予支持；但是承包人应当在建设工程的合理使用寿命内对地基基础工程和主体结构质量承担民事责任	《施工合同司法解释（一）》第十四条：建设工程未经竣工验收，发包人擅自使用后，又以使用部分质量不符合约定为由主张权利的，人民法院不予支持；但是承包人应当在建设工程的合理使用寿命内对地基基础工程和主体结构质量承担民事责任
原《合同法》第五十八条：合同无效或者被撤销后，因该合同取得的财产，应当予以返还；不能返还或者没有必要返还的，应当折价补偿。有过错的一方应当赔偿对方因此所受到的损失，双方都有过错的，应当各自承担相应的责任	《民法典》第一百五十七条：民事法律行为无效、被撤销或者确定不发生效力后，行为人因该行为取得的财产，应当予以返还；不能返还或者没有必要返还的，应当折价补偿。有过错的一方应当赔偿对方由此所受到的损失；各方都有过错的，应当各自承担相应的责任。法律另有规定的，依照其规定
原《合同法》第二百七十九条：建设工程竣工后，发包人应当根据施工图纸及说明书、国家颁发的施工验收规范和质量检验标准及时进行验收。验收合格的，发包人应当按照约定支付价款，并接收该建设工程。 建设工程竣工经验收合格后，方可交付使用；未经验收或者验收不合格的，不得交付使用	《民法典》第七百九十九条：建设工程竣工后，发包人应当根据施工图纸及说明书、国家颁发的施工验收规范和质量检验标准及时进行验收。验收合格的，发包人应当按照约定支付价款，并接收该建设工程。 建设工程竣工经验收合格后，方可交付使用；未经验收或者验收不合格的，不得交付使用
原《合同法》第一百一十四条：当事人可以约定一方违约时应当根据违约情况向对方支付一定数额的违约金，也可以约定因违约产生的损失赔偿额的计算方法。 约定的违约金低于造成的损失的，当事人可以请求人民法院或者仲裁机构予以增加；约定的违约金过分高于造成的损失的，当事人可以请求人民法院或者仲裁机构予以适当减少。 当事人就迟延履行约定违约金的，违约方支付违约金后，还应当履行债务	《民法典》第五百八十五条：当事人可以约定一方违约时应当根据违约情况向对方支付一定数额的违约金，也可以约定因违约产生的损失赔偿额的计算方法。 约定的违约金低于造成的损失的，人民法院或者仲裁机构可以根据当事人的请求予以增加；约定的违约金过分高于造成的损失的，人民法院或者仲裁机构可以根据当事人的请求予以适当减少。 当事人就迟延履行约定违约金的，违约方支付违约金后，还应当履行债务

续表

《民法典》施行前	《民法典》施行后
原《合同法》第二百七十二条：发包人可以与总承包人订立建设工程合同，也可以分别与勘察人、设计人、施工人订立勘察、设计、施工承包合同。发包人不得将应当由一个承包人完成的建设工程肢解成若干部分发包给几个承包人。 总承包人或者勘察、设计、施工承包人经发包人同意，可以将自己承包的部分工作交由第三人完成。第三人就其完成的工作成果与总承包人或者勘察、设计、施工承包人向发包人承担连带责任。承包人不得将其承包的全部建设工程转包给第三人或者将其承包的全部建设工程肢解以后以分包的名义分别转包给第三人。 禁止承包人将工程分包给不具备相应资质条件的单位。禁止分包单位将其承包的工程再分包。建设工程主体结构的施工必须由承包人自行完成	《民法典》第七百九十一条：发包人可以与总承包人订立建设工程合同，也可以分别与勘察人、设计人、施工人订立勘察、设计、施工承包合同。发包人不得将应当由一个承包人完成的建设工程支解成若干部分发包给数个承包人。 总承包人或者勘察、设计、施工承包人经发包人同意，可以将自己承包的部分工作交由第三人完成。第三人就其完成的工作成果与总承包人或者勘察、设计、施工承包人向发包人承担连带责任。承包人不得将其承包的全部建设工程转包给第三人或者将其承包的全部建设工程支解以后以分包的名义分别转包给第三人。 禁止承包人将工程分包给不具备相应资质条件的单位。禁止分包单位将其承包的工程再分包。建设工程主体结构的施工必须由承包人自行完成
原《施工合同司法解释（二）》第八条：有下列情形之一，承包人请求发包人返还工程质量保证金的，人民法院应予支持： （一）当事人约定的工程质量保证金返还期限届满。 （二）当事人未约定工程质量保证金返还期限的，自建设工程通过竣工验收之日起满二年。 （三）因发包人原因建设工程未按约定期限进行竣工验收的，自承包人提交工程竣工验收报告九十日后起当事人约定的工程质量保证金返还期限届满；当事人未约定工程质量保证金返还期限的，自承包人提交工程竣工验收报告九十日后起满二年。 发包人返还工程质量保证金后，不影响承包人根据合同约定或者法律规定履行工程保修义务	《施工合同司法解释（一）》第十七条：有下列情形之一，承包人请求发包人返还工程质量保证金的，人民法院应予支持： （一）当事人约定的工程质量保证金返还期限届满； （二）当事人未约定工程质量保证金返还期限的，自建设工程通过竣工验收之日起满二年； （三）因发包人原因建设工程未按约定期限进行竣工验收的，自承包人提交工程竣工验收报告九十日后当事人约定的工程质量保证金返还期限届满；当事人未约定工程质量保证金返还期限的，自承包人提交工程竣工验收报告九十日后起满二年。 发包人返还工程质量保证金后，不影响承包人根据合同约定或者法律规定履行工程保修义务

〔1〕 原《合同法》第五十二条较《民法典》第一百四十八条、第一百四十九条、第一百五十条、第一百五十三条、第一百五十四条表现形式变化较大，但立法精神相差不大，在此不一一列举。

近三年建设工程质量纠纷案件，程序法法条引用情况（部分）见图1－23。因程序法主要引用的法条在近三年内未进行修订或废止，故不再以《民法典》施行前后做区分。以下将《中华人民共和国民事诉讼法》（以下简称《民事诉讼法》），《最高人民法院关于适用〈中华人民共和国民事诉讼法〉的解释》（以下简称《民诉法解释》）。

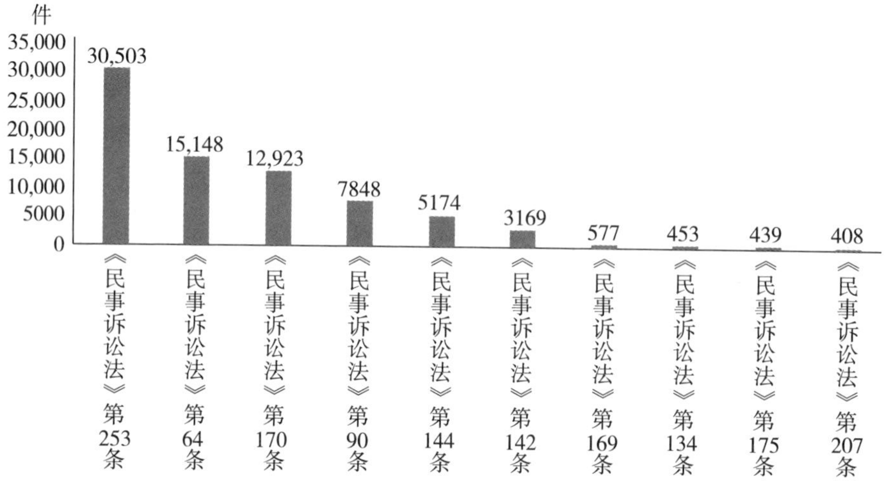

图1－23　建设工程质量纠纷程序法条引用情况（部分）

二、工程质量纠纷典型问题的主要裁判思路

对近三年部分建设工程质量纠纷案件中主要的裁判思路和典型案例进行梳理，可归纳出以下五类典型问题（后续第二章至第七章中涉及的专项问题详见后续章节内容）。

（一）工程质量与合同效力

1. 裁判思路

审判实务中，工程质量纠纷与施工合同的效力息息相关。施工合同合法有效的情况下，工程质量合格，则按法律法规和合同约定结算、支付，存在违约情形的，按违约条款处理。工程质量不合格的，应先予以修复，经修复合格的，可在承担修复责任后按合同约定结算，无法修复或修复后仍不合格的，不予结算，承包人并应承担相应的法律责任。施工合同经法院审查无效的，应视工程质量情况处理争议，即工程经验收合格，承包人可以请求参照实际履行的合同中关于工程价款的约定折价补偿,工程质量存在问题经修复后验收合格的,发包人可以请求承包人承担修复费用;经修复后验收仍不合格的,承包人无权请求参照合同中关于工程价款的约定折价补偿。发包人对建设工程不合格造成的损失有过错的,应当承担相应的责任。

2. 相关主要法规依据

(1)《民法典》施行前的主要法规依据:原《合同法》第五十二条;原《施工合同司法解释》第一条、第二条、第三条;原《施工合同司法解释(二)》第三条。

原《合同法》第五十二条规定:"有下列情形之一的,合同无效:(一)一方以欺诈、胁迫的手段订立合同,损害国家利益;(二)恶意串通,损害国家、集体或者第三人利益;(三)以合法形式掩盖非法目的;(四)损害社会公共利益;(五)违反法律、行政法规的强制性规定。"

原《施工合同司法解释》第一条规定:"建设工程施工合同具有下列情形之一的,应当根据合同法第五十二条第(五)项的规定,认定无效:(一)承包人未取得建筑施工企业资质或者超越资质等级的;(二)没有资质的实际施工人借用有资质的建筑施工企业名义的;(三)建设工程必须进行招标而未招标或者中标无效的。"

原《施工合同司法解释》第二条规定:"建设工程施工合同无效,但建设工程经竣工验收合格,承包人请求参照合同约定支付工程价款的,应予支持。"

原《施工合同司法解释》第三条第一款规定:"建设工程施工合同无效,且建设工程经竣工验收不合格的,按照以下情形分别处理:(一)修复后的建设工程经竣工验收合格,发包人请求承包人承担修复费用的,应予支持;(二)修复后的建设工程经竣工验收不合格,承包人请求支付工程价款的,不予支持。"

原《施工合同司法解释(二)》第三条规定:"建设工程施工合同无效,一方当事人请求对方赔偿损失的,应当就对方过错、损失大小、过错与损失之间的因果关系承担举证责任。损失大小无法确定,一方当事人请求参照合同约定的质量标准、建设工期、工程价款支付时间等内容确定损失大小的,人民法院可以结合双方过错程度、过错与损失之间的因果关系等因素作出裁判。"

(2)《民法典》施行后的主要法规依据:《民法典》第一百五十七条、第七百九十三条;《施工合同司法解释(一)》第一条、第六条。

《民法典》第一百五十七条规定:"民事法律行为无效、被撤销或者确定不发生效力后,行为人因该行为取得的财产,应当予以返还;不能返还或者没有必要返还的,应当折价补偿。有过错的一方应当赔偿对方由此所受到的损失;各方都有过错的,应当各自承担相应的责任。法律另有规定的,依照其规定。”

《民法典》第七百九十三条规定:“建设工程施工合同无效,但是建设工程经验收合格的,可以参照合同关于工程价款的约定折价补偿承包人。建设工程施工合同无效,且建设工程经验收不合格的,按照以下情形处理:(一)修复后的建设工程经验收合格的,发包人可以请求承包人承担修复费用;(二)修复后的建设工程经验收不合格的,承包人无权请求参照合同关于工程价款的约定折价补偿。发包人对因建设工程不合格造成的损失有过错的,应当承担相应的责任。”

《施工合同司法解释(一)》第一条规定:“建设工程施工合同具有下列情形之一的,应当依据民法典第一百五十三条第一款的规定,认定无效:(一)承包人未取得建筑业企业资质或者超越资质等级的;(二)没有资质的实际施工人借用有资质的建筑施工企业名义的;(三)建设工程必须进行招标而未招标[①]或者中标无效的。承包人因转包、违法分包建设工程与他人签订的建设工程施工合同,应当依据民法典第一百五十三条第一款及第七百九十一条第二款、第三款的规定,认定无效。”

《施工合同司法解释(一)》第六条规定:“建设工程施工合同无效,一方当事人请求对方赔偿损失的,应当就对方过错、损失大小、过错与损失之间的因果关系承担举证责任。损失大小无法确定,一方当事人请求参照合同约定的质量标准、建设工期、工程价款支付时间等内容确定损失大小的,人民法院可以结合双方过错程度、过错与损失之间的因果关系等因素作出裁判。”

(二)工程质量与合同解除权

1. 裁判思路

审判实务中,合同解除权对应的一个基础法律事实首先应当是施工合同有效,即在合同有效的基础上,基于法律规定对应的法定解除权和基于合同约定

---

① 必须进行招标的项目主要指《中华人民共和国招标投标法》第三条[在中华人民共和国境内进行下列工程建设项目包括项目的勘察、设计、施工、监理以及与工程建设有关的重要设备、材料等的采购,必须进行招标:(一)大型基础设施、公用事业等关系社会公共利益、公众安全的项目;(二)全部或者部分使用国有资金投资或者国家融资的项目;(三)使用国际组织或者外国政府贷款、援助资金的项目。前款所列项目的具体范围和规模标准,由国务院发展计划部门会同国务院有关部门制订,报国务院批准。法律或者国务院对必须进行招标的其他项目的范围有规定的,依照其规定。]及《必须招标的工程项目规定》(国家发展和改革委员会令第16号)的第二条至第五条规定。

对应的约定解除权。在该法律基础上,无论是发包人还是承包人皆可依法或依约行使解除权,经审理符合法定解除或者约定解除的法院一般会予支持。当然,行使解除权所对应的法律事实及有效通知亦应不可缺少。具体的情形下,如承包人怠于履行合同义务,经催告后仍不履行的,发包人可以解除合同;发包人提供的主要建筑材料、建筑构配件和设备不符合强制性标准或者不履行协助义务,致使承包人无法施工,经催告后在合理期限内仍未履行相应义务的,承包人可以请求解除合同,等等。

合同解除后,已经完成的建设工程质量合格的,发包人应当按照约定支付相应的工程价款;已经完成的建设工程质量不合格的,承包人需履行工程修复义务,修复后的建设工程经验收合格的,发包人可以请求承包人承担修复费用;修复后的建设工程经验收仍不合格的,承包人无权请求按照约定支付相应的工程价款。发包人对建设工程不合格造成的损失有过错的,应当承担相应的责任。

2. 相关主要法规依据

(1)《民法典》施行前的主要法规依据:原《合同法》第九十三条、第九十四条、第九十六条、第九十七条;原《施工合同司法解释》第八条、第九条、第十条。

原《合同法》第九十三条规定:"当事人协商一致,可以解除合同。当事人可以约定一方解除合同的条件。解除合同的条件成就时,解除权人可以解除合同。"

原《合同法》第九十四条规定:"有下列情形之一的,当事人可以解除合同:(一)因不可抗力致使不能实现合同目的;(二)在履行期限届满之前,当事人一方明确表示或者以自己的行为表明不履行主要债务;(三)当事人一方迟延履行主要债务,经催告后在合理期限内仍未履行;(四)当事人一方迟延履行债务或者有其他违约行为致使不能实现合同目的;(五)法律规定的其他情形。"

原《合同法》第九十六条规定:"当事人一方依照本法第九十三条第二款、第九十四条的规定主张解除合同的,应当通知对方。合同自通知到达对方时解除。对方有异议的,可以请求人民法院或者仲裁机构确认解除合同的效力。法律、行政法规规定解除合同应当办理批准、登记等手续的,依照其规定。"

原《合同法》第九十七条规定:"合同解除后,尚未履行的,终止履行;已经履行的,根据履行情况和合同性质,当事人可以要求恢复原状、采取其他补救措施,并有权要求赔偿损失。"

原《施工合同司法解释》第八条规定："承包人具有下列情形之一，发包人请求解除建设工程施工合同的，应予支持：（一）明确表示或者以行为表明不履行合同主要义务的；（二）合同约定的期限内没有完工，且在发包人催告的合理期限内仍未完工的；（三）已经完成的建设工程质量不合格，并拒绝修复的；（四）将承包的建设工程非法转包、违法分包的。"

原《施工合同司法解释》第九条规定："发包人具有下列情形之一，致使承包人无法施工，且在催告的合理期限内仍未履行相应义务，承包人请求解除建设工程施工合同的，应予支持：（一）未按约定支付工程价款的；（二）提供的主要建筑材料、建筑构配件和设备不符合强制性标准的；（三）不履行合同约定的协助义务的。"

原《施工合同司法解释》第十条规定："建设工程施工合同解除后，已经完成的建设工程质量合格的，发包人应当按照约定支付相应的工程价款；已经完成的建设工程质量不合格的，参照本解释第三条规定处理。因一方违约导致合同解除的，违约方应当赔偿因此而给对方造成的损失。"

（2）《民法典》施行后的主要法规依据：《民法典》第五百六十二条、第五百六十三条、第五百六十五条、第五百六十六条、第八百零六条。

《民法典》第五百六十二条规定："当事人协商一致，可以解除合同。当事人可以约定一方解除合同的事由。解除合同的事由发生时，解除权人可以解除合同。"

《民法典》第五百六十三条规定："有下列情形之一的，当事人可以解除合同：（一）因不可抗力致使不能实现合同目的；（二）在履行期限届满前，当事人一方明确表示或者以自己的行为表明不履行主要债务；（三）当事人一方迟延履行主要债务，经催告后在合理期限内仍未履行；（四）当事人一方迟延履行债务或者有其他违约行为致使不能实现合同目的；（五）法律规定的其他情形。以持续履行的债务为内容的不定期合同，当事人可以随时解除合同，但是应当在合理期限之前通知对方。"

《民法典》第五百六十五条规定："当事人一方依法主张解除合同的，应当通知对方。合同自通知到达对方时解除；通知载明债务人在一定期限内不履行债务则合同自动解除，债务人在该期限内未履行债务的，合同自通知载明的期限届满时解除。对方对解除合同有异议的，任何一方当事人均可以请求人民法院或者仲裁机构确认解除行为的效力。当事人一方未通知对方，直接以提起诉讼或者申请仲裁的方式依法主张解除合同,人民法院或者仲裁机构确认该主张的,合同自起诉状副本或者仲裁申请书副本送达对方时解除。”

《民法典》第五百六十六条规定:“合同解除后,尚未履行的,终止履行;已经履行的,根据履行情况和合同性质,当事人可以请求恢复原状或者采取其他补救措施,并有权请求赔偿损失。合同因违约解除的,解除权人可以请求违约方承担违约责任,但是当事人另有约定的除外。主合同解除后,担保人对债务人应当承担的民事责任仍应当承担担保责任,但是担保合同另有约定的除外。”

《民法典》第八百零六条规定:“承包人将建设工程转包、违法分包的,发包人可以解除合同。发包人提供的主要建筑材料、建筑构配件和设备不符合强制性标准或者不履行协助义务,致使承包人无法施工,经催告后在合理期限内仍未履行相应义务的,承包人可以解除合同。合同解除后,已经完成的建设工程质量合格的,发包人应当按照约定支付相应的工程价款;已经完成的建设工程质量不合格的,参照本法第七百九十三条的规定处理。”

(三)质量纠纷的证明责任及责任承担

1. 裁判思路

审判实务中,施工合同所涉工程的质量是关键,基于我国历来对工程质量安全的高度重视,施工合同纠纷解决当然离不开工程质量这一基本法律事实。施工合同纠纷中无论哪一方主张工程质量存在问题都应承担证明责任。若工程已经验收合格,则必须有充分的相反证据予以证明,必要时再辅之以质量鉴定。若工程经验收合格且无充分的相反证据证明存在质量问题,则法院一般不予支持。若工程未经验收,主张质量存在问题的一方应同时提供初步的质量问题证据予以证明,此时证明责任一般转移至相对方,必要时相关方可以申请司法鉴定。如果建设单位未经验收擅自使用的,并以质量问题为由主张权利的,一般不会获得支持。但是承包人应当在建设工程的合理使用寿命内对地基基础工程和主体结构质量承担民事责任。

同时,与证明责任相对应的责任承担亦很明确:质量有问题的要承担相应责任,质量无问题的则无须承担责任。

2. 相关主要法规依据

(1)《民法典》施行前的主要法规依据:《民事诉讼法》第六十七条;《民诉法解释》第九十条;原《施工合同司法解释(二)》第三条、第十四条;《最高人民法

院关于民事诉讼证据的若干规定》(法释〔2019〕19号,以下简称《证据规定》)第二条

《民事诉讼法》第六十七条规定:“当事人对自己提出的主张,有责任提供证据。当事人及其诉讼代理人因客观原因不能自行收集的证据,或者人民法院认为审理案件需要的证据,人民法院应当调查收集。人民法院应当按照法定程序,全面地、客观地审查核实证据。”

《民诉法解释》第九十条规定:“当事人对自己提出的诉讼请求所依据的事实或者反驳对方诉讼请求所依据的事实,应当提供证据加以证明,但法律另有规定的除外。在作出判决前,当事人未能提供证据或者证据不足以证明其事实主张的,由负有举证证明责任的当事人承担不利的后果。”

原《施工合同司法解释(二)》第三条规定:“建设工程施工合同无效,一方当事人请求对方赔偿损失的,应当就对方过错、损失大小、过错与损失之间的因果关系承担举证责任。损失大小无法确定,一方当事人请求参照合同约定的质量标准、建设工期、工程价款支付时间等内容确定损失大小的,人民法院可以结合双方过错程度、过错与损失之间的因果关系等因素作出裁判。”

原《施工合同司法解释(二)》第十四条规定:“当事人对工程造价、质量、修复费用等专门性问题有争议,人民法院认为需要鉴定的,应当向负有举证责任的当事人释明。当事人经释明未申请鉴定,虽申请鉴定但未支付鉴定费用或者拒不提供相关材料的,应当承担举证不能的法律后果。一审诉讼中负有举证责任的当事人未申请鉴定,虽申请鉴定但未支付鉴定费用或者拒不提供相关材料,二审诉讼中申请鉴定,人民法院认为确有必要的,应当依照民事诉讼法第一百七十条第一款第三项的规定处理。”

《证据规定》第二条规定:“人民法院应当向当事人说明举证的要求及法律后果,促使当事人在合理期限内积极、全面、正确、诚实地完成举证。当事人因客观原因不能自行收集的证据,可申请人民法院调查收集。”

(2)《民法典》施行后的主要法规依据:《民事诉讼法》第六十七条;《民诉法解释》第九十条;《施工合同司法解释(一)》第六条、第三十二条;《证据规定》第二条

《施工合同司法解释(一)》第六条规定:“建设工程施工合同无效,一方当事人请求对方赔偿损失的,应当就对方过错、损失大小、过错与损失之间的因果关系承担举证责任。损失大小无法确定,一方当事人请求参照合同约定的质量

标准、建设工期、工程价款支付时间等内容确定损失大小的，人民法院可以结合双方过错程度、过错与损失之间的因果关系等因素作出裁判。”

《施工合同司法解释（一）》第三十二条规定：“当事人对工程造价、质量、修复费用等专门性问题有争议，人民法院认为需要鉴定的，应当向负有举证责任的当事人释明。当事人经释明未申请鉴定，虽申请鉴定但未支付鉴定费用或者拒不提供相关材料的，应当承担举证不能的法律后果。一审诉讼中负有举证责任的当事人未申请鉴定，虽申请鉴定但未支付鉴定费用或者拒不提供相关材料，二审诉讼中申请鉴定，人民法院认为确有必要的，应当依照民事诉讼法第一百七十条第一款第三项的规定处理。”

（四）质量纠纷的抗辩与反诉

1. 质量纠纷中抗辩与反诉的区别

在民事诉讼中，所谓抗辩是针对请求权提出的一种防御方法，是指当事人通过主张与对方的主张事实所不同的事实或法律关系，以排斥对方所主张的事实的行为。[①] 抗辩是被告在诉讼中常用的防御手段，主要目的是阻却对方的权利。

反诉是指被告向原告提出的、可以成为独立诉讼标的且能够系属于本诉审理法院的诉讼请求。[②] 反诉一方面具有独立性，是一种独立的请求权，即使本诉撤回，也不影响反诉的审理；另一方面又具有一定的依赖性，以本诉的存在为前提，与本诉之间有牵连关系。

二者在性质、目的、诉讼地位、内容、诉讼费用、处理方式等方面都有较大区别。从性质上看，抗辩是针对请求权提出的一种防御方法，而反诉是一种独立的请求权；从目的上看，抗辩的目的是否定原告的主张、维护自身的合法权益，[③] 而反诉的目的是抵销或者吞并原告的诉讼请求或者使原告的诉讼请求失去意义；从诉讼地位上看，抗辩具有依附性，如果撤诉，抗辩也就失去了意义，而反诉虽然以本诉的提起为前提，但是法院一旦受理，反诉相对本诉就具有了一定的

---

① 杨立新、刘宗胜：《论抗辩与抗辩权》，载《河北法学》2004 年第 10 期。

② 参见[德]罗森贝克、施瓦布、戈特瓦尔德：《德国民事诉讼法》（下），李大雪译，中国法制出版社 2007 年版，第 696 页。

③ 参见最高人民法院民事审判第一庭编著：《最高人民法院新建设工程施工合同司法解释（一）理解与适用》，人民法院出版社 2021 年版，第 162 页。

独立性;从内容上看,抗辩既可以有实体上的内容,也可以有程序法上的内容,[①]而反诉作为一种独立的诉,其必然具有实体方面的内容;从诉讼费用上看,抗辩并非独立的诉,被告无须缴纳案件受理费,而在反诉中被告需要缴纳案件受理费;从处理方式上看,法院虽然需要对抗辩主张进行审理,但不需要对其另行裁判,而反诉法院需要考虑是否符合反诉的提起条件,受理后必须对反诉的请求作出明确的裁判。

这些区别对被告是采用抗辩还是反诉的方式达到自己的目的具有重要的参考意义,尤其是案件受理费的缴纳和法院处理方式的不同对当事人的选择影响较大,关乎当事人的切身利益。因此,明确区分反诉与抗辩的区别意义重大。

2. 抗辩

(1)裁判思路

审判实务中,工程质量纠纷中的抗辩主要集中在承包人提起建设工程合同诉讼,发包人以质量问题为由主张抗辩,主要有:第一,发包人仅以工程质量问题为由主张减少工程款;第二,发包人以承包人在施工过程中存在偷工减料、未按图施工等为由主张减少工程款;第三,发包人因承包人拒绝维修而另行委托他人修复后,主张抵扣修复费用的,可以选择进行抗辩抑或提出反诉。[②]

一般情况下,在承包人主张工程款结算、工程相关款项支付、主张相关违约责任时,法院对发包人提出质量抗辩的基本思路以是否进行过验收为标准:已竣工验收合格且无相反事实的,质量抗辩一般不予采信;未进行竣工验收且初步证据能够证明存在质量问题的,证明责任会转向承包人,承包人无法进一步证明合格或司法鉴定为不合格的,质量抗辩一般予以采信。建设单位提前擅自使用后又以质量存在问题为由抗辩的,一般不会获得支持。法院对发包人提出抵扣修复费用的基本思路,通常以工程验收报告或鉴定意见为标准:验收报告或鉴定意见明确认定工程需进行修复的,根据鉴定意见确定的修复方案和修复费用,将发包人主张抵扣的修复费用金额进行对比,对合理的修复费用,法院一般予以支持。

---

① 参见陈刚:《论民事诉讼中的反诉、抗辩与否认》,载《法制与社会》2009 年第 22 期。

② 参见最高人民法院民事审判第一庭编著:《最高人民法院新建设工程施工合同司法解释(一)理解与适用》,人民法院出版社 2021 年版,第 164 ~165 页。

(2)相关主要法规依据

一是《民法典》施行前的主要法规依据:原《施工合同司法解释》第十一条、第十三条

原《施工合同司法解释》第十一条规定:“因承包人的过错造成建设工程质量不符合约定,承包人拒绝修理、返工或者改建,发包人请求减少支付工程价款的,应予支持。”

原《施工合同司法解释》第十三条规定:“建设工程未经竣工验收,发包人擅自使用后,又以使用部分质量不符合约定为由主张权利的,不予支持;但是承包人应当在建设工程的合理使用寿命内对地基基础工程和主体结构质量承担民事责任。”

二是民法典施行后的主要法规依据:《施工合同司法解释(一)》第十二条、第十四条

《施工合同司法解释(一)》第十二条规定:“因承包人的原因造成建设工程质量不符合约定,承包人拒绝修理、返工或者改建,发包人请求减少支付工程价款的,人民法院应予支持。”

《施工合同司法解释(一)》第十四条规定:“建设工程未经竣工验收,发包人擅自使用后,又以使用部分质量不符合约定为由主张权利的,人民法院不予支持;但是承包人应当在建设工程的合理使用寿命内对地基基础工程和主体结构质量承担民事责任。”

3. 反诉

(1)裁判思路

审判实务中,工程质量纠纷中的反诉主要集中在承包人为向发包人主张权利而提起的诉讼中发包人采取的应对手段上,主要包括:第一,发包人要求承包人支付违约金或赔偿损失;第二,发包人要求承包人赔偿因工程质量不符合合同约定而造成的其他财产或者人身损害;第三,发包人要求承包人承担返修义务或者赔偿损失;第四,承包人逾期完工,发包人主张工期延误索赔的;[①]第五,发包人主张承包人交付工程资料;第六,发包人请求承包人开具发票。

法院对发包人提起反诉的裁判思路,首先审理发包人的主张是否属于反诉

① 参见最高人民法院民事审判第一庭编著:《最高人民法院新建设工程施工合同司法解释(一)理解与适用》,人民法院出版社2021年版,第165页。

范畴，对不具备反诉要件的主张，不予受理，符合民事诉讼关于反诉程序要求的，对反诉进行实体审理。反诉的实体审理主要围绕反诉的主张，承包人存在违反合同约定、法律规定、侵害发包人合法权益的，发包人的主张符合法律规定或合同约定的，法院一般予以支持；承包人不存在违反合同约定、法律规定、侵害发包人合法权益的行为，或反诉主张明显超出合同约定或法律规定的，法院一般不予支持，或在合理范围内支持发包人的反诉主张。

需要指出的是，针对发包人要求承包人支付违约金或赔偿损失的情形，《江苏省高级人民法院建设工程施工合同案件审理指南》第八条规定，如果发包人与承包人双方在合同中已经明确约定了可以直接将工程质量违约金、赔偿金从应付工程款中予以扣减，发包人可以依约直接提出抗辩，不需要再提起反诉。但是，最高法院和其他高院并未对这类情况予以明确规定，江苏高院的案件审理指南并不具有普遍适用的效力，不同地方法院对此处理方式存在分歧。①

（2）相关主要法规依据

一是《民法典》施行前的主要法规依据：原《施工合同司法解释（二）》第七条

原《施工合同司法解释（二）》第七条规定："发包人在承包人提起的建设工程施工合同纠纷案件中，以建设工程质量不符合合同约定或者法律规定为由，就承包人支付违约金或者赔偿修理、返工、改建的合理费用等损失提出反诉的，人民法院可以合并审理。"

二是民法典施行后的主要法规依据：《施工合同司法解释（一）》第十六条

《施工合同司法解释（一）》第十六条规定："发包人在承包人提起的建设工程施工合同纠纷案件中，以建设工程质量不符合合同约定或者法律规定为由，就承包人支付违约金或者赔偿修理、返工、改建的合理费用等损失提出反诉的，人民法院可以合并审理。"

---

① 参见（2020）苏04民终3473号、（2018）苏01民终11029号、（2020）桂民终1666号判决书。

第三节　工程质量纠纷各方存在的主要问题及成因

一、建设单位存在的主要问题及成因

建设单位作为建设工程的投资者、拥有者、使用者，在工程项目中居于主导地位，其参与工程的勘察、设计、施工，是工程质量纠纷常见的参与主体。建设工程质量纠纷案件中建设单位存在的主要问题及成因主要分为以下六个方面。

（一）报批报建手续方面

建设单位在组织开工前，应当向所在地相关主管部门申请办理的报批报建手续包括建设用地规划许可证、建设用地规划设计条件审查、建设工程规划核验、建设工程规划许可证、建设工程消防设计审查、人防工程设计方案审查、交通影响评价审查、环境影响评价审查、建设项目水影响评价审查、施工图审查、工程建设涉及城市绿地树木审批、建设工程施工许可证等。相关行政主管部门对以上事项进行分析与研究，以保证项目的可行性。这一工作环节，为整个项目的施工提供了非常多的保护，不仅能够维护工程质量，还能够保证工程的合法性。①

建设单位在开工前未完成报批报建手续擅自开工的，属于违法情形，应承担相应法律责任；无报批报建手续的工程，属于违法建设，建设单位未办理报批报建手续，或在报批报建手续之外多建、扩建工程，缺乏政府职能部门相关的审查，缺少监管，易引发后续工程质量问题。

在实务中，报建手续种类繁多，部分报建手续如施工许可证等必备手续必须齐备才能开始施工，因此在开工前报建手续方面存在问题的，主要集中在以下两个方面。

1. 未办理齐备开工前的报建手续

《中华人民共和国建筑法》（2019 年修订，以下简称《建筑法》）第七条、《建设工程质量管理条例》（2019 年修订）第十三条规定，建设单位在施工开工前应

---

① 参见唐剑波：《房地产开发项目的前期报建管理要点》，载《住宅与房地产》2021 年第 28 期。

当取得合法有效的报批报建手续，包括建设用地规划许可证、建设工程规划许可证、施工许可证、工程质量监督手续①等。工程项目的前期审批手续是国家对相关工程项目进行监管的手段之一，是项目进行施工的前置程序。

在实务中，部分建设单位在工程项目尚未取得全部的前期施工手续前，先行组织施工单位进行施工。建设单位边施工边办证，工程项目缺乏有关部门的有效监管，将导致工程质量无法保障，容易造成工程质量事故。②

造成此类问题的成因主要是部分建设单位为追求工程进度，为使施工单位尽快进场，随意组织开展施工，有时建设单位利用其甲方的身份地位，要求施工单位在明知工程项目进展不合规的情形下，实施未批先建的违法行为。

2. 设计文件未经审查或审查不合格擅自施工

《建设工程质量管理条例》第五条规定，建设单位应当遵循先勘察、后设计、再施工的原则。建设单位在组织施工前，应当取得完备并经审查合格的施工图等设计文件并交付施工单位，施工单位需依照审查合格的设计文件进行施工。

在实务中，部分建设单位向施工单位提供的设计文件未经审查或审查不合格，甚至组织施工时尚未取得完整的施工图等设计文件，建设单位边勘察、边设计、边施工，最终因设计文件存在问题而导致工程质量缺陷。同时，无设计文件将导致工程质量鉴定缺乏有效可靠依据，易引发建设单位与施工单位对工程质量认定的争议。

造成此类问题的成因主要在于部分建设单位为追求工程进度，在中间环节违规操作，省略设计文件的审查工作，使设计文件缺乏有效的风险防控，导致工程出现质量问题。

（二）合作单位选定方面

建设单位作为工程业主方，通常本身并不参与全部的实际施工过程，而是选定勘察、设计单位、施工单位等合作单位，由合作单位根据专业分工共同完成工程。工程出现质量问题及由此引发的纠纷，虽然质量问题表面上看是合作单位造成的，但是作为建设单位，可能在选定合作单位时即存在问题，最终导致引

---

① 工程质量监督手续需向地方住建部门或铁路、交通、水利等有关管理部门，或其委托的工程质量监督机构申请，递交工程勘察文件审查意见书、施工图设计文件审查意见书、监理及施工中标通知书、合同信息表或备案合同等材料。审查合格的，向建设单位发放建设工程质量监督书等相关文件。

② 参见陈杨、黄颖：《论建设单位的工程质量首要责任》，载《工程质量》2022 年第 1 期。

发质量问题。

合作单位选定存在的问题主要体现在以下四个方面。

1. 未按照法律规定进行招标选定合作单位

《中华人民共和国招标投标法》(以下简称《招标投标法》)及《必须招标的工程项目规定》对建设工程中必须进行招标的项目进行了规定,其立法意图即在于保障工程的合法性和质量安全,如涉及社会公共利益的建设工程项目必须进行招标。应当进行招标程序选定合作单位的项目,建设单位未经招标程序选定合作单位的,或是采用内定中标人等方式进行虚假招标的,不仅合同效力方面存在法律风险,而且工程质量也无法得以保证。

在实务中,部分建设单位未按照法律规定通过招标选定合作单位,最终引发质量争议,主要体现在两个方面:第一,建设单位与施工单位相互串通,建设单位的相关人员从中获取不正当利益,建设单位对施工单位工程质量的制约被利益关系所取代,施工过程中极有可能产生不按图施工、偷工减料等对工程质量造成极大隐患的情形,在工程质量缺陷无法掩盖时,建设单位和施工单位便产生质量争议;第二,合同无效或者"黑白合同"在履约阶段容易产生争议,也会间接导致质量争议。①

造成此类问题的成因,主要在于建设单位未严格依照程序选定合作单位,内部法律合规监管力度不足,导致应招标的工程项目未进行招标;或是建设单位相关负责人法律意识淡薄,选定合作单位过程中存在受贿、串通投标等违法行为,导致招标过程流于形式,选定的合作单位缺乏履约能力。

2. 因管控流程把关不严出现转包和违法分包

(1)转包

转包是指承包单位将建设工程全部或分解后转让给第三方勘察、设计或施工,原承包单位不再承担原建设工程合同权利和义务的行为。《民法典》《建筑法》《建筑工程质量管理条例》均对转包的行为作出了禁止性规定。

以施工合同为例,在实务中,转包的主导方通常是施工单位,由其直接联系建设单位,或通过招标中标获取建设工程的施工合同,之后将工程全部或支解以后以分包的名义转包给他人。建设单位在转包行为中存在的问题主要为:建设单位在施工过程中未尽到监管职责,在承包单位承接工程后,对该工程派出

① 参见郑志鹏:《建筑工程质量争议的形成与处理》,载东南大学2017年硕士学位论文,第29页。

的项目管理班子，不进行质量安全、进度等管理、不按照合同履行义务等转包行为未及时发现或发现后不依法处置。

造成此类问题的成因，主要在于：建设单位方未尽到监管审查职责，部分工程建设单位方的主要责任人员认为施工单位进场后，就由监理单位负责监督，建设单位方即可脱离施工关系，过于相信施工单位和监理单位，导致未能及时发现施工单位的转包行为，事后质量验收时，因工程质量不达标等问题引发质量纠纷。

(2)违法分包

分包包括专业分包和劳务分包，其中专业分包是指施工单位根据总承包合同的约定或者经建设单位的允许，将承包工程中的专业性较强的专业工程发包给具有相应资质的其他施工单位完成的分包方式；劳务分包是指施工单位或者专业分包单位将其承包工程的劳务作业发包给具有相应资质的劳务分包单位完成的分包方式。

违法分包是指违反法律对总承包和分包的相关规定进行分包。《建设工程施工发包与承包违法行为认定查处管理办法》第十二条规定，实施违法分包的主体是施工单位。此处仅讨论施工单位在实施违法分包行为过程中，建设单位方存在的问题和应承担的责任。

施工总承包人的选定通常通过严格的招标程序确定，施工单位的资质、工程经验、履约经历、专业团队等均是招标考核项，因此由选定的施工单位进行施工才能有效保障工程质量。违法分包时，施工单位将工程交分包人，分包人的各项实力未经过公开程序比选或名为公开比选实际暗箱操作，难以保证工程质量，因此违法分包易引发工程质量问题。违法分包属于违法行为，施工单位与分包单位的建设工程分包合同的效力会受到影响，这也是引发建设工程质量纠纷的重要原因。

在实务中，由于建设单位原因导致施工单位违法分包工程引发质量纠纷的，主要表现为：第一，建设单位在招标过程中违法乱纪，明招暗定，由于与建设单位存在利益相关的内定实际施工单位缺乏相关资质等原因，与中标人约定将中标的部分工程在合同签订后分包给利益相关主体，[①]工程质量出现问题后，建

① 参见付翔宇：《建设工程违法分包法律问题研究》，载辽宁科技大学2020年硕士学位论文，第4页。

设单位、施工单位、分包人对工程质量责任分配发生争议;第二,建设单位与施工单位在施工合同中约定允许分包,或工程合同虽未明确允许分包,但施工单位分包取得了建设单位的认可,实际施工过程中分包行为属于违法分包的,[①]工程质量出现问题后,建设单位、施工单位、分包人对工程质量责任分配发生争议;第三,建设单位未参与违法分包行为,但是在施工过程中对施工单位缺乏有效监管,工程出现质量问题后,施工单位拒绝承担质量责任,由违法分包人承担质量责任,引发工程质量纠纷;第四,施工单位以劳务分包之名,与分包单位签订劳务分包合同,实际承揽工程中专业分包的专项工程,因分包人不具备相应的资质或专业能力,导致工程质量存在缺陷。

造成此类问题的成因,主要在于三个方面:第一,建设单位在施工合同履行过程中,主要负责人员及项目负责人为谋求非法利益,触碰法律底线,不具备专业资质的分包单位相关人员与建设单位主要负责人员及项目负责人相互勾结,建设单位为其提供帮助,通过甲方指定的方式选定分包单位;第二,在建设工程中负有监管职责的人员,在工作过程中怠于履行监管职责,施工单位未经建设单位同意实施了违法分包的行为,建设单位的监管人员未尽监管义务;第三,建设工程市场地方保护现象较为严重,由于地方本土的施工企业施工资质不全或经验不足等原因,采用合法招标方式难以在大型施工单位的竞争中胜出,地方政府为了保证地方经济发展,建设单位为满足招标程序的合法合规要求,遂在施工单位中标后,将部分工程指定给本地方的施工单位分包工程,因分包单位的资质和技术水平有限,工程质量难以保证。

需要特别指出的是,近年来为贯彻落实中共中央、国务院《新时期产业工人队伍建设改革方案》,国务院办公厅及各部门先后出台了《关于促进建筑业持续健康发展的意见》(国办发〔2017〕19 号)和《关于加快培育新时代建筑产业工人队伍的指导意见》(建市〔2020〕105 号)等文件,该等文件提出进一步深化建筑业"放管服"改革,加快产业升级,促进建筑业持续健康发展,为新型城镇化提供支撑的主要任务。同时,地方政府已经开始这方面的实践,如 2022 年 7 月 22 日重庆市住房和城乡建设委员会、重庆市发展和改革委员会、重庆市经济和信息化委员会、重庆市人力资源和社会保障局、重庆市市场监督管理局、国家税务总

---

① 参见彭超暄:《建筑工程非法转包及违法分包问题法律规制研究》,载《法制与社会》2020 年第 7 期。

局重庆市税务局、重庆市总工会联合发布了《关于印发〈重庆市培育新时代建筑企业自有工人队伍试点工作方案〉的通知》(渝建〔2022〕21号),该方案以重庆市区政府投资或主导的房屋建筑和市政基础设施工程项目为试点,深化建筑劳务用工制度改革,引导劳务企业转型发展,大力培育施工单位自有工人,至2025年年底逐步减少建设工程项目中劳务分包的人员比例。在转型过渡阶段结束后,劳务分包的法律定性尚待法规界定。

(3)支解发包①

建设单位支解发包工程主要表现为对分部分项等多项专业工程单独进行发包,将最小工程单位再进行拆分发包。《建设工程发包与承包违法行为认定查处管理办法》第六条规定,建设单位将一个单位工程的施工分解成若干部分发包给不同的施工总承包或专业承包单位的,属于违法发包。

支解发包工程是指建设单位将本应由一个合作单位整体承揽完成的建设工程支解成若干部分,分别发包给不同合作单位的行为,支解发包会影响单位工程的整体性和一致性。在实务中,部分建设单位将工程项目支解发包,使得工程过于碎片化,同一个单位工程由多个施工单位共同完成,在同一个工程项目的施工现场,施工单位之间需相互协调,由于空间有限、施工工作有先后顺序等诸多问题,导致在场地、道路、辅助设施的使用上易引发冲突和矛盾,也不利于阶段性成品的保护,在出现工程质量安全问题,难以对产生质量问题的责任进行划分时,施工单位之间相互推诿责任,②引发建设工程质量纠纷。

造成这类问题的成因,主要在于建设单位受利益驱使,在主观上受人之托推荐施工队伍、推销建筑材料、处理多方关系,③将不能分解的最小单位工程继续支解发包,多个施工单位共同承揽、共同获益,同时规避上级和行政主管部门对招标程序的监管。建设单位没有严格执行国家工程建设管理规定、没有严格按照基本建设程序办事是造成以上问题的主要原因。

3.选定的合作单位不具有相应的专业资质或不具备相应的专业能力

我国对勘察、设计单位、施工单位实行专业资质制度,建设单位在工程项目

---

① 原《合同法》第二百七十二条中使用的表述为"肢解",《民法典》第七百九十一条将表述改为"支解"。

② 参见何乐:《建设工程施工合同纠纷的成因及预防研究》,载北京建筑大学2017年硕士学位论文,第19~20页。

③ 参见惠畦国:《工程建设招标肢解发包问题浅析》,载《招标与投标》2016年第1期。

招标过程中,明确承揽工程所需的资质要求,由具备资质的合作单位参与投标,选定资质符合且具备相应施工能力的合作单位。

在实务中,建设单位选定不具有相应的专业资质或不具备相应的施工能力的合作单位引发建设工程质量纠纷的情形中,建设单位与合作单位往往均存在问题,此处仅讨论建设单位的问题,合作单位在此情形下存在的问题详见后文。建设单位在此种情形中存在的问题主要表现在两个方面:第一,部分建设单位过度依赖招标代理机构和评标专家,在招标投标过程中未尽到监管职责,导致不具备相应要求的专业资质或专业能力不足的合作单位中标,引发工程质量问题;第二,部分建设单位在招标过程中,存在明招暗定的情形,为目标施工单位量身定做招标评标条件,使其顺利中标,但施工单位所具备的资质和专业能力仅仅符合招标条件的要求,并不具备实际建设工程项目所需的施工资质和专业能力,因此工程的质量无法得到保障。

此类问题的成因,主要在于以下两个方面:第一,建设单位在招标过程中,主要负责人员或项目负责人进行违法违规操作,参与串通投标的行为,使得不具备相应资质或专业能力的合作单位中标,导致选定合作单位的流程流于形式;第二,部分地区存在地方保护倾斜,在招标投标过程中,建设单位对本地方的合作单位存在倾斜保护,导致部分并不具备相应资质或不具备相应履约能力的合作单位成功中标,为工程质量埋下隐患。

4. 实行监理的建设工程,未尽有效监管职责

《建设工程质量条例》第十二条对必须强制实行监理的建设工程进行了规定,包括国家重点建设工程、大中型公用事业工程、成片开发建设的住宅小区工程、利用外国政府或者国际组织贷款、援助资金的工程及国家规定必须实行监理的其他工程。建设单位在选定监理单位的过程中,应当符合相关法律规定,选定具有相应资质的监理单位。监理过程中,监理单位应对建设工程施工现场进行全面系统检查,掌握对工程质量存在影响的各种因素,并及时制定科学的解决对策,为建设工程质量提供基础保障。

监理单位人员的专业技术水平和责任态度会影响工程质量。监理单位与勘察、设计、施工单位不同,其在建设工程项目中对工程质量的影响是间接的,不具备监理资质的监理单位或违规委托的监理单位,易引发因监理单位人员未履行职责,导致施工人员缺少监管,间接地造成工程质量问题。监理单位人员怠于监管等原因引发工程质量问题的情形,主要在于监理单位自身原因,在此

不做过多赘述。

在实务中,监理单位与施工单位的情况相似,也存在人员挂靠的现象,部分监理单位的工作人员不在施工现场,工作过程中消极怠工,适逢工地检查时才赴现场进行监理,平时的工作由他人代替。[①] 建设单位的工地现场负责人员对现场出勤到岗的工作人员审查不到位,随意应付监理工作,施工过程中缺乏监理单位的有效监管,导致施工过程中的操作错误等问题未能及时纠正,引发工程质量问题。

此类问题的成因,主要在于建设单位在工地现场的负责人员未尽到监管职责,负责监理的监理工程师在现场未尽职履行监理职责,不及时组织监理例会或找人替代进行监理工作,建设单位的负责人员包容其违规行为,并帮助其逃脱监管,或是由于工作疏忽等原因,未及时发现并纠正监理人员的违规行为,要求其依法依约履职。

另外,建设单位选定的监理单位同样可能存在监理单位不具备相应监理资质或专业监理能力的情形,与选定其他合作单位过程中存在此类问题的成因相类似,详见前文"3. 选定的合作单位不具有相应的专业资质或不具备相应的专业能力"的相关内容。

(三)合同体系方面

建设工程合同是工程质量的重要保障,以施工合同为例,建设单位、施工单位通过签订建设工程施工合同确认权利义务关系。根据《民法典》第七百九十五条的规定,施工合同的内容一般包括工程质量、竣工验收、质量保修范围和质量保证期等条款,其中有合同约束力的图纸和技术标准与要求是合同文件的重要组成部分。

在工程出现质量争议且根据合同无法确定案涉工程质量是否符合约定时,就需要参照国家、行业标准和规范来判断,将国家、行业标准和规范作为工程竣工验收标准。当适用的国家、行业标准和规范、图纸关于某一项或几项质量标准规定不一致时,根据不同质量标准会得出不同验收结果,即会产生建设工程施工质量纠纷。

---

① 参见何乐:《建设工程施工合同纠纷的成因及预防研究》,载北京建筑大学 2017 年硕士学位论文,第 22 页。

在实务中,建设单位在合同体系方面存在的问题主要表现在以下三个方面。

第一,建设工程施工合同中关于工程质量的约定常常出现约定不明确的情形。在我国建设工程领域长期的实践中,质量验收和合同相分离,逐渐形成了按国家、行业标准和规范进行质量验收的习惯。① 我国目前大多数建设工程项目采用招投标方式选取施工单位,在中标后,部分建设单位则以招标文件不能修改为由拒绝修改合同条款,而采用示范文本或招标文件中的相关条款。示范文本中大多是框架性规定,对工程质量的相关约定不能满足个案的特殊性,约定不够明确。这也导致大部分建设工程施工合同文本不是由建设单位和施工单位在平等协商的基础上形成的,而是建设单位单方面意志的产物。② 施工单位在合同签订过程中处于被动地位,工程中一些具体事项双方的意思表示存在一定程度的分歧。

第二,部分建设单位在建设工程施工合同中约定,建筑材料、建筑构配件或相关设备等的采购由建设单位负责。施工采购过程中,建设单位为节约成本,采购建筑材料的质量不符合施工需要或质量标准,导致建设工程在验收时不达标或验收后引发质量问题。建设单位与施工单位对引发的质量问题归责产生争议。

第三,部分建设单位在建设工程合同签订后,相关主管人员未能按照合同的约定,对合同履行中存在的问题及时与合作单位相关人员进行沟通,并对其进行有效的监管和及时的追责。

造成此类问题的成因,主要在于建设单位内部缺乏有效的合同管理制度,参与签订合同的相关责任人员过于依赖示范合同模板,沿用与项目不够匹配、相关条款约定不够明确的合同模板。每个建设工程项目都具有唯一性,其中应当设定与之相对应的特殊条款或对通用条款进行一定的修订。如果未能落实,则会导致合同履行过程中,双方仅有口头约定,未以书面形式将权利义务及相关标准落实到位,从而引发纠纷。另外,建设单位相关负责人缺乏履约意识,在合同签订后怠于履行监管职责,怠于行使合同权利,导致合同虽有明确的约定,但权利义务停留于纸面,合同双方均未依约定履行合同。

---

① 参见郑志鹏:《建设工程质量争议的形成与处理》,载东南大学 2017 年硕士学位论文,第 25 页。

② 参见曹杨、王雪青:《我国建设工程合同管理存在的问题与对策》,载《经济纵横》2010 年第 8 期。

（四）执行标准方面

建设工程质量标准按照发布等级可以分为国家标准、地方标准、行业标准、企业标准，标准的严格程度由低到高，其中国家标准和地方标准又可分为推荐性标准和强制性标准。

执行标准存在的问题主要包括两方面：(1)双方在合同中未明确约定执行的工程质量标准，在工程质量出现问题后，根据双方各自主张的质量标准得出不同的结论；(2)建设单位为节约成本，通过明示或暗示的方式告知设计单位或施工单位违反工程建设强制性标准，降低建设工程质量，明示或暗示施工单位使用不合格的建筑材料、构配件和设备。

1. 合同中未明确执行标准

实务中，部分工程建设单位会在建设工程合同中，与合作方约定相应的质量标准，通常在合同中约定的标准，会高于一般的国家标准和地方标准。根据《标准化法》第七条、《标准化法实施条例》第十八条的规定，工程建设的质量、安全、卫生标准及国家需要控制的其他工程建设标准，属于强制性国家标准。合同中未明确约定执行标准的，应当至少符合国家工程质量标准。

在实务中，建设单位与合作方在建设工程合同中未约定质量标准的，双方对适用的质量标准存在争议，如建设单位主张适用较高的地方标准，施工单位主张工程质量只要符合较低的国家标准即可，工程本身可能并不存在质量问题，但是根据不同的质量标准会得出不同的验收结论，双方即产生建设工程施工合同质量纠纷。

造成此类问题的成因，主要在于双方在签订合同时未予以明确，建设单位过于依赖建设工程合同的示范文本，在合同签订过程中合同双方对质量标准等重要条款未加以说明，并在合同中详细写明约定的执行标准；或是双方口头对适用的质量标准进行了约定，但在合同中写明的内容与双方约定不符或约定不明确，在合作单位承揽工程过程中项目经理根据合同书面文件落实工作，导致工程质量与前期口头约定的质量标准有出入。

2. 明示或暗示合作单位降低标准

国家建设主管部门对工程质量各项标准采用强制性标准，即所有工程均应达到工程质量标准，勘察、设计、施工单位履行合同达不到工程质量标准的属于违法违规行为。

在实务中,某些建设单位通过明示或暗示勘察、设计、施工单位违反工程建设强制性标准,降低工程质量;明示或暗示施工单位使用不合格的建筑材料、构配件和设备,间接降低工程质量。在工程出现质量问题后,双方对质量问题的归责产生争议,虽表面系合作单位履行合同过程中存在违法违规行为,但实则是建设单位对违法违规的行为起主导作用,若建设单位是通过暗示的方式降低质量标准,在质量纠纷中更加难以证明。

造成此类问题的成因,主要在于建设单位为了控制工程项目成本,建设单位的此类行为违法成本低,相关责任人员对工程质量不够重视,通过明示或暗示设计单位在施工图中降低质量标准来控制成本,进而压低施工单位的工程报价;或是在要求施工单位降低报价的过程中,明示或默许施工单位采用不符合国家强制性标准的施工程序等方式。合作单位方出于维持与建设单位既有的合作关系,或是与建设单位绑定为利益共同体,与建设单位共同实施此类违法行为。

(五)全程质量管控方面

建设单位在建设工程合同履行过程中,质量管控涉及人、材、机三方面,不仅仅依托监理单位对工程进行监管,建设单位也应在合作单位选定、建设材料采购、设备采购等过程中,充分发挥并利用甲方的权力,对工程各方面进行监管。其中,质量管控不力引发质量争议,建设单位方存在的问题主要包括:(1)任意压缩合理工期;(2)向有关勘察、设计、施工、监理等单位提供的与建设工程有关的原始资料存在瑕疵;(3)在工程施工过程中未尽监管职责。

1. 任意压缩合理工期

住建部《关于印发建筑安装工程工期定额的通知》(建标〔2016〕161 号)对建设工程工期的计算进行了规定,各地方行政主管部门基于此对各地方工期计算作出了更加详细的规定,如北京市住房和城乡建设委员会制定的《北京市建设工程工期定额》(京建法〔2019〕4 号)。

根据《施工合同司法解释(一)》第二条的规定,对有效中标合同的工期进行压缩,属于对有效中标合同的实质性内容进行变更,变更后的工期条款无效。若工程是非必须进行招标的项目,也未经招标程序,建设单位对双方实际履行合同规定的工期进行压缩,存在两种后果:施工单位可向建设单位主张因缩短工期而增加的赶工措施等费用;施工单位可向行政主管部门进行投诉,要求对建设单位进行处罚。①

在实务中，建设单位任意压缩合理工期的情形较为常见，包括两种情形（以建设工程施工合同为例）：第一，建设单位在签订合同时约定的工期就短于合理工期；第二，建设单位在签订合同后，履行过程中，与施工单位修改合同约定，变更工期。施工单位迫于建设单位的压力或为维护合作关系，被迫与建设单位签订或变更合同，实则难以在约定工期内完工，通过赶工、甩工等手段追求工程速度，忽视工程质量，导致工程出现质量问题，验收不合格。双方对质量问题的归责产生纠纷，引起工程质量争议。

造成此类问题的成因较为单一明确，主要在于建设单位急于投产、交付。通常建设工程项目周期较长，回款较慢，资金压力较大。例如商品房建设工程，建设单位会先进行预售，先行与买受人签订房屋预售合同，约定交付日期。在建设工程施工过程中，由于各种原因导致工期延长的，建设单位为避免支付商品房预售合同的违约金，被迫向施工单位施加压力，任意压缩施工单位的合理工期。

2. 提供的原始资料存在瑕疵

根据《建筑法》第八条的规定，申请领取施工许可证，应当提供有满足施工需要的资金安排、施工图纸及技术资料。《建筑法》确立了施工图强制审查制度，施工图纸需经强制审查合格后，方能申请施工许可证，未经审查或审查不合格的，不得申请。但近年来部分地方逐步尝试将施工图事前审查转为事后抽查制度，例如北京市规划和自然资源委员会、住房和城乡建设委员会、人民防空办公室、通信管理局、地震局联合发布的《北京市关于深化建设工程施工图审查制度改革实施方案》（京规自发〔2022〕194 号）中明确，将房屋建筑施工图由事前审查调整为事后抽查。

根据《施工合同司法解释（一）》第十三条的规定，发包人提供的设计有缺陷，造成建设工程质量缺陷，应当承担过错责任。建设单位在建设工程合同签订后，向有关勘察、设计、施工、监理等单位提供的与建设工程有关的原始资料应当符合国家相关质量标准及合同约定的标准。

在实务中，部分建设单位对设计单位交付的施工图纸等设计文件未经合理

---

① 参见王楷、于秋磊：《建设工程施工合同纠纷法律实务与工程专业知识解答》，法律出版社 2021 年版，第 247 ~ 248 页。

审核,直接转交施工单位进行施工,施工图纸等设计文件中一旦存在瑕疵,无法得到及时更正,或是建设单位通过明示或暗示的方式要求设计单位出具更加节约成本的设计方案,而因此牺牲工程质量,施工单位按照设计图纸进行施工,导致工程出现质量问题,引发质量纠纷的,属于建设单位方的问题。

造成此类问题的成因,主要在于建设单位相关负责人工作疏忽,未尽到监管职责,对勘察单位、设计单位、施工单位、监理单位提供的资料审核不到位;或是为节约成本,要求勘察或设计单位出具不符合质量标准的勘察报告、设计图纸,导致工程后续出现质量问题。

3. 未尽工程监管职责

根据《建设工程监理规范》的规定,项目监理机构应当定期召开监理例会,并组织有关方研究解决与监理相关的问题。工程施工过程中,建设单位与监理单位应当积极履行监督管理职责,及时掌握工程进度和工程质量情况。

在实务中,部分建设单位的负责监管责任人员,不具备专业的施工知识,缺乏监管能力,在监管过程中无法有效行使职权;或是虽具备监管能力,但怠于履行或未全面履行监管责任,如施工过程中未按期参加监理例会、不到施工现场而仅仅审查相关纸质文件、任由施工单位随意组织施工等,工程质量无法得到保障。

另外,部分建设单位对建设工程相关材料和设备的进场验收未尽监督管理职责,进场材料委托检测程序不符合相关规定,材料取样、送样无真正的见证人,检测结果不能体现进场材料的真实质量状况。

造成此类问题的成因,主要在于以下两个方面:第一,建设单位通常缺乏施工工程专业知识人才,参与建设工程监管的相关部门及其工作人员,对施工的专业知识并不精通,只得依靠监理单位履行监管职责;第二,建设单位主管人员缺乏工程质量安全意识,怠于履行监管职责,对施工单位和监理单位过度依赖和信任,在施工过程中采取以包代管的形式。施工单位在施工过程中对工程项目负主体管理责任,监理单位负监理责任,建设单位负监管责任,[①]三类主体责任各不相同且相互不可替代,建设单位不履行监管责任将严重影响工程质量安全。

---

① 参见王宇昕:《建设单位项目安全监管高效机制的建立和实施浅议》,载《湖北应急管理》2022 年第 6 期。

（六）验收方面

根据《民法典》第七百九十九条的规定，建设工程竣工后，建设单位应当根据施工图纸及说明书、国家颁发的施工验收规范和质量检验标准及时进行验收。工程项目验收程序、验收内容应当符合法律规定，强制验收项必须组织验收，如消防验收、规划验收等，竣工验收材料需进行备案。

根据《建设工程施工质量验收统一标准》（GB 50300—2013）第6.0.6项的规定，建设单位收到工程竣工报告后，应由建设单位项目负责人组织监理、施工、设计、勘察等单位项目负责人进行单位工程验收。

在实务中，建设单位在验收方面存在的问题主要表现在以下三个方面：

第一，部分建设单位在验收程序上存在违法违规验收的情形，简化或省略某些验收步骤。工程施工内容刚刚完成，建设单位不认真组织分户验收，也等不及监理进行预验收或各方未进行检查评估，建设单位便强行组织建设工程的各参与方进行工程竣工验收。由于未真正进行预验收，或未经过设计单位、勘察单位的质量检查和监理单位的质量评估，对验收过程中存在的问题，建设单位与施工单位、监理单位、勘察、设计单位互相串通，对质量问题视而不见，而监督人员在不明就里的情况下到场监督，重点监督验收的组织形式和程序，现场踏验在相对有限的时间内难以发现细节之处的质量问题，验收监督程序沦为形式。① 这种形式的验收，难以排查出工程质量问题，易引发纠纷。

第二，建设单位对工程进行折价验收导致了质量争议。所谓折价验收，就是某项工程存在质量缺陷，但建设单位并不要求施工单位返工整改，而是与施工单位协商对该项缺陷工程对应的价款予以相应降低，从而建设单位接受该项缺陷工程。在进行折价验收过程中或验收完毕之后，双方对工程款的认定和给付产生争议的，往往会同时伴随质量争议。

第三，建设单位组织验收人员不合规。建设单位在组织工程验收时，应当组织勘察、设计、监理、施工等单位项目负责人进行验收，因验收工作涉及的人员较多、内容复杂，部分建设单位为尽快完成验收工作，未组织全部应当参与验收工作的人员赴现场进行验收，或组织相关单位的非项目负责人代替参与验

① 参见杨国超：《浅谈建设工程质量监督管理工作存在的问题及建议措施》，载《工程质量》2021年第S1期。

收,验收的结论因此出现错误,施工单位未能及时对工程质量问题进行返修。

造成此类问题的成因,主要在于建设单位的相关主要责任人员和项目负责人缺乏质量安全意识,为使项目尽快投产、交付,通过简化验收程序、违规验收等方式,牺牲工程质量换取竣工时间,大大增加了工程质量风险。同时,建设单位内部对工程验收工作欠缺有效和完善的监管流程,有监管职权的人员对工程验收流程不熟悉,导致验收负责人员组织违法违规的验收程序无法得到有效的管制。

二、施工单位存在的主要问题及成因

施工单位是建设工程项目的重要参与主体,负责承揽工程的建设施工,对工程质量的把控起着至关重要的作用。建设工程质量纠纷案件中施工单位存在的主要问题及成因主要分为以下六个方面。

(一)承揽工程方面

为保证建设工程的质量,我国对施工单位进行资质管理,施工单位参与建设工程应当具备工程相应的施工专业资质及专业能力。不具备施工资质或未达到工程所需相应等级资质的施工单位参与的建设工程,工程质量难以保障。

施工资质不达标意味着施工人员的技术不达标,施工过程中可能存在操作不当或违规操作,为工程质量埋下隐患。同时,施工单位是否具备相应的施工资质是判断建设工程施工合同效力的依据,与资质不达标的施工单位签订的建设工程施工合同属无效合同,工程质量产生纠纷后,会增加建设单位向施工单位主张权利的难度。

在实务中,施工单位在承揽工程方面存在的问题主要表现在以下三个方面。

第一,部分施工单位不具备工程项目所需的施工资质或专业能力。施工单位因自身实力不足,通过合法的招标程序难以在大型施工单位的竞争中取胜,通过转包、违法分包等方式,获得工程项目,不但工程质量无法保证,而且合同的效力也存在问题,易引发纠纷。

第二,部分施工单位具备一定的施工资质,但是其施工资质并不符合国家规定的某类工程所需的资质要求,施工单位通过与建设单位或招标代理机构进行串通,由建设单位或招标代理机构为其修改招标条件和评标标准,使施工单位中标,因施工单位并不具备国家规定的相应资质和能力,带来工程质量隐患。

第三,部分施工单位为不具备施工资质的组织或个人提供帮助,以施工单位的名义与建设单位签订建设工程施工合同,不具备施工资质的组织或个人通过挂靠具备资质的施工单位,实际参与施工工作,施工单位从中收取挂靠费。因实际实施施工的组织或个人不具备相应的施工资质或专业能力,工程质量难以得到保障。

造成此类问题的成因,主要在于施工单位贪图工程利润,工程所需的施工资质或专业能力与自身所具备的资质或专业能力并不匹配时,选择铤而走险。但在施工过程中,因缺乏专业的技术人员、企业管理水平较低等因素,严重影响工程质量安全。另外,挂靠行为在我国建设工程领域较为常见,在计划经济时期,就存在大量的私营企业还有个体工商户挂靠在施工单位的名下参与工程施工,当时的法律法规并未禁止挂靠施工的行为,仅要求被挂靠单位对挂靠其名下的单位进行严格管理。① 部分施工单位为获取可观的"管理费",为不具备施工资质的组织或个人提供挂靠帮助。

(二)合作单位选定方面

施工单位在施工工程中可以根据建设工程施工合同的约定或是经建设单位同意,将承包工程中专业性较强的专业工程,委托具备某项专业工程施工资质的分包人进行专业分包;或是施工单位或者专业承包单位将其承揽工程中的劳务作业发包给具有相应资质的劳务分包单位完成的劳务分包。为了规范工程承发包秩序,法律对总承包和分包的项目性质和相关主体资质均作出了限制性规定。

在实务中,施工单位进行转包和通过违法分包的方式委托合作单位完成工程的情形屡见不鲜,转包、违法分包均是施工过程中的违法行为,更有部分施工单位,以内部承包之名,与承包单位签订承包合同,但是承包单位实际行转包之实,施工单位将工程全部移交承包单位进行施工。此种情形下,实际施工人并非项目工程的中标单位,施工单位资质、履约能力等方面难以保证,工程易引发质量问题和质量争议。

造成此类问题的成因,主要在于部分施工单位受利益驱使。通过转包、违

① 高山:《论建设工程发包人的竣工验收义务》,载东南大学 2019 年硕士学位论文,第 18 页。

法分包行为,资质较高的施工单位不仅可以收取管理费用而且还可以扩大企业规模从而垄断地方市场。[①] 资质较低的小型施工单位通常承揽不到或者无法承揽工程项目,为了在建设工程市场中求得生存,其十分愿意低价从总承包施工单位手中承包工程,从而也为转包、违法分包行为提供了可乘之机。施工单位的相关主管人员或项目负责人怀有侥幸心理,与转包、违法分包单位串通,突破法律底线进行违法违规操作,加之我国建设工程市场发育并不成熟,立法、执法与司法等环节尚存在不足,缺乏有力的监管机制,导致我国建设工程项目质量安全事故时有发生、企业核心竞争力较弱、建设施工人员的素质及技能水平有待进一步提高等问题出现。

(三)全程质量管控方面

全程质量管控方面的内容较多,施工单位在施工过程中应当按照合同约定、法律规定、施工标准进行施工,对工程质量的把控需严格按照约定或法定的标准执行。但因建设工程施工本身的复杂性,流程烦琐,施工人员难以面面俱到,我们将实务中施工单位在全程质量管控方面存在的常见问题及成因梳理如下。

1. 人员编制

部分施工单位未按建设工程施工合同的要求进行人员编制,未按合同要求实施施工组织设计和施工方案,人员编制和施工方案是中标的重要审核内容,招标单位选择提供最适宜方案的施工单位并签订合同,部分施工单位在施工过程中未按合同约定履行,使招标投标流于形式,实际履行的人员编制和施工方案是未经考证的,工程质量无法得到保证。

另外,部分施工单位的工程项目经理资格不符合要求或未到岗履职,任由施工人员随意、违规操作,同时施工单位内部及监管单位缺乏有效监管,导致工程引发质量问题。

造成此类问题的成因,主要在于两个方面:第一,施工单位贪图工程利润,为使项目中标,往往配置具有资质的各专业工程师,为自身提高竞争力,在招投标环节顺利中标。取得工程项目后,项目负责人和主要技术团队成员并不实际

---

① 参见付翔宇:《建设工程违法分包法律问题研究》,载辽宁科技大学2020年硕士学位论文,第4页。

负责中标项目，真实施工的人员编制与标书中的有出入。第二，部分施工单位为节约成本，减少人工成本开支，或是施工单位怠于按照施工组织设计和施工方案对现有的人员体系作出相应调整。

2. 材料设备

部分施工单位为节约成本，在施工过程中使用与合同约定不一致或质量不符合标准的建筑材料、建筑构配件和设备，或在施工过程中偷工减料，减少耗材，为工程质量埋下安全隐患。

另外，部分施工单位在施工过程中，本应由建设单位委托见证取样检测的材料和设备，未经监理单位见证取样并经检验合格，便由施工人员擅自使用；按规定由施工单位负责进行进场检验的材料和设备，应报监理单位审查的，未经监理单位审查合格，施工人员擅自使用，导致使用存在质量问题材料和设备，最终引发工程质量问题。

造成此类问题的成因，主要在于两个方面：第一，部分施工单位为减少成本开支，在建设工程材料和设备上减少支出，选用与施工图纸中指明的品质不符的材料和设备。第二，部分施工单位受迫于建设单位需求，为赶工期、追进度，在施工材料和设备检查检验环节，简化省略取样检测等中间步骤，存在质量问题或是采购与施工图纸指明的不符的材料和设备且未能及时发现。以上两点同时也反映出施工单位的相关主管人员缺乏工程质量安全意识，为追求目的，不惜牺牲工程质量。

3. 施工过程

部分施工单位不按设计图纸施工，施工人员在施工过程中粗心大意或存在惯性心理，根据经验和印象进行施工，导致部分工程与施工图纸存在出入。不同的建设工程项目具有其特殊性，设计单位依据不同的项目情况进行设计，因此若施工过程中不严格依据施工图纸进行施工，而是凭借经验，工程质量将难以保障。

部分施工单位在施工过程中违背施工技术标准或合同约定标准，或是实际施工人员的技术水平不足，在施工过程中操作不当，不符合相关标准规定，导致工程质量不过关。

部分施工单位在施工过程中，施工人员未按要求做好施工过程中的各类质量检查和记录，在过程监督和验收时无真实的检查记录，而是施工人员随意编写的虚假记录，导致监督、验收人员对工程质量存在误判，留下安全隐患。

造成此类问题的成因,主要在于施工单位内部缺乏有效和完善的监管体系,在施工过程中监管监督不到位,内部有监管职权的人员怠于监管、专业能力不足,导致施工的具体步骤、流程不合规,且未及时纠正。

(四)签证方面

签证是在工程施工过程中,建设单位与施工单位及其他相关合作单位签署的过程性文件,目的在于明确或变更某部分的施工内容,具体表现为增加施工内容、变更设计、变更施工工艺、变更建材、确认工程量或相关单价等方面。签证存在问题引发工程质量纠纷往往是施工单位存在问题。在实务中主要表现在以下三个方面。

第一,部分规模较小的建设工程项目,办理签证的相关制度有待进一步完善,签证流程缺乏有效监管,导致在实际办理签证过程中出现随意签证的现象。此种情形下,合同双方对合同的变更等约定未加以明确,签证的内容没有进行规范记录,这就会影响签证效果,导致验收标准与双方约定的新标准存在出入,引发质量纠纷。

第二,部分施工单位在签证过程中,签证造假的问题偶有发生。一些不负责任的施工单位,在进行现场签证的过程中,由于监管力度不足,可能会出现审核不严格的现象,这样就会造成审核人员出具与现场实际情况不相符的签证,这些虚假签证会大大影响项目工程质量。

第三,部分施工单位在进行签证过程中,相关工作人员没有注意签证的有效时间。大部分建设工程项目,施工单位为了缩短工期,工序通常较为紧凑,进行现场签证的时效性难以保证。相关工作人员如果不能及时记录现场施工变更等情况,就会导致工程项目设计与实际施工情况有出入,从而影响工程项目质量。①

造成以上三类问题的成因,主要在于建设单位与施工单位相关主管责任人员与项目负责人的法律意识淡薄,双方在施工工作开始前未对签证的形式和内容进行明确约定;或是进行了约定,但在施工过程中未按约定流程进行签证,加之相关工作人员经验不足、粗心大意等原因,导致签证内容不明确、效力有瑕疵甚至遗失原件等,并未发挥签证应有的作用。

---

① 参见张乐:《浅析建筑工程施工现场签证管理》,载《房地产世界》2021 年第 22 期。

（五）验收方面

建设工程质量验收通常划分为单位工程、分部工程、分项工程和检验批。根据项目划分的不同，质量验收的组织和参与人员亦有所差异，也形成相应的验收记录。施工单位作为被验收主体，对建设单位组织的各项验收工作，均应予以配合。检验批、分项工程、分部工程、单位工程验收是循序渐进的，后一项验收应在前一项验收全部合格的基础上进行验收，完整的验收记录是进行后一项验收的必要材料。

在实务中，部分施工单位在检验批及分项工程中，不重视验收，流程过于简化甚至造假，监理单位进行验收时，不主动积极配合，使得验收结论与实际存在出入，分部工程验收和单位工程验收时，基于前述与实际存在出入的验收报告，得出新一轮的验收报告，掩盖了质量问题。不真实的验收报告易引发建设单位与施工单位之间的工程质量纠纷。

造成此类问题的成因，主要在于施工单位人员缺乏法律意识和质量安全意识，不重视验收程序，试图蒙混过关、敷衍了事，隐藏工程质量问题，意图规避法律责任，规避工程返工返修费用支出。

另外，施工单位在工程项目中同时扮演着验收的主体身份，需按照有关规定对建设单位提供或施工单位自行采购的材料和设备等进行质量检验，对有要求和涉及结构安全的试块、试件及有关材料进行取样检测。

在实务中，部分施工单位采购成本较低、质量不过关的建筑材料、建筑构配件、设备等，并跳过相关的质量检验步骤，直接在工程中使用，按照约定和相关规定应当进行取样质量检测的试块、试件及有关材料，不进行质量检测或不按标准检测，导致忽略本来能在工程施工过程中发现的质量问题，待验收时甚至发生重大质量问题后，才发现因工作疏忽造成质量缺陷。

造成此类问题的成因，主要在于施工单位为追求超额工程利润，节约成本，而选用质量不过关的材料和设备，相关负责人员法律意识淡薄、工作懈怠，在发现材料、设备存在质量问题后未及时纠正或是未尽到监管义务对材料和设备进行质量验收。

（六）保修方面

根据《民法典》的规定，建设工程施工合同中应当对施工单位的保修等内容进行约定。施工单位在工程竣工验收后的约定期限内，对出现的工程质量问题履行保修义务，因此竣工验收证明并非施工单位的免责金牌。

民事法律主体应当遵循诚实信用原则，但在实务中，在工程出现质量问题时，建设单位要求施工单位承担保修责任，施工单位经常以下述方式或理由应对：第一，部分施工单位拒绝履行义务，在工程项目竣工验收后便与工程项目解除关系，甚至宁愿被减扣质量保证金也不愿履行保修义务；第二，部分施工单位认为质量保证金已经返还，工程已过质量保修期，不应再承担保修责任；第三，部分施工单位在施工中进行了专业分包，分包工程出现质量问题后，施工单位拒绝对其承担连带责任；第四，部分施工单位履行了保修义务，但是经保修的工程仍然存在质量问题。

造成此类问题的成因，主要在于以下三个方面：第一，部分施工单位的相关主要责任人员和项目负责人缺乏履约意识，认为主要合同义务就是完成工程的施工工作，而非提供质量保修服务，工程交付后，为避免或减少保修费用等支出，不履行合同义务，反而选择以竣工验收证明或质量缺陷非自身原因造成为由，对建设单位进行抗辩，加大了合同双方的分歧；第二，部分施工单位的相关主要责任人员和项目负责人缺乏法律专业知识，误认为质保金返还即解除保修责任、对专业分包工程的质量责任不必承担连带责任，而拒绝承担保修责任；第三，部分施工单位对保修责任不够重视，虽按要求进行了工程保修，但未对保修工程重新设计、出具修复方案，随意施工，导致工程保修后质量仍然不合格。

三、勘察、设计单位存在的主要问题及成因

勘察、设计单位主要参与工程项目施工前的勘察、设计阶段工作，勘察成果、设计成果对施工工作有着重要的影响。建设工程质量纠纷案件中勘察、设计单位存在的主要问题及成因主要分为以下四个方面。

（一）承揽工程方面

根据《建设工程勘察设计管理条例》第七条、第八条的规定，勘察、设计单位与施工单位的专业能力要求相同，国家根据勘察、设计单位的人员、专业能力等方面评估，授予相应的资质。勘察、设计单位应在与其资质、专业能力相符的范围内，承揽工程项目。

在实务中，部分勘察、设计单位未取得相应资质或超越其资质等级许可的范围或者以其他单位名义承揽工程。勘察、设计单位的相关资质，是对勘察、设计单位主体的基本能力的认可，不具备相应承揽、设计能力的，其履约能力会大打折扣，勘察成果、设计成果等结论性文件是工程后续步骤的重要基础，存在质量问题的勘察成果、设计成果等文件将为后续工程操作埋下安全隐患。同时，勘察、设计单位缺乏相应资质，其与建设单位签订的勘察、设计合同，合同效力也存在无效的法律风险，在工程出现质量问题后，建设单位往往会以合同无效等理由诉至法院，同时伴随质量问题引发工程价款给付等争议。

另外，针对设计单位而言，设计师分成不同的团队承揽不同的项目，通常大部分设计单位在投标时选择单位内部实力强的团队、人员作为自身的招牌，在中标后即更换实际承揽的设计团队或人员，导致工程设计水平下降。

造成此类问题的成因，主要在于部分勘察、设计单位追求工程利润，相关主管责任人员和项目负责人缺乏诚信。工程项目所需的勘察、设计相关资质或专业能力，与勘察、设计单位自身所具备的资质或专业能力并不匹配，利用建设单位审查不严格的漏洞，或是与建设单位相关人员进行串通，使其在招标环节中胜出，承揽勘察、设计项目。实际工程项目的勘察、设计工作所需的相关资质或专业能力，与自身所具备的资质或专业能力并不匹配，勘察成果或设计成果质量并不过关。

（二）执行标准方面

勘察、设计单位与建设单位签订勘察、设计合同时，可以对勘察、设计工作标准进行约定，但不能低于国家规定的相关强制性标准，或直接依照国家相关规定的强制性标准进行勘察、设计。勘察、设计单位应当按约定或法定标准履行合同。

在实务中，部分勘察、设计单位与建设单位约定了执行标准，但履行合同过程中未按约定或法定标准进行勘察、设计，经建设单位或监理单位及相关行政主管部门审查，认定工作成果验收不达标，甚至存在质量问题。

另外，双方对工程质量执行标准作出了高于国家标准的约定，但履行合同过程中，勘察、设计单位工作人员忽略了合同约定，而是以国家标准进行勘察、设计，导致工作成果未达到约定标准。

工程设计工作一般是在勘察工作完毕后，根据勘察报告作出工程设计图或施工图，部分设计单位工作人员由于疏忽或工作经验不足等原因，未按勘察文件进行设计，导致施工单位无法按照设计图纸进行施工，建设单位要求其承担违约责任，引发工程质量纠纷。

造成此类问题的成因，主要在于以下三方面：第一，勘察、设计单位与建设单位相关人员缺乏法律意识，在合同签订过程中未明确工作成果的质量标准，而是按照示范文本签署合同，或是约定了质量标准但未在合同中予以明确。第二，部分勘察、设计单位的项目负责人及工作人员专业水平欠佳，对专业工作的相关标准不熟悉或工作不细心，在实施勘察、设计过程中偏离标准；同时，单位内部缺乏有效的管理制度，项目负责人未能及时发现并纠正相应问题，导致工作成果与约定或法定标准不符。第三，设计单位的工作人员未按规范流程组织开展设计工作，在承揽设计工作时，对勘察成果未经审查，便直接在其基础上进行设计，勘察成果存在质量问题导致设计成果也出现问题。

（三）挂靠、转包、违法分包方面

勘察、设计单位与建设单位签订建设工程勘察、设计合同后，可以与建设单位约定继续委托其他具有相应资质的单位进行分包，但是委托不具备资质的勘察、设计单位进行分包，或直接采用转包的形式，或二次分包的，均属于违法行为。

造成此类问题的成因，主要在于部分勘察、设计单位的主管责任人员或项目负责人缺乏法律意识、诚信意识，受利益驱使，加之建设单位、监理单位、相关行政主管部门的监管不严格，违法违约成本低。大型勘察、设计单位通过转包、违法分包的行为，将工程项目交由其他勘察、设计单位承揽，从中赚取管理费用。同时，作为不具备竞争力的勘察、设计单位，通过挂靠、转包、违法分包等方式，借助大型有影响力的勘察、设计单位之名，获取工程项目。

（四）工作成果质量方面

在实务中，勘察、设计工作成果质量存在的问题主要表现在以下三个方面。

第一，设计单位在交付施工图纸后，应当帮助建设单位、施工单位和监理单位正确贯彻设计意图，加深对施工图纸中关键点的了解，掌握工程关键部分的质量要求，为工程质量提供保障。

部分设计单位未进行设计交底，在完成设计工作并交付设计文件后，便脱离建设工程关系，在后续工作中未按规定向建设、施工、监理单位对设计文件进行充分的说明和解释，对施工中可能存在的重点难点进行提示，导致相关人员在施工、工程监理过程中，对设计文件认识不到位，引发工程质量问题。

第二，部分设计人员在设计过程中，在设计文件中选用的建筑材料、建筑构配件和设备，其注明规格、型号、性能等技术指标，不符合国家规定的标准，或部分勘察、设计单位相关工作人员在开展工作时，存在勘察、设计错误，未及时发现并纠正。在后续工程中，施工单位或建设单位依照设计文件中选用的材料和设备进行采购，因材料和设备不达标，或是设计单位依照存在错误的勘察文件进行设计、施工单位依照存在错误的设计文件进行施工导致工程出现质量问题。

第三，部分设计单位与建筑材料、建筑构配件和设备的生产商、供应商存在利益来往，在设计文件中，设计单位明确或间接指定建筑材料、建筑构配件和设备，但是这些建筑材料、建筑构配件和设备并不符合工程的实际需要，或材料和设备本身不符合国家标准或合同约定，因采购了相应的材料和设备，导致工程质量无法达到国家标准或合同约定。

造成以上三类问题的成因，主要在于以下三个方面：第一，设计单位缺乏履约意识和质量安全意识，设计单位的相关主要责任人员和项目负责人对工作成果的交付不够重视，同时建设单位在施工开始前未组织有效的施工图等设计文件的交接工作，设计单位未能及时、充分履行告知义务。第二，勘察、设计单位人员的专业技术能力不足或是工作疏忽，导致设计文件中选用的材料、设备未能达到国家规定的质量标准，或是工作过程中出现错误，同时勘察、设计单位内部的监管人员在检查时未尽职尽责，将错误及时纠正。第三，部分设计单位贪图非法利益，利用设计单位的主体地位，为材料、设备生产商、供应商提供便利，在设计文件中向建设单位和施工单位指定使用其提供的材料、设备，材料、设备的生产商、供应商通过降低产品质量获取更高额利润，再将部分利润用于向设计单位提供回扣。此种情形中，施工单位在施工过程中亦存在未对材料和设备进行严格检查的违规操作，具体内容详见本节“二、施工单位存在的主要问题及成因之(五)验收方面”。

四、全过程工程咨询单位存在的主要问题及成因

全过程工程咨询是近年来发展起来新型的建设工程领域商业模式，并在建

筑行业中逐渐普及，越来越多的建设工程参与主体认识到全过程工程咨询服务的作用。自2017年2月国务院办公厅发布《关于促进建筑业持续健康发展的意见》（国办发〔2017〕19号）以来，国家及部分地方政府相继发布全过程工程咨询服务的相关法规政策。国家层面主要包括2017年5月住房和城乡建设部发布的《关于开展全过程工程咨询试点工作的通知》（建市〔2017〕101号）和2019年3月国家发展改革委、住房城乡建设部发布的《关于推进全过程工程咨询服务发展的指导意见》（发改投资规〔2019〕515号），各地方住建部门近年来分别组织开展试点项目，并制定相应的示范合同模板、工作方案等操作指引，进一步落实国家推进全过程工程咨询模式的方针。

在国家和地方相关部门的引导和监督下，全过程工程咨询服务体系正逐步完善。因全过程工程咨询是近年来新兴的模式，建设工程又往往具有周期较长的特点，许多质量纠纷尚未暴露出来，以下更多地尝试从理论层面对全过程工程咨询单位在建设工程质量纠纷中存在的问题及成因进行分析，仅供参考。

（一）企业自身方面

各省综合型工程咨询机构以前均是事业单位体制，转制改企时间不长，现在仍有一部分是事业单位或国有企业。因此，受体制机制的限制，除极少数有投资实力和经验的以外，各单位自身的资金积累不足，整合资金和投资管控的能力有限。[①] 全过程工程咨询的环节多、耗时长，甚至有先期垫资投入或短期现金周转的需求，相对于资金实力雄厚的施工单位或设计院，综合型工程咨询机构在自身投资和资金运作方面有明显不足，在工程项目中，易产生逐利心理，为追求更大的利润空间，招标采购中过度压价，采购质量存在问题的建筑材料、建筑构配件和设备，导致工程质量存在缺陷。

另外，由于全过程工程咨询的人力、物力、财力投入较大，企业风险承担能力相对较弱。在工程出现质量问题后，难以组织有效的补救措施，也易引发建设工程质量纠纷。

造成此类问题的成因，主要在于全过程工程咨询行业投入和风险均较大，转型此领域的企业自身实力尚有待提高，资金实力、管理体制、相关法律规定有

---

① 参见周显武、刘葳、汪东杰：《综合型工程咨询机构发展全过程工程咨询的模式及建议》，载《中国工程咨询》2022年第1期。

待进一步完善。

（二）人员管理方面

工程咨询服务人员的专业能力决定着全过程工程咨询的服务质量，只有提高人员的专业能力，才能提高建设工程咨询服务水平。目前，全过程工程咨询模式刚刚起步，服务人员的专业能力和对全过程工程咨询服务的认知尚存不足，在全过程工程咨询服务中起到的作用尚需进一步提高。具体表现在以下两点：第一，许多工程咨询服务人员一直沿用传统的咨询服务模式，在工作期间，没有合理使用先进的工程预算设备，导致建设工程预算数据分析不合理，从而影响了建设工程预算的合理性；第二，许多工程咨询人员在提供工程服务时，没有重视建设工程施工的周期性，往往从整体上分析和管理建设工程，并没有考虑建设工程各阶段的特点，采用相同的咨询管理方式，会导致各阶段出现许多交接和沟通问题，从而影响建设工程施工质量，引发工程质量纠纷。[①]

造成此类问题的成因，主要在于全过程工程咨询行业刚刚起步，人员的工作经验和水平参差不齐，相关专业能力及人员制度均有待提高和完善。

（三）全程融合方面

目前，全过程工程咨询单位普遍在企业技术、整合管理等方面的经验不足，尚未完全形成以市场为基础、以有效咨询服务体系为核心、以全过程管理和专业咨询服务为补充的一体化协调管理模式。[②] 全过程工程咨询单位需要对不同建设工程项目的特点深入了解，完善单位内部监督管理制度，规范咨询工作的业务流程，为建设单位提供更加完善和更具针对性的咨询服务。

在现存的采用全过程工程咨询模式的建设工程项目中，部分建设单位虽采用此种模式，但在操作过程中将全过程工程咨询的业务进行支解，不同阶段的工作交由不同合作单位完成，未能充分发挥全过程工程咨询的应有作用，降低了整个工程咨询的工作效率。因为没有统一的流程，全过程工程咨询单位只能提供碎片化的咨询服务，且在开展各项工作过程中易被其他合作单位打断，导致工程项目无法顺利进行。

---

① 参见姚陈承：《建筑工程全过程咨询服务优化研究》，载《房地产世界》2022 年第 2 期。

② 参见钟江涛、温家林：《全过程工程咨询的创新与发展》，载《工程技术研究》2021 年第 22 期。

造成此类问题的成因，主要在于全过程工程咨询单位刚刚成立或转型，缺乏具备全流程专业知识的人才，单位内部管理及各项制度尚未建立健全，同时建设单位相关人员也缺乏对全过程工程咨询业务流程的了解，在合作时工作对接常常出现灰色地带。全过程工程咨询管理模式虽然有利于建设单位控制项目成本，减少工程质量风险的发生，但由于全过程工程咨询的合作模式尚处于起步阶段，还需在今后的工程实践中进一步磨炼和完善。

第四节　工程质量纠纷的相关启示

通过对部分建设工程质量纠纷案例中各方存在的问题的分析和归纳，以及对问题成因的分析，我们通过各类问题得到诸多启发和启示，现分别以主体分类梳理相关启示，以期引起相关方重视，对进一步提高工程质量有所裨益。

一、关于建设单位

（一）规范工程项目建设前期工作

建设单位应当依法办理建设工程审批手续，遵守基本建设审批程序，保障工程顺利开展，避免争议的产生，也避免因未办理相关审批手续而承担质量责任，应当按照《建设工程质量管理条例》第五条之规定，严格执行基本建设程序，坚持先勘察、后设计、再施工的原则，杜绝为赶工期、追求速度等原因，不按法律规定的流程组织工程项目推进工作。

我们建议建设单位加强内部流程监管体系的建设和完善，在建设单位内部建立相应的流程审查监管制度，项目重要环节的启动需经建设单位内部管理层人员审核同意，严格执行建设工程的基本程序，依法先批后建，先勘察、后设计、再施工。

（二）规范合作单位选定

在选定合作单位的过程中，我们建议建设单位强化内部人员的法律合规意识，定期开展相关培训，在提高人员专业能力的同时，把握法律边界，严禁触碰法律底线。合作单位选定过程中，全流程明确审批人员，厘清责任，签批人员为签批内容负责,流程相关文件及时保存。针对其中具体问题的解决,主要归纳为以下三个方面。

第一,针对因合作单位选定环节标准不妥、把关不严、尽调缺失等导致的总包单位不符要求问题,建设单位应当严格按照《民法典》和《招标投标法》等的规定开展招投标工作,依法必须进行招标的工程严格按照《招标投标法》的规定进行招标,严禁“先定后招”或者直接发包。除此之外,不是必须招标的项目一旦选择了招标方式,建设单位亦应严格依法办理。

招投标过程中,建设单位应明确招标代理机构及评标专家的选任规则,严禁选任与招投标存在利害冲突的机构和人员;严防与投标人串通修改评标标准的违法行为;评标规则需尽量明确;招标过程注意保密,不得向投标人泄露标底。

第二,部分建设单位将工程发包给不具备资质条件的合作单位,相应的建设工程合同无效,容易引发争议,合作单位的选定过程也可能隐含腐败问题,如行贿受贿、串通投标等违法行为,容易造成质量隐患。因此,建设单位应当严格遵守《建筑法》和《建设工程质量管理条例》的规定,加强内部监管,对合作单位的选定流程严格监督,严禁将建设工程发包给不具备资质条件的合作单位。

建设单位应加强对合作单位的审查力度,包括合作单位的履约经历、社会信用情况、涉诉风险,合作单位内部员工的专业技术水平、职称、劳动关系、专业资格证书等内容,最大限度地规避合作单位资质不适格、转包和违法分包风险。

第三,部分建设单位支解发包工程和指定分包会使工程质量行为混乱不清,容易造成质量争议,导致质量责任主体不明确。为了避免这种情形,《建筑法》和《建设工程质量管理条例》明确规定禁止建设单位将工程支解发包,分包单位应当由总包单位选定,总包单位对分包单位的质量承担连带责任。因此,建设单位应当严格遵守《建筑法》和《建设工程质量管理条例》的规定,履行建设工程合同时,应当严格依照合同约定及法律规定,严禁支解发包工程,严禁直接指定分包单位。

(三)规范合同体系

建设工程交易是期货交易,不同于一般的现货交易。在现货交易中,产品质量已经形成,买卖双方很少产生质量争议。但是期货交易是先交易后生产,必须在生产之前就要有明确的质量标准。[①] 建设工程先施工后签订合同导致质量标准不明确,容易引发争议。因此建设单位在发包工程时,应当先签订合同,对工程质量做出明确约定后,再准许施工单位进场施工。

订立的合同应当平衡合同中各方的权利与义务,以降低争议概率。合同应对工程质量做出明确的约定,避免合同的先天性缺陷。合同文件涉及工程质量的部分有合同协议书、通用条款、专用条款、技术标准与要求、图纸。因此,在约定工程质量时,应该做到合同协议书、通用条款、专用条款、技术标准与要求及图纸的密切配合,共同对工程质量做出清晰明确的约定,避免相互之间的矛盾或缺陷。

建设单位应在住建部门公布的示范文本的基础上,定制本单位适用于不同项目阶段、不同项目操作模式的建设工程合同示范文本。在此基础上,明确建设工程合同示范文本的地位和作用。由于每一个具体工程项目均具有其独特性,加之合作单位的特殊性、合作模式的不同,不能简单地依据示范文本签订合同,应当在示范文本的基础上,对合同中的责任设定、后期的及时监管、追责等方面进行更加细化约定,尽量将权利义务、质量标准等关键信息在合同中一次性明确落实,避免签署过多的补充协议引发合同纠纷。

建设工程相关合同内容须交建设单位的内部法务部门进行审核,法务部门重点审查法律合规风险和质量安全责任等内容,明确合同中关于质量标准适用、质量缺陷责任、保修责任等关键条款。法务部门根据合同约定,结合项目情况、合作模式等事项,向主管人员和项目负责人释明履约过程中的关键点。合同签订后,如果对合同内容进行变更及修改的,需再次交法务部门审核,法务人员对变更、修改合同内容的风险进行提示,经主管人员签字确认。建设工程相关合同由部门负责人对合同的内容负责,建设单位应逐步完善相应的内控机制。

同时,为了进一步规范合同体系,应充分发挥建设工程行业协会的作用,加强对建设工程相关方的监督。行业协会应积极配合相关主管部门,对建设工程合同履行过程进行监督,对合同变更、增补等内容进行监督,完善行业内建设工程合同信用管理标准等;成立工程纠纷多元调解机构,在协会内专业人士的参与下,依据合同约定组织调解工作,定分止争;加强对建设工程参与主体合同管

---

① 参见郑志鹏:《建筑工程质量争议的形成与处理》,载东南大学2017年硕士学位论文,第51页。

理能力的培训,提高相关人员的知识水平和专业素质。

(四)规范过程管理及验收流程

建设单位在工程质量是否合格没有确认之前,最好不要另行安排第三方施工单位进场施工。工程停工后,建设单位和施工单位应当对已经施工的工程进行交工验收,确保交付给建设单位的工程质量合格。工程质量可能存在不合格、不达标的,建设单位应及时通过法律途径进行救济,根据合同约定和法律规定做好交工验收工作,严格履行工作职责,要求施工单位整改或者进行证据保全,为后期质量争议的处理提供证据支持。

建设单位应当杜绝,擅自使用未经竣工验收的工程,如果工程本身存在一定的质量缺陷,工程交付使用后质量缺陷会逐渐暴露,合法有效的验收程序可以有效规避一部分质量风险,在及时发现质量问题后由施工单位进行返修,既可以防范工程质量安全风险,又可以防范因建设单位擅自使用而无法向施工单位主张责任的重大法律风险。基于此,建设单位在工程竣工验收合格后再投入使用,严禁未经竣工验收擅自使用工程,以避免质量争议,也避免自行承担质量责任。

建设单位应完善验收流程管理的制度建设。建议建设单位在验收过程中,在全流程中配备具备工程专业相关技能及法律合规知识的专业人员,严格依照法定程序组织开展验收工作,规避质量纠纷风险。建设单位内部可以建立标准化验收流程管理制度,针对不同类别的情形,制定相应的验收程序操作指引规范,负责验收的责任人员应当严格依照相应的验收程序操作指引规范和法定程序,组织验收工作。

二、关于施工单位

(一)规范合作单位选定

施工单位在选定分包单位时,应严格依法依规依总包合同的约定进行。施工单位禁止转包、违法分包,将工程分包给不具有相应资质的实际施工人。我国《民法典》《建筑法》及《建设工程质量管理条例》均明确规定禁止工程转包行为,施工单位转包、违法分包工程将面临没收违法所得、罚款、停业整顿、降低资质证书甚至吊销证书等处罚。另外,转包工程给实际施工人,施工质量本身就得不到保障,容易出现质量缺陷。工程出现质量缺陷的,质量责任仍然由施工单位承担。因此,施工单位应当加强合规意识,提高施工责任人员法律合规专业知识水平,划清法律法规底线,杜绝转包、违法分包。

施工单位在选定分包单位时,应当对分包单位的履约经历、社会信用情况、涉诉风险,合作单位内部员工的专业技术水平、职称、劳动关系、专业资格证书等内容进行审查,确保分包单位具备相应的施工资质和专业技术能力,最大限度地规避合作单位资质不适格的情形,以及由于分包单位专业技术水平不足等原因导致工程质量存在缺陷的情形。

施工单位在总包合同承包范围内的工程,无论分包单位是自行选定还是建设单位指定,总包单位均要对工程质量承担连带责任,应对分包单位实施的分包工程进行质量监控。总包单位不能将全部质量责任推脱给分包单位或者建设单位。因此,施工单位在施工过程中,应当加强对分包单位的质量管理,加强人员管理,对工程质量和分包单位的人员编制情况进行必要的监督;同时,施工单位在分包单位进场前应当对分包单位的施工人员进行项目情况的适当说明,明确工程内容、潜在质量风险及注意事项,在分包工程开始前,规避质量风险。

(二)规范施工过程

1. 施工单位应当依约施工

施工单位应当严格按照合同约定的质量标准和施工图进行施工,不得随意更改施工内容,如遇确需变更的工程,应及时与监理单位进行沟通,经建设单位同意后,设计单位出设计变更,留存签证,杜绝擅自变更的行为。

2. 施工单位应制定完善的施工方案

施工单位应当根据项目的实际情况和设计要求,选择更加合理、更加高效的施工方案。在施工方案完成之后,还要严格按照施工方案进行施工,对施工设计中的全部内容都要严格把控;在施工过程中,施工单位同样需要极力避免赶工而导致的质量问题,在制定施工方案的同时,更要加强对施工工期的合理规划,避免工期紧带来的施工压力。

3. 施工单位应加强质量监督

施工过程中,施工单位应加强对以下工作的质量监督:(1)主要原材料、试块、构配件是否按规定的批量先复试合格后使用的情况;(2)分部及隐蔽验收是否及时组织,验收是否与工程同步的情况;(3)是否为相关责任人员进行签字验收,以及是否本人签字的情况;(4)质量问题的自查及整改落实情况;(5)施工资料的收集是否及时、真实、准确,与工程进度相符的情况;(6)质量标准化方案的编制及落实情况。①

施工单位在购置或直接使用建设单位提供的材料和设备时,一定要落实监督管理措施。对需要进行采购的材料和设备,在实际工作中要进行集中采购,同时明确供应商的营业资格,选择质量可靠、来源明确的供应商。对全部的材料和设备都要进行严格把控,从根源上杜绝质量隐患的发生,减少工程质量争议的发生。

4. 施工单位应规范施工资料的管理

施工单位及主管人员应当强化证据意识,规范施工资料管理,加强内控管理工作,尤其是对材料、设备的检验检测资料和施工过程中的分项、分部质量验收记录,应当注意留存。施工资料管理应当使用规范的表式,资料办理应当及时并规范签字或盖章手续,避免由于资料不齐全、不完整等原因,影响工程验收以及工程质量争议时的举证能力。

(三)强化合同意识

1. 施工单位应不断完善合同内容

施工单位应当对合同的合法性进行审查,合同及补充协议须由具备法律专业知识、专业能力的人员进行审查。对于合同条款的设定,施工单位应尽可能争取与建设单位完善合同条款,由内部具有法律合规专业知识的人员、实际施工的主管人员与建设单位进行对接和共同协商,并及时保存缔约过程中的相关记录,应规范合同用语表述,明确质量责任划分及责任承担,明晰合同可能存在分歧的表述,避免产生合同纠纷;对相关法律法规规范性文件规定不一致的内容,可以在合同中予以说明,在不违反强制性规定的情况下,双方协商约定。

2. 施工单位应积极履行合同

施工单位在施工过程中应当严格依照合同约定开展施工工作,施工单位应当组织施工主管人员对施工合同、施工图纸等相关文件进行说明,明确施工过

---

① 参见付建新、王俊杰:《建筑工程质量监督工作要点及监督创新举措》,载《工程质量》2021 年第 S1 期。

程中应当注意的事项,组织相关施工人员对项目约定的质量标准进行学习,在施工过程中时刻把握质量标准,在施工现场张贴相关标准内容和注意事项。

施工单位的相关负责人员应强化法律意识,在施工过程中应做好证据固定工作,与建设单位、设计单位、监理单位之间的沟通记录、签证前的沟通记录、签证全部相关文件应注意及时留存并备份。

三、关于勘察、设计单位

(一)提高工作成果质量

勘察、设计单位应当严格把控勘察、设计方案的选择与审核关。勘察、设计方案的安全性和可行性是勘察成果、设计成果质量达标的基础,特别是建设工程设计工作,在设计单位对确定设计方案时,首先考虑是否达到质量安全标准,其次才是经济、环保、美观等要求。

我们建议勘察、设计单位加强工程勘察、设计的标准化工作,参照国家标准、地方标准、行业标准,制定相应的勘察、设计工作标准。凡是列入国家强制性条文的所有规范、标准,必须严格执行,否则就会为工程带来质量问题和安全隐患。随着经济的发展,技术和材料的更新,标准不会一成不变,勘察、设计单位要保证及时学习新标准,将最新的标准应用到勘察、设计文件中。①

(二)强化合同意识

勘察、设计单位应当加强对勘察、设计合同的合法性审查。单位内部的经营管理部门应当熟悉国家对勘察、设计企业的资质管理要求,合规部门应当掌握有关招标投标的法律法规,由承担勘察、设计工作的主管人员及内部具有法律合规专业知识的人员与建设单位沟通确认合同条款,并及时保存缔约过程中的相关记录,规范合同用语表述,明确质量责任划分及责任承担形式,明晰合同中可能存在分歧的表述,避免产生合同纠纷。

勘察、设计合同中明确的质量标准等内容,应当由缔约过程中的参与人员向实施勘察、设计工作的人员进行说明,明晰质量标准和工作要求,避免工作成果不符合质量标准的情形发生。

---

① 参见侯虹霞:《浅谈建设工程勘察设计阶段的质量管理与控制》,载《四川水泥》2015 年第 12 期。

勘察、设计单位的相关项目负责人和责任人员应当增强法律意识和证据意识，在勘察、设计成果交付时，要求建设单位的有权代表进行签字确认，对建设单位要求的变更、补充内容及时记录，保留好相关寄送、发送文件的证据。

勘察、设计单位的相关项目负责人和责任人员应当提高履约意识，在设计成果交付后，应当积极配合建设单位和监理单位进行设计交底。对质量存在问题的勘察成果和设计成果应当及时进行更正，并向建设单位、施工单位、监理单位进行说明。

四、关于全过程工程咨询单位

（一）提高专业能力

在全过程工程咨询模式中，全过程工程咨询的服务人员的专业能力非常重要，只有全过程工程咨询的服务人员具有较高的专业能力，才能确保全过程工程咨询服务工作的顺利开展。工程咨询服务管理人员要结合市场需求建立科学系统的工程咨询服务人才体系，同时明确划分职责，提高责任意识。工程咨询服务管理人员要提高工作人员的专业能力，定期组织工程咨询服务人员参加相关技能培训，提高综合业务能力。

建设工程的规模越来越大，施工技术越来越复杂，导致传统的咨询方法无法完全满足现代建设工程的需求。因此，工程咨询服务人员要不断提高全过程工程咨询服务技术，从而保证建设工程的质量。

（二）建立健全工作流程体系

全过程工程咨询单位向建设单位提供咨询服务时，应当尽早介入项目。①全过程工程咨询单位对建设工程项目的知识、技术、经验相较于建设单位往往更加丰富和专业，尽早的介入能够对建设单位的项目背景、预期有更深刻的了解，能更好地在项目中落实建设单位的需求，选择更加适宜的项目方案。

全过程工程咨询单位在介入项目后，应当加强对项目的质量管控，尤其是在工程项目的前期策划阶段。策划阶段存在的不确定因素较多，但项目的可塑性也相对较强，对项目方案进行修改的空间较大，全过程工程咨询单位对可能

---

① 参见张健：《全过程工程咨询各阶段的控制要点分析》，载《建筑与预算》2020 年第 10 期。

存在质量风险的方案要及时进行变更。基于全过程工程咨询单位的特殊属性,其对项目从策划到设计再到施工的各个阶段都有深入的了解,全过程工程咨询单位应当充分发挥信息掌握全面的优势,进行质量风险防控。对在勘察、设计阶段发现的重点问题、重要环节,在施工阶段应当重点关注,及时告知施工单位;分部分项验收过程中对重要环节严格审查,对重要结构的材料、设备质量严格检验,对施工质量严格把关,减少工程质量隐患。建设单位怠于履行监管职责的,全过程工程咨询单位应当积极发挥自身作用,代为行使监管职责,确保工程勘察、设计、施工工作合法合规开展。

全过程工程咨询单位应当基于自身工作模式的特殊性和优势,建立健全全过程工程咨询的工作流程体系,由各个领域的专业人才及管理人员指明工程各个阶段的重点内容,关键工作节点设立监督机制,为全过程工程咨询服务的有效实施夯实基础。建立有效的工作流程有利于咨询服务人员在实施全过程工程咨询服务时,明确工作的内容和服务对象。在优化工程咨询服务体系时,工程咨询服务人员要严格遵循国家相关规定,从而实现全过程工程咨询服务的全面化和具体化。①

五、关于主管部门

(一)进一步优化法规政策

我们建议主管部门完善并优化建设工程项目的监管制度。加大对建设工程项目事中、事后的监管力度,在资质审批、报批报建审批后进行动态监管,强化对工程质量责任的追究。同时,主管部门可以在符合国家、地方出台的法规政策的前提下,创新监管方式,借助互联网监管等高新技术手段,落实建设工程各方主体的责任。

我们建议主管部门建立并完善建设工程担保与保险制度。② 建设工程项目引发质量纠纷的常见成因之一就是为了控制成本,无论勘察、设计还是施工单位,在工程出现质量问题后不积极履行返修、保修责任。国家及地方政府应当逐步设立并完善建设工程担保与保险制度,强制性要求参与各方购买相应的商

① 参见姚陈承:《建筑工程全过程咨询服务优化研究》,载《房地产世界》2022 年第 2 期。

② 参见贾春芳:《建设工程质量政府监督管理研究》,载长安大学 2019 年硕士学位论文,第 43 ~ 44 页。

业保险或采取其他担保形式，并对担保的相关手续进行审查，建立工程质量问题的补偿机制，促进建设工程质量纠纷更好地化解。

（二）进一步规范招标投标管理

我们建议建设主管部门完善招标代理机构平台的相关管理制度，关键信息及时上网公开，设立建设工程相关单位白名单、黑名单以促进企业诚信意识，加大监管部门的介入程度，加大招投标违法行为的处罚力度，加强对工程招标管理机构的监督与管理。

建设主管部门应当严格依照法律法规系统审核招标代理机构的资格申请准入，一方面，审核企业的行业工作水平，员工专业技术、职称和劳动关系，确保工作人员持证上岗，具有执业的注册证书、劳动合同及社会保险缴纳凭证等，确保公司的规范性；另一方面，日常监管招标代理机构，确保其招标代理项目是在法律规定及其营业范围内开展的，规范和管理招标代理企业，持续提高工程质量水平，促进整个行业的良性发展。

（三）促进行业协会发展

建设主管部门应积极引导行业协会和行业自律组织的建设和完善工作，与政府其他相关部门积极配合，借助行业协会更加全面、深入地监管，定期与行业协会进行沟通，了解当下建设工程质量需求和立法建议，促进行业规范完善。建设主管部门与行业协会共同制定建设工程合同示范文本，完善行业内施工合同信用管理标准等。

建设工程质量纠纷的规避化解应当由建设工程项目各方共同努力，建设单位、施工单位、勘察单位、设计单位、监理单位、全过程工程咨询单位在各自的权利义务范围内，积极行使权利义务，合同履行前尽量打好风险防范的基础，合同履行过程中尽可能避免发生工程质量纠纷，工程出现质量问题后依法解决质量问题。

第二章

勘察设计质量纠纷

第一节　建设工程勘察概述

一、建设工程勘察的相关概念

(一)工程勘察概念

岩土工程工作包括岩土工程勘察、设计、施工、检验、监测、监理等。岩土工程勘察是整个岩土工程工作的重要组成部分,也是一项基础性工作,它的成败将对后续环节的工作产生极为重要的影响,《建设工程勘察设计管理条例》的总则部分规定,从事建设工程勘察设计活动,应当坚持先勘察、后设计、再施工的原则。①

关于建设工程勘察的定义,《建设工程勘察设计管理条例》第二条第二款规定,本条例所称建设工程勘察,是指根据建设工程的要求,查明、分析、评价建设场地的地质地理环境特征和岩土工程条件,编制建设工程勘察文件的活动。可见,建设工程勘察的活动包括查明、分析、评价及编制四项工作内容,即除了查明客观的环境特征和岩土工程条件外,还需要在勘察工作原始资料的基础上,通过整理、分析、归纳、评价,提出结论和建议,形成为工程建设服务的技术文件。建设工程勘察文件包括工程测量报告、岩土工程勘察报告、水文地质勘察报告、岩土工程设计等图纸、图表和文字说明。

《岩土工程勘察术语标准》(JGJ/T84—2015)第2.0.2项规定:"岩土工程勘察　为解决岩土工程问题而进行的工程地质测绘、勘探、测试、分析、评价,以

① 参见王奎华主编:《岩土工程勘察》(第2版),中国建筑工业出版社2016年版,第1页。

及形成岩土工程勘察报告的活动。"从该定义可以总结出,工程勘察的主要内容包括以下三点:一是查明建设场地的地质地理环境特征和岩土工程条件;二是在勘察工作原始资料的基础上,通过整理、分析、归纳、评价,提出结论和建议;三是编制建设工程勘察文件,形成岩土工程勘察报告。其中,查明建设场地的地质地理环境特征和岩土工程条件可以理解为勘察工作的外业,勘察外业的主要手段包括测绘、勘探、原位测试、现场检验、现场监测等。

(二)工程勘察范围

关于工程勘察范围,《工程勘察资质标准》(建市〔2013〕9 号)"总则"规定"包括建设工程项目的岩土工程、水文地质勘察和工程测量"。值得注意的是,岩土工程与工程地质内容相近、关系密切,但又有实质性的区别。工程地质与岩土工程的共同点都是研究工程建设过程中地质条件和地质环境的合理利用与保护,区别在于:工程地质是地质学的一个分支,其本质是一门应用科学;岩土工程是土木工程的一个分支,其本质是一种工程技术。工程地质与岩土工程的关系可归纳为工程地质是岩土工程的基础,岩土工程是工程地质的延伸。① 工程地质侧重于研究地质现象、地质成因和演化、地质规律、地质与工程的相互作用;岩土工程则是侧重研究岩土的力学性质,解决工程建设中的岩土技术问题,以便根据工程目的和地质条件,建造满足使用要求和安全要求的工程或工程的一部分。可见,建设工程勘察的内涵较"岩土工程勘察"更宽泛,岩土工程勘察是为了满足工程建设的要求,有明确的工程针对性,不同于一般的地质勘察。实务中针对工程项目的地勘报告,即指的岩土工程勘察报告。

(三)工程勘察资质

建设工程勘察是建设工程质量的源头。一个建设项目,如果工程勘察不合格,极易对建设工程的整体质量埋下隐患,危害公共利益。因此,国家对工程勘察工作实行严格的资质管理制度。

结合《建设工程勘察设计资质管理规定》第五条和第六条的规定,工程勘察资质分为工程勘察综合资质、工程勘察专业资质、工程勘察劳务资质。工程勘察综合资质只设甲级;工程勘察专业资质设甲级、乙级,部分专业可以设丙级;

---

① 参见张忠苗主编:《工程地质学》,中国建筑工业出版社 2007 年版,第 4 页。

工程勘察劳务资质不分等级。

2020 年 11 月 30 日，国务院通过《建设工程企业资质管理制度改革方案》对工程勘察资质调整较大，调整后的内容为："保留综合资质；将 4 类专业资质及劳务资质整合为岩土工程、工程测量、勘探测试 3 类专业资质。综合资质不分等级，专业资质等级压减为甲、乙两级。"

二、岩土工程勘察阶段的划分及各阶段的基本要求

《2009 版岩土工程勘察规范》在其总则中规定，各项工程建设在设计和施工之前，必须按基本建设程序进行岩土工程勘察。岩土工程勘察应按工程建设各阶段的要求，正确反映工程地质资料，查明不良地质作用和地质灾害，精心勘察，精心分析，提供资料完整、评价正确的勘察报告。由此可见，岩土工程勘察的阶段划分是与工程设计及施工的阶段密切相关的，针对工业与民用建筑工程设计的方案设计、初步设计和施工图设计三个阶段，岩土工程勘察一般可分为可行性研究勘察、初步勘察及详细勘察三个阶段。可行性研究勘察应符合选址或确定场地的要求；初步勘察应符合初步设计或扩大初步设计的要求；详细勘察应符合施工图设计的要求。对地质条件复杂或有特殊施工要求的重要工程地基，尚应进行施工勘察。对地质条件简单、面积不大或有较多经验积累的地区，则可简化勘察阶段。《2009 版岩土工程勘察规范》对房屋建筑和构筑物、地下洞室、岸边工程等 11 类工程的可行性研究勘察、初步勘察及详细勘察三个阶段的工作内容及应当达到的要求都作了详细的规定。以房屋建筑和构筑物为例，房屋建筑与构筑物是指一般房屋建筑、高层建筑、大型公用建筑、工业厂房及烟囱、水塔、电视电讯塔等高耸建筑物。此类工程的勘察应在收集建筑物上部荷载、功能特点、结构类型、基础形式、埋置深度及变形限制等有关方面资料的基础上进行。总体上，勘察工作内容应满足以下要求：(1)查明场地及地基的稳定性、地层结构、持力层和下卧层的工程特性、土地应力历史和地下水条件以及不良地质作用等；(2)提供满足设计、施工所需的岩土参数，确定地基承载力，预测地基变形性状；(3)提出地基基础、基坑支护、工程降水和地基处理设计与施工方案的建议；(4)提出对建筑物有影响的不良地质作用的防治方案建议；(5)对于抗震设防烈度等于或大于 6 度的场地，进行场地与地基的地震效应评价。

针对上述总体要求，各勘察阶段必须满足相应的具体规定，首先，可行性研

究勘察阶段具体应进行下列工作:(1)收集区域地址、地形地貌、地震、矿产、当地工程地质、岩土工程和建筑经验等资料;(2)在收集和分析已有技术资料的基础上,通过踏勘,了解场地的地层、构造、岩石和土的性质、不良地质现象及地下水等工程地质条件;(3)在拟建场地工程地质条件复杂,已有资料不能满足时,应根据具体情况进行工程地质测绘和必要的勘探工作;(4)在具有两个或两个以上拟选场地时,应进行对比选择分析。

其次,初步勘察阶段,应对拟建建筑地段的稳定性作出评价,并应进行下列主要工作:(1)收集拟建工程的有关文件、工程地质和岩土工程资料以及工程场地范围的地形图;(2)初步查明地质构造、地层结构、岩土工程特性、地下水埋藏条件;(3)查明场地不良地质作用的成因、分布、规模、发展趋势,并应对场地的稳定性作出评价;(4)对于抗震设防烈度等于或大于6度的场地,对场地与地基的地震效应应作出初步评价;(5)季节性冻土区,应调查场地土的标准冻结深度;(6)初步判定水和土对建筑材料的腐蚀性;(7)在高层建筑初步勘察时,应对可能采取的地基基础类型、基坑开挖与支护、工程降水方案等进行初步分析评价。

再次,详细勘察阶段,应按单体建筑物或建筑群提出详细的岩土工程资料和设计、施工所需的岩土参数;对建筑地基做出岩土工程评价,并对地基类型、基础形式、地基处理、基坑支护、工程降水和不良地质作用的防治等提出建议。主要应进行下列工作:(1)收集附有坐标和地形的建筑总平面图,场区的地面整平标高,建筑物的性质、规模、荷载、结构特点,基础形式、埋置深度,地基允许变形等资料;(2)查明不良地质作用的类型、成因、分布范围、发展趋势和危害程度,提出整治方案的建议;(3)查明建筑范围内岩土层的类型、深度、分布、工程特性,分析和评价地基的稳定性、均匀性和承载力;(4)对需进行沉降计算的建筑物,提供地基变形计算参数,预测建筑物的变形特征;(5)查明埋藏的河道、沟浜、墓穴、防空洞、孤石等对工程不利的埋藏物;(6)查明地下水的埋藏条件,提供地下水位及其变化幅度;(7)在季节性冻土地区,提供场地土的标准冻结深度;(8)判定水和土对建筑材料的腐蚀性。

勘察工作最后要形成勘察报告,岩土工程勘察报告是在原始资料的基础上进行整理、统计、归纳、分析、评价、提出工程建议,形成系统的为工程建设服务的勘察技术文件。勘察报告应通过对前期勘察资料的整理、检查和分析,根据工程特点和设计提出的技术要求编写,应有明确的针对性,能正确反映场地工程地质条件、不良地质作用和地质灾害，做到资料真实完整、评价合理、建议可行。可行性研究阶段勘察报告的文字部分，一般情况下应当包括下列内容：(1)勘察的任务、目的和要求；(2)工程概况；(3)勘察方法和勘察工作的完成情况；(4)区域地质、地震概况；(5)场地地质、岩土和水文地质条件；(6)不良地质作用和地质灾害；(7)场地稳定和适宜性的评价。

初步勘察阶段的文字报告，一般情况下，应当包括下列内容：(1)勘察任务、目的和要求；(2)工程概况；(3)勘察方法和勘察工作量；(4)场区地形、地貌、地质构造和环境地质条件；(5)场地各层岩土的性质；(6)场区地下水情况；(7)岩土参数的分析和选用；(8)场地稳定性和适应性的评价；(9)岩土工程的分析和评价。

详细勘察的文字报告，一般情况下应包括下列内容：(1)勘察任务、目的和要求；(2)拟建工程概况；(3)勘察方法和勘察工作布置；(4)场地地形、地貌；(5)场地各层岩土的性质；(6)场地地下水情况；(7)岩土参数的统计、分析和选用；(8)岩土工程的分析和评价；(9)工程施工和使用期间可能发生的岩土工程问题的预测和监控及预防措施的建议。

工程行业内，勘察工作一般把野外工作叫作外业，其主要工作场所位于室外拟建建设工程场地或工程现场，勘察外业的实施涉及劳务作业、勘探机械设备的使用等。资料整理，报告撰写等工作叫作内业，要写出高质量的岩土工程勘察报告，外业和实验资料准确可靠是关键，而内业资料的整理则是勘察工作的主要组成部分。

三、勘察人

勘察人又称勘察单位，是指受业主委托负责工程勘察并具备相应工程勘察资质的法人或其他组织。

按照《建设工程勘察设计管理条例》的规定，国家对从事建设工程勘察活动的单位，实行资质管理制度，建设工程勘察单位应当在其资质等级许可的范围内承揽勘察业务。禁止建设工程勘察单位超越其资质等级许可的范围，或者以其他勘察单位的名义承揽建设工程勘察业务。禁止建设工程勘察单位，允许其他单位或者个人以本单位的名义承揽建设工程勘察业务。国家对从事建设工程勘察活动的专业技术人员实行执业资格注册管理制度。未经注册的建设工程勘察人员，不得以注册执业人员的名义从事建设工程勘察活动。建设工程勘察发包依法实行招标发包或者直接发包。①

勘察人应遵守法律和有关技术标准的强制性规定，完成勘察合同约定范围内的勘查任务，提供符合技术标准及合同要求的工程勘察文件，并提供后续服务。

勘察人不得将其承包的全部工程勘察转包给第三人，或将其承包的全部工程勘察肢解后，以分包的名义转包给第三人。勘察人不得将勘察的主体、关键性工作分包给第三人。勘察人不得进行违法分包。经发包人同意，勘察人可以将自己承包的非主体非关键的勘察工作分包给其他具有相应资质等级的勘察单位完成，工程勘察分包不减轻或者免除勘察人的责任和义务，勘察人和分包人就分包工程勘察向发包人承担连带责任。

四、勘察质量风险

勘察工作会涉及多方面的风险，诸如质量风险，人身伤害，给第三人财产造成损害风险等，其中质量风险是尤其需要注意的。

《民法典》第八百条规定："勘察、设计的质量不符合要求或者未按照期限提交勘察、设计文件拖延工期，造成发包人损失的，勘察人、设计人应当继续完善勘察、设计，减收或者免收勘察、设计费并赔偿损失。"

《勘察设计管理条例》第二十六条第一款规定："编制建设工程勘察文件，应当真实、准确，满足建设工程规划、选址、设计、岩土治理和施工的需要。"《建设工程质量管理条例》第二十条规定："勘察单位提供的地质、测量、水文等勘察成果必须真实、准确。"

《建设工程勘察质量管理办法》第三条规定："工程勘察企业应当按照有关建设工程质量的法律、法规、工程建设强制性标准和勘察合同进行勘察工作，并对勘察质量负责。勘察文件应当符合国家规定的勘察深度要求，必须真实、准确。"第十四条规定："工程勘察工作的原始记录应当在勘察过程中及时整理、核对，确保取样、记录的真实和准确，禁止原始记录弄虚作假。钻探、取样、原位测试、室内试验等主要过程的影像资料应当留存备查。"以上是对勘察质量的相关规定。

---

① 参见常设中国建设工程法律论坛第八工作组著：《中国建设工程施工合同法律全书词条释义与实务指引》，法律出版社2019年版，第32页。

2021 年 9 月 8 日，住房和城乡建设部关于发布国家标准《工程勘察通用规范》的公告，批准《工程勘察通用规范》为国家标准，编号为 GB 55017—2021，自 2022 年 4 月 1 日起实施。规范为强制性工程建设规范，全部条文必须严格执行。

从以上规定可以看出，如勘察质量不符合要求，会承担赔偿损失的责任。例如，上诉人山东省某房地产开发有限公司、某建设集团股份有限公司、某建设管理有限公司因与被上诉人深圳市建筑设计某有限公司、山东某工程咨询管理有限公司、某地质工程勘察院建设工程合同纠纷一案，①山东省某房地产开发有限公司上诉请求：(1)撤销山东省威海市中级人民法院(2019)鲁 10 民初 166 号民事判决；(2)改判由某建设集团股份有限公司、某建设管理有限公司、深圳市建筑设计某有限公司对 4 号楼地下室加固维修费及 4 号楼地下室的租金损失承担全部赔偿责任。

某建设管理有限公司(勘察人)辩称，作为涉案工程勘察单位，其按照勘察合同约定的勘察范围合理地布孔，孔深也符合勘察规范的要求，在此前提下未发现涉案房屋地下有水。至于地下水变化幅度问题，在没有地下水的情况下，无法也不必在勘察报告中体现变化幅度问题，地下水和地表水的补排关系问题规定于勘察规范的第 7.1 条中，该条属于一般性条文，勘察报告中可不予体现。且本案事实是设计单位设计的图纸及建设单位实际建设的涉案房屋的范围远超过勘察合同中约定的勘察范围。勘察报告对于涉案工程没有任何实际意义，由此产生的工程质量问题应该由设计单位和建设方承担，勘察人已经按照勘察合同及勘察规划的要求履行了所有合同义务，对于本案的相关损失不存在任何过错。

法院经审理认为，2012 年 8 月，案涉工程地下室防水底板出现开裂、渗漏、隆起现象，并存在地下室积水。2013 年 5 月，某建设集团股份有限公司进行了加固施工。2013 年 11 月，案涉工程地下室再次出现防水底板开裂、隆起现象，部分框架柱底底板开裂，同时伴有大量地下水涌出。《建设工程质量管理条例》第三条规定："建设单位、勘察单位、设计单位、施工单位、工程监理单位依法对建设工程质量负责。"案件中，建设工程出现质量问题，给发包人造成了损害，责任方应就该损害向发包人赔偿。

---

① 参见山东省高级人民法院(2020)鲁民终 2572 号民事判决书。

《建设工程质量管理条例》第五条第一款规定："从事建设工程活动，必须严格执行基本建设程序，坚持先勘察、后设计、再施工的原则。"第二十条规定："勘察单位提供的地质、测量、水文等勘察成果必须真实、准确。"

检测意见认为，某建设管理有限公司出具的地勘报告中未提供地下水位变化幅度，补充说明提供的地下水位建议值不准确，不符合《2009 版岩土工程勘察规范》要求。某建设管理有限公司抗辩，建设工程场地地质条件简单，其按照勘察规范布孔，未发现地下水，故未提供地下水变化幅度及地下水位建议值，不违反勘察规范。另，地下室积水系因肥槽回填设计要求，且排水措施未到位，雨水（地表水）进入基坑造成地下室底板开裂，某房地产开发有限公司应当承担主要过错。

山东建筑工程司法鉴定中心答复，第一，勘察单位应当对地表水和地下水之间的补给和排泄对地下水位的影响，进行统筹考虑。第二，案涉工程地质条件为上下五层，地质情况比较复杂是造成水位上升的一个因素，但是否是全部因素无法判断。第三，勘察现场时已完成肥槽回填，但暴雨时肥槽回填情况不清楚。第四，2018 年勘察现场时没有降雨，但地下室仍有水，无法判断是地表水还是地下水，抽干后仍有反水。第五，工程不属于重大工程，但应当收集水文资料，给设计单位提供防水水位。

法院认为，山东建筑工程司法鉴定中心针对某建设管理有限公司的异议进行了答复，某建设管理有限公司未提供充分的反驳理由或证据，上述检测意见应予采纳。《2009 版岩土工程勘察规范》第 7.1.1 项规定："勘察单位应当掌握下列水文地质条件：1. 地下水类型和赋存状态；2. 主要含水层的分布规律；3. 区域性气候资料，如降水量、蒸发量及其变化对地下水位的影响；4. 地下水的补给排泄条件、地表水与地下水的补排关系及其对地下水位的影响；5. 勘察时的地下水位、历史最高地下水位、近 3～5 年最高地下水位、水位变化趋势和主要影响因素。"某建设管理有限公司作为勘察单位未按照上述勘察规范要求，掌握水文信息，在勘察报告中未提供地下水位变化幅度，补充说明提供的地下水位建议值不准确，后设计单位依据该勘察报告对地下室未作出相应的抗浮设计，最终导致地下室底板破裂，是造成本案建设工程质量问题的主要原因，应当承担相应的责任。一审法院确认某建设管理有限公司承担 25% 的责任比例，并无不当。

第二节　建设工程设计概述

一、建设工程设计相关概念

（一）工程设计概念

关于建设工程设计的定义，《建设工程勘察设计管理条例》第二条第三款规定："本条例所称建设工程设计，是指根据建设工程的要求，对建设工程所需的技术、经济、资源、环境等条件进行综合分析、论证，编制建设工程设计文件的活动。"工程设计文件包括方案设计、初步设计、施工图设计、工程概算、工程预算等图纸、图表和文字说明。①

关于工程设计范围，《2007 版工程设计资质标准》"总则"规定"包括本行业建设工程项目的主体工程和配套工程（含厂/矿区内的自备电站、道路、专用铁路、通信、各种管网管线和配套的建筑物等全部配套工程）以及与主体工程、配套工程相关的工艺、土木、建筑、环境保护、水土保持、消防、安全、卫生、节能、防雷、抗震、照明工程等"。因此，建设工程设计的范围涵盖《2007 版工程设计资质标准》所包括的 21 个行业建设工程的主体工程和配套工程设计。

（二）工程设计的基本工作阶段和内容

建设工程设计按照工程进展分阶段实施。工程设计一般分为方案设计、初步设计和施工图设计三个阶段。大型基础设施、复杂工业项目等工程在方案设计之前通常进行可行性研究，必要时进行预可行性研究，并在初步设计和施工图设计之间增加扩大初步设计阶段。

由于行业不同和惯例差异，工程设计阶段的划分也有所不同。大部分行业设计阶段一般都包括初步设计阶段和施工图设计阶段；而某些行业工程设计阶段起始于方案设计阶段，如建筑行业；某些工程设计阶段则起始于总体设计，如石油化工行业；还有些行业工程在技术复杂、基础资料缺乏和不足的情况下还

---

① 参见常设中国建设工程法律论坛第十二工作组著：《建设工程勘察设计合同纠纷裁判指引》，法律出版社 2021 年版，第 2 页。

会增加技术设计阶段,如公路、水利行业。

以建筑工程为例,一般分为方案设计、初步设计和施工图设计三个阶段;对于技术要求相对简单的民用建筑工程,在有关主管部门在初步设计阶段没有审查要求,且合同中没有做初步设计的约定时,可在方案设计审批后,直接进入施工图设计。

按照《2016 版建筑工程设计深度规定》的规定,方案设计文件包括:(1)设计说明书,包括各专业设计说明以及投资估算等内容,对于涉及建筑节能、环保、绿色建筑、人防等设计的专业,其设计说明应有相应的专门内容;(2)总平面图以及相关建筑设计图纸;(3)设计委托或设计合同中规定的透视图、鸟瞰图、模型等。

初步设计文件包括:(1)设计说明书,包括设计总说明、各专业设计说明,对于涉及建筑节能、环保、绿色建筑、人防、装配式建筑等,其设计说明应有相应的专项内容;(2)有关专业的设计图纸;(3)主要设备或材料表;(4)工程概算书;(5)有关专业计算书。

施工图设计文件包括:(1)合同要求所涉及的所有专业的设计图纸(含图纸目录、说明和必要的设备、材料表)以及图纸总封面;对于涉及建筑节能设计的专业,其设计说明应有建筑节能设计的专项内容;涉及装配式建筑设计的专业,其设计说明及图纸应有装配式建筑专项设计内容。(2)合同要求的工程预算书。(3)各专业计算书。

另外,单就方案设计而言,根据《建筑工程方案设计招标投标管理办法》第十一条的规定,建筑工程方案设计招标类型分为建筑工程概念性方案设计招标和建筑工程实施性方案设计招标两种类型。从《民用建筑设计术语标准》(GB/T 50504—2009)的定义分析,①概念设计是项目设计前期工作中对项目的初步研究和假想题目的学术探讨,更强调建筑师的设计理念和创意。从《建设工程勘察设计管理条例释义》的阐述分析,方案设计是对建设项目进行总体部署和安排,使设计构思和设计意图具体化;细化总平面布局、功能分区、总体布置、空间组合、交通组织等;细化总用地面积、总建筑面积等各项技术经济指标。

---

① 《民用建筑设计术语标准》(GB/T 50504—2009):概念设计是对设计对象的总体布局、功能、形式等进行可能性的构想和分析,并提出设计概念及创意;方案设计是对拟建的项目按设计依据的规定进行建筑设计创作的过程,对拟建项目的总体布局、功能安排、建筑造型等提出可能且可行的技术文件,是建筑工程设计全过程的最初阶段。

可见，该行政法规对方案设计文件的深度要求远远超出了概念性方案设计的深度要求，而概念性方案设计并不在该行政法规提及的方案设计的概念范畴内。

二、设计人

设计人又称设计单位，是指受业主委托负责工程设计并具备相应工程设计资质的法人或其他组织。

《民法典》第八百条规定，设计的质量不符合要求或者未按照期限提交设计文件拖延工期，造成发包人损失的，设计人应当继续完善设计，减收或者免收设计费并赔偿损失。相关法律法规给设计人规定了法定的义务，设计人应遵守法律和有关技术标准的强制性规定，完成设计合同约定范围内的设计任务，提供符合技术标准及合同要求的工程设计文件，并提供施工配合服务。设计人不得将其承包的全部工程设计转包给第三人，或将其承包的全部工程设计肢解后以分包的名义转包给第三人。设计人不得将工程主体结构、关键性工作及合同约定禁止分包的工程设计分包给第三人。设计人不得进行违法分包。经发包人同意，设计人可以将自己承包的非主体部分的设计工作分包给其他具有相应资质等级的设计单位完成。

三、工程设计资质

（一）设计资质的相关规定

建设工程勘察、设计是建设工程质量的源头。一个建设工程项目，如果工程设计不合格，极易为建设工程的整体质量埋下隐患，危害公共利益。因此，国家对建设工程设计工作实行严格的资质管理制度。

《建设工程勘察设计管理条例》第七条规定，国家对从事建设工程设计活动的单位，实行资质管理制度。具体办法由国务院建设行政主管部门商国务院有关部门制定。该条例第八条规定，建设工程设计单位应当在其资质等级许可的范围内承揽建设工程设计业务。禁止建设工程设计单位超越其资质等级许可的范围或者以其他建设工程设计单位的名义承揽建设工程设计业务。禁止建设工程设计单位允许其他单位或者个人以本单位的名义承揽建设工程设计业务。由此可见，设计人必须在政府监管核准的“资质”范围内，开展相应的设计活动。设计人拥有的注册资本、具有执业资格的专业技术人员、技术装备和已完工的工程业绩等,是其在设计行业能力的体现,也是行政主管部门评价设计人的主要依据。

《建设工程勘察设计资质管理规定》第六条规定:工程设计资质分为工程设计综合资质、工程设计行业资质、工程设计专业资质和工程设计专项资质。工程设计综合资质只设甲级;工程设计行业资质、工程设计专业资质、工程设计专项资质设甲级、乙级。根据工程性质和技术特点,个别行业、专业、专项资质可以设丙级,建筑工程专业资质可以设丁级。取得工程设计综合资质的企业,可以承接各行业、各等级的建设工程设计业务;取得工程设计行业资质的企业,可以承接相应行业相应等级的工程设计业务及本行业范围内同级别的相应专业、专项(设计施工一体化资质除外)工程设计业务;取得工程设计专业资质的企业,可以承接本专业相应等级的专业工程设计业务及同级别的相应专项工程设计业务(设计施工一体化资质除外);取得工程设计专项资质的企业,可以承接本专项相应等级的专项工程设计业务。

一般而言,违反资质条件的行为主要有设计人未取得设计资质、超越资质等级和业务范围、借用资质、不满足资质条件而从事设计阶段性工作几种情形。例如,北京二中院(2021)京02民终12087号上诉人北京某设计有限公司(以下简称某设计公司)因与上诉人北京某建筑工程有限公司(以下简称某建筑公司)建设工程设计合同纠纷一案,某设计公司的上诉请求:(1)撤销一审判决,改判支持起诉的全部诉讼请求。(2)一审、二审案件受理费由某建筑公司负担。事实和理由:一审判决认定双方签订的合同无效属于认定错误,该合同应为有效合同,某建筑公司应当履行付款义务。某设计公司已履行全部的合同义务,依据合同约定向某建筑公司交付的设计成果是招标图,某建筑公司已经签字确认招标图合格,所以,某建筑公司应当支付设计费。一审判决认定的剩余设计费用金额无事实依据,应予撤销。一审法院认定的事实:2015年5月1日,某建筑公司(发包人)与某设计公司(设计人)就星网宇达惯性技术研发及产业化基地办公大楼1号楼设计方案签订《建设工程设计合同》。设计依据为发包人给设计人的设计任务委托书或设计中标文件,设计人采用的主要技术标准是《全国室内装饰行业管理暂行规定》《室内装饰工程质量规范》等规定或要求。设计阶段:方案及施工图设计。……二审法院认为,本案焦点之一是某设计公司与某建筑公司签订的《建设工程设计合同》是否有效。依据相关法规的规定,从事建设工程勘察、工程设计活动的企业,应当按照其拥有的资产、专业技术人员、技术装备和勘察设计业绩等条件申请资质，经审查合格，取得建设工程勘察、工程设计资质证书后，方可在资质许可的范围内从事建设工程勘察、工程设计活动。本案中，双方签订的《建设工程设计合同》约定的是有关星网宇达惯性技术研发及产业化基地办公大楼1号楼的设计方案，而两公司均未取得相关设计资质，故一审判决认为该合同虽然系双方当事人的真实意思，但违反了法律、行政法规的强制性规定，确认双方所签《建设工程设计合同》无效，并无不当。①

（二）设计资质的改革

2020年11月30日，国务院通过《建设工程企业资质管理制度改革方案》，方案的主要内容之一是精简资质类别，归并等级设置。为了在疫情防控常态化条件下做好"六稳"工作、落实"六保"任务，进一步优化建筑市场营商环境，确保新旧资质平稳过渡，保障工程质量安全，按照稳中求进的原则，积极稳妥推进建设工程企业资质管理制度改革。对部分专业划分过细、业务范围相近、市场需求较小的企业资质类别予以合并，对层级过多的资质等级进行归并。其中，对工程设计资质调整较大，工程设计资质保留综合资质；将21类行业资质整合为14类行业资质；将151类专业资质、8类专项资质、3类事务所资质整合为70类专业和事务所资质。综合资质、事务所资质不分等级；行业资质、专业资质等级原则上压减为甲、乙两级（部分资质只设甲级）。

2022年2月，住房和城乡建设部发布《工程设计资质标准（征求意见稿）》，征求意见稿大幅降低了资质门槛，有以下几个方面的变化。

一是类别大减，将原来的600多项资质类别减为1项工程设计综合资质、14个工程设计行业资质、67个工程设计专业资质、3个建筑工程设计事务所资质4个序列；二是级别压缩，取消了丙、丁级资质和专项资质类，个别资质只设甲级，综合资质和事务所资质不分级；三是将注册资本金要求改为净资产，设计营收改为增值税纳税额；四是专业人员配置大幅减少，对注册人员数量要求降低，职称人员地位得到提升等。

近年来，国家大力倡导工程总承包模式，目前也允许满足一定条件的设计单位申请取得施工资质，以满足工程总承包双资质的要求。房屋建筑和市政基础设施项目工程总承包管理办法（以下简称《房建市政工程总承包管理办法》）

① 参见北京市第二中级人民法院（2021）京02民终12087号民事判决书。

第十二条规定，鼓励设计单位申请取得施工资质，已取得工程设计综合资质、行业甲级资质、建筑工程专业甲级资质的单位，可以直接申请相应类别施工总承包一级资质。鼓励施工单位申请取得工程设计资质，具有一级及以上施工总承包资质的单位可以直接申请相应类别的工程设计甲级资质。完成的相应规模工程总承包业绩可以作为设计、施工业绩申报。

四、建设工程施工图设计文件审查

（一）施工图审查制度概况

房屋建筑和市政基础设施工程施工图设计文件审查（以下简称施工图审查）制度，是依据《建设工程质量管理条例》和《建设工程勘察设计管理条例》设立的一项质量安全监管制度。《房屋建筑和市政基础设施工程施工图设计文件审查管理办法》第三条规定，国家实施施工图设计文件（含勘察文件，以下简称施工图）审查制度。本办法所称施工图审查，是指施工图审查机构（以下简称审查机构）按照有关法律、法规，对施工图涉及公共利益、公众安全和工程建设强制性标准的内容进行的审查。施工图审查应当坚持先勘察、后设计的原则。施工图未经审查合格的，不得使用。从事房屋建筑工程、市政基础设施工程施工、监理等活动，以及实施对房屋建筑和市政基础设施工程质量安全监督管理，应当以审查合格的施工图为依据。

施工图审查制度在我国实施以来，消除了大量存在于工程设计中的安全隐患，避免了大量工程安全事故的发生，基本杜绝了由于设计原因导致的房屋倒塌事故。施工图审查制度在避免违反强制性标准、保障勘察设计质量、保障公众安全、规范勘察设计市场秩序、提升勘察设计水平以及为政府部门决策提供依据等方面发挥了重要作用。随着国家工程审批制度的不断改革和完善，施工图审查制度也在不断进行改革优化，特别是“十三五”期间，政府管理部门对施工图审查工作提出了一系列改革措施，以保障营商环境和工程建设项目审批制度改革的顺利推进。

（二）施工图审查制度的改革

根据《国务院关于修改部分行政法规的决定（2017）》，国务院对《建设工程质量管理条例》《建设工程勘察设计管理条例》中有关施工图设计文件审查的部分进行了修改，取消了其中“县级以上人民政府建设行政主管部门应当对施工图设计文件中涉及公共利益、公众安全、工程建设强制性标准的内容进行审查”的相关规定，仅保留了“县级以上人民政府交通运输等有关部门应当按照职责对施工图设计文件中涉及公共利益、公众安全、工程建设强制性标准的内容进行审查”。自此除交通运输等有关部门外，建设行政主管部门等相关部门对施工图审查不再有法定职责。2018 年 12 月 29 日，住建部修订了《房建市政工程施工图审查管理办法》，提出“逐步推行以政府购买服务方式开展施工图设计文件审查”。2019 年 3 月，国务院发布《关于全面开展工程建设项目审批制度改革的实施意见》（国办发〔2019〕11 号），要求试点地区要进一步精简审批环节，在加快探索取消施工图审查（或缩小审查范围）、实行告知承诺制和设计人员终身负责制等方面，尽快形成可复制可推广的经验。施工图设计文件审查制度的行政强监管态势逐渐弱化。

各地政府随后开始进行深化施工图审查改革。近年来各地出台的施工图审查改革举措，大致可以分为三类：全面取消、部分取消和保留审查。取消施工图审查，也引来了部分业内人士的担忧，从工程质量安全角度来看，一些行业专家则认为施工图审查目前所需要的是规范和改善，而不是进行一刀切取消。当前建筑市场仍然没有达到非常规范的程度，而诚信体系建设不完善，工程质量安全事故仍时有发生，单靠“承诺制”解决质量安全问题，是不现实的做法，政府组织或委托社会机构对施工图进行全面审查仍是保证我国设计安全基本面的重要手段之一。

五、设计质量责任

《建筑法》第五十六条规定，建筑工程的设计单位必须对其设计的质量负责。设计文件应当符合有关法律、行政法规的规定和建筑工程质量、安全标准、建筑工程设计技术规范以及合同的约定。设计文件选用的建筑材料、建筑构配件和设备，应当注明其规格、型号、性能等技术指标，其质量要求必须符合国家规定的标准。

第七十三条规定，建筑设计单位不按照建筑工程质量、安全标准进行设计的，责令改正，处以罚款；造成工程质量事故的，责令停业整顿，降低资质等级或者吊销资质证书，没收违法所得，并处罚款；造成损失的，承担赔偿责任；构成犯罪的，依法追究刑事责任。

从《建筑法》的以上规定可以看出，设计单位必须对其设计的质量负责。一方面是设计文件必须满足有关法律、行政法规的规定和建筑工程质量、安全标准、建筑工程设计技术规范以及合同的约定；另一方面，设计文件选用的建筑材料、建筑构配件和设备，也要符合一定要求。否则设计单位除了面临行政处罚外，还要承担民事赔偿责任。① 例如，上诉人某工业勘察设计研究院有限公司（以下简称某设计公司）因与被上诉人陕西某酒店投资管理有限公司（以下简称某酒店公司）、陕西某建工集团有限公司（以下简称某建工公司）、陕西某工程咨询管理有限公司（以下简称某工程公司）财产损害赔偿纠纷一案，某设计公司上诉请求：(1)依法撤销一审判决第一项中要求上诉人赔偿被上诉人某酒店公司1,023,150元，并与被上诉人某建工公司互负连带责任的判决内容；(2)依法撤销一审判决第三项中要求上诉人赔偿被上诉人某酒店公司30,000元房屋损失鉴定费的判决内容；(3)改判驳回被上诉人某酒店公司对上诉人的诉讼请求；(4)本案一审、二审诉讼费由被上诉人承担。事实和理由：一、某设计公司的设计符合规范，对某酒店公司财产损失的损害结果不构成侵权行为。故一审错误地认为某设计公司设计图纸存在安全隐患属于事实认定不清。……二审法院经审理认为，根据《商洛国际会议中心会议厅鉴定报告》和本案查明的事实，建设单位某酒店公司在施工前未提交经过审图的施工图纸、在施工单位提出设计图纸可能存在安全隐患时也未进一步采取有效措施、在工程结束后未对主体进行五方验收即投入使用、在装修时没有考虑会议厅顶部网架钢结构的承载能力、在日常使用管理中疏于管理、维护和保障落水管通畅，某酒店公司对损害的发生存在过错，上述行为具有违法性，这些行为与本案损害结果之间存在因果关系。施工单位某建工公司施工存在支座处钢板厚度不均匀，部分钢板尺寸、厚度不符合设计要求，钢板安装存在偏心，部分支座连接处焊缝不饱满，个别螺栓松动，锈蚀现象在支座处多处存在，焊缝质量等级设计为二级，实际检测所有焊缝均未焊透，焊缝缺陷等级为四级，网架支座及牛腿焊缝质量不合格，该部分施工达不到设计要求，某建工公司存在过错，上述行为具有违法性，这些行为与本案损害结果之间存在因果关系。设计单位某设计公司设计网架较多杆件不满足设计要求，存在安全隐患，连接螺栓根部焊缝应力超过材料的屈服强度，加之焊接缺陷等因素，是造成案涉事故的因素之一，某设计公司存在过错，上述行

① 参见陕西商洛中院(2020)陕10民终351号民事判决书。

为具有违法性，这些行为与本案损害结果之间存在因果关系。本次二审中，各方当事人对陕西铭建价格评估有限责任公司的鉴定意见没有表示异议，一审判决根据该鉴定意见以及《商洛国际会议中心会议厅鉴定报告》认定本案事故的损失范围为 3,410,500 元并无不当。据此，一审判决施工单位对本案损失承担 40% 的民事赔偿责任、设计单位对本案损失承担 30% 的民事赔偿责任，建设单位自负本案损失的 30% 并无不当，某设计公司上诉主张其设计行为与本案损失之间没有因果关系，其不应承担本案民事责任的上诉理由不能成立，不予支持。

设计单位需要注意的是，我们国家所采用的传统工程承发包模式为设计与施工相分离的模式，设计人与施工单位分别与建设单位签订协议，归属于不同的法律关系。设计人所承担的风险范围主要为迟延交付设计文件或未尽法定职责导致设计质量问题等，对施工中所发生的非设计原因导致的施工质量问题等无须承担责任。但是，在工程总承包模式下，设计人作为联合体成员参与项目建设，需与施工单位一并对外承担连带责任。相较于传统的设计施工相分离的模式，设计人的法律风险会大幅扩张。

第三节　建设工程勘察质量要求

建筑工程勘察是工程建设中非常重要的一个阶段，其任务是确定建设项目场地的地质条件、自然环境是否适宜于进行工程建设，其成果为单体建筑设计和施工提供所需的工程地质水文地质资料。工程勘察的专业性较强，从事建设工程活动，应当坚持先勘察、后设计、再施工的原则。

实践中，由于多种原因，勘察作业中还存在许多问题，勘察作业的不规范行为可能会埋下质量问题的隐患。为此，各地的住房和城乡建设主管部门会开展勘察专项检查。例如，成都市住房和城乡建设局于 2021 年 11 月 15 日至 2021 年 12 月 15 日开展了 2021 年第二次房屋建筑工程施工图质量常规检查及建筑科技、勘察专项检查并对检查情况进行了通报。《成都市住房和城乡建设局关于 2021 年第二次房屋建筑工程施工图质量常规检查及建筑科技和勘察专项检查情况的通报》(成住建通〔2022〕11号)①中称检查共发现违反一般性条文50条。存在的主要问题有:一是勘察报告内容缺失,部分项目相关论述内容、图表缺失,有的未说明采用的高程基准及坐标系统;二是未严格落实《中国地震动参数区划图》的规定,未明确场地所处乡、镇或街道名称;三是野外钻探及记录不规范,部分勘探孔深度不满足大直径桩的要求,钻探数量偏少,野外钻探记录不完善;四是有的项目对土壤(粉土)描述不完整,对杂填土承载力建议值欠妥,计算参数有误;五是有的项目地下水位测量不足,工程地质剖面图和柱状图中未注明地下水位,报告论述不合理等。

实践中,甚至还发现有的工程勘察公司存在少钻地质钻孔、虚报勘探工程量、编造勘察原始记录、出具虚假报告等情形。例如,有的勘察公司虽然虚报了勘探钻孔,但是向建设单位提交的《工程地质勘查原始技术资料》《野外记录簿》等资料中的记录却很齐全,伪造大量的勘探点钻孔记录,编造钻孔日期、深度、岩芯描述等详细信息,出具虚假《工程地质勘查报告》,导致设计单位依据不真实的勘察数据进行施工图设计,提交给建设单位组织施工,无论是工程建设中还是建成后运行,均存在极大的质量、安全事故隐患,也不利于工程成本、工期控制。

当然也存在工程勘察公司客观上能力不足,或者囿于当前技术条件所限,导致数据不真实等情况。上述无论哪种情形,均可能导致后期施工质量出现问题,按照相关法律规定,工程勘察公司需要承担相应责任。

一、勘察质量应符合的相关法律、行政法规规定

《民法典》第八百条规定,勘察、设计的质量不符合要求或者未按照期限提交勘察、设计文件拖延工期,造成发包人损失的,勘察人、设计人应当继续完善勘察、设计,减收或者免收勘察、设计费并赔偿损失。

建设工程完工后,如果出现质量问题,质量问题的形成有多种原因,如果质量问题的成因是勘察质量不符合要求,按照《民法典》第八百条的规定,勘察人应当承担赔偿损失的民事责任。《民法典》第八百条只是粗略地规定了"勘察、设计质量不符合要求",但在实务中,一旦合同双方因质量问题产生争议,究竟

① 参见成都市住房和城乡建设局:《成都市住房和城乡建设局关于2021年第二次房屋建筑工程施工图质量常规检查及建筑科技和勘察专项检查情况的通报》,http://cdzj.chengdu.gov.cn/。

何为“勘察、设计质量不符合要求”，必然会成为合同双方争议的焦点，所以明确何为勘察的质量不符合要求需要更具体明确的标准。

《建筑法》第五十六条规定：“建筑工程的勘察、设计单位必须对其勘察、设计的质量负责。勘察、设计文件应当符合有关法律、行政法规的规定和建筑工程质量、安全标准、建筑工程勘察、设计技术规范以及合同的约定。设计文件选用的建筑材料、建筑构配件和设备，应当注明其规格、型号、性能等技术指标，其质量要求必须符合国家规定的标准。”关于勘察质量应符合约定加法定标准，《建筑法》第五十六条规定与《民法典》第五百一十一条第一项的规定是协调一致的。

《建设工程勘察设计管理条例》第五条第二款规定，建设工程勘察、设计单位必须依法进行建设工程勘察、设计，严格执行工程建设强制性标准，并对建设工程勘察、设计的质量负责。第二十五条规定：“编制建设工程勘察、设计文件，应当以下列规定为依据：（一）项目批准文件；（二）城乡规划；（三）工程建设强制性标准；（四）国家规定的建设工程勘察、设计深度要求。铁路、交通、水利等专业建设工程，还应当以专业规划的要求为依据。”第二十六条第一款规定，编制建设工程勘察文件，应当真实、准确，满足建设工程规划、选址、设计、岩土治理和施工的需要。

从《建设工程勘察设计管理条例》第五条、第二十五条以及第二十六条的规定可以总结出，工程勘察应当符合工程强制性标准的要求，符合勘察深度的要求，符合提供的数据真实、准确的要求，符合合同的约定。

二、勘察文件应当符合工程建设强制性标准

按照《建设工程勘察设计管理条例》第五条的规定，勘察文件应当严格执行工程建设强制性标准。《中华人民共和国标准化法》（2017 修订）第二条规定，本法所称标准（含标准样品），是指农业、工业、服务业以及社会事业等领域需要统一的技术要求。标准包括国家标准、行业标准、地方标准和团体标准、企业标准。国家标准分为强制性标准、推荐性标准，行业标准、地方标准是推荐性标准。强制性标准必须执行。国家鼓励采用推荐性标准。

工程建设标准按照不同标准可以分为不同类型，按领域划分，我国的工程建设标准可以分为城乡规划、城乡建设、房屋建筑、信息技术、建材工程、冶金工程、有色金属、医药工程、纺织工程、化工、电子工程、石油天然气工程、水利工

程、兵器工程、医疗卫生、石油化工工程等。

按类型划分，可以分为强制性标准和推荐性标准。其中国家强制性标准主要包括：(1)工程建设勘察、规划、设计、施工及验收等通用的综合标准和重要的通用的质量标准；(2)工程建设通用的有关安全、卫生和环境保护的标准；(3)工程建设重要的通用的术语、符号、代号、量与单位、建筑模数和制图方法标准；(4)工程建设重要的通用的试验、检验和评定方法等标准；(5)工程建设重要的通用的信息技术标准；(6)国家需要控制的其他工程建设通用的标准。①

根据《基本建设设计工作管理暂行办法》和《基本建设勘察工作管理暂行办法》的规定，工程勘察设计标准包括工程建设勘察设计规范和工程标准设计两种。其中，工程建设勘察设计规范是强制性勘察设计标准，是技术法规，是在一切工程勘察、设计工作中都必须执行的标准。工程建设勘察设计标准作为工程建设标准的重要组成部分一直指导着勘察设计的实务工作。按照新的标准化法及工程建设标准体制改革的要求，勘察设计标准分为国标、行标、地标、团标和企标五级。

勘察设计的国家标准，是在全国范围内统一执行的技术要求；勘察设计的行业标准，是在没有国家标准的情况下，需要在全国某个行业范围内统一执行的技术要求；勘察设计的地方标准，是在前两种标准没有，而需要在某一行政区域内统一执行的技术要求；勘察设计的团体标准，是由团体按照团体确立的标准制定程序自主制定发布，由社会自愿采用的标准；勘察设计的企业标准，是在企业范围内需要协调、统一的技术要求、管理要求和工作要求所制定的标准。其中，现行勘察设计的国标、行标、地标均还保留一定数量的强制性规定，该类强制性规定是国家通过法律形式明确要求执行的条款，属于"技术法规"，违反强制性标准的当事人将承担相应的法律责任。推荐性标准(或非严格强制性条款)则是国家鼓励自愿采用或推荐采用的、具有指导作用而不强制执行的技术条款，在合同未约定参考的情形下，一方当事人对该类标准的适用具有一定的自主性。

① 参见常设中国建设工程法律论坛第十二工作组著：《建设工程勘察设计合同纠纷裁判指引》，法律出版社2021年版，第2页。

三、勘察文件应当符合合同的约定

工程勘察合同属于民商事合同的范畴，勘察质量应当符合合同约定的标准。《民法典》第五百零九条规定，当事人应当按照约定全面履行自己的义务。当事人应当遵循诚信原则，根据合同的性质、目的和交易习惯履行通知、协助、保密等义务。当事人在履行合同过程中，应当避免浪费资源、污染环境和破坏生态。《建筑法》第五十六条规定，勘察文件应当符合合同的约定。

工程勘察的专业性强，一般发包人不懂相关的专业术语和业务流程，难以在合同文本的磋商阶段就岩土工程勘察的合同范围、工作内容和质量要求提出具体、明晰的意见。

从合同的示范文本来看，《2016 版建设工程勘察合同示范文本》在合同协议书质量标准部分，双方可以约定质量标准。同时，示范文本在通用条款第 5.1.1 项规定：成果质量应符合相关技术标准和深度规定，且满足合同约定的质量要求。通用条款第 5.1.2 项规定：双方对工程勘察成果质量有争议时，由双方同意的第三方机构鉴定，所需费用及因此造成的损失，由责任方承担；双方均有责任的，由双方根据其责任分别承担。

但是，由于工程的多样性对勘察的要求不一等原因，《2016 版建设工程勘察合同示范文本》通用条款部分的质量规定无法详尽，如果在签订合同时，仅是套用示范文本，很容易在后期发生质量问题时产生纠纷。例如，成都市金牛区法院（2019）川 0106 民初 8382 号弘润置业公司与大地物探公司建设工程勘察合同纠纷一案，弘润置业公司诉至法院称，因大地物探公司出具的探测成果图纸的重大疏漏，导致基坑施工单位按照成果图纸施工后挖断了自来水管，引发此次爆管事故，造成漏水涌入基坑，弘润置业公司组织抢险，影响项目施工进度，给弘润置业公司及项目造成了巨大的经济损失。大地物探公司作为弘润置业公司所委托的专业勘测机构，应对此次重大失误承担全部的损失赔偿责任。

法院认为，案件为建设工程勘察合同纠纷，弘润置业公司主张大地物探公司赔偿给弘润置业公司造成的损失，应就大地物探公司存在违约行为、弘润置业公司实际产生损失、大地物探公司的违约行为与弘润置业公司的损失之间存在因果关系向法庭举证。在本案中，一方面，大地物探公司虽实施案涉项目的管线探测工作，但双方并未签订书面的管线探测合同，弘润置业公司并未就双方约定的探测方法、探测范围、探测精度、探测结果的用途等内容向法庭举证；

另一方面,弘润置业公司向法庭提交的证据亦不足以证实大地物探公司做出的《成果小结(2018 年 6 月 7 日)》与案涉项目自来水爆管之间存在因果关系。根据《民事诉讼法》(2017 年)第六十四条第一款“当事人对自己提出的主张,有责任提供证据”以及《民诉法解释》第九十条“当事人对自己提出的诉讼请求所依据的事实或者反驳对方诉讼请求所依据的事实,应当提供证据加以证明,但法律另有规定的除外。作出判决前,当事人未能提供证据或者证据不足以证明其事实主张的,由负有举证证明责任的当事人承担不利的后果”之规定,应当由弘润置业公司承担举证不能的法律后果。故驳回弘润置业公司的诉讼请求。

上述案例即是因质量标准约定不明出现的争议,因双方并没有在合同中约定质量标准,原告虽然遭受了损失,但是其所主张的权利因举证不能而未得到法院的支持。对于质量约定不明的处理,《民法典》第五百一十一条第一项规定:“当事人就有关合同内容约定不明确,依据前条规定仍不能确定的,适用下列规定:(一)质量要求不明确的,按照强制性国家标准履行;没有强制性国家标准的,按照推荐性国家标准履行;没有推荐性国家标准的,按照行业标准履行;没有国家标准、行业标准的,按照通常标准或者符合合同目的的特定标准履行。”因此如果质量标准约定不明确,法院应当依照《民法典》第五百一十一条第一项规定予以处理,鉴于工程勘察的专业性,多数情况下会启动鉴定程序,鉴定相关事项请参见本书第三章。

四、勘察文件应当真实准确

《建设工程勘察设计管理条例》第二十六条第一款规定:“编制建设工程勘察文件,应当真实、准确,满足建设工程规划、选址、设计、岩土治理和施工的需要。”《建设工程质量管理条例》第二十条规定:“勘察单位提供的地质、测量、水文等勘察成果必须真实、准确。”由上述规定可见,提供真实、准确的勘察文件是勘察人的法定质量责任。

《建设工程安全生产管理条例》第十二条第一款规定:“勘察单位应当按照法律、法规和工程建设强制性标准进行勘察,提供的勘察文件应当真实、准确,满足建设工程安全生产的需要。”根据此条规定,提供真实、准确的勘察文件也是勘察人的法定安全生产责任。

《建设工程勘察质量管理办法》规定得更加具体详细,第十四条第一款规定:“工程勘察工作的原始记录应当在勘察过程中及时整理、核对,确保取样、记录的真实和准确,禁止原始记录弄虚作假。钻探、取样、原位测试、室内试验等主要过程的影像资料应当留存备查。”第二款规定:“司钻员、描述员、土工试验员等作业人员应当在原始记录上签字。工程勘察企业项目负责人应当对原始记录进行验收并签字。”第三款规定:“鼓励工程勘察企业采用信息化手段,实时采集、记录、存储工程勘察数据。”

为保证勘察文件的准确,一些地方政府也制定了地方政府规章,对此予以监督。例如,2017 年 7 月 1 日起施行的《山东省房屋建筑和市政工程质量监督管理办法》(省政府令第 308 号),其中第十六条规定,勘察企业出具的勘察文件内容应当真实全面,数据准确。勘察企业应当参加地基与基础分部工程验收,并出具验收意见。

五、勘察文件应当符合勘察深度的要求

针对工业与民用建筑工程设计的方案设计、初步设计和施工图设计三个阶段,岩土工程勘察一般可分为可行性研究勘察、初步勘察及详细勘察三个阶段。可行性研究勘察应符合选址或确定场地的要求;初步勘察应符合初步设计或扩大初步设计的要求;详细勘察应符合施工图设计的要求。《2009 版岩土工程勘察规范》对房屋建筑和构筑物、地下洞室、岸边工程等 11 类工程的可行性研究勘察、初步勘察及详细勘察三个阶段的工作内容及应当达到的要求都做作了详细的规定。

为进一步贯彻《建设工程勘察设计管理条例》《建设工程质量管理条例》,统一工程勘察文件编制深度标准,保障工程勘察质量,住房和城乡建设部工程质量安全监管司组织有关单位对《房屋建筑和市政基础设施工程勘察文件编制深度规定》(2010 年版)进行了修订,形成了《2020 版房建市政工程勘察深度规定》。

根据《2020 版房建市政工程勘察深度规定》,即便勘察合同对勘察报告的具体质量要求没有约定或约定不明,勘察人也应该按照《2020 版房建市政工程勘察深度规定》进行勘察,编制勘察报告。如该规定第 3. 0. 2 项规定:“勘察纲要应包括下列内容:1. 工程概况;2. 概述拟建场地环境、工程地质条件、附近参考地质资料(如有);3. 勘察目的、任务要求及需解决的主要技术问题;4. 执行的技术标准;5. 选用的勘探方法;6. 勘察工作布置;7. 勘探完成后的现场处理;8. 拟采取的质量控制、安全保证和环境保护措施;9. 拟投入的仪器设备、人员安

排、勘察进度计划等;10. 勘察安全、技术交底及验槽等后期服务;11. 拟建工程勘探点平面布置图。”勘察纲要应该包含该标准第 3. 0. 2 项规定的 11 项内容,如果缺少某一项或几项,则可认定该勘察纲要存在质量缺陷。

又如,关于勘察报告文字部分,该标准第 4. 1. 1 项规定:“勘察报告文字部分应包括下列内容:1. 工程概况与勘察工作概述;2. 场地环境与工程地质条件;3. 岩土指标统计;4. 岩土工程评价;5. 结论与建议。”其中第 4 项岩土工程评价的规定见该标准第 4. 5. 2 项:“岩土工程评价应包括下列内容:1. 场地稳定性、适宜性评价;2. 场地地震效应评价;3. 地下水和地表水评价;4. 地基基础评价;5. 地下工程与周围环境的相互影响评价。”第 4. 3. 1 项规定:“场地环境与工程地质条件主要包括以下内容:1. 根据工程需要描述区域地质构造、气象、水文情况;2. 工程周边环境条件;3. 场地地形、地貌;4. 不良地质作用及地质灾害的种类、分布、发育程度;5. 岩土描述应包括场地地层的岩土名称、年代、成因、分布、工程特性,岩体结构、岩石风化程度以及出露岩层的产状、构造等;6. 埋藏的河道、浜沟、池塘、墓穴、防空洞、孤石及溶洞等对工程不利的埋藏物的特征、分布;7. 场地的地下水和地表水。”

第四节　建设工程设计质量要求

建设工程设计,是指根据建设工程的要求,对建设工程所需的技术、经济、资源、环境等条件进行综合分析、论证,编制建设工程设计文件的活动。从事建设工程活动,应当坚持先勘察、后设计、再施工的原则。实践中,设计方面会出现诸如结构方案不正确,结构设计与实际受力情况不符,作用在结构上的荷载漏算或少算,结构内力计算错误、组合错误,未按规范规定验算结构稳定性,违反结构构造的规定,以及计算中的公式、系数、标准等出现错误等。《民法典》第八百条规定,勘察、设计的质量不符合要求或者未按照期限提交勘察、设计文件拖延工期,造成发包人损失的,勘察人、设计人应当继续完善勘察、设计,减收或者免收勘察、设计费并赔偿损失。为保证质量,设计文件要符合一定的要求,否则,可以被视为质量缺陷,在工程出现质量问题时应承担相应责任。

一、设计文件应符合相关法律、行政法规的规定

《建筑法》等相关法律、行政法规对工程设计作出了规定，例如，《建筑法》第三十七条规定："建筑工程设计应当符合按照国家规定制定的建筑安全规程和技术规范，保证工程的安全性能。"第五十二条规定："建筑工程勘察、设计、施工的质量必须符合国家有关建筑工程安全标准的要求，具体管理办法由国务院规定。有关建筑工程安全的国家标准不能适应确保建筑安全的要求时，应当及时修订。"第五十六条规定："建筑工程的勘察、设计单位必须对其勘察、设计的质量负责。勘察、设计文件应当符合有关法律、行政法规的规定和建筑工程质量、安全标准、建筑工程勘察、设计技术规范以及合同的约定。设计文件选用的建筑材料、建筑构配件和设备，应当注明其规格、型号、性能等技术指标，其质量要求必须符合国家规定的标准。"第五十七条规定："建筑设计单位对设计文件选用的建筑材料、建筑构配件和设备，不得指定生产厂、供应商。"

《建设工程质量管理条例》第二十一条规定："设计单位应当根据勘察成果文件进行建设工程设计。设计文件应当符合国家规定的设计深度要求，注明工程合理使用年限。"第二十二条规定："设计单位在设计文件中选用的建筑材料、建筑构配件和设备，应当注明规格、型号、性能等技术指标，其质量要求必须符合国家规定的标准。除有特殊要求的建筑材料、专用设备、工艺生产线等外，设计单位不得指定生产厂、供应商。"第二十三条规定："设计单位应当就审查合格的施工图设计文件向施工单位作出详细说明。"

《建设工程勘察设计管理条例》第二十五条规定："编制建设工程勘察、设计文件，应当以下列规定为依据：(一)项目批准文件；(二)城市规划；(三)工程建设强制性标准；(四)国家规定的建设工程勘察、设计深度要求。铁路、交通、水利等专业建设工程，还应当以专业规划的要求为依据。"

第二十六条规定："……编制方案设计文件，应当满足编制初步设计文件和控制概算的需要。编制初步设计文件，应当满足编制施工招标文件、主要设备材料订货和编制施工图设计文件的需要。编制施工图设计文件，应当满足设备材料采购、非标准设备制作和施工的需要，并注明建设工程合理使用年限。"第二十九条规定："建设工程勘察、设计文件中规定采用的新技术、新材料，可能影响建设工程质量和安全，又没有国家技术标准的，应当由国家认可的检测机构进行试验、论证，出具检测报告，并经国务院有关部门或者省、自治区、直辖市人

民政府有关部门组织的建设工程技术专家委员会审定后，方可使用。"

二、设计文件应符合工程建设强制性标准、规范的要求

建设工程是一个复杂、多环节的综合活动，在整个建设活动中，设计是灵活的，加强设计的管理，是避免质量安全问题出现的关键所在。《建设工程质量管理条例》第十九条规定："勘察、设计单位必须按照工程建设强制性标准进行勘察、设计，并对勘察、设计的质量负责。注册建筑师、注册结构工程师等注册执业人员应当在设计文件上签字，对设计文件负责。"《建设工程勘察设计管理条例》第二十五条规定："编制建设工程勘察、设计文件，应当以下列规定为依据：（一）项目批准文件；（二）城市规划；（三）工程建设强制性标准；（四）国家规定的建设工程勘察、设计深度要求。铁路、交通、水利等专业建设工程，还应当以专业规划的要求为依据。"

《实施工程建设强制性标准监督规定》第二条规定："在中华人民共和国境内从事新建、扩建、改建等工程建设活动，必须执行工程建设强制性标准。"第三条规定："本规定所称工程建设强制性标准是指直接涉及工程质量、安全、卫生及环境保护等方面的工程建设标准强制性条文。国家工程建设标准强制性条文由国务院城乡建设主管部门会同国务院有关行政主管部门确定。"第十七条规定："勘察、设计单位违反工程建设强制性标准进行勘察、设计的，责令改正，并处以10万元以上30万元以下的罚款。有前款行为，造成工程质量事故的，责令停业整顿，降低资质等级；情节严重的，吊销资质证书；造成损失的，依法承担赔偿责任。"

如果设计成果不符合技术规范的要求，出现质量问题，设计单位应当承担相应的责任。例如，辽宁省阜新蒙古族自治县人民法院审理的原告辽宁三沟酒业有限责任公司（以下简称三沟酒业）诉被告阜新市时代建筑设计院（以下简称时代设计院）建设工程设计合同纠纷一案，①原告三沟酒业认为，原告于2010年3月23日因本单位的阜新民族工业发展园区的瓶子库1、瓶子库2、灌装车间及综合楼的设计施工，委托被告进行工程设计。双方签订工程设计合同，合同约定："发包方为辽宁三沟酒业有限责任公司，设计人为阜新市时代建筑设计院，工程设计费为人民币14.7393万元。由于设计人员错误造成工程质量事故损

① 参见辽宁省阜新蒙古族自治县人民法院(2022)辽0921民初661号民事判决书。

失,设计人员除负责采取补救措施外,应免收直接受损失部分的设计费。损失严重的根据损失的程度和设计人员责任大小向发包人支付赔偿金,赔偿金由双方商定为实际损失。”合同签订后原告按约定数额支付了设计费,被告按约定时间提供了施工图,原告将施工图纸提供给施工单位,施工单位依该设计图纸进行建筑施工。施工完毕验收后上述工程投入使用。在使用后原告发现,三沟厂区内灌装车间8579平方米、瓶子库建筑面积6300平方米的屋顶存在严重的屋顶漏水问题,虽经维修,但一直存在。为保证生产作业,原告对屋顶漏水问题采取了补救措施,加盖一层彩钢瓦,解决了屋顶漏水问题。在屋顶漏水原因不清的情况下,原告拒绝支付施工单位的工程款,无奈施工单位进行司法诉讼,阜新市中级人民法院技术对外委托,国质(北京)建设工程检测鉴定中心鉴定,“灌装车间和瓶子库屋面坡度设计为5%,既不符合该工程设计当时实行的规范《房屋工程技术规范》(GB 50345—2004)的要求,也不符合现行规范《屋面工程技术规范》(GB 50345—2021)的要求,灌装车间和瓶子库跨度较大,达69.5米,在屋面坡度较小的情况下,容量造成屋面漏雨”。另外,施工质量也存在问题,造成屋顶严重渗漏。阜新市中级人民法院依此设计缺陷,要求原告承担80%的过错责任,该判决生效后,阜新县人民法院执行原告单位给付工程款及利息累计85万元。原告单位作为发包单位无任何设计和施工过错,屋面渗漏均为设计缺陷和施工质量所致,故被告单位依法应承担设计缺陷的过错责任,应对原告单位的损失承担赔偿责任,故向法院提出诉讼请求:(1)请求依法判决被告赔偿原告经济损失80.8347万元;(2)诉讼费用由被告负担。

法院经审理后认为,本案系建设工程设计合同纠纷。原告三沟酒业与被告时代设计院签订的《建设工程设计合同》系双方当事人的真实意思表示,且不违反法律规定,合法、有效,双方应按照约定履行合同义务。第一,关于是否存在设计过错以及设计单位是否应当承担赔偿责任的问题。原告依据被告提供的施工图纸建设的房屋交付使用后,发生屋面渗漏问题。国质(北京)建设工程检测鉴定中心出具的GZZX/2019-JC-162《鉴定报告》显示,“灌装车间和瓶子库屋面坡度设计为5%,既不符合该工程设计当时实行的规范《屋面工程技术规范》(GB 50345—2004)的要求,也不符合现行规范《屋面工程技术规范》(GB 50345—2012)的要求,且灌装车间和瓶子库跨度较大,达69.5m,在屋面坡度较小的情况下,容易造成屋面漏雨”。可以认定被告时代设计院存在设计缺陷。原、被告双方在《建设工程设计合同》中明确约定“由于设计人员错误造成工程质量事故损失,设计人员除负责采取补救措施外,应免收直接受损失部分的设计费。损失严重的根据损失的程度和设计人员责任大小向发包人支付赔偿金”,故本案被告时代设计院应当承担赔偿责任。第二,关于赔偿数额的问题,原告三沟酒业对案涉钢结构工程屋顶进行了覆盖加装,支付维修工程款 67.31 万元。根据阜新市中级人民法院已生效判决(2019)辽 09 民终 1865 号民事判决书可知,造成涉案工程存在渗漏问题是设计缺陷和施工质量缺陷,三沟酒业应对其提供的设计有缺陷承担过错责任,案外人广厦公司应当就施工质量缺陷承担过错责任,另案涉案工程款应由三沟酒业承担 80% 的给付义务,广厦公司自行承担另案涉案工程款 20% 的责任,即三沟酒业向另案原告广厦公司支付 53.8593 万元,另案原告广厦公司负担 13.4635 万元,故本案原告因设计缺陷造成的实际损失为 67.31 万元 - 13.4635 万元即 53.8465 万元。

三、设计文件应符合合同约定的技术标准

《2015 版房建工程设计合同示范文本》和《2015 版专业工程设计合同示范文本》第二部分“通用合同条款”第 1.4.1 项规定:“适用于工程的现行有效的国家标准、行业标准、工程所在地的地方性标准,以及相应的规范、规程等,合同当事人有特别要求的,应在专用合同条款中约定。”第 1.4.2 项规定:“发包人要求使用国外技术标准的,发包人与设计人在专用合同条款中约定原文版本和中文译本提供方及提供标准的名称、份数、时间及费用承担等事项。”

实务中,建设工程设计领域的标准、规范数量非常多,按专业可大致划分为建筑、暖通、城市规划、结构、给排水、道路桥梁、电气、消防等,如建筑专业常用标准有:《建筑设计防火规范》[GB 50016—2014(2018 年版)]、《民用建筑设计统一标准》(GB 50352—2019)等;结构专业常用标准有:《建筑抗震设计规范》[GB 50011—2010(2016 年版)]、《混凝土结构设计规范》[GB 50010—2010(2015 年版)]、《钢结构设计标准》(GB 50017—2017)等。①

因此,如果设计文件不符合合同约定的技术标准,应认定为设计文件质量存在缺陷。

---

① 参见常设中国建设工程法律论坛第十二工作组著:《建设工程勘察设计合同纠纷裁判指引》,法律出版社 2021 年版,第 227 页。

四、设计文件应符合发包人的要求

如果发包人对工程项目提出了具体的性能指标、规模标准、节能环保、建筑文化内涵、投资预算等方面的要求，那么设计文件还应当符合发包人要求。《2015版房建工程设计合同示范文本》和《2015版专业工程设计合同示范文本》第二部分"通用合同条款"第1.4.3项规定："发包人对工程的技术标准、功能要求高于或严于现行国家、行业或地方标准的，应当在专用合同条款中予以明确。"

此外，发包人还可能会基于经济性和项目特点对具体技术指标提出要求。例如，在房地产项目设计合同中，发包人为了控制工程成本，可能会有结构含钢量的控制要求；在煤炭行业设计合同中，发包人为了实现预期产能，一般会有年产量的具体技术指标要求；在市政行业污水处理工程设计合同中，发包人为了达到预期目标，一般会有日污水处理能力的指标要求等。

五、设计文件应符合相关行业设计文件编制深度的规定

所谓设计深度，是指设计图纸所要达到的详细程度。为加强对工程设计文件编制工作的管理，保证各阶段设计文件的质量和完整性，住建部颁布了《建筑工程设计文件编制深度规定》《市政公用工程设计文件编制深度规定》，其他行业领域也有类似设计深度的规范性文件，比如石化行业的《化工工厂初步设计文件内容深度规定》、电力行业的《串补站初步设计内容深度规定》、机械行业的《机械工业建设工程设计文件深度规定》、铁道行业的《城市轨道交通工程设计文件编制深度规定》等。部分省市也有相关的规范性文件，比如《上海市建筑幕墙设计文件编制深度标准》《天津市装配式混凝土建筑工程设计文件编制深度规定》《北京市园林设计文件内容及深度》等。

以建筑行业为例，建筑工程一般应分为方案设计、初步设计和施工图设计三个阶段；对技术要求相对简单的民用建筑工程，有关主管部门在初步设计阶段没有审查要求，且合同中没有关于初步设计的约定时，可在方案设计审批后直接进入施工图设计。各阶段设计文件编制深度一般应按以下原则进行。

（1）方案设计文件，应满足编制初步设计文件的需要，应满足方案审批或报批的需要；

（2）初步设计文件，应满足编制施工图设计文件的需要，应满足初步设计审

批的需要；

（3）施工图设计文件，应满足设备材料采购、非标准设备制作和施工的需要。

设计成果如达不到设计深度的规定，应当承担相应的责任。例如，北京市石景山区人民法院审理的原告北京中关村石景山园发展有限公司（以下简称石景山园公司）与被告北京中联环建文建筑设计有限公司（以下简称中联环公司）建设工程设计合同纠纷一案[①]，原告以被告的设计不符合《设计合同》的约定及国家技术规范、标准，导致原告建设的中关村科技园区石景山园北1区定向安置房项目西山麓园4号楼对相邻地块的由北京奥宸房地产开发有限公司建设的刘娘府定向安置房项目西山奥园D4号楼1单元中的23套房屋存在遮挡，对日照造成影响为由，诉至法院要求判令被告赔偿因设计错误给原告造成的损失。

法院经审理认为，案件争议焦点一是设计单位是否存在设计过错及应承担的责任；二是建设单位主张的损失赔偿。当事人应当按照约定全面履行自己的义务；勘察、设计合同的内容包括提交有关基础资料和文件（包括概预算）的期限、质量要求、费用以及其他协作条件等条款；当事人有根据合同的性质审慎的注意义务。当事人对自己提出的诉讼请求所依据的事实或者反驳对方诉讼请求所依据的事实有责任提供证据加以证明。没有证据或者证据不足以证明当事人的事实主张的，由负有举证责任的当事人承担不利后果。

案件中，2015年2月，原告石景山园公司与被告中联环公司签订的《建设工程施工合同（一）》第三条约定，发包人应向设计人提交的设计资料及文件：（1）设计任务书（方案、初设和施工图阶段）；（2）规划设计条件及规划各阶段批复文件；（3）现状地形图（含电子版）；（4）项目用地红线及钉桩坐标；（5）勘察报告（经审查合格后的详勘文件，同时提供纸质和电子版）；（6）周边的市政基础资料，含电子版（如有）；（7）住建委、发改委等政府立项批准文件；（8）设计需要的其他资料及文件。6.1发包人责任，6.1.1规定："发包人按本合同第三条规定的内容，在规定的时间内向设计人提交基础资料及文件，并对其完整性、正确性及时限负责……。"6.2设计人责任。6.2.1规定："设计人应按国家技术规范、标准、规程及发包人提出的设计要求，进行工程设计，按合同规定的进度要

① 参见（2018）京0107民初21093号民事判决书。

求提交质量合格的设计资料,并对其负责";6.2.2 规定:"设计人采用的主要技术标准是:严格按照国家强制性规范和标准、法律法规以及发包人所在地技术规范、标准要求执行……"第七条,违约责任。7.3 规定:"设计人对设计资料及文件出现的遗漏或错误负责修改或补充。由于设计人员错误造成工程质量事故损失,设计人除负责采补救措施外,应按照设计人的投保合同予以赔付"。

法院认为,在本案中,第一,被告中联环公司所承担的设计项目处于中关村科技园区石景山园北 1 区土地上,被告所承担的设计项目周围存在大量的在建项目,而双方签订的《建设工程施工合同(一)》约定的发包人应向设计人提交的设计资料及文件却过于概括笼统,未对本项目周边其他的项目情况的信息资料的提供作出详细约定。

第二,被告中联环公司作为专业设计单位,在建设单位提供本项目相邻的(C1 地块)项目 D 区 D4 楼的建筑性质及平、立、剖面图资料不详的情况下,未能尽到审慎的注意义务,致使设计深度不够,以致东侧相邻的被遮挡建筑 D4 楼 13 户住宅的日照不能满足日照标准要求,存在设计错误责任。

第三,建设单位应对设计单位的提供设计所需的基础资料的真实性、准确性、完整性负责。建设单位提供设计基础资料不全与合同约定不明确有关,但建设单位对设计项目周边环境负有介绍说明的注意义务,在建设单位提供的附图中标有在建物的情况下,建设单位与设计单位均未能证明已尽到相应的注意义务,如对被遮挡建筑 D4 楼相关资料的求索或说明。

第四,日照测算分析报告中显示,被遮挡建筑 D4 楼首层地面标高,实测比设计的低了 20 公分,对建筑 D4 楼受遮挡亦有一定影响。

综合考虑本项目设计之初各项目在规划、设计、审批在时序方面存在的客观情况,参考《司法鉴定报告》对双方责任的认定意见,依法认定被告中联环公司作为专业设计单位应对设计成果出现的错误及造成的损失承担主要责任,原告石景山园公司作为建设单位承担次要责任。

实务中,设计成果质量缺陷可能在三个环节被发现:一是工程施工前,在委托人审查、施工图审查单位审查、政府有关部门审查设计文件的过程中设计成果质量缺陷被发现;二是在施工过程中,设计成果质量缺陷被施工单位、监理单位发现;三是工程建成后,在竣工验收阶段、建设工程使用阶段或发生质量安全事故过程中发现设计成果存在质量缺陷。不同的阶段发现设计成果的质量缺陷，对委托方以及建设工程本身产生的影响和损失是完全不一样的。因此，作为设计方，应当尽到审慎义务，避免因设计成果缺陷给自身造成损失。①

第五节　设计单位承接工程总承包项目的质量责任风险

近年来，随着工程总承包模式的推广，不少设计单位转型参与承接工程总承包项目。工程总承包并不是近几年才有的新生事物，事实上，早在改革开放之初，我国就已经出现了工程总承包模式。1982 年 6 月 8 日，原化工部印发《关于改革现行基本建设管理体制，试行以设计为主体的工程总承包制的意见》，被认为是我国推行工程总承包模式的开始。②

2003 年，《建设部关于培育发展工程总承包和工程项目管理企业的指导意见》（建市〔2003〕30 号）首次以部委文件的形式对工程总承包作出定义。

2019 年 12 月 23 日，住建部与国家发展和改革委员会联合发布了《房建市政工程总承包管理办法》，其中第三条规定，本办法所称工程总承包，是指承包单位按照与建设单位签订的合同，对工程设计、采购、施工或者设计、施工等阶段施行总承包，并对工程的质量、安全、工期和造价等全面负责的工程建设组织实施方式。该定义是国家规范层面对工程总承包概念的最新定义，不仅适用于房屋建筑和市政基础设施领域，而且对其他领域的建设工程也具有重要的参考意义。

自住建部《关于进一步推进工程总承包发展的若干意见》（建市〔2016〕93 号）以及国务院《关于促进建筑业持续健康发展的意见》（国办发〔2017〕19 号）确立大力发展工程总承包的基本路线之后，我国工程总承包事业进入高速发展期，各地方政府也出台了众多政策文件规范和指导工程总承包的发展。一般认为，工程总承包方式有利于明确承包人责任、优化工程设计、提高施工效率、缩短建设工期。

---

① 参见檀中文：《设计合同争议中设计质量缺陷的认定思路分析》，载北京仲裁委员会、北京国际仲裁中心：《北京仲裁》第 97 辑，中国法制出版社 2016 年版，第 83 页。

② 参见荣世立：《改革开放 40 年我国工程总承包发展回顾与思考》，载《中国勘察设计》2018 年第 12 期。

《民法典》生效后,从法律层面保障了工程总承包模式适用的空间。《民法典》第七百九十一条第一款规定,发包人可以与总承包人订立建设工程合同,也可以分别与勘察人、设计人、施工人订立勘察、设计、施工承包合同。发包人不得将应当由一个承包人完成的建设工程支解成若干部分发包给数个承包人。

2020 年 3 月 1 日起施行的《房建市政工程总承包管理办法》,为设计单位承接工程总承包项目提供了明确的依据。设计单位承接施工总承包项目,可以充分发挥自身的人员优势、技术优势、造价控制优势,承接管理施工总承包项目。施工总承包与工程总承包只有一字之差,但内涵有很大差别。我国建设工程传统的工程承包模式采用的是各个建设阶段相互分离的模式,工程策划、立项、可行性研究、工程设计、工程采购及施工、工程运营等阶段分别由不同的承包商进行承包,各个承包商只负责各自工程阶段各自承包范围内的工程任务,对其他工程阶段及其他承包商范围内的工程任务不负责任。工程总承包模式则不然,无论是何种形式的工程总承包,工程总承包单位必然承担着不少于两个工程建设阶段的义务,甚至承担所有工程建设阶段的义务,对其承包的所有工程阶段的合同义务,工程总承包单位均应负总责。可以说,工程总承包对设计单位来说,既是机遇又是挑战。

一、设计单位承接工程总承包项目的模式

一般来说,设计单位承接工程总承包项目主要有两种方式:第一种是设计单位申请取得施工资质,单独承接工程总承包项目。《房建市政工程总承包管理办法》第十二条规定,鼓励设计单位申请取得施工资质,已取得工程设计综合资质、行业甲级资质、建筑工程专业甲级资质的单位,可以直接申请相应类别施工总承包一级资质。鼓励施工单位申请取得工程设计资质,具有一级及以上施工总承包资质的单位可以直接申请相应类别的工程设计甲级资质。完成的相应规模工程总承包业绩可以作为设计、施工业绩申报。第二种是设计单位通过与施工单位组建成联合体的形式承接工程总承包项目,设计单位与施工单位同时签订联合体内部协议,对各自的分工等作出明确的约定。

我国所采用的传统工程承发包模式为设计与施工相分离的模式,即 DBB(Design - Bid - Build)模式。从我国建设法规体系的设置可看出其是与 DBB 模式相匹配的,即设计、施工分业而治,施工单位必须"按图施工"。这种立法特

点可以从《建筑法》第五十八条、《建设工程质量管理条例》第五条和第二十八条清晰地看到。在DBB模式下,设计与施工单位分别与建设单位签订协议,归属于不同的法律关系。设计单位所承担的风险范围主要为迟延交付设计文件或未尽法定责任导致设计质量问题等,对施工中所发生的工程价款支付纠纷、非设计原因导致的施工质量问题等无须承担责任,总体而言,设计合同履行的风险防控要求较低。

在工程总承包模式下,设计单位作为联合体成员参与项目建设,需与施工单位一并对外承担连带责任。施工阶段中的风险因素与争议金额均远大于设计费用,因此,相较于传统的DBB模式,因施工活动而产生的工程质量、价款债权或侵权损害赔偿等损失主张,可能会因设计单位作为联合体成员而使之成为责任主体之一,设计单位的法律风险大幅扩张。

二、工程总承包联合体成员就质量问题对发包人承担连带责任

我国法律明确规定工程承包联合体成员依据工程总承包合同对建设单位承担连带责任。《建筑法》第二十七条规定,大型建筑工程或者结构复杂的建筑工程,可以由两个以上的承包单位联合共同承包。共同承包的各方对承包合同的履行承担连带责任。两个以上不同资质等级的单位实行联合共同承包的,应当按照资质等级低的单位的业务许可范围承揽工程。

《招标投标法》第三十一条规定,两个以上法人或者其他组织可以组成一个联合体,以一个投标人的身份共同投标。联合体各方均应当具备承担招标项目的相应能力;国家有关规定或者招标文件对投标人资格条件有规定的,联合体各方均应当具备规定的相应资格条件。由同一专业的单位组成的联合体,按照资质等级较低的单位确定资质等级。联合体各方应当签订共同投标协议,明确约定各方拟承担的工作和责任,并将共同投标协议连同投标文件一并提交招标人。联合体中标的,联合体各方应当共同与招标人签订合同,就中标项目向招标人承担连带责任。招标人不得强制投标人组成联合体共同投标,不得限制投标人之间的竞争。

《房建市政工程总承包管理办法》第十条规定,工程总承包单位应当同时具有与工程规模相适应的工程设计资质和施工资质,或者由具有相应资质的设计单位和施工单位组成联合体。工程总承包单位应当具有相应的项目管理体系和项目管理能力、财务和风险承担能力,以及与发包工程相类似的设计、施工或

者工程总承包业绩。设计单位和施工单位组成联合体的,应当根据项目的特点和复杂程度,合理确定牵头单位,并在联合体协议中明确联合体成员单位的责任和权利。联合体各方应当共同与建设单位签订工程总承包合同,就工程总承包项目承担连带责任。

《招标投标法》第三十一条第三款规定:"联合体各方应当签订共同投标协议,明确约定各方拟承担的工作和责任,并将共同投标协议连同投标文件一并提交招标人。联合体中标的,联合体各方应当与招标人签订合同,就中标项目向招标人承担连带责任。"

法律法规对联合体成员向发包人承担连带责任的规定是明确的,但是,如此规定,是否过于严厉,理论上也有探讨的空间,例如有观点认为,工程总承包联合体连带责任的制度设计,其最初的制度目的是以一种较为严格的责任形式约束联合体成员。用一种"串联式"的责任形式取代原有的平行发包中"并联式"的责任形式,以求设计与施工单位能够紧密配合,优化施工过程,降低施工成本,保证工程质量的同时实现发包人投资效益的最大化。作为联合体成员的设计单位,其在项目中的收益较少,若要求其与施工单位连带承担所有责任,巨大的法律及商业风险将大大降低设计单位加入联合体的意愿,降低项目的实施效率,不利于工程总承包模式的推广和应用。[①]

设计单位作为联合体成员,不仅要对设计部分负责,对施工出现的质量问题,其也要承担责任。2021 年 11 月 23 日,浙江金华经开区在建工程湖畔里项目酒店宴会厅钢结构屋面在进行混凝土浇捣施工时发生坍塌,造成 6 人死亡、6 人受伤的重大工程事故。建设、施工、设计、审图、监理等 18 名涉事人员皆被刑拘。坍塌原因为屋面钢结构设计存在重大错误,且未按经施工图审查的设计图纸施工。该项目采用了当下最"先进"的"全过程工程咨询 + 工程总承包"的建设管理模式。

湖畔里项目规划用地面积 43 亩,总建筑面积约 10 万平方米,总投资约 9.25 亿元,拟建设社区购物中心、精品主题酒店、快递智能配送区及其他配套工程。在相关报道中称该项目对提升金华城市形象、推进城市化进程、实现城乡一体化发展具有积极意义。2020 年 3 月作为经开区重点工程,区高层领导出席开工仪式。该项目以当下力推的全过程工程咨询和 EPC 模式发包。2019 年 12

---

① 参见宿辉、周楠:《PPP 项目应用联合体模式的法律问题研究》,载《建筑经济》2017 年第 5 期。

月，浙江某工程项目管理有限公司与杭州某设计集团股份有限公司以联合体形式中标湖畔里全过程工程咨询服务项目，主要服务内容为设计管理、项目管理、工程监理。2020 年 3 月，某集团股份有限公司（以下简称某集团）中标湖畔里 EPC（设计采购施工一体化）总承包项目，服务内容包括施工图设计、材料设备采购、施工、竣工验收等。发生事故的部分为其中的主题酒店宴会厅屋面钢结构。经事故调查组认定，事故的直接原因为：屋面钢结构设计存在重大错误，结构设计计算荷载取值与建筑构造做法不一致，钢梁按排架设计，未与混凝土结构进行整体计算分析；未按经施工图审查的设计图纸施工，将钢结构屋面构造中 20 毫米厚水泥砂浆找平层改为 50 毫米厚细石混凝土，且浇筑细石混凝土超厚，进一步增加了屋面荷载。上述原因造成钢梁跨中拼接点高强螺栓滑丝、钢梁铰接支座锚栓剪切和拉弯破坏，导致 11、12 轴二榀屋面钢梁坍塌。

该事故不仅仅是技术层面的原因，从管理层面来看，项目中某集团与杜某、王某签订《工程项目责任承包合同》，承包范围为项目《建设项目工程总承包合同》的全部内容，实质为某集团出卖资质，杜某、王某非法挂靠。之后，杜、王又将项目施工图设计业务非法转包浙江某建筑设计有限公司并以某集团资质出具设计图纸，但某集团设计院在校对审核过程中未发现问题，对设计图纸审核通过并签字盖章。现场派驻的项目部实际现场管理人员与某集团向建设方报备的人员严重不一致，部分技术、安全岗位人员无资格证书，管理机构虚设，人员严重缺位，管理制度流于形式。浙江某建筑设计有限公司承揽到设计业务后，又将结构专业设计非法分包给无设计资质的某工作室，某工作室把结构制图部分交由张某设计，张某又把屋顶结构设计转给陈某。有人发现建筑钢屋面构造做法错误，并向上级做了反馈，得到口头答应修改回复后即按轻钢屋面进行计算设计，但是建筑最终图纸没有修正过来，结构也没有对建筑图纸复核会签，施工单位在错误做法的基础上又增加 30 毫米混凝土层，变更未经结构计算复核同意。

从该重大安全质量责任事故可以看出，出现事故的原因有多个方面，设计方面的转包和违法分包是根本原因。《房建市政工程总承包管理办法》第二十七条规定，工程总承包单位和工程总承包项目经理在设计、施工活动中有转包违法分包等违法违规行为或者造成工程质量安全事故的，按照法律法规对设计、施工单位及其项目负责人相同违法违规行为的规定追究责任。因上述案例中，存在转包及违法分包的行为，相关人员均须按照法律规定承担责任。该质量安全事故应引起从事工程总承包的设计单位深刻的反思。

三、联合体成员之间的协议约定

联合体成员除了与发包人签订建设工程合同之外，需要在联合体成员之间签订内部协议，对各自的施工范围作出约定。如有的设计单位在联合体协议中约定，设计单位仅就设计部分承担责任，由施工单位承担最终的质量责任，双方不承担连带责任等。但是，按照目前的法律规定，从对发包人承担责任的角度来看，设计单位要对施工单位与施工有关的所有问题承担连带责任，施工单位要对设计单位的所有问题承担连带责任。联合体成员之间的协议不能对抗发包人。

按照《民法典》第一百四十三条规定："具备下列条件的民事法律行为有效：（一）行为人具有相应的民事行为能力；（二）意思表示真实；（三）不违反法律、行政法规的强制性规定，不违背公序良俗。"联合体成员之间的协议符合《民法典》第一百四十三条的规定即有效。

联合体成员之间约定的内容大体可以分为两类，第一类是约定各自的施工范围，就各自施工范围内出现的质量问题，由各自承担；第二类是约定各自的施工范围，约定最终的质量责任由其中一方承担。第一类约定不违反法律规定，对联合体成员是有效的。第二类约定是无效的，理由是，《建筑法》第五十六条规定，建筑工程的勘察、设计单位必须对其勘察、设计的质量负责。《建筑法》第五十八条第一款规定，建筑施工企业对工程的施工质量负责。约定由一方对质量责任进行兜底，违反法律规定。因此，联合体成员都应该认真履行职责，试图敷衍推脱责任的想法是不可能实现的。

四、设计单位承担质量责任之后的追偿

《民法典》第一百七十八条规定："二人以上依法承担连带责任的，权利人有权请求部分或者全部连带责任人承担责任。连带责任人的责任份额根据各自责任大小确定；难以确定责任大小的，平均承担责任。实际承担责任超过自己责任份额的连带责任人，有权向其他连带责任人追偿。连带责任，由法律规定或者当事人约定。"

工程出现质量问题后，发包人依据法律规定向联合体成员提起诉讼要求赔偿，法院经审理判决联合体成员承担连带责任，案件会进入执行阶段，如最终赔

偿责任由一方实际履行或被执行,依照《民法典》的相关规定,联合体一方有权向另一方追偿。但是,虽然法律规定可以追偿,对于实际履行了赔偿责任的一方来说,仍然面临巨大的法律风险,因追偿的程序历时较长,另一方的履行能力因其故意逃避或者客观情况发生变化,可能存在执行风险。

近年来,联合体承包的适用范围被不断扩大,在此种模式下,联合体成员的风险增大。作为设计单位,尤其是在当前设计单位可作为联合体成员进行工程总承包后,不少设计单位仍然抱有传统模式下的思维模式,只负责设计部分,对施工完全不参与管理,如此,将会面临较大的风险。设计单位应不断提高自身的综合实力,努力获得双资质,以便有效地管控法律风险。

第三章

建设工程质量司法鉴定

第一节　建设工程质量司法鉴定概述

工程质量是建设工程的核心与生命，是衡量建设工程价值的标准，《建筑法》及相关行政法规均将保证工程质量作为立法的出发点和主要目的。工程质量责任问题无疑是建设工程实践和纠纷解决领域非常重要的问题，轻则影响工程项目中各方质量责任的分配与承担，重则影响不特定人群的人身财产安全和社会公共利益。在建设工程纠纷案件中，由于工程质量责任问题直接关系到工程价款的支付和修复费用的承担，各方通常会对工程质量是否合格、质量问题成因、对建设工程基本安全的影响、是否能够修复、如何修复、修复费用多少等产生较大争议。因此类工程质量相关待证事实大概率涉及专门性、技术性问题，一般超出了法官所具备的知识结构和业务范围，法官仅通过对证据的审理和推演无法全面还原案件事实，往往需要借助于司法鉴定来辅助法院查明工程质量相关案件事实。正因如此，司法鉴定在建设工程质量争议案件审理中发挥着越来越重要的作用。

一、建设工程质量司法鉴定的概念及原则

（一）建设工程质量司法鉴定的概念

在理解建设工程质量司法鉴定之前，首先需就司法鉴定的基本含义做一个简单的介绍。司法鉴定是大陆法系国家和地区以及受大陆法系国家影响较深的国家对诉讼中的专门性问题所采取的辅助法官发现事实的手段。从民事诉讼的角度讲，司法鉴定是指在诉讼活动中，对某些具有争议的待证事实涉及的专门性问题，人民法院在无法进行认定的情况下，指定具有专门知识和技能的

机构或者个人,按照法律规定的条件及程序,运用专门的科学知识和技术手段,就前述争议的专门性问题进行鉴别和评定,并出具书面结论性意见的活动。全国人民代表大会常务委员会在2015年修改的《全国人民代表大会常务委员会关于司法鉴定管理问题的决定》(中华人民共和国主席令第25号)(以下简称《司法鉴定决定》)中将司法鉴定界定为,"在诉讼活动中鉴定人运用科学技术或者专门知识对诉讼涉及的专门性问题进行鉴别和判断并提供鉴定意见的活动"。

所谓建设工程质量司法鉴定,从字面意思不难看出,指的是在建设工程诉讼领域,鉴定人(广义理解既可以是自然人,也可以是鉴定机构)接受人民法院委托,依据法定的条件和程序,运用建设工程相关理论和技术标准对有质量争议的工程进行调查、勘验、检测、分析、复合验算、判断,并出具书面鉴定意见的活动。理解建设工程质量司法鉴定的概念,关键在于以下几点:一是鉴定发生的时间为诉讼活动中,而非诉讼前或诉讼程序外;二是进行鉴定活动的主体为具有相应鉴定资质的鉴定机构或者鉴定人;三是鉴定的对象为诉讼中存在质量争议的案件事实中涉及的专门性问题;四是鉴定方式为运用科学技术或专门知识进行鉴别和判断;五是鉴定结果为形成书面鉴定意见,鉴定意见可以理解为鉴定人运用专门的知识、经验和技能,对工程质量争议涉及的专门性问题进行分析、鉴别后作出的结论性意见。

建设工程质量司法鉴定是司法鉴定的一种类型,具有司法鉴定的一般性特点,同时相较于其他类型的司法鉴定,建设工程质量司法鉴定涉及的知识面更广、专业跨度更大、业务知识综合性更强。例如,由于工程建设过程中参与主体的多元性,使用过程中受损影响因素的多元性,同一案件的建设工程质量司法鉴定涉及的专业知识,可能既包括《民法典》《建筑法》等法律知识,又包括工业与民用建筑设计、施工、测绘、房地产评估、资产评估等专业技能知识。[①] 正是因为高耸的专业壁垒,即使是长期从事建设工程相关审判业务的法官,也很难全面掌握上述专业知识或对工程质量相关的具体专业问题进行定性上的判断,在双方当事人存在工程质量争议且无法通过法庭调查等途径查明争议事实的情况下,委托具有鉴定资质的鉴定人进行司法鉴定成为法官的不二选择。也因如

① 参见最高人民法院民事审判第一庭编著:《最高人民法院新建设工程施工合同司法解释(一)理解与适用》,人民法院出版社2021年版,第285页。

此,在建设工程纠纷案件中,司法鉴定占有非常重要的地位,甚至可以说是审理此类案件的常态程序。以江苏高院 2011 ~2015 年审结的 700 件建设工程案件为例,涉及工程司法鉴定的案件就有 364 件,占比为 52%。其中,涉及工程质量的鉴定就有 36 件。①

(二)建设工程质量司法鉴定的原则

《司法鉴定程序通则》(司法部令第 132 号)(2016 年修订)(以下简称《司法鉴定程序通则》)第五条规定,司法鉴定实行鉴定人负责制度,司法鉴定人应当依法独立、客观、公正地进行鉴定,并对自己作出的鉴定意见负责。在建设工程案件中,司法鉴定人运用自身的专业知识、经验以及相关技能开展工程质量司法鉴定活动,需要遵循司法鉴定的通用原则。

1. 合法性原则

合法性原则指的是司法鉴定活动必须严格遵守国家法律法规等的规定。合法性原则是司法鉴定的基础性原则,是判断司法鉴定过程与结果是否合法和鉴定意见是否具备证据效力的前提。合法性原则要求鉴定人在开展工程质量司法鉴定的过程中,必须要严格遵守有关实体和程序法律的规定,公平合法地进行司法鉴定,不允许违反法律规定,利用司法鉴定程序收受贿赂、进行暗箱操作等。这一原则在建设工程质量司法鉴定过程中主要体现为:鉴定的启动合法、鉴定主体合法、鉴定材料合法、鉴定程序合法、鉴定的方法和标准合法、鉴定结果合法等方面。

鉴定的启动合法:建设工程质量司法鉴定的启动以当事人申请鉴定为主,人民法院依职权委托鉴定为补充。因争议事实涉及专门性问题,通过当事人的举证对争议事实无法达到高度盖然性证明标准,当事人申请启动鉴定程序查明待证事实的,一般可以启动司法鉴定;若争议事实不涉及专门性问题,或虽涉及专门性问题但通过法庭调查等非司法鉴定方式可查明事实的,一般无法启动司法鉴定。

鉴定主体合法:建设工程质量司法鉴定机构和司法鉴定人需具备完成法院委托鉴定事项所需的资质条件,不得超范围执业。

---

① 参见江苏省高级人民法院民一庭课题组:《建设工程司法鉴定疑难问题研究》,载《法律适用》2016 年第 4 期。

鉴定材料合法：人民法院作为鉴定委托人，应当向司法鉴定机构提供真实、完整、充分的鉴定材料，并对鉴定材料的真实性、合法性负责。人民法院对鉴定材料真实性、完整性的判断必须经过案件双方当事人质证，方可作出。未经质证的材料，不能作为鉴定的根据。

鉴定程序合法：司法鉴定人在鉴定的过程中，应当遵守法律法规等规定，遵守相关执业纪律和准则，以良好的职业道德和勤勉尽责的精神及时完成司法鉴定工作。例如，依据《司法鉴定程序通则》第十九条的规定，对同一鉴定事项应由二名司法鉴定人进行鉴定；对复杂、疑难或者特殊鉴定事项，可以由多名司法鉴定人进行鉴定。依据第二十条规定，司法鉴定人本人或者其近亲属与诉讼当事人、鉴定事项涉及的案件有利害关系，可能影响其独立、客观、公正进行鉴定的，应当回避；司法鉴定人曾经参加过同一鉴定事项鉴定的，或者曾经作为专家提供过咨询意见的，或者曾被聘请为有专门知识的人参与过同一鉴定事项法庭质证的，应当回避。依据第二十二条规定，司法鉴定机构应当建立鉴定材料管理制度，严格监控鉴定材料的接收、保管、使用和退还。依据《民事诉讼法》的规定，在诉讼中，当事人对鉴定意见有异议的，经人民法院依法通知，鉴定人应当出庭作证。

鉴定的方法和标准合法：司法鉴定人进行鉴定，应当依下列顺序遵守和采用该专业领域的技术标准、技术规范和技术方法：(1)国家标准；(2)行业标准和技术规范；(3)该专业领域多数专家认可的技术方法。

鉴定结果合法：司法鉴定机构和司法鉴定人应当按照统一规定的文本格式制作司法鉴定意见书，鉴定意见书应当结论明确、说理充分、符合委托鉴定要求，并由司法鉴定人签名。多人参加的鉴定，对鉴定意见有不同意见的，应当注明。鉴定书应当由鉴定人签名或者盖章，并附鉴定人的相应资格证明。委托机构鉴定的，鉴定书应当由鉴定机构盖章，并由从事鉴定的人员签名。

2. 独立性原则

独立性原则是指司法鉴定人独立地开展司法鉴定活动，不受任何单位或个人的干涉或影响。独立性原则是保障工程质量司法鉴定活动严格遵守客观、公正立场的基石，是司法鉴定中立性的基本支撑。只有司法鉴定活动独立、中立地进行，才能保障鉴定意见的客观性、公正性、科学性，才能帮助审判人员正确认识案件事实所涉及的专门性问题，从而对相关证据作出准确的判断，对相关事实作出符合客观情况的认定，使司法鉴定真正成为人民法院依法查明涉及专业性问题的争议事实的重要科学证据。独立性原则主要包括鉴定人独立、独立鉴定、鉴定意见独立等方面。

鉴定人独立:鉴定人只有取得行业主管部门颁发的建设工程质量检测资质证书,方可进行工程质量司法鉴定。

独立鉴定:司法鉴定人依据法律法规赋予的职责和权限,针对具体委托鉴定事项,独立进行鉴定活动,不受任何组织和个人干预。依据司法部办公厅印发的《司法鉴定机构鉴定人记录和报告干预司法鉴定活动的有关规定》(司办通〔2020〕56 号),任何个人或组织存在下列行为之一的,均属于干预司法鉴定活动、影响独立鉴定的行为:(1)为当事人请托说情的;(2)邀请鉴定人或者鉴定机构其他人员私下会见司法鉴定委托人、当事人及其代理人、辩护律师、近亲属以及其他与案件有利害关系的人的;(3)明示、暗示或强迫鉴定人或者鉴定机构其他人员违规受理案件、出具特定鉴定意见、终止鉴定的;(4)其他影响鉴定人独立进行鉴定的情形。

鉴定意见独立:鉴定的成果表现为书面形式的鉴定意见书,鉴定意见书是司法鉴定人就委托鉴定事项作出的科学判断。司法鉴定人员应独立地出具鉴定意见,对鉴定意见负责。对不同的鉴定意见,应当注明。

3. 客观性原则

客观性原则,是指鉴定人运用科学技术或者专门知识对鉴定材料进行检验和检测,在此基础上对专门性问题进行鉴别和判断。鉴定人员的鉴定活动和主观意见要以客观性和科学性为前提,以保证司法鉴定的公正性。依靠客观科学的流程,对照可验证且行业公认的鉴定标准,鉴定人通过鉴定活动形成的主观意见才能最大限度地符合客观事实,甚至错误发生的概率和范围都可以溯源查证。反之,如果鉴定标准并未达成行业共识,而是依赖鉴定人的经验能力,相关的鉴定意见极易遭致异议和不信任。客观性原则主要表现在鉴定资料的真实性和全面性、鉴定方法和标准的科学性等方面。

4. 公正性原则

公正性原则,是指鉴定人需要严格保持公正的立场,禁止与当事人存在利害关系,受到回避制度的严格管控,以勤勉的态度帮助审判人员迅速发现案件事实,解决争议。公正性原则包括立场公正、行为公正、程序公正、方法公正、鉴定意见实体公正等。

二、建设工程质量司法鉴定的对象

建设工程质量司法鉴定作为司法鉴定的一种类型，其对象为工程质量争议中的专门性问题。依据《施工合同司法解释（一）》第三十二条第一款规定及司法实践，工程质量争议中的专门性问题主要有工程质量、修复方案和修复费用等。

（一）工程质量

工程质量，是指建设工程满足国家现行的有关法律、法规、技术标准、设计文件及合同中对于工程安全、使用、经济、美观、环保等特性的综合要求的能力总和。依据《建筑法》第六十一条“交付竣工验收的建筑工程，必须符合规定的建筑工程质量标准，有完整的工程技术经济资料和经签署的工程保修书，并具备国家规定的其他竣工条件。建筑工程竣工经验收合格后，方可交付使用；未经验收或者验收不合格的，不得交付使用”的规定，建设工程应当符合建筑工程质量标准，在竣工验收质量合格后交付使用。

衡量工程质量是否合格，不仅要看工程质量是否符合双方当事人工程合同中约定的质量标准，还要看是否符合国家对建设工程质量强制性的标准规范。司法实践中，若工程合同中约定的工程质量标准低于国家强制性标准，则以国家强制性标准为依据检验工程质量是否合格；若工程合同中约定的工程质量标准高于国家强制性标准，则按工程合同中约定的质量标准进行工程质量检验。建设工程项目，具有投资额大、规模大、建设周期长、生产环节多、参与方多、影响质量形成的因素多等特点，无论哪个主体或哪个环节出了问题，都可能导致质量不合格甚至重大质量事故的产生。所以建设工程质量缺陷的原因可能是多方面的，其中既可能是业主、勘查方、设计方、监理方的原因，也可能是施工单位施工造成的。例如，如果建设单位将工程发包给不具备相应资质等级的单位承包，或勘察单位提供的勘察资料不准确，或设计单位计算错误、设备选型不准或施工单位未严格按照图纸施工，或监理单位未严格进行隐蔽工程检查，都可能会造成工程质量出现问题或导致重大事故。[①]

---

① 参见最高人民法院民事审判第一庭编著：《最高人民法院新建设工程施工合同司法解释（一）理解与适用》，人民法院出版社2021年版，第325页。

因此,建设工程质量相关的众多问题尤其是工程质量是否合格及质量不合格的成因具有很强的技术性和专业性,有赖于极高的专业素养才能形成较为全面、正确的认知。审判人员面对这些专门性问题时,仅凭自己的知识结构和业务范围很难作出正确的判断,需要借助于工程质量司法鉴定对该类专业问题进行鉴别和判断,并提供结论性意见,以便于人民法院查明案件争议的事实。

需注意的是,鉴定人在对建设工程质量是否合格问题进行司法鉴定时,应就工程质量是否符合施工图设计文件、相关标准、技术文件等出具鉴定意见,而不能直接出具工程质量合格或不合格的意见,①对于工程质量是否合格的认定,涉及案件争议事实的认定和工程质量问题的责任分担,只能由审判人员依据鉴定意见作出。

(二)修复方案和修复费用

建设工程质量不合格,下一步将产生工程修复的问题。依据法律、司法解释之规定,由于承包人的原因造成建设工程质量不符合规定,承包人应当负责返修,如果承包人拒绝返修,则发包人有权就返修产生的费用要求承包人支付或请求减少支付工程价款。此种情形下,就会涉及建设工程是否可以修复、如何修复、修复费用是多少的问题。一般而言,修复费用包括对原不合格工程进行拆除、重新返工、修复以达到规定的质量要求和标准的材料费、设备费和人工费等。实务中,双方当事人往往对修复方案、应承担的修复费用达不成一致意见,这些问题同样具备极强的专业性和复杂性,审判人员通常需借助司法鉴定程序辅助查明相关待证事实。

综上分析,建设工程质量司法鉴定的对象包括工程质量、修复方案和修复费用等涉及专门性问题。例如,新疆高院一审的新疆昆仑工程建设有限责任公司、新疆联合利丰房地产开发有限责任公司建设工程施工合同纠纷一案,新疆高院认为,新疆联合利丰房地产开发有限责任公司(以下简称利丰房地产公司)将涉案工程发包给新疆昆仑工程建设有限责任公司(以下简称昆仑建设公司)施工。工程完工后,利丰房地产公司认为工程质量存在问题,要求承包人昆仑建设公司赔偿因施工质量不合格造成的损失等。利丰房地产公司虽对工程质

① 参见周子义、周柯生:《建设工程司法鉴定程序规范解读与行业展望》,载《中国司法鉴定》2014年第6期。

量提出异议，但未提供工程质量存在缺陷的相关证据，在其未完成基本举证义务的前提下，对利丰房地产公司提出的质量鉴定申请不予准许。利丰房地产公司不服，上诉至最高人民法院。最高人民法院二审认为，[①]本案利丰房地产公司申请依据施工图纸对已完成工程进行质量鉴定并计算已完成工程不合格需返工及加固修复费用，一审法院以其未提供工程质量存在缺陷的相关证据未完成基本举证义务为由未准许鉴定申请。工程质量是否合格，是否需要进行修复以及修复费用的确定均属于专业问题，根据《民事诉讼法》(2017 修正)第七十六条第一款"当事人可以就查明事实的专门性问题向人民法院申请鉴定"的规定，利丰房地产公司对此有权向法院申请鉴定，一审法院未准许其工程质量鉴定不仅影响当事人的实体权利，而且影响当事人的程序利益，剥夺当事人的举证权利，遂裁定撤销原判发回重审。

再如四川高院木里县莫嘎拉吉水电开发有限责任公司与泸州市第七建筑工程公司、泸州市第七建筑工程公司石棉分公司、四川恒驰伟业能源科技有限公司建设工程施工合同纠纷二审一案，[②]四川高院认为，关于泸州市第七建筑工程公司及石棉分公司(以下简称泸州七建)就其施工工程所出现的质量问题应否承担赔偿责任及责任范围的问题。西南交通大学建设工程质量事故鉴定中心出具的鉴定意见载明，涉案工程质量问题均是施工方未严格按照设计要求施工造成的，并未提及设计方面存在问题，泸州七建虽提出上述质量问题与设计有关的主张，但不能举示证据加以证明，应承担举证不能的后果，即应对工程质量问题承担责任。四川禹能工程咨询有限公司根据西南交通大学建设工程质量事故鉴定中心出具的鉴定意见提出了具体的修复方案，并由中证房地产评估造价集团有限公司就修复方案出具造价鉴定意见，计算修复费用。因此，泸州七建应向木里县莫嘎拉吉水电开发有限责任公司给付修复费用。

从前述两个案例可知，在双方当事人对工程质量是否合格或建设工程是否需要修复或修复费用等存在争议时，因这些待证事实都涉及专门性问题，对此查明案件事实的专门性问题当事人有权提出鉴定申请，人民法院对于当事人就专门性问题提出申请鉴定的权利应依法予以保护。

建设工程质量司法鉴定主要围绕工程质量、工程修复涉及的专门性问题展

---

① 参见最高院(2019)最高法民终 1863 号民事裁定书。

② 参见四川高院(2017)川民终 77 号民事判决书。

开,但是依据《最高人民法院关于人民法院民事诉讼中委托鉴定审查工作若干问题的规定》(法〔2020〕202 号)(以下简称《关于人民法院民事诉讼中委托鉴定审查工作若干问题的规定》)第一条的规定,有下列情形之一的,人民法院不予委托鉴定:(1)通过生活常识、经验法则可以推定的事实;(2)与待证事实无关联的问题;(3)对证明待证事实无意义的问题;(4)应当由当事人举证的非专门性问题;(5)通过法庭调查、勘验等方法可以查明的事实;(6)对当事人责任划分的认定;(7)法律适用问题;(8)测谎;(9)其他不适宜委托鉴定的情形。所以,在建设工程纠纷案件中,若存在工程质量争议的待证事实涉及前述情形之一的,则此类待证事实不属于司法鉴定的对象,一般不能启动司法鉴定程序。司法实践中,在人民法院通过法庭调查、勘验等方法可以查明事实的情况下,人民法院一般不予准许质量鉴定申请。

例如,最高人民法院二审的黑龙江立宏风力发电有限公司、北京天源科创风电技术有限责任公司建设工程施工合同纠纷一案①中,最高人民法院认为,依据司法解释规定,建设工程未经竣工验收,发包人擅自使用后,又以使用部分质量不符合约定为由主张权利的,不予支持;但是承包人应当在建设工程的合理使用寿命内对地基基础工程和主体结构质量承担民事责任。案涉工程未进行整体工程的竣工验收,但黑龙江立宏风力发电有限公司(以下简称立宏公司)已经对升压站进行了验收,并于 2014 年 12 月 24 日实际占有使用案涉工程并网发电,直至 2018 年 12 月 30 日解网。因此,在案涉工程未经竣工验收立宏公司即已使用的情况下,对于案涉工程的地基基础工程和主体结构的质量问题,在合理使用寿命内由北京天源科创风电技术有限责任公司(以下简称天源公司)承担民事责任。立宏公司上诉主张,案涉工程存在地基基础工程和主体结构的质量问题。对此,本院不予支持,理由有以下三个方面:第一,质量监督部门已经对案涉工程进行了质量监督检查,且出具质量符合设计和验收规范的意见。其中,2014 年 4 月 9 日的质量监督检查报告中载明,“工程实体质量经施工现场抽查检查,实测实量,施工质量基本符合设计和验收规范要求”;2014 年 10 月 12 日出具质量监督检查报告中载明“综合质量行为、机务、电气、控制、土建工程与试运行环境五个专业小组的监督检查结果,工程建设各责任主体的质量行为基本符合监检大纲要求,反映工程内在质量的技术文件、资料基本齐全,施工质量

---

① 参见最高院(2020)最高法民终 982 号民事判决书。

经施工现场抽查检查，施工质量基本符合设计和验收规范要求”。第二，立宏公司已实际使用案涉工程进行并网发电近四年时间。在近四年的并网发电过程中，均说明案涉工程质量符合施工要求，能够实现立宏公司的缔约目的，故不存在主体结构和地基基础工程问题。第三，一审法院及本院对案涉工程进行了现场勘察。本院现场勘察过程中，双方当事人均认可，支撑一号主变机和二号主变机的三个基础支柱，肉眼可见处于同一水平面，外观良好，但四周围挡存在略有下沉、部分地方有裂缝的情形。故从勘察情况上看，立宏公司主张案涉工程的地基基础工程和主体结构存在质量问题，缺乏充分的事实依据。一审法院对立宏公司提出的对案涉工程质量进行鉴定的申请未予准许，并无不当。

三、建设工程质量司法鉴定的范围

《施工合同司法解释（一）》第三十一条规定，当事人对部分案件事实有争议的，仅对有争议的事实进行鉴定，但争议事实范围不能确定，或者双方当事人请求对全部事实鉴定的除外。

因此，在建设工程质量纠纷案件中，人民法院依据当事人的鉴定申请或依职权决定启动司法鉴定程序后，需要遵循前述司法解释的规定，审慎判断哪些事实属于有争议的涉及专门性问题的待证事项，并在鉴定委托书中明确委托鉴定的事项范围。对部分事实进行鉴定即可查清待证事实的，仅对部分事实进行委托鉴定，不应对全部事实进行鉴定。

对于因当事人申请而启动建设工程质量司法鉴定的情形，人民法院确定委托鉴定的范围，主要是根据当事人的申请，但是并非只要当事人申请鉴定人民法院就予以通过或直接将当事人申请鉴定的事项不作区分都作为委托鉴定的事项。并且，如果当事人申请鉴定的事项与待证事实无关联，或者对证明待证事实毫无意义的，则鉴定意见必然会因欠缺证据的关联性而不具有证明能力，启动鉴定程序不仅没有必要而且会造成审判资源的浪费，人民法院一般会拒绝或缩小此种委托鉴定申请事项。

需要注意，前述司法解释只是对鉴定范围予以适当限制，并非绝对限制或缩小委托鉴定的范围。人民法院在对当事人的委托鉴定申请进行审慎核查时，基于查明案件事实的需要，可以行使司法裁量权，充分考虑案件已有证据及审判实践经验，对涉及相关专业性问题的鉴定项目作更为深入、细化的修正甚至增加。

以建设工程施工质量问题的认定为例,人民法院为查明相关事实需要的鉴定项目与当事人申请人民法院委托鉴定的项目往往存在较大差异,例如,原告主张某建筑物存在严重的施工质量问题,因此仅对质量是否合格提出司法鉴定申请。但是,人民法院在查明工程质量的相关事实过程中,除了需要审查工程质量是否合格的问题外,还需要在质量不合格的情况下对是否影响建筑物的基本安全进行专门评估。因为,是否影响安全性的法律后果完全不一样,一旦认定建筑物影响基本安全,则无法继续使用,不仅涉及工程款是否继续支付的问题,还涉及必须通过严格的修复方案进行修复的问题。如果工程质量仅是不涉及基本安全的瑕疵问题,则一般不会发生影响继续使用的严重法律后果,通过必要的维修手段或者一些原本就需要装饰装修的常规手段就能解决。基于此,法官有必要对建筑物是否满足基本安全性要求的问题进一步细化并增加鉴定事项。此外,如果鉴定结果为建筑物质量存在问题,则不仅涉及修复方案,还涉及按照修复方案修复的造价问题。因此,虽然仅仅是一个建筑物质量的鉴定,但内中隐含着众多其他待鉴定的具体项目。在前述四川高院的案例中,当事人虽仅申请对工程质量进行鉴定,法院依据当事人的申请委托鉴定机构对工程质量进行鉴定,鉴定意见反映出工程存在施工质量问题。在此基础上,法院又委托鉴定机构对涉案工程施工质量问题制定了整改方案,并委托鉴定机构对涉案工程因施工质量不合格而导致工程整改所需费用进行了造价鉴定。

此外,如果难以将争议部分从全部建设工程中分离出来,或者双方当事人均同意对全部工程质量进行司法鉴定,人民法院应当对全部建设工程委托鉴定。例如,依据《民法典》第七百九十三条规定,建设工程施工合同无效,但是建设工程经验收合格的,可以参照合同关于工程价款的约定折价补偿承包人。即合同无效情形下,建设工程质量合格是承包人请求参照合同约定折价补偿的前提条件。在建设工程未经竣工验收的情况下,只对部分建设工程进行质量司法鉴定无法确定全部建设工程质量是否合格。在没有其他证据证实建设工程质量合格的情况下,一般应对全部工程进行鉴定。另一种情形下,若双方当事人均同意对全部工程进行司法鉴定,基于尊重双方当事人意思自治的考量,人民法院一般也会同意对全部建设工程进行质量司法鉴定。[①]

---

① 参见最高人民法院民事审判第一庭编著:《最高人民法院新建设工程施工合同司法解释(一)理解与适用》,人民法院出版社 2021 年版,第 319 ~ 320 页。

第二节　建设工程质量司法鉴定的启动

建设工程质量司法鉴定程序的启动，以当事人申请鉴定为主，人民法院依职权委托鉴定为补充，具体分析如下。

一、因当事人申请而启动

（一）建设工程质量司法鉴定申请应由哪一方当事人提出

依据《民事诉讼法》第七十九条第一款的规定，在建设工程案件诉讼过程中，当事人可以就查明事实的专门性问题向人民法院申请鉴定。即若查明案件事实的专门性问题需要鉴定的，当事人有权提出申请，人民法院对当事人依法申请鉴定的权利应当予以保护。诉讼中，对于建设工程质量司法鉴定的申请而言，一般根据《民事诉讼法》规定的举证责任原则进行。

举证责任也称证明责任，是指“证明主体依据法定职权或举证负担在诉讼证明上所应承担的相应责任”。[①] 具体到民事诉讼中，举证责任是指《民事诉讼法》第六十七条规定的，当事人对自己提出的主张有提供证据进行证明的责任，即“谁主张，谁举证”。《民诉法解释》进一步完善了举证责任的内涵，第九十条规定：“当事人对自己提出的诉讼请求所依据的事实或者反驳对方诉讼请求所依据的事实，应当提供证据加以证明，但法律另有规定的除外。在作出判决前，当事人未能提供证据或者证据不足以证明其事实主张的，由负有举证证明责任的当事人承担不利的后果。”在第一百零八条第一款、第二款规定：“对负有举证证明责任的当事人提供的证据，人民法院经审查并结合相关事实，确信待证事实的存在具有高度可能性的，应当认定该事实存在。对一方当事人为反驳负有举证证明责任的当事人所主张事实而提供的证据，人民法院经审查并结合相关事实，认为待证事实真伪不明的，应当认定该事实不存在。”依据《民事诉讼法》第六十七条和《民诉法解释》第九十条、第一百零八条的定义和内涵，举证责任是指当事人对自己提出的主张有提供证据进行证明的责任，若诉讼程序终结时

---

① 毕玉谦主编：《证据法要义》，法律出版社 2003 年版，第 364 页。

没有证据或证据不足以证明当事人提出的事实主张的,该方当事人承担不利后果。

从前述定义来看,举证责任具有双重含义,具体包括行为意义上的举证责任和结果意义上的举证责任这两层含义:第一层含义,行为意义上的举证责任,也称主观上的举证责任,是指当事人对自己提出的主张,有提供证据进行证明的责任;第二层含义,结果意义上的举证责任,也称客观上的举证责任,是指当待证事实真伪不明时,由依法负有证明责任的当事人承担不利法律后果的责任。[①] 行为意义上的举证责任是诉讼过程中无条件出现的一种举证责任,当事人的诉讼请求依托于其诉讼主张,只要当事人提出诉讼主张,就会产生提供证据证明其主张的行为责任。与行为意义上的举证责任相对,结果意义上的举证责任是诉讼过程中附条件出现的一种举证责任,仅在待证事实真伪不明的情形下发生效力,由对不确定的事实主张承担法定证明责任的当事人承担结果责任。

明晰举证责任的概念和内涵之后,需要进一步明确举证责任分配的问题。"谁主张,谁举证"是民事诉讼中基本的举证分配原则,但这一规则过于笼统,很多情形下无法准确适用,于是《民诉法解释》第九十一条进一步规定了举证责任分配的一般规则:"人民法院应当依照下列原则确定举证证明责任的承担,但法律另有规定的除外:(一)主张法律关系存在的当事人,应当对产生该法律关系的基本事实承担举证证明责任;(二)主张法律关系变更、消灭或者权利受到妨害的当事人,应当对该法律关系变更、消灭或者权利受到妨害的基本事实承担举证证明责任。"依据本条司法解释,在无特殊规定适用的情况下,凡主张权利存在的当事人应对权利发生的法律要件存在的事实负举证责任,否认权利存在的当事人应当就权利妨碍法律要件、权利消灭法律要件或者权利限制法律要件存在的事实负举证责任。本条解释明确了举证责任的分配具有法定性,原则上应当依法进行分配,而不能由人民法院自由裁量。[②] 依据民事诉讼举证责任制度,建设工程质量纠纷案件诉讼过程中,如果存在需要鉴定来查明的待证事实,那么对待证事实负有举证证明责任的当事人一方,就需要主动申请司法鉴定,

---

① 参见张永泉:《民事诉讼证据原理研究》,厦门大学出版社 2005 年版,第 160 页。

② 最高人民法院修改后民事诉讼法贯彻实施工作领导小组编著:《最高人民法院民事诉讼法司法解释理解与适用》,人民法院出版社 2015 年版,第 315 页。

积极进行举证。对该当事人而言,申请司法鉴定既是其积极主张相关事实成立的权利,也是承担民事诉讼举证责任法定义务的体现。

例如,在工程质量纠纷中,若发包人诉请承包人承担工程质量缺陷赔偿责任,首先需要证明工程质量存在缺陷,因此,对工程质量缺陷鉴定,发包人是负有举证责任的一方,需要主动申请工程质量司法鉴定。

(二)当事人未申请,人民法院认为待证事实需要鉴定的,应当向负有举证责任的当事人进行释明

《证据规定》第三十条第一款规定,人民法院在审理过程中认为需要通过鉴定意见证明相关事实的,应当向当事人释明,并指定提出鉴定申请的期间,由当事人申请鉴定。

依据本条司法解释的规定,释明的前提是人民法院认为待证事实需要进行鉴定,在不进行鉴定的情况下,无法通过其他途径查明涉及专门性问题的待证事实。因此,对当事人有争议的案件事实,人民法院会先综合双方当事人的证据材料等进行审慎分析,在不鉴定就可以查明争议事实时,不会启动司法鉴定程序,也就不涉及人民法院对司法鉴定的释明。

那么,在何种情形下,人民法院需要就鉴定进行释明呢?依据《民事诉讼法》第七十九条第二款的规定,当事人未申请鉴定,人民法院对专门性问题认为需要鉴定的,应当委托具备资格的鉴定人进行鉴定。本条规定适用于人民法院依职权委托鉴定的情形,即在当事人未申请鉴定的情况下,人民法院可依职权委托鉴定。《证据规定》第三十条虽未将当事人未申请鉴定作为人民法院释明的前提条件,但如前所述,申请鉴定属于当事人的诉讼权利和举证义务,在当事人已提出鉴定申请的情况下,当事人已就诉讼权利作出处分,人民法院应当对当事人的鉴定申请权利予以肯定,无须再向该当事人进行鉴定释明,而应依法对当事人提出的鉴定申请进行必要性审查并作出是否同意依申请启动鉴定程序的决定。所以,我们认为,在当事人未申请司法鉴定的情形下,人民法院认为待证事实确需鉴定的,才具有依法释明的义务。

关于人民法院应当进行释明的对象,依据《施工合同司法解释(一)》第三十二条的规定,是对工程质量、修复费用等有争议的专门性问题负有举证责任的一方当事人。法院在向当事人释明时,首先需要明确应该由哪一方当事人就涉及前述专门性问题的待证事实承担举证证明责任,向人民法院提出司法鉴定

申请。确定由哪一方当事人承担举证责任,是因为负有举证责任的当事人一方,若未完成对待证事实的举证证明义务,则应当承担举证不能的法律后果,因此对待证事实的举证责任分配十分重要。对该待证事实的举证责任分配,需要结合双方当事人已经提交的证据材料,依据民事诉讼举证责任制度进行综合判断。如果当事人提交的证据材料能够让法官形成待证事实成立的心证结论,那么应该由主张反对待证事实成立的一方当事人提出反证。

根据本条司法解释规定的内容,所谓释明,既是人民法院的权利,也是人民法院的义务,释明的内容包括司法鉴定的必要性以及鉴定的法律后果,并询问当事人是否申请司法鉴定。[①]

例如,在承包人诉请支付工程款的案件中,若发包人以承包人施工的工程质量存在问题为由提出抗辩或者反诉索赔的,发包人应当对承包人施工的工程质量存在缺陷的主张承担举证证明责任。此时,若发包人未主动申请司法鉴定,人民法院应当告知发包人申请鉴定的必要性以及不鉴定的法律后果,并询问其是否申请鉴定。

我国民事诉讼程序和民事审判方式改革,从 20 世纪 80 年代至今,始终以强化当事人主体地位为主线。民事诉讼中,强化当事人的举证责任、弱化人民法院调查收集证据的职权,是理论界和实务界的共识。对属于当事人举证责任范围内的待证事实,应当由负有举证责任的当事人一方积极申请鉴定、以完成对待证事实的举证证明义务,这也是强化当事人举证责任的要求;如果负有举证责任的当事人经人民法院释明后,仍然不申请鉴定,导致待证事实无法查明的,应当承担举证不能的法律后果,而不应由人民法院依职权委托鉴定,否则将与《民诉法解释》第九十六条人民法院应当依职权查明的事实相冲突。仅在特殊情形下,当事人不申请鉴定,但人民法院认为待证事实涉及《民诉法解释》第九十六条的五种情形,不启动鉴定无法准确认定事实的情形下,人民法院方可依职权委托鉴定。

(三)当事人申请建设工程质量司法鉴定的期限

关于当事人提出建设工程质量司法鉴定申请的期限,《证据规定》第三十一

① 参见最高人民法院民事审判第一庭编著:《最高人民法院新建设工程施工合同司法解释(一)理解与适用》,人民法院出版社 2021 年版,第 328 页。

条第一款作出了限制性规定，当事人提出鉴定申请的时间应在人民法院指定期间内，在人民法院指定期间内不提出鉴定申请的，视为放弃申请。

2022 年最新修改的《民诉法解释》第一百二十一条将当事人申请鉴定的期限规定为“可以在举证期限届满前”。注意，此处司法解释使用的是“可以”而不是“应当”，故当事人申请鉴定并不是必须在举证时限届满前提出。司法解释如此规定，是因为建设工程质量纠纷案件中，许多工程质量鉴定申请是针对另一方当事人在庭审中出示的一些证据而提出的，在开庭前未组织证据交换的情况下，当事人并不知道对方当事人在庭审中将出示哪些证据，硬性要求当事人在庭审前的举证时限内提出鉴定申请显然不现实。考虑到此种情况，司法解释对当事人提出鉴定申请的时间并非严格限制在举证时限内，人民法院可以对当事人提出鉴定申请的时间作出灵活处理，指定合理的期间，当事人只要在人民法院的指定期间内提出鉴定申请即满足了申请司法鉴定的期限要求。

根据《证据规定》第三十一条第二款的规定，对需要鉴定的待证事实负有举证责任的当事人，在人民法院指定期间内无正当理由不提出鉴定申请，致使待证事实无法查明的，应当承担举证不能的法律后果。但实践中，负有举证责任的当事人由于自身法律意识淡薄，未充分重视在举证期限内或人民法院指定期限内及时申请工程质量司法鉴定，而是在期限届满后才提出鉴定申请，对这种情形人民法院会如何处理？回答此问题，首先需要明确，诉讼过程中当事人申请工程质量司法鉴定属于积极进行举证证明自己主张的待证事实的诉讼行为，故当事人逾期申请鉴定可适用逾期提供证据的相关法律规范。

依据《民事诉讼法》第六十八条第二款的规定，人民法院根据当事人的主张和案件审理情况，确定当事人应当提供的证据及其期限。当事人在该期限内提供证据确有困难的，可以向人民法院申请延长期限，人民法院根据当事人的申请适当延长。当事人逾期提供证据的，人民法院应当责令其说明理由；拒不说明理由或者理由不成立的，人民法院根据不同情形可以不予采纳该证据，或者采纳该证据但予以训诫、罚款。

《民诉法解释》第一百零一条规定，当事人逾期提供证据的，人民法院应当责令其说明理由，必要时可以要求其提供相应的证据。当事人因客观原因逾期提供证据，或者对方当事人对逾期提供证据未提出异议的，视为未逾期。

《民诉法解释》第一百零二条规定：“当事人因故意或者重大过失逾期提供的证据，人民法院不予采纳。但该证据与案件基本事实有关的，人民法院应当采纳，并依照民事诉讼法第六十八条、第一百一十八条第一款的规定予以训诫、罚款。当事人非因故意或者重大过失逾期提供的证据，人民法院应当采纳，并对当事人予以训诫。当事人一方要求另一方赔偿因逾期提供证据致使其增加的交通、住宿、就餐、误工、证人出庭作证等必要费用的，人民法院可予支持。”

依据前述法律、司法解释规定，在当事人逾期申请工程质量鉴定的情形下，适用逾期提供证据的处理方式，人民法院如果认为相关鉴定事项与案件基本事实有关，不鉴定不能查清案件基本事实的，应对鉴定申请予以准许。但是，人民法院可对当事人予以训诫、罚款，对方当事人要求逾期申请方赔偿因逾期申请致使其增加的交通、住宿、就餐、误工、证人出庭作证等必要费用的，人民法院可予支持。

前述观点在部分地方高院的司法文件中亦有体现。例如，《江苏省高级人民法院建设工程施工合同纠纷案件委托鉴定工作指南》（江苏省高级人民法院审判委员会纪要〔2019〕5 号）第一条第二款规定，当事人逾期提出鉴定申请，申请鉴定的事项对案件基本事实的认定有重大影响的，可予准许，但应当依法予以训诫、罚款。再如，重庆高院印发的《关于建设工程造价鉴定若干问题的解答》（渝高法〔2016〕260 号）第四条规定，当事人申请建设工程造价鉴定的，应当在举证期限届满前向人民法院提出。当事人逾期提出鉴定申请的，人民法院应当参照《民诉法解释》第一百零一条、第一百零二条规定的逾期举证的相关规则予以处理。

但是，司法实践中，如果负有举证责任的当事人在举证期限届满之后提交鉴定申请的，法院有权决定不予准许鉴定申请。在山东齐锦程物流发展有限公司与山东淄建集团有限公司建设工程施工合同纠纷再审审查与审判监督案①中，最高法院就认为，关于原审法院未对案涉工程质量进行鉴定的问题。根据查明的事实，山东齐锦程物流发展有限公司（以下简称齐锦程公司）虽然在原审中当庭提出要求对工程质量进行鉴定，但庭后提交的鉴定申请中并不包括对案涉工程质量进行鉴定的事项，而是在举证期限届满 4 个月后才提出鉴定申请，原审法院未予准许亦无不当。本案例中，因当事人在举证期限届满较长时间后才申请鉴定，未获人民法院支持。

---

① 参见最高院（2020）最高法民申 6681 号民事裁定书。

（四）当事人申请建设工程质量司法鉴定的程序限制

司法实践中，当事人原则上应当在一审诉讼程序中申请司法鉴定才可能启动司法鉴定程序。但实务中，当事人出于各种原因，在一审诉讼中明确表示不申请鉴定，或者不支付鉴定费用，或者不提供相关材料，致使无法通过鉴定查明相关事实，在二审中又提出鉴定申请，是否还可以启动工程质量司法鉴定程序呢？

关于此问题，《证据规定》第三十一条第二款仅作出了原则性规定："对需要鉴定的待证事实负有举证责任的当事人，在人民法院指定期间内无正当理由不提出鉴定申请或者不预交鉴定费用，或者拒不提供相关材料，致使待证事实无法查明的，应当承担举证不能的法律后果。"《施工合同司法解释（一）》第三十二条吸收了前述规定的内容，进一步完善为："……当事人经释明未申请鉴定，虽申请鉴定但未支付鉴定费用或者拒不提供相关材料的，应当承担举证不能的法律后果。一审诉讼中负有举证责任的当事人未申请鉴定，虽申请鉴定但未支付鉴定费用或者拒不提供相关材料，二审诉讼中申请鉴定，人民法院认为确有必要的，应当依照民事诉讼法（指《民事诉讼法》（2017 修正））第一百七十条第一款第三项的规定处理。"

最高法院民一庭认为，鉴于建设工程的特殊性以及工程质量鉴定的专业性和不可替代性，依据《施工合同司法解释（一）》第三十二条第二款规定，一审中负有举证责任的当事人未申请鉴定，二审诉讼中申请鉴定，人民法院认为确有必要的，应予准许。

因此，即使当事人一审中未申请工程质量司法鉴定，未完成对待证事实的举证，二审中又申请鉴定的，人民法院也会对启动鉴定程序是否确有必要进行审查，在确有必要的情形下，仍会予以准许；确有必要，一是指工程质量鉴定对于查清案件相关事实和案件处理确有必要，二是指当事人不仅申请鉴定，而且表示愿意交纳鉴定费用、提供相关材料。[①] 人民法院准许当事人鉴定申请后，依照《民事诉讼法》第一百七十七条第一款第三项（即《民事诉讼法》（2017 修正）第一百七十条第一款第三项）的规定，区分情形，或者直接委托鉴定，查明事实

① 参见最高人民法院民事审判第一庭编著：《最高人民法院新建设工程施工合同司法解释（一）理解与适用》，人民法院出版社 2021 年版，第 330 页。

后改判,或者发回一审法院重审。

最高法院民一庭的前述观点在河南建筑工程有限公司与洛阳龙泽能源有限公司建设工程施工合同纠纷再审案①中得到了体现,最高法院认为,关于二审中河南建筑工程有限公司(以下简称河南建筑公司)申请鉴定应否允许的问题。原《施工合同司法解释(二)》第十四条第二款(现《施工合同司法解释(一)》第三十二条第二款)规定,一审诉讼中负有举证责任的当事人未申请鉴定,虽申请鉴定但未支付鉴定费用或者拒不提供相关材料,二审诉讼中申请鉴定,人民法院认为确有必要的,应当依照民事诉讼法第一百七十条第一款第三项的规定处理。《民事诉讼法》(2017 修正)第一百七十条第一款第三项(现《民事诉讼法》第一百七十七条第一款第三项)规定,原判决认定基本事实不清的,裁定撤销原判决,发回原审人民法院重审,或者查清事实后改判。鉴于建设工程的特殊性及工程鉴定的重要性,人民法院应当对是否确有必要进行鉴定予以审查,而不能以一审时未申请鉴定为由一概不予准许。如果相关鉴定事项与案件基本事实有关,不鉴定不能查清案件基本事实的,应对鉴定申请予以准许。本案中,鉴定意见属于案件的基本事实证据,河南建筑公司经一审法院释明其具有举证责任,但其仍拒绝申请鉴定,其应对不能查清案件基本事实负主要责任。但考虑到本案通过其他证据仍不能确定工程造价的情况下,在二审程序中准许其鉴定申请,并按照《民事诉讼法》(2017 修正)第六十五条(现《民事诉讼法》第六十八条)、第一百七十条第一款第三项的规定进行处理更为妥当,遂裁定指令河南高院再审本案。

在前述案例中,一审中负有举证责任的当事人经一审法院释明后仍未申请鉴定,二审诉讼中申请鉴定,二审法院未予准许。最高法院再审认为,案件相关待证事实确需通过鉴定程序才能予以查明,故二审程序应准许该当事人的鉴定申请。

但是,在新疆路桥桥梁工程建设有限责任公司与中国公路工程咨询集团有限公司等建设工程施工合同纠纷案②中,最高法院作出了与上述案例截然不同的认定,最高法院认为,新疆路桥桥梁工程建设有限责任公司(以下简称路桥建设公司)在二审中申请最高法院依法委托司法鉴定机构进行鉴定。关于申请鉴

---

① 参见最高院(2020)最高法民申 318 号民事裁定书。

② 参见最高院(2015)民一终字第 22 号民事判决书。

定的期限及逾期后果,《最高人民法院关于民事诉讼证据的若干规定》(2008 调整)(以下简称《证据规定》(2008 调整))第二十五条(被《证据规定》第三十一条第二款吸收修改)规定:“当事人申请鉴定,应当在举证期限内提出。符合本规定第二十七条规定的情形,当事人申请重新鉴定的除外。对需要鉴定的事项负有举证责任的当事人,在人民法院指定的期限内无正当理由不提出鉴定申请或者不预交鉴定费用或者拒不提供相关材料,致使对案件争议的事实无法通过鉴定结论予以认定的,应当对该事实承担举证不能的法律后果。”一审法院《民事诉讼风险提示书》对不按规定申请鉴定的后果作了明确的风险提示,路桥建设公司未向一审法院提出鉴定申请,其在二审中申请鉴定超过了申请鉴定的期限,且委托鉴定的资料须经承发包双方共同确认,而该公司提交的证明工程造价的证据不为对方当事人所认可,并缺乏证明力,故对路桥建设公司的鉴定申请不予准许。

该案中,因当时原《施工合同司法解释》并未就当事人在一审程序中未申请鉴定,二审中申请鉴定是否应予准许的问题作出明确规定,最高法院依据《证据规定》(2008 调整)第二十五条(现《证据规定》第三十一条第二款)规定,结合鉴定材料未经双方确认的事实,最终对二审中申请鉴定的一方当事人未支持。但从该案可知,《证据规定》第三十一条第二款的原则性内容可以适用于当事人在一审程序中未申请鉴定、二审中申请鉴定是否应予准许的处理,可以作为处理此种问题的法源。

从前述两个案例可知,关于当事人在一审程序中未申请鉴定,二审中申请鉴定是否应予准许的问题,不同法院、同一法院的不同法官基于对案件处理依据的不同理解及适用等,可能会作出不同的认定和裁判,而不同的裁判结果对当事人的诉讼利益影响巨大。

分歧产生的根源在于司法解释规定的不统一性和模糊性,给司法实践中的具体操作带来了较大不便。我们认为,在现行司法解释体系下,《证据规定》第三十一条第二款、《施工合同司法解释(一)》第三十二条第一款规定并未区分适用一审程序还是二审程序,原则上不排除对二审程序的适用。如新疆路桥桥梁工程建设有限责任公司与中国公路工程咨询集团有限公司等建设工程施工合同纠纷案,最高人民法院便援引前述规定内容驳回了当事人二审中提出的鉴定申请。在地方高院具体操作层面上,除河南高院在河南建筑工程有限公司与洛阳龙泽能源有限公司建设工程施工合同二审案中认为,当事人经一审法院释明后仍不申请鉴定在二审申请时不予准许外,也有其他地方高院持此观点。例如,《安徽省高级人民法院关于审理建设工程施工合同纠纷案件适用法律问题的指导意见(二)》第十九条规定:“工程价款、质量等需要通过司法鉴定确定,经一审人民法院释明,负有举证责任的当事人无正当理由拒不申请鉴定,或者在人民法院决定委托鉴定后拒不预交鉴定费用的,应当承担举证不能的法律后果。上述当事人在二审期间又申请鉴定的,应当责令其说明理由,拒不说明理由或者理由不成立的,不予支持。”

鉴于司法解释规定的模糊性及未来上下级人民法院仍可能出现法律理解及适用分歧,我们的观点是:由于申请司法鉴定属于当事人积极进行举证的诉讼权利,若一审法院对应进行司法鉴定已经进行释明,而举证责任方仍未对此进行申请,实质上已经放弃了自己的权利,可能被视为该当事人未尽到举证义务,由此承担举证不能的法律后果。所以,从律师的角度,我们还是建议负有举证责任的当事人在一审法院指定的期间内或经一审法院释明后,及时、积极地申请司法鉴定,以完成对待证事实的举证证明义务。

从司法解释层面或立法层面来讲,我们认为,未来最高法院在出台完善司法解释、具体操作指引或国家机关在开展立法工作时,可以对当事人在一审程序中未申请鉴定、二审中申请鉴定是否应予准许的问题作出更为明确、便于各级人民法院统一操作的规定。例如,重庆高院在处理此问题时,以一审法院是否向当事人进行鉴定释明区分处理。根据重庆高院印发的《关于建设工程造价鉴定若干问题的解答》(渝高法〔2016〕260 号)第九条规定,当事人在一审中申请建设工程造价鉴定,一审法院应当予以准许而未准许,或者一审法院应当向当事人释明建设工程造价鉴定而未释明,当事人在二审中又申请建设工程造价鉴定的,二审法院原则上应当发回一审法院重审,由一审法院进行鉴定。一审诉讼中负有举证责任的当事人经法院释明后未对工程价款申请鉴定或者当事人拒不选择鉴定机构、拒不缴纳鉴定费用、拒不提交完整的鉴定资料等影响鉴定的情形,在二审诉讼中又申请鉴定的,二审人民法院一般不予支持。如果二审法院认为应当进行司法鉴定的可予准许。人民法院准许后,可以将案件发回一审法院委托鉴定。如果当事人同意在二审中进行鉴定的,人民法院应当准许。且应参照《民诉法解释》(法释〔2015〕5 号,2015 年 2 月 4 日施行)第一百零一条、第一百零二条规定的逾期举证的相关规则予以处理。重庆高院的解答,既有利于保障当事人依法申请鉴定的诉讼权利,也有利于免除对方当事人因二审程序启动司法鉴定而增加的负担，较好地平衡了双方当事人的诉讼利益，对未来的司法解释完善或立法开展具有一定的参考价值。

需注意的是，若当事人在一审、二审期间均未申请鉴定，未完成举证，在再审审查期间又提出鉴定申请的，依据《民诉法解释》第三百九十七条的规定，一般不会获得人民法院的支持。

（五）当事人预交建设工程质量司法鉴定费用

在鉴定程序因当事人申请而启动的情况下，鉴定费一般由申请鉴定的当事人一方预交。建设工程纠纷案件诉讼过程中，申请鉴定的当事人为对待证事实负有举证责任的当事人，其通过申请启动司法鉴定程序，以履行对其主张的举证证明义务，由该当事人预交鉴定费用，符合该当事人的诉求利益。

当事人预交诉讼费用属于《证据规定》第三十一条规定的鉴定申请的条件，不预交将发生放弃申请的效果。负有举证责任的当事人，未预交鉴定费，导致待证事实无法查明的，该当事人还将因举证不能承担败诉的不利后果。

鉴定费用属于诉讼费用的范畴，根据《诉讼费用交纳办法》（中华人民共和国国务院令第481号）第二十九条关于"诉讼费用由败诉方负担，胜诉方自愿承担的除外。部分胜诉、部分败诉的，人民法院根据案件的具体情况决定当事人各自负担的诉讼费用数额。共同诉讼当事人败诉的，人民法院根据其对诉讼标的的利害关系，决定当事人各自负担的诉讼费用数额"的规定，人民法院一般根据案件具体情况依职权决定鉴定费用的承担主体和承担比例，实践中没有统一的裁判尺度。

对于人民法院依职权启动鉴定程序的情形，鉴定费如何缴纳并无明确规定。根据最高法院的观点，在人民法院依职权启动鉴定程序时，如果当事人拒不同意预交鉴定费，应当由人民法院先行垫付鉴定费，后期再就费用的承担问题作出裁判。

（六）申请鉴定事项须是案件事实认定问题且符合专门性、必要性要求

1. 申请鉴定事项须是案件事实认定问题

建设工程质量司法鉴定程序的启动必须是针对存在争议的案件事实中的专门性问题。《施工合同司法解释（一）》第三十一条规定："当事人对部分案件事实有争议的，仅对有争议的事实进行鉴定，但争议事实范围不能确定，或者双

方当事人请求对全部事实鉴定的除外。”据此,须是有争议的事实才可以启动鉴定程序。

在黑龙江立宏风力发电有限公司、北京天源科创风电技术有限责任公司建设工程施工合同纠纷二审案①中,最高法院认为,2015 年《民诉法解释》第一百二十一条第一款规定:“当事人申请鉴定,可以在举证期限届满前提出。申请鉴定的事项与待证事实无关联,或者对证明待证事实无意义的,人民法院不予准许。”根据上述司法解释的规定,因立宏公司未提供证据证明案涉工程的地基基础工程和主体结构存在质量问题的初步证据,且质量监督部门已经对工程质量作出质量监督检查,案涉工程实际使用并网发电近四年时间,结合现场勘察情况,一审法院对立宏公司提出的对案涉工程质量进行鉴定的申请未予准许,并无不当。立宏公司关于一审法院未支持其鉴定申请、程序违法的上诉主张,理据不足,不予支持。本案中,当事人虽主张涉案工程质量存在问题,但相关证据均反映涉案工程质量合格,当事人工程质量缺陷主张与涉案工程实际情况不符,故当事人申请鉴定的事项与工程质量事实认定无关,无须启动工程质量司法鉴定程序。

2. 申请鉴定事项须是专门性问题

关于专门性问题的阐述,可以参见本章第一节的介绍,此处不再赘述。

3. 申请鉴定事项须符合必要性的要求

建设工程质量司法鉴定所要解决的问题是法官通过其他方式不能解决的,如果法官可以根据自身的知识水平或其他能力能够进行认定的,则无须进行鉴定。对部分事实进行鉴定即可查明事实的,不应对全部事实进行鉴定。毕竟鉴定是一种时间长、成本高的活动。

例如,新疆君豪皮革城有限公司、新疆天力建工集团有限公司建设工程施工合同纠纷再审案,②因新疆君豪皮革城有限公司主张可能存在质量问题的工程尚在保修期内,而且新疆天力建工集团有限公司表示愿意履行保修责任,尤为重要的是双方当事人均愿意就可能存在的质量维修问题协商处理,故启动鉴定程序并无必要,最高人民法院认为原审对工程质量赔偿问题不予审理以及未启动鉴定程序并无不当。

---

① 参见最高院(2020)最高法民终 982 号民事判决书。

② 参见最高院(2021)最高法民申 141 号民事裁定书。

（七）因未鉴定导致待证事实无法查明的法律后果

《证据规定》第三十一条第二款规定："对需要鉴定的待证事实负有举证责任的当事人，在人民法院指定期间内无正当理由不提出鉴定申请或者不预交鉴定费用，或者拒不提供相关材料，致使待证事实无法查明的，应当承担举证不能的法律后果。"依据前述规定，未鉴定包括三种情形：第一种情形，对需要鉴定的待证事实负有举证责任的当事人，经人民法院释明，在人民法院指定期间内无正当理由不提出鉴定申请，造成鉴定程序客观上无法启动；第二种情形，对需要鉴定的待证事实负有举证责任的当事人，在人民法院指定期间提出鉴定申请，但不预交鉴定费用，实质上以行为放弃申请鉴定，亦造成鉴定程序客观上无法启动；第三种情形，负有举证责任的当事人，在人民法院指定期间提出鉴定申请，但不向鉴定机构提供鉴定需要的材料，导致鉴定程序客观上无法进行。此三种未鉴定情形致使人民法院无法通过鉴定程序对待证事实予以查明，由对需要鉴定的待证事实负有举证责任的当事人承担举证不能的不利后果。

例如，在垫江县佳艺美庭家居装饰有限公司诉广东省装饰有限公司四川分公司建设工程施工合同纠纷二审一案①中，最高法院就认为，经审查查明，垫江县佳艺美庭家居装饰有限公司（以下简称佳艺美庭公司）申请再审提交的《招标控制价》即为原审中佳艺美庭公司举示的委托四川久远工程项目管理咨询有限公司作出的评估报告。由于该评估报告系佳艺美庭公司单方委托形成，广东省装饰有限公司四川分公司（以下简称广东装饰四川分公司）对此不予认可，且在原审法院向佳艺美庭公司释明之后，其也未申请重新鉴定，故佳艺美庭公司就广东装饰四川分公司应承担整改费用的主张未完成举证义务，其关于整改费用的主张不能成立。因此佳艺美庭公司有关应依据《招标控制价》认定广东装饰四川分公司支付工程整改费用的申请再审事由不能成立。本案中，对主张的待证事实负有举证责任的当事人一方未申请鉴定，未完成举证证明义务，致使待证事实的真实性不能被认定，出现了结果意义上的证明责任问题，法院最终作出了对不确定的事实主张承担证明责任的当事人不利的裁判。因此，对待证事实负有举证责任的当事人一定要及时向法院申请司法鉴定，以完成法定举证证明义务。

---

① 参见最高人民法院（2017）最高法民申4557号民事裁定书。

在四川高院木里县莫嘎拉吉水电开发有限责任公司与泸州市第七建筑工程公司、泸州市第七建筑工程公司石棉分公司、四川恒驰伟业能源科技有限公司建设工程施工合同纠纷二审案①中，发包人木里县莫嘎拉吉水电开发有限责任公司主张承包人泸州市第七建筑工程公司、泸州市第七建筑工程公司石棉分公司未按图纸施工造成工程质量问题，并申请委托司法鉴定机构对工程质量进行鉴定，鉴定意见反映出施工质量未满足设计要求，从而证明案涉工程存在施工质量问题，法院据此判决承包人向发包人支付工程修复费用。

二、因法院依职权而启动

司法鉴定受到当事人举证范围的限制和约束，对于应当由当事人举证的待证事实涉及专门性问题的查明，如必须通过鉴定的，应当首先进行释明并要求对该待证事实负有举证责任的当事人在合理期限内提出鉴定申请；如果当事人未提出鉴定申请，属于对申请鉴定权利的处分，应当对其主张承担举证不能的法律后果。但是，依据《民事诉讼法》第七十九条第二款的规定，人民法院认为专门性问题需要鉴定的，即使当事人未提出鉴定申请，人民法院也应依职权启动鉴定程序，委托合格鉴定人进行鉴定。

《证据规定》第三十条第二款对人民法院依职权启动鉴定程序作出了限制规定，要求符合《民诉法解释》第九十六条第一款规定的情形。《民诉法解释》第九十六条第一款规定："民事诉讼法第六十七条第二款规定的人民法院认为审理案件需要的证据包括：(一)涉及可能损害国家利益、社会公共利益的；(二)涉及身份关系的；(三)涉及民事诉讼法第五十八条规定诉讼的；②(四)当事人有恶意串通损害他人合法权益可能的；(五)涉及依职权追加当事人、中止诉讼、终结诉讼、回避等程序性事项的。"《民事诉讼法》第六十七条第二款规定："当事人及其诉讼代理人因客观原因不能自行收集的证据，或者人民法院认为审理案件需要的证据，人民法院应当调查收集。"由此来看，人民法院依职权启

---

① 参见四川省高级人民法院(2017)川民终77号民事判决书。

② 即对污染环境、侵害众多消费者合法权益等损害社会公共利益的行为，法律规定的机关和有关组织可以向人民法院提起诉讼。人民检察院在履行职责中发现破坏生态环境和资源保护、食品药品安全领域侵害众多消费者合法权益等损害社会公共利益的行为，在没有前款规定的机关和组织或者前款规定的机关和组织不提起诉讼的情况下，可以向人民法院提起诉讼。前款规定的机关或者组织提起诉讼的，人民检察院可以支持起诉。

动鉴定程序，性质上属于人民法院依职权调查收集证据的行为，应当遵守依职权调查收集证据的条件，[①]即存在“人民法院认为审理案件需要的证据”的五种情形。

第三节　建设工程质量司法鉴定的委托与受理

如前所述，建设工程质量司法鉴定的启动方式有两种：一是对待证事实负有举证责任的当事人主动或经人民法院释明后提出司法鉴定申请；二是待证事实涉及《民诉法解释》第九十六条规定的人民法院应当依职权查明的五种事实，人民法院应当依职权委托鉴定。

审判实践中，建设工程质量司法鉴定程序多数因当事人申请而启动，这也是强化当事人的举证责任、建立现代民事审判制度的客观要求。对待证事实负有举证责任的当事人，在待证事实涉及工程质量、修复方案、修复费用等专门性问题时，该当事人既有权利也有义务向人民法院提出司法鉴定申请。对当事人就涉及专门性问题的待证事实提出的鉴定申请，人民法院经审查认为，当事人申请鉴定的事项是涉及案件事实认定的专门性问题，不鉴定便无法查明该事实的，一般会准许当事人的鉴定申请；人民法院经审查认为，当事人申请鉴定的事项无鉴定必要的，一般不准许当事人的鉴定申请。也就是说，诉讼过程中，除人民法院应当依职权委托鉴定之外，举证责任方提出鉴定申请是触发工程质量司法鉴定程序的前提条件，对举证责任方就涉及专门性问题的待证事实提出的鉴定申请，由人民法院审查决定是否准许启动鉴定程序，即建设工程质量司法鉴定程序的最终决定权由审判机关行使。

人民法院依当事人的申请或依职权启动建设工程质量司法鉴定程序后，进入人民法院委托与鉴定机构受理环节。委托与受理是工程质量司法鉴定程序的关键环节，也是保障司法鉴定活动顺利实施的重要条件，同样需要我们重点关注。

---

① 参见最高人民法院民事审判第一庭编著：《最高人民法院新建设工程施工合同司法解释（一）理解与适用》，人民法院出版社 2021 年版，第 347 页。

一、建设工程质量司法鉴定鉴定人概述

(一)鉴定人的概念

依据《证据规定》第三十二条的规定,人民法院准许建设工程质量司法鉴定申请的,应当组织双方当事人协商确定具备相应资格的鉴定人。当事人协商不成的,由人民法院指定。人民法院依职权委托鉴定的,可以在询问当事人的意见后,指定具备相应资格的鉴定人。

正确理解和适用前述条文,首先需要明确"鉴定人"的概念。从广义上理解,"鉴定人"既可以是自然人,也可以是鉴定机构。从狭义角度理解,"鉴定人"仅指自然人,一般与鉴定人员的意义相似。总结立法和实践中对"鉴定人"概念的运用情况可以看出,有时候是在广义上使用,例如《民事诉讼法》第七十九条"当事人申请鉴定的,由双方当事人协商确定具备资格的鉴定人",以及《司法鉴定决定》第一条"司法鉴定是指在诉讼活动中鉴定人运用科学技术或者专门知识对诉讼涉及的专门性问题进行鉴别和判断并提供鉴定意见的活动"中"鉴定人"包括鉴定机构和自然人;有时候是在狭义角度使用,如《人民法院对外委托司法鉴定管理规定》(法释〔2002〕8 号)第三条"人民法院司法鉴定机构建立社会鉴定机构和鉴定人(以下简称鉴定人)名册",以及《司法鉴定决定》第二条"国家对从事下列司法鉴定业务的鉴定人和鉴定机构实行登记管理制度",所说的"鉴定人"都仅指向自然人。①

《证据规定》第三十二条是在吸收修改《证据规定》(2008 调整)第二十六条的基础上制定而成。《证据规定》(2008 调整)第二十六条规定:"当事人申请鉴定经人民法院同意后,由双方当事人协商确定有鉴定资格的鉴定机构、鉴定人员,协商不成的,由人民法院指定。"2012 年,民诉法在修改过程中,在表述鉴定主体时采用了"鉴定人"的概念,将自然人包括在鉴定主体范围之内。自此,自然人作为鉴定主体有了明确的法律依据。为与法律规范保持一致,《证据规定》第三十二条取消了《证据规定》(2008 调整)第二十六条"鉴定机构""鉴定人员"的表述,代之以"鉴定人"的概念,与《民事诉讼法》中"鉴定人"的概念一致,既可以是鉴定机构这样的法人组织,也可以是自然人。

---

① 参见最高人民法院民事审判第一庭编著:《最高人民法院新民事诉讼证据规定理解与适用》,人民法院出版社 2020 年版,第 329 页。

（二）鉴定人、鉴定机构、司法鉴定人的关系

依据《证据规定》第三十二条，人民法院委托的鉴定人既可以是鉴定机构，也可以是自然人。鉴定人指作为鉴定主体的自然人时，不同于鉴定机构中从事司法鉴定业务的鉴定人（或称司法鉴定人）。区别在于，前者作为鉴定主体，可以直接作为被委托人，接受人民法院的鉴定委托进行司法鉴定，其与人民法院之间的关系具有直接性；后者作为鉴定机构中运用科学技术或者专门知识对诉讼涉及的专门性问题进行鉴别和判断并提出鉴定意见的人员，不能作为被委托人直接从人民法院接受鉴定委托，只能由其所在鉴定机构统一接受人民法院委托，其与人民法院之间的关系具有间接性。

理解"鉴定人"在不同语境下的具体含义，能够更好地帮助我们理解和适用司法鉴定的相关法律规范。诉讼过程中，涉及建设工程质量司法鉴定时，人民法院一般是委托鉴定机构进行司法鉴定。因此，下文将对人民法院委托鉴定机构问题进行重点讨论。

二、建设工程质量司法鉴定机构和鉴定人的资质

（一）鉴定机构和鉴定人的资质

在明确从事建设工程质量司法鉴定的鉴定机构和鉴定人需要何种资质之前，首先需要了解我国鉴定机构的设置和司法鉴定管理制度的历史沿革。

早先，我国司法鉴定制度是基于前苏联的法学理论和我国司法实践形成的，在司法实践中发挥了重要的作用。[①] 公安机关、检察机关、人民法院各自拥有独立的鉴定机构，自行决定鉴定事项，接受本系统内部和系统外单位、个人的委托，自侦自鉴、自检自鉴、自审自鉴的情况尤其普遍。[②] 这种司法鉴定制度存在明显的缺陷：一是鉴定机构的设置重复，缺乏统一协调机制和管理机制，对同一鉴定事项，不同的鉴定机构可能得出不同的鉴定意见，既造成国家司法资源的浪费，又影响审判程序的效率。二是鉴定人员缺乏严格统一的准入门槛和管理体制，其专业技术水平难以得到完善的审查和鉴别，在极端的情况下，人民法院对鉴定意见权威性地确认，不是通过审查鉴定人的资格进行，而是盲目相信

① 参见郭华：《司法鉴定制度改革的十五年历程回顾与省察》，载《中国司法鉴定》2020 年第 5 期。
② 参见宿迟、黄海涛：《从程序保障看我国司法鉴定制度改革》，载《法律适用》2008 年第 12 期。

"行政级别越高鉴定结论也就越可靠",鉴定意见的科学性和权威性很难得到保证。[1]

由于公、检、法的鉴定机构彼此独立、各自为政、多头管理,鉴定人员水平参差不齐等原因,司法实践中重复鉴定、暗箱操作等问题频发,司法鉴定的公信力遭受质疑。故1998年国务院机构改革"三定方案"中,明确赋予司法部指导全国"面向社会服务的司法鉴定"的工作职能。两年后即2000年,司法部同时颁布了《司法鉴定机构登记管理办法》(司法部令第62号,2005年9月30日废止)和《司法鉴定人管理办法》(司法部令第63号,2005年9月30日废止)两部部门规章,明确要求省级司法行政机关对从事面向社会服务的司法鉴定活动的司法鉴定机构实施登记管理、对司法鉴定机构中的鉴定人实施职业资格和执业资格证书管理。至此形成了公、检、法机关设置管理的鉴定机构与司法行政机关登记管理的面向社会的鉴定机构的"四家"分别管理的"多头"管理格局,冲击了公、检、法机关垄断司法鉴定的惯性传统。

因此,2001年11月16日,最高法院印发了《人民法院司法鉴定工作暂行规定》(法发〔2001〕23号),对司法鉴定的概念、原则、司法鉴定机构及鉴定人、司法鉴定的委托与受理、检验与鉴定、鉴定期限、鉴定中止与鉴定终结等内容作了具体规定,具有很强的操作性,对指导人民法院的司法鉴定工作起了积极作用。《人民法院司法鉴定工作暂行规定》明确,最高法院、各高院和有条件的中院设立独立的司法鉴定机构,新建司法鉴定机构须报最高法院批准。最高法院的司法鉴定机构为人民法院司法鉴定中心,根据工作需要可设立分支机构。凡需要进行司法鉴定的案件,均由人民法院司法鉴定机构鉴定,或者由人民法院司法鉴定机构统一对外委托鉴定。各级人民法院司法鉴定机构,受理本院及下级人民法院委托的司法鉴定。下级人民法院可逐级委托上级人民法院司法鉴定机构鉴定。司法鉴定机构接受委托后,可根据情况自行鉴定,也可以组织专家、联合科研机构或者委托从相关鉴定人名册中随机选定的鉴定人进行鉴定。

为规范人民法院对外委托和组织司法鉴定工作,2002年3月27日,最高法院又印发了《人民法院对外委托司法鉴定管理规定》,明确要求人民法院司法鉴定机构建立社会鉴定机构和鉴定人名册,根据鉴定对象对专业技术的要求,随

---

① 参见陈瑞华:《司法鉴定制度改革的主要课题》,载陈兴良主编:《刑事法评论》第5卷,中国政法大学出版社2000年版,第465页。

机选择和委托鉴定人进行司法鉴定。申请进入地方人民法院鉴定人名册的单位和个人,其入册资格由有关人民法院司法鉴定机构审核,报上一级人民法院司法鉴定机构批准,并报最高人民法院司法鉴定机构备案。随后,最高人民法院出台了配套的《人民法院司法鉴定人名册制度实施办法》(法发〔2004〕6 号),规范人民法院鉴定人名册制度。该办法明确,人民法院经事前审查、批准、公示程序,将自愿接受人民法院委托鉴定的社会鉴定人(含自然人、法人)列入本级法院的鉴定人名册。鉴定人应向属地人民法院提出入册申请。上级人民法院可在下级人民法院报批的名册中挑选鉴定人,但须征得该鉴定人的同意,经批准后列入上级人民法院的鉴定人名册。人民法院审理案件需要鉴定时,统一移送人民法院司法鉴定机构,负责对外委托或组织鉴定,以尊重当事人主张和在名册中随机选定相结合的办法确定鉴定人,并负责协调、监督鉴定工作。

在前述时期内,在司法鉴定管理体制上,形成了司法行政部门和人民法院同时对社会鉴定机构和鉴定人进行登记管理的局面。

2004 年年底,中共中央转发了《中央司法体制改革领导小组关于司法体制和工作机制改革的初步意见》(中发〔2004〕21 号)。该意见提出了改革和完善诉讼制度、诉讼收费制度、检察监督体制等 10 个方面的 35 项改革任务。其中,在"改革司法鉴定体制"中要求:"建立统一的司法鉴定管理体制。根据侦查工作需要,公安机关、国家安全机关、检察机关可以保留必要的司法鉴定机构,为侦查工作提供鉴定服务,但不得面向社会提供鉴定服务。人民法院、司法行政机关不再保留司法鉴定机构。面向社会服务的司法鉴定机构,实行行政管理和行业管理相结合的制度。研究制定司法鉴定法律,规范司法鉴定活动。"

中央的这一要求为司法鉴定立法工作的开展提供了政策依据。2005 年 2 月 28 日,第十届全国人民代表大会常务委员会第十四次会议通过了《司法鉴定决定》(2015 年 4 月 24 日修改)(以下简称 2005 年《司法鉴定决定》)。本决定对我国司法鉴定制度的改革具有里程碑意义,标志着我国在国家层面启动了"从分散到统一"的司法鉴定体制改革。2005 年《司法鉴定决定》是当时我国司法鉴定最高位阶的法律规范,被称为"司法鉴定宪法",现行司法鉴定的部门规章、地方规章、规范性文件、标准等大多以此为制定依据。

2005 年《司法鉴定决定》第二条规定:"国家对从事下列司法鉴定业务的鉴定人和鉴定机构实行登记管理制度:(一)法医类鉴定;(二)物证类鉴定;(三)声像资料鉴定;(四)根据诉讼需要由国务院司法行政部门商最高人民法

院、最高人民检察院确定的其他应当对鉴定人和鉴定机构实行登记管理的鉴定事项。法律对前款规定事项的鉴定人和鉴定机构的管理另有规定的,从其规定。”第三条规定:“国务院司法行政部门主管全国鉴定人和鉴定机构的登记管理工作。省级人民政府司法行政部门依照本决定的规定,负责对鉴定人和鉴定机构的登记、名册编制和公告。”

依据前述规定,从事法医类、物证类、声像资料类三类司法鉴定业务的鉴定机构和鉴定人由省级司法行政部门进行统一登记管理,对鉴定人和鉴定机构严格准入,实施统一审核登记、名册编制和名册公告。对于前述三类鉴定机构和鉴定人之外的其他鉴定机构和鉴定人,由司法部商最高法院、最高检察院确定是否也实行统一登记管理。同时,全国人大常委会还明确,侦查机关根据侦查工作的需要设立的鉴定机构,不得面向社会接受委托从事司法鉴定业务,人民法院和司法行政部门不得设立鉴定机构。因 2005 年《司法鉴定决定》明确要求人民法院不得设立鉴定机构,此后人民法院的司法鉴定业务由法院自己进行鉴定转为对外委托鉴定机构进行鉴定。

为了贯彻落实 2005 年《司法鉴定决定》,司法部宣布废止《司法鉴定机构登记管理办法》(司法部令第 62 号)、《司法鉴定人管理办法》(司法部令第 63 号),并出台了《司法鉴定机构登记管理办法》(司法部令第 95 号)、《司法鉴定人登记管理办法》(司法部令第 96 号),明确要求省级司法行政机关对辖区内从事法医类、物证类、声像资料类司法鉴定业务的司法鉴定机构和司法鉴定人进行审核登记。司法鉴定机构经省级司法行政机关审核登记,取得《司法鉴定许可证》,按照登记的司法鉴定执业类别,从事司法鉴定业务;司法鉴定人经省级司法行政机关审核登记,取得《司法鉴定人执业证》,按照登记的司法鉴定执业类别,从事司法鉴定业务。这就是法律意义上的“司法鉴定资质”,也是一种特殊的行政许可。

2006 年、2007 年最高法院又先后出台了《关于地方各级人民法院设立司法技术辅助工作机构的通知》(法发〔2006〕182 号)、《对外委托鉴定、评估、拍卖等工作管理规定》(法办发〔2007〕5 号),明确在人民法院内部,由各法院下设的司法技术辅助工作机构或相应机构,负责统一办理对外委托鉴定的工作。其中,法医、物证、声像资料三类鉴定的专业机构名册从司法行政管理部门编制的名册中选录编制;其他类别的名册由行业协会或主管部门推荐,由法院按照公开、公平、择优原则选录编制。

自2013年以来，司法部按照2005年《司法鉴定决定》第二条规定的商“两高”程序，与最高法院、最高检察院多次沟通协调将有关环境损害司法鉴定纳入统一登记管理事项。至2015年，司法部、最高法院、最高检察院联合印发了《关于将环境损害司法鉴定纳入统一登记管理范围的通知》（司发通〔2015〕117号），将环境损害作为新的鉴定事项纳入统一登记管理范围，自此，国家对从事环境损害司法鉴定业务的鉴定人和鉴定机构实行登记管理制度。环境损害司法鉴定是2005年《司法鉴定决定》颁布10余年来第一个经过商“两高”程序实行登记管理的鉴定事项。

同年，全国人大常委会对2005年《司法鉴定决定》作出修改，将第十五条修改为“司法鉴定的收费标准由省、自治区、直辖市人民政府价格主管部门会同同级司法行政部门制定”，修订后的《司法鉴定决定》施行至今。

在现行司法鉴定管理体制下，法医类、物证类、声像资料类、环境损害类四大类司法鉴定业务实行严格的登记管理制度，从事该四大类司法鉴定业务的鉴定机构和鉴定人必须具备法定条件，经司法行政机关核准登记，方可开展四大类司法鉴定活动。

（二）建设工程质量司法鉴定机构和鉴定人的资质

依据2017年11月22日司法部在《关于严格准入严格监管提高司法鉴定质量和公信力的意见》（司发〔2017〕11号）第二条第一款中的意见：“司法行政机关审核登记管理范围为从事法医类、物证类、声像资料，以及根据诉讼需要由国务院司法行政部门商最高人民法院、最高人民检察院确定的其他应当实行登记管理的鉴定事项（环境损害司法鉴定）的鉴定机构和鉴定人。对没有法律、法规依据的，一律不予准入登记。”法医类、物证类、声像资料类、环境损害类之外的其他鉴定事项的鉴定机构和鉴定人，不属于应当由司法行政机关审核登记管理的范围。

实践中，一些地方司法行政管理部门突破法律授权，对四类外鉴定事项进行登记，造成司法鉴定机构管理的混乱。2018年12月5日，司法部再次发文《关于严格依法做好司法鉴定人和司法鉴定机构登记工作的通知》（司办通〔2018〕164号），明确要求司法行政机关对没有法律依据，拟申请从事“四类外”司法鉴定业务的有关人员、法人和其他组织，一律不予准入登记，并督促各地司法行政管理部门进行整改，清理注销“四类外”鉴定机构和鉴定人登记。在此文件中，司法部同时明确，司法行政机关虽然不再登记从事“四类外”鉴定业务的法人或其他组织、有关人员，但从事“四类外”鉴定业务的法人或其他组织、有关人员仍然可以依法接受办案机关或者有关组织、个人委托，为案件或者其他活动中涉及的专门性问题提供鉴定服务。

与此同时，全国人大常委会法工委也在《关于2018年备案审查工作情况的报告》中指出，根据公民审查建议，对湖南省司法厅《关于“四大类”外司法鉴定事项管理有关问题的通知》有关问题进行研究，认为该通知关于“四大类”外司法鉴定事项登记管理有关规定，与《司法鉴定决定》相抵触。我们督促湖南省人大常委会依法予以纠正，并建议司法部督促地方政府司法行政部门立即停止办理“四大类”外司法鉴定机构的登记工作。根据反馈情况，湖南、湖北、吉林、山东、山西、宁夏、辽宁、江苏、贵州等28个省（自治区、直辖市）司法行政管理部门已明确停止登记四类外鉴定机构鉴定人并开展清理整改，19个省（区、市）对已登记的机构予以注销，下一步将下发通知进一步规范司法鉴定登记管理活动。

2020年3月5日，司法部办公厅发布了《关于开展司法鉴定机构和鉴定人清理整顿工作的通知》（司办通〔2020〕27号），要求自2020年4月1日起，在全国范围内开展为期两个月的司法鉴定机构和鉴定人清理整顿工作。对明确属于从事“四类外”鉴定业务的鉴定机构和鉴定人，依法坚决注销登记；对已登记的“四类外”鉴定机构中所从事的鉴定业务确属“四大类”鉴定类别的，依法变更登记。

需要说明的是，虽然《司法鉴定决定》等明确四大类司法鉴定事项由司法行政部门统一登记管理，但是在实践中，仍有部分司法行政部门还对四大类鉴定以外的鉴定也进行了统一登记管理，司法行政部门对鉴定机构登记管理的方式主要是由鉴定机构向司法行政部门申请领取《司法鉴定许可证》，对鉴定人登记管理的方式主要是由鉴定人向司法行政部门申请领取《司法鉴定人执业证》。针对一些地方司法局要求将突破法律授权登记的四类外鉴定机构、鉴定人纳入人民法院对外委托名册的行为，最高人民法院办公厅认为地方司法局的行为没有法律依据，也不符合全国人大常委会法工委和司法部清理整改要求（法办函〔2019〕604号）。

综上所述，根据《司法鉴定决定》《关于严格准入严格监管提高司法鉴定质量和公信力的意见》等的规定，只有从事四大类司法鉴定业务的鉴定机构和鉴定人员才需要由省级司法行政部门进行登记管理。从事四大类司法鉴定业务之外的机构和人员的资质问题,需要根据其他法律法规进行确定。我们认为,工程质量司法鉴定机构只需要取得行业主管部门颁发的建设工程质量检测资质证书,即可进行工程质量司法鉴定。是否在省级司法行政部门进行登记,是否取得《司法鉴定许可证》,不影响其作为人民法院的委托鉴定机构。

例如,在最高院鸡西市文体广电和旅游局、黑龙江富华建筑安装工程有限公司建设工程施工合同纠纷再审审查与审判监督案①中,鸡西市文体广电和旅游局(以下简称鸡西文旅局)申请再审称,一审法院委托的鉴定机构没有省司法厅颁发的《司法鉴定许可证》,鉴定人员亦没有《司法鉴定人许可证》,故一审法院委托的鉴定机构和鉴定人员不具备鉴定资质。最高人民法院再审认为,关于鉴定机构资质及鉴定程序是否违反法律规定的问题。一审过程中,一审法院通过摇号从2016年至2017年度黑龙江省法院司法委托各类专业机构数据库中选取中国建设银行股份有限公司黑龙江省分行(以下简称建行黑龙江分行)作为案涉工程的鉴定机构。建行黑龙江分行在司法鉴定报告附件部分提交了工程造价咨询企业甲级资质证书,以及参与鉴定报告编制的鉴定人员的全国建设工程造价员资格证书等证书复印件,鸡西文旅局未能否定上述各类证书的真实性。根据《司法鉴定决定》第二条规定,建设工程造价类鉴定并非法律法规明确规定的必须实行登记管理制度的范围。最高人民法院《人民法院对外委托司法鉴定管理规定》第三条规定,人民法院建立鉴定名册,并随机选取鉴定机构。本案中,一审法院依程序选取建行黑龙江分行作为鉴定机构,即便该鉴定机构不在司法行政部门登记范围内,也并不影响其作为人民法院的委托鉴定机构。故鸡西文旅局提出的建行黑龙江分行未获得《司法鉴定许可证》的再审申请理由,不能成立。

本案中,最高人民法院认为,工程造价鉴定机构不属于司法鉴定登记管理范围,鉴定机构是否取得司法鉴定许可证不影响其工程造价鉴定资质。我们认为,本案虽不直接涉及工程质量司法鉴定机构资质认定问题,但从本案可知,最高人民法院明确表示:四大类司法鉴定业务之外的机构和人员不在司法行政部门登记范围内,其未在司法行政部门登记管理不影响其作为人民法院的委托鉴定机构。

---

① 参见最高人民法院(2019)最高法民申3864号民事裁定书。

三、人民法院对外委托名册

《人民法院对外委托司法鉴定管理规定》和《对外委托鉴定、评估、拍卖等工作管理规定》规定,人民法院委托鉴定工作实行对外委托名册制度。对外委托名册,是指根据审判执行工作需要,人民法院通过事前集中审查,将自愿报名并符合一定条件的鉴定机构和鉴定人分门别类编制成册,方便当事人协商和人民法院随机选择,以减少对外委托工作的随意性和盲目性,有利于提高审判执行工作质效。但对于四大类鉴定事项,人民法院需在司法行政部门编制的鉴定机构名册内,根据案件的具体情况,选择相应的鉴定机构委托鉴定。

人民法院对外委托工作是审判执行工作的重要环节,是对待证事实的寻证活动,受诉讼法律和司法解释的调整,属于司法活动,与行政机关的行政管理在性质、目的任务和管理后果等方面均不相同。人民法院的主要任务是公开公平公正地处理案件,而非为各类鉴定机构提供案源。人民法院没有必要也没有义务将所有专业机构纳入人民法院对外委托名册。此外,对外委托名册只是人民法院开展委托鉴定工作的使用名单,并非行政许可,没有进入人民法院对外委托名册的各类社会中介机构,仍然可以接受人民法院等的委托,并不影响其执业。

例如,《对外委托鉴定、评估、拍卖等工作管理规定》就规定,委托鉴定事项超出名册范围的,人民法院根据委托要求从具有相关专业资质的专业机构或专家中选取,并征求当事人意见,当事人也可以向委托法院提供相关专业机构或专家的信息,经专门人员审查认为符合委托条件的,应当听取其他当事人的意见。从上述规定可以看出,在鉴定事项超出名册中鉴定机构或专家业务范围等的情形下,人民法院可以从社会相关专业中,择优选定专家机构或专家进行鉴定。

四、建设工程质量司法鉴定机构的选任

工程质量司法鉴定机构的选任依鉴定程序启动方式的不同而有所差异。具体分析如下。

首先,若工程质量司法鉴定程序系依当事人申请而启动,则在人民法院准许鉴定申请后,由双方当事人协商确定有资格的鉴定机构;当事人协商不成的,由人民法院指定鉴定机构。实践中,当事人协商一致选择鉴定机构,人民法院

会审查协商选择的鉴定机构是否具备鉴定资质及符合法律、司法解释等规定；发现双方当事人的选择有可能损害国家利益、集体利益或第三方利益的，依法终止协商选择程序，采用随机方式选择。但是，双方当事人自主协商确定鉴定机构的情形很少，鉴定机构通常由人民法院在备选的鉴定人目录名单里随机摇号确定。

其次，若鉴定程序系法院依职权启动，则鉴定机构的选任由法院进行指定，且询问当事人的意见并不是法定必经程序。

建设工程质量司法鉴定在四大类司法鉴定业务（法医类、物证类、声像资料类、环境损害类）之外，不属于司法行政部门统一登记管理范围，所以工程质量司法鉴定单位不从司法行政机关编制的《国家司法鉴定人和司法鉴定机构名册》中选择，而在各级人民法院编制的鉴定机构名册中选定。建设工程质量司法鉴定程序中，当事人协商确定或人民法院指定的鉴定人需要具备相应的鉴定资格。依据《人民法院对外委托司法鉴定管理规定》和《对外委托鉴定、评估、拍卖等工作管理规定》，具备相应资质的机构均可申请进入人民法院鉴定机构名册。

以北京市为例，根据 2018 年 2 月 13 日发布的《北京市高级人民法院关于司法鉴定、评估、拍卖等机构申请进入“北京法院对外委托专业机构名册”的公告》，申请进入名册的机构的资质要求是：建设工程质量检测机构应具备行业主管部门颁发的建设工程质量检测资质证书（其中综合类需甲级资质）。

对于鉴定机构的资格，当事人可以通过“人民法院对外委托专业机构专业人员信息平台”或“人民法院委托鉴定系统”进行查询，其中“人民法院对外委托专业机构专业人员信息平台”需通过人民法院诉讼资产网进入。

五、人民法院委托

双方当事人协商确定或人民法院指定具有资质的工程质量司法鉴定机构后，由人民法院行使委托鉴定权。人民法院依法出具委托书，并在委托书中明确鉴定事项、鉴定范围、鉴定目的和鉴定期限，这样既可以避免出现因委托事项、鉴定范围、鉴定目的等不明确导致鉴定意见无法使用的情形，也可以防止出现因缺少对鉴定期限的必要限制致使实务中鉴定拖延从而影响诉讼效率的现象。关于鉴定事项和鉴定范围，根据案件的不同需要而定，主要围绕查明待证事实所需要的具体事项和内容展开。[①] 关于鉴定期限,根据《关于人民法院民事诉讼中委托鉴定审查工作若干问题的规定》第十三条的规定,人民法院委托鉴定应当根据鉴定事项的难易程度、鉴定材料准备情况,确定合理的鉴定期限,一般案件鉴定时限不超过30个工作日,重大、疑难、复杂案件不超过60个工作日;鉴定机构、鉴定人因特殊情况需要延长鉴定期限的,应当提出书面申请,人民法院可以根据具体情况决定是否延长期限。人民法院委托鉴定,还需要向鉴定机构提供真实、完整、充分的鉴定材料,并对鉴定材料的真实性、合法性负责(关于鉴定材料相关问题将会在下一节详细分析)。

工程质量司法鉴定机构统一受理人民法院的司法鉴定委托。换言之,司法鉴定机构只能由人民法院委托,不能直接由诉讼当事人委托;司法鉴定只能由司法鉴定机构作为被委托方,统一接受人民法院的委托,而不能由司法鉴定人作为被委托方直接接受委托。

六、建设工程质量司法鉴定机构受理

司法鉴定机构接到人民法院工程质量司法鉴定委托后,需对委托鉴定事项及鉴定材料进行审查,以决定是否接受委托。一般情况下,司法鉴定机构指派具备相应能力的人员对鉴定事项、鉴定材料进行审查,所谓具有相应能力的人员,可以是鉴定人,也可以是鉴定机构内部能够完成相应审查任务的其他工作人员。[②]

关于受理的期限,司法鉴定机构需在收到委托之日起七个工作日内作出是否受理的决定,并通知委托人——人民法院。对于复杂、疑难或者特殊鉴定事项的委托,司法鉴定机构可以与委托人——人民法院协商决定受理的时间。

司法鉴定机构经审查,对属于本机构司法鉴定业务范围、鉴定用途合法、提供的鉴定材料能够满足鉴定需要的,依法受理。对于鉴定材料不完整、不充分、不能满足鉴定需要的,鉴定机构可要求人民法院补充;补充后能够满足鉴定需要的,依法受理。司法鉴定机构决定受理鉴定委托的,需要与人民法院签订司法鉴定委托书。司法鉴定委托书应当载明委托人名称、司法鉴定机构名称、委

---

① 参见最高人民法院民事审判第一庭编著:《最高人民法院新民事诉讼证据规定理解与适用》,人民法院出版社2020年版,第335页。

② 参见司法部公共法律服务管理局组编:《司法鉴定程序通则释义》,中国政法大学出版社2020年版,第44页。

托鉴定事项、是否属于重新鉴定、鉴定用途、与鉴定有关的基本案情、鉴定材料的提供和退还、鉴定风险，以及双方商定的鉴定时限、鉴定费用及收取方式、双方权利义务等其他需要载明的事项。诉讼实践活动中，司法鉴定机构收到人民法院出具的委托函或聘任书，且双方能够明确权利义务关系，确保司法鉴定活动正常进行的，可视为已签订委托书。①

经审查，司法鉴定机构认为鉴定材料不完整、不充分、不能满足鉴定需要，且人民法院补充后仍不能满足鉴定需要的，不予受理。另外，《司法鉴定程序通则》第十五条规定："具有下列情形之一的鉴定委托，司法鉴定机构不受理：（一）委托鉴定事项超出本机构司法鉴定业务范围的；（二）发现鉴定材料不真实、不完整、不充分或者取得方式不合法的；（三）鉴定用途不合法或者违背社会公德的；（四）鉴定要求不符合司法鉴定执业规则或者相关鉴定技术规范的；（五）鉴定要求超出本机构技术条件或者鉴定能力的；（六）委托人就同一鉴定事项同时委托其他司法鉴定机构进行鉴定的；（七）其他不符合法律、法规、规章规定的情形。"第十七条规定，司法鉴定机构决定不予受理鉴定委托的，应当向委托人说明理由，退还鉴定材料。司法鉴定机构无正当理由不得拒绝受理司法鉴定委托。

七、建设工程质量鉴定人的承诺

司法鉴定过程中，鉴定人违背客观公正、诚信敬业的职业道德，甚至故意弄虚作假、故意作虚假鉴定的问题比较突出。2019 年，最高法院在修改《证据规定》时，增加了鉴定人签署承诺书的规定，以增强对鉴定人的内心约束，促进民事诉讼诚实信用原则的落实。《证据规定》第三十三条规定，鉴定开始前，人民法院应当要求鉴定人签署承诺书。承诺书中应当载明鉴定人保证客观、公正、诚实地进行鉴定，保证出庭作证，如做虚假鉴定应当承担法律责任等内容。

关于承诺书的内容，《证据规定》第三十三条仅列举了公认的对鉴定人的法定要求，并未穷尽所有的鉴定人法定义务，人民法院在执行过程中，可以根据具体需要，依照法律、行政法规，参照规章及鉴定人自行制定的章程对鉴定人在参

---

① 参见司法部公共法律服务管理局组编：《司法鉴定程序通则释义》，中国政法大学出版社 2020 年版，第 52 页。

与诉讼活动中的要求，对承诺书的具体内容进行增补。[①]

关于承诺书提交的期限，《关于人民法院民事诉讼中委托鉴定审查工作若干问题的规定》明确，人民法院应要求鉴定机构在接受委托后5个工作日内提交鉴定方案、收费标准、鉴定人情况和鉴定人承诺书，重大、疑难、复杂鉴定事项可适当延长提交期限，鉴定人拒绝签署承诺书的，人民法院应更换鉴定人或另行委托鉴定机构。

八、建设工程质量司法鉴定机构的回避

建设工程领域，发包人通常是当地影响力较大的企业或其他组织，而工程质量司法鉴定专业机构往往是当地技术咨询、质量检测单位，发包人与此类鉴定专业机构之间很可能存在常年商业往来等利害关系。在施工单位与发包人就工程质量产生争议时，若人民法院委托了前述类型的鉴定专业机构，则可能会影响施工单位的诉讼利益。同样，若人民法院委托了与施工单位存在利害关系的鉴定机构，则也可能影响发包人的诉讼利益。因此，在人民法院选任鉴定专业机构时，发包人或施工单位一定要对鉴定专业机构的资质资格及其与对方当事人的利害关系进行尽职调查，查明是否存在应当回避的事由。

我国法律对工程质量司法鉴定专业机构应当回避的情形并无明确规定，仅在住房和城乡建设部《建设工程造价鉴定规范》（住房和城乡建设部公告第1667号）第3.3.4项规定："有下列情形之一的，鉴定机构应当自行回避，向委托人说明，不予接受委托：1 担任过鉴定项目咨询人的；2 与鉴定项目有利害关系的。"前述条文规定的是建设工程造价司法鉴定专业机构的回避事由，我们认为，工程质量司法鉴定专业机构与工程造价司法鉴定专业机构的诉讼地位和鉴定程序相同，发包人或施工单位仍可以参照本条规定申请工程质量司法鉴定专业机构回避。

虽然对工程质量司法鉴定专业机构应当回避的情形，目前暂无生效的法律法规或司法解释的规定，但北京高院在《北京市高级人民法院关于对外委托鉴定评估工作的规定（试行）》第十条第一款规定："专业机构或专业人员有下列情形之一的，应当自行回避，当事人可以采用口头或者书面方式申请其回避：

---

① 参见最高人民法院民事审判第一庭编著：《最高人民法院新民事诉讼证据规定理解与适用》，人民法院出版社2020年版，第348页。

(一)曾经作为鉴定人、评估人员参加过同一个鉴定评估事项的;(二)曾经就同一个鉴定评估事项提供过专业咨询意见的;(三)曾经参与过同一个鉴定评估事项庭审质证的;(四)有法律、法规、司法解释等规定应当回避的;(五)其他可能影响独立、客观、公正开展工作的情形。"我们认为,司法实践中若鉴定专业机构存在上述回避事由,发包人或施工单位应当迅速提出回避申请,争取得到法院的支持,避免遭遇不公正的司法鉴定。

例如,在四川金海建设有限公司(以下简称金海公司)与贵州省慕俄格房地产开发有限公司(以下简称慕俄格公司)建设工程施工合同纠纷再审案[①]中,金海公司申请再审称,鉴定机构在本案诉讼前就接受慕俄格公司委托,单方担任慕俄格公司的咨询人,故鉴定机构与鉴定项目存在利害关系,应当回避但未回避,原审鉴定程序违法。最高法院则认为,本案中,原审法院依照法定程序选定正合公司作为鉴定机构,双方当事人均未提出异议。慕俄格公司在原审中将正合公司所作审核报告作为证据提交时,金海公司就已知悉鉴定机构具有回避事由,但金海公司并未申请回避。金海公司在原审中不仅未对鉴定意见的合法性提出异议,在原审法院就鉴定意见定稿征询双方意见时,金海公司还明确表示没有意见。金海公司的以上诉讼行为表明,金海公司在原审中对鉴定意见的客观公正性是认可的。基于此种判断,原审法院将正合公司出具的鉴定意见作为认定本案事实的依据,并不违反法律规定。金海公司的该项再审申请理由不能成立。

在上述案例中,因施工单位未及时向人民法院申请鉴定专业机构回避,而是在再审程序中才提出异议,其关于原审鉴定程序违法的主张未能获得再审法院的支持,影响了其诉讼利益。所以,在人民法院摇号确定工程质量司法鉴定专业机构后,当事人应尽早自行或委托第三方专业机构对鉴定机构开展尽职调查,明确其是否与对方当事人具有利害关系,如果有,则应当及时向人民法院提出回避申请。

第四节　建设工程质量司法鉴定程序

诉讼过程中,当事人向人民法院提出鉴定申请或者人民法院依职权启动鉴

① 参见最高人民法院(2019)最高法民申6023号民事裁定书。

定并选任鉴定机构后，案件进入司法鉴定程序。但这并不代表负有举证责任的当事人一方已经完成了对待证事实的举证义务，可以高枕无忧地等待鉴定结果；也不代表案件结果已经板上钉钉，另一方当事人再也无能为力。恰恰相反，进入建设工程质量司法鉴定程序后，从鉴定人的选任，到鉴定材料的提供，再到对鉴定初步意见的异议直至对鉴定意见的法庭质证，当事人必须要全程参与、全面配合，当事人的参与程度和重视程度直接影响鉴定意见的最终结果。因此，当事人必须高度重视作为关键证据的鉴定意见的形成过程，积极主动参与鉴定活动，配合鉴定机构和鉴定人形成鉴定意见。

一、鉴定人的选任与回避

（一）鉴定人的选任

在上一节中，我们介绍了工程质量司法鉴定专业机构的选任。鉴定专业机构接受人民法院工程质量司法鉴定的委托后，需指派专业人员完成委托鉴定事项。由于鉴定专业人员需要利用自身的专业知识对案件中的专门性问题进行研究、分析，发表鉴定意见，并在当事人申请人民法院同意或人民法院主动要求时，出庭接受法官及各方当事人就鉴定意见提出的质询，故我国要求工程质量司法鉴定专业人员需要具备专门知识、技能和经验，满足鉴定事项所需资格条件。例如，依据《司法鉴定决定》第四条规定，工程质量司法鉴定人员需要满足下列条件之一：(1)具有与所申请从事的司法鉴定业务相关的高级专业技术职称；(2)具有与所申请从事的司法鉴定业务相关的专业执业资格或者高等院校相关专业本科以上学历，从事相关工作五年以上；(3)具有与所申请从事的司法鉴定业务相关工作十年以上经历，具有较强的专业技能。同时，还规定因故意犯罪或者职务过失犯罪受过刑事处罚或受过开除公职处分或被撤销鉴定人登记的人员，不得从事司法鉴定业务。

人民法院可以委托鉴定机构指定鉴定专业人员。工程质量鉴定专业机构根据委托鉴定的事项和要求，结合本机构鉴定专业人员的专业特点、知识水平，指定鉴定人实施鉴定活动。人民法院委托鉴定机构指定鉴定专业人员的，依据《关于人民法院民事诉讼中委托鉴定审查工作若干问题的规定》第四部分“对鉴定人的审查”第九条的规定，应当严格依照法律、司法解释等规定，对鉴定人的专业能力、从业经验、业内评价、执业范围、鉴定资格、资质证书有效期以及是否有依法回避的情形等进行审查。特殊情形人民法院直接指定鉴定人的，同样依此内容进行审查。

根据《对外委托鉴定、评估、拍卖等工作管理规定》第二十九条的相关内容，人民法院审查鉴定专业人员的专业、执业资格后，若认为鉴定专业人员不具备委托鉴定事项所需专业资质的，应依法要求鉴定机构予以更换指定的鉴定专业人员。若鉴定机构拒绝按照人民法院的要求更换，坚持指派不具有资质的鉴定专业人员从事委托鉴定事项的，由人民法院司法辅助工作部门负责人批准后撤回对该机构的委托，人民法院重新选择鉴定专业机构。除人民法院主动要求更换鉴定专业人员或鉴定专业机构外，如果确实存在鉴定专业机构指派的鉴定人员不具备相应鉴定资质，或者鉴定机构拒绝按照人民法院的要求更换鉴定专业人员的情形，当事人也可向人民法院主动申请更换鉴定专业人员或鉴定专业机构。

（二）鉴定人的回避

鉴定人，是工程质量司法鉴定工作的具体实施者和直接参与者，其运用自身的专门知识、经验和技能，遵循法律规定的方式、方法、步骤以及相关的规则和标准，对诉讼涉及的工程质量专门性问题进行鉴别和判断并发表鉴定意见，帮助审判人员正确认识案件事实涉及的专门性问题，对相关事实作出符合客观情况的认定。司法鉴定本身是一种司法活动，司法公正、社会正义等公共利益是其主要追求，因此应该具有一定程度的利他性。① 司法鉴定的特性要求鉴定专业人员保持独立性、中立性。鉴定专业人员依法回避，对于保证工程质量司法鉴定的利他性、鉴定意见的独立性和中立性，保障诉讼当事人的合法权益，保证案件得到公正的处理，都具有重要的意义。

诉讼中鉴定人的回避事由规定在《人民法院司法鉴定工作暂行规定》第九条、《司法鉴定决定》第九条第三款、《民事诉讼法》第四十七条。《人民法院司法鉴定工作暂行规定》第九条规定："有下列情形之一的，鉴定人应当回避：（一）鉴定人系案件的当事人，或者当事人的近亲属；（二）鉴定人的近亲属与案件有利害关系；（三）鉴定人担任过本案的证人、辩护人、诉讼代理人；（四）其他可能影响准确鉴定的情形。"《司法鉴定决定》第九条第三款规定："鉴定人应当

---

① 参见杜国栋：《论司法鉴定人员职业规则》，载《证据科学》2011 年第 5 期。

依照诉讼法律规定实行回避。"《民事诉讼法》第四十七条第一款规定:"审判人员有下列情形之一的,应当自行回避,当事人有权用口头或者书面方式申请他们回避:(一)是本案当事人或者当事人、诉讼代理人近亲属的;(二)与本案有利害关系的;(三)与本案当事人、诉讼代理人有其他关系,可能影响对案件公正审理的。"《民事诉讼法》第四十七条最后一款为兜底条款,为当事人寻求救济和人民法院裁量留下了空间。

北京高院在上述鉴定人回避事由之外,作出了补充规定。《北京市高级人民法院关于对外委托鉴定评估工作的规定(试行)》第十条规定:"专业机构或专业人员有下列情形之一的,应当自行回避,当事人可以采用口头或者书面方式申请其回避:(一)曾经作为鉴定人、评估人员参加过同一个鉴定评估事项的;(二)曾经就同一个鉴定评估事项提供过专业咨询意见的;(三)曾经参与过同一个鉴定评估事项庭审质证的;(四)有法律、法规、司法解释等规定应当回避的;(五)其他可能影响独立、客观、公正开展工作的情形。"

据此,在鉴定专业机构指派鉴定专业人员后,当事人在知晓鉴定人名单后,要提前做好功课,及时申请回避,说明应当回避的事实和理由,以免遭遇不公。

二、工程质量司法鉴定材料的提交

(一)工程质量司法鉴定材料概述

工程质量司法鉴定材料,是指鉴定过程中用于检验检测、比对和获取相关信息的一切材料的总称,包括比对样本材料以及其他与鉴定事项有关的鉴定资料。鉴定材料作为工程质量司法鉴定所依赖的基础性信息源,其含有的与案件有关的信息非经特殊的或者科学的技术方法,无法为一般人所知悉,因此必须通过司法鉴定的手段将相关案件信息从中收集提炼。现行法律规范对鉴定材料的提交、质证与审查等作出了规定,旨在保障鉴定人顺利开展鉴定工作。

可供鉴定的相关材料齐备、充分是鉴定人开展鉴定活动的基本条件。鉴定人基于对鉴定材料的分析出具鉴定意见,鉴定材料是决定鉴定意见实体性内容的依据。

(二)工程质量司法鉴定常见的鉴定材料

一般而言,工程质量司法鉴定材料主要包括两类:一类是当事人提交的法律文书,另一类是经当事人质证并经法院认定的证据材料。当事人提交的法律文书主要包括:起诉状、答辩状、反诉状、反诉答辩状、质证意见、鉴定申请等。证据材料主要包括:招标文件、投标文件、中标通知书、工程承包(施工)合同、补充协议等合同性资料;工程地质勘察文件、工程设计文件、施工图审查报告、图纸会审记录等设计及其审查资料;施工组织设计文件、深化设计文件、优化设计文件等设计及其审查资料;开工报告、工程验收记录、工程质量检测报告、工程验收报告等;工程变更(洽商)有关的指令、签证、工程洽商单、会议纪要等;施工过程(或期中)结算报告、工程量计算书,工程预付款、工程进度款付款凭证等。

建设工程质量司法鉴定常见鉴定材料中的合同性资料、往来函件、会议纪要、票据、签证都是以文字、符号等所记录或表示的以证明待证事实的文书,也就是民诉法上的书证。书证是建设工程质量司法鉴定材料的主要组成部分,也是鉴定人判断建设工程质量相关专业问题的主要鉴定依据。

例如,发包人对施工单位提起工程质量索赔之诉,或者施工企业起诉要求发包人支付欠付工程款时,发包人常主张施工单位施工工程不合格,给己方造成损失,并提出建设工程质量鉴定申请。此种情形下,发包人对工程质量存在问题的主张负有举证证明责任,应当提供相关鉴定材料证明存在质量问题,如不合格工程的现状图、竣工验收不合格文件等书证。施工单位也并非完全不能提交相关的鉴定材料,若施工单位主张施工工程不存在质量问题或施工工程质量问题与其施工行为无关,则可以提交相关检测部门质检合格的文件等书证,或者勘察设计有误,己方已按照《建设工程质量管理条例》的相关内容尽到了提醒告知义务,发包人坚持指令按设计图或规划勘察文件施工导致了工程质量问题发生的有关书证等。

(三)工程质量司法鉴定材料的提交期限

现行法律法规并未明确规定工程质量司法鉴定材料的提交期限。仅有《建设工程造价鉴定规范》规定,工程造价司法鉴定中,当事人提交鉴定材料的时间有举证期限限制,举证期限由委托人民法院确定,当事人不能在举证期限内提交鉴定材料的需要承担举证不能的不利后果。

我们认为,当事人提交的建设工程质量司法鉴定材料本质上仍属于民事诉讼中的证据,严格来讲应受举证期限的限制,所以建议当事人严格按照人民法院确定的举证期限准备和提交鉴定材料。否则,一旦超出举证期限,逾期提交的鉴定材料仍然存在不被人民法院认可的可能性。而且,当事人及早提供鉴定材料,推动鉴定机构早日作出鉴定意见,当事人的诉讼利益才能尽早落到实处,早日实现诉讼利益。

（四）工程质量司法鉴定材料的提交义务主体与提交不能的法律后果

诉讼中,当事人的主张涉及需要通过鉴定来查明的工程质量专门性问题时,该当事人作为涉及专门性问题的待证事实的举证责任方,除负有在指定期限内申请司法鉴定和预交鉴定费用的义务外,还负有提交与委托鉴定事项相关的证据材料的义务。如其拒不提交相关证据材料导致鉴定无法完成的,则负有举证责任的一方当事人对需要通过鉴定证明的相关事实承担举证不能的责任,此为结果意义上的举证责任。

但是,审判实践中,负有举证责任的当事人一方有时候并不掌握有关证据材料,根本无法向人民法院或鉴定机构提交该证据材料。而控制该证据材料的当事人,为否定举证责任方的主张,往往拒绝配合向人民法院或者鉴定机构提交该证据材料,该种行为不仅妨碍举证责任方举证,还严重影响人民法院查明事实及解决争议。此种情形下,造成待证事实真伪不明的原因,并不是举证责任方未积极收集、提供证据,而是由于不负有举证责任的对方当事人实施了不当妨碍举证责任方举证的行为,使举证责任方陷入无证据提供等证据缺失的境地,如果直接适用证明责任规则对举证责任方作出不利判决,对举证责任方而言有失公平。

为平衡双方当事人的诉讼权利义务,《民诉法解释》《证据规定》规定了“书证提出命令”制度。《民诉法解释》第一百一十二条第一款规定:“书证在对方当事人控制之下的,承担举证证明责任的当事人可以在举证期限届满前书面申请人民法院责令对方当事人提交。”根据本条款规定,申请“书证提出命令”需要符合以下条件:一是申请人为对待证事实负有举证证明责任的当事人,被申请人为控制书证的对方当事人。二是申请人需要提供证据证明书证存在,且被对方当事人控制,或者证明对方当事人负有法定、约定或者依习惯保存、保管证据的义务。三是申请人须在举证期限届满前向人民法院提出书面申请。此外,需要注意的是,最高法院民一庭认为,申请“书证提出命令”不仅要满足《民诉法解释》规定的上述条件外,还要满足对查明待证事实具有必要性的要求。关于“书证提出命令”申请书的内容,根据《证据规定》第四十五条第一款的规定,应当包含所申请提交的书证名称或者内容、需要以该书证证明的事实及事实的重要性、对方当事人控制该书证的根据以及应当提交该书证的理由。人民法院审查后认为举证责任方申请理由成立的,责令对方当事人提交书证,因提交书证所产生的费用,由举证责任方负担。

考虑到人民法院发出“书证提出命令”后控制书证的当事人拒不遵守的可能性,司法解释规定了书证证明妨害规则。书证证明妨害规则,是指因不负有举证责任的当事人一方的行为致使其持有的对证明待证事实具有相当证明意义的书证未能在诉讼中提供、损毁灭失或丧失证明价值,使待证事实无证据可资证明,待证事实处于真伪不明状态时,在事实认定上,法院就负有举证责任当事人的事实主张,作出对其有利的调整。《民诉法解释》第一百一十二条第二款、《证据规定》第四十八条第一款均规定,控制书证的当事人无正当理由拒不提交书证的,人民法院可以认定对方当事人所主张的书证内容为真实。若控制书证的当事人存在以妨碍对方当事人使用为目的,毁灭有关书证或者实施其他致使书证不能使用行为的,根据《民诉法解释》第一百一十三条、《证据规定》第四十八条第二款规定,人民法院不仅可对其处以罚款、拘留,还可以认定对方当事人主张以该书证证明的事实为真实。

对于书证之外的其他证据,在控制证据的对方当事人存在类似书证证明妨害行为时,人民法院同样可以作出有利于举证责任方的推定。例如,《证据规定》第九十五条就规定,一方当事人控制证据无正当理由拒不提交,对待证事实负有举证责任的当事人主张该证据的内容不利于控制人的,人民法院可以认定该主张成立。

例如,发包人主张施工质量存在问题,承包人抗辩不存在施工质量问题。承包人提供了发包人已签署竣工验收报告的图片,证明涉案工程已竣工验收合格,并向法院申请调取发包人控制的纸质版竣工验收报告原件。根据书证证明妨害规则,若发包人拒不提供该竣工验收报告,则法院可以作出施工质量不存在问题这种有利于承包人的推定。

三、鉴定人获取鉴定材料

为了保障鉴定人更加全面地获取委托鉴定事项有关的材料,及时、顺利地开展鉴定活动,民诉法赋予了鉴定人要求了解进行鉴定所需要的案件材料,必要时询问当事人、证人的权利。

《证据规定》第三十四条第二款对鉴定人的前述权利进一步细化，规定："经人民法院准许，鉴定人可以调取证据、勘验物证和现场、询问当事人或者证人。"该条款明确，鉴定人了解进行鉴定所需要的案件材料的途径包括调取证据、勘验物证和现场、询问当事人或者证人，鉴定人行使该权利之前需要取得人民法院的准许。

工程质量司法鉴定实务中，在现有证据材料不充分甚至匮乏的情况下，鉴定人一般采取现场勘验的途径获取鉴定所需要的案件信息，比如工程现状、施工现状等信息，建设工程现场的真实情况直接影响鉴定人对专业问题的主观判断。现场勘验过程中，鉴定人会根据对建设工程勘验的情况制作勘验笔录。现场勘验形成的勘验笔录，属于民事诉讼八大证据之一，对于查明工程专业问题具有重要作用，是非常关键的鉴定材料。无论是建设工程现场真实情况的判断还是现场勘验笔录的出具，都与选取的建设工程现场有关，当事人必须慎重对待现场勘验程序，积极配合鉴定人完成现场勘验工作。

例如，在对建设工程已完工程质量的鉴定中，某项目恰好是十余栋高层的小区项目，建筑已结构封顶，但电梯未装配，要求鉴定人员完整走完全部项目在时间上与人员的体力上都不可能，鉴定人员会选用随机抽样的方法挑选几栋楼进行查看，此时究竟挑选哪几栋楼就很有讲究了，最了解现场情况的当事人在场与否就可能导致最后勘验结论的不同。

现场勘验完成后，当事人签署勘验笔录时要注意核对笔录的基本内容是否包括勘验的时间、地点、勘验人、在场人、勘验的经过和结果。

四、建设工程质量司法鉴定材料的质证与审查

（一）建设工程质量司法鉴定材料的质证

当事人提交的或人民法院调取的或鉴定人自行调取的证据材料是建设工程质量司法鉴定材料的主要组成部分，也是鉴定人开展建设工程质量司法鉴定的重要依据。这些证据材料如果未经当事人充分质证就移送鉴定人，鉴定人据此进行鉴定并出具鉴定意见后，必然会遭致当事人对鉴定意见所根据的证据材料的真实性、合法性提出异议，进而对鉴定意见予以否认。由于未经质证的证据材料极有可能存在合法性与真实性的缺陷，据此作出的鉴定意见的可采性将大大降低，导致实践中不得不通过重新鉴定、补充鉴定的方式补救或改正。不

仅拖延了诉讼进程、浪费了大量的司法资源，增加了当事人的诉讼成本，也导致当事人对法院组织诉讼活动的能力和公正性提出质疑，配合程度大大降低。

因此，《施工合同司法解释(一)》第三十三条明确规定，用于鉴定的证据材料原则上应在法庭上出示，并由当事人互相质证。需注意的是，建设工程司法鉴定实践中，法院有时会要求鉴定机构直接组织双方当事人对有关证据材料(比如法院补充调取的证据)进行质证，鉴定机构则按照法院的指示组织双方当事人对证据材料发表质证意见并详细记录。

未经质证的鉴定材料，根据《证据规定》第三十四条第一款和《关于人民法院民事诉讼中委托鉴定审查工作若干问题的规定》第二部分“对鉴定材料的审查”第四条“未经法庭质证的材料(包括补充材料)，不得作为鉴定材料”的规定，不得作为鉴定材料。

当事人主要是围绕这些证据材料的真实性、合法性以及与待证事实的关联性进行质证，并就其有无证明力和证明力大小进行说明和辩论。具体质证的主要内容如下。

真实性质证的主要内容有：与原件、原物是否相符，能否反映案件真实情况。比如，若存在删减、遗漏的情形，或者缺乏原件佐证，则真实性也存疑。

合法性质证的主要内容有：出具主体、收集方式、形式是否合法。比如，以严重侵害他人合法权益、违反法律禁止性规定或者严重违背公序良俗的方法形成或者获取的证据材料，不具备合法性。

关联性质证的主要内容有：证明目的与待证事实是否相关。

在对真实性、合法性、关联性质证的基础上，各方当事人就这些证据材料有无证明力和证明力大小发表辩论意见。

(二)建设工程质量司法鉴定材料的审查

鉴定材料经双方当事人互相质证后，还需要遵守人民法院调查认定证据的基本规则，由人民法院进行审查认定。

人民法院在当事人所发表的质证意见的基础上，进一步对证据材料的真实性、合法性、关联性作出审核认定。人民法院对证据材料三性审核的内容一般与当事人对证据三性质证的内容相同。

对于当事人有争议的材料是否可以提交鉴定机构的问题，根据《最高人民法院关于人民法院民事诉讼中委托鉴定审查工作若干问题的规定》第五条规定，对当事人有争议的材料，应当由人民法院予以认定，不得直接交由鉴定机构、鉴定人选用。

例如，在四川希腾建设集团有限公司（以下简称希腾公司）、付某成与张某锋、陈某以及安多县人民政府（以下简称安多县政府）建设工程施工合同纠纷再审案①中，最高法院认为，《鉴定意见书》相关鉴定材料未经依法质证，属于严重违反法定程序之情形。《鉴定意见书》“二、鉴定依据”第5、7、8、9、10项均是鉴定机构据以确定鉴定意见的基础性材料，原一审法院没有将上述当事人存在争议的鉴定材料进行质证，就将其移送鉴定机构，原二审法院也未进行补充质证，属违法剥夺当事人辩论权利情形，不符合民事诉讼辩论原则。因相关鉴定材料未经质证，原审法院认定“沈阳南路硬化路面拆除及恢复工程”和“部门单位院内硬化路面的破除与恢复施工”等相应的工程款造价，依据并不充分，致基本事实不清。遂裁定撤销原一审、二审判决，发回重审。

在对证据三性审核认定的基础上，法院进一步审查认定这些证据材料有无证据能力和证明力大小。证据能力是证明力存在的前提，证据能力依赖于证据原件，复印件脱离了原件就很难有证据能力，很难被采纳作为鉴定依据或认定案件事实的依据。证明力大小的判断则依赖法官的自由心证。因为复印件不能直接作为证据，仅提供复印件无法提供原件的情况下，当事人会陷入被动，所以当事人一定要注意对证据原件，尤其是书证原件的保留。

在建设工程工程质量司法鉴定中，书证是证据材料的主要组成部分，也是鉴定人判断工程质量是否合格的重要依据。书证属于民事诉讼八大证据之一，是建设工程领域最重要的证据，包括各种合同、往来函件、会议纪要、票据等。当事人一定要注意对书证原件的保留。如果当事人不重视对原件的保留，未提供合法、有效、恰当的鉴定材料，是无法得到一份有利的鉴定意见的。

例如，在甘肃洮阳建筑安装工程有限公司（以下简称洮阳公司）诉陇南林枫苑房地产有限公司（以下简称林枫苑公司）建设工程施工合同纠纷再审案②中，最高人民法院认为，关于一审、二审判决采信《鉴定报告》中变更签证部分的工程造价是否正确的问题。洮阳公司在申请再审时提出林枫苑公司曾在《四方会议纪要》中认可其提及的八项变更签证，《鉴定报告》未予认定错误。经审查，洮

---

① 参见最高院（2021）最高法民再316号民事裁定书。

② 参见最高院（2017）最高法民申1701号民事裁定书。

阳公司在一审时提交的签证单是复印件,无原件及其他相应证据予以证实,不足以证实涉案工程存在复印件中所列变更增加项目,鉴定机构对此未予鉴定,并按照委托鉴定项目范围对变更签证部分的工程价款进行鉴定,并无不当。洮阳公司现又提交"A塔楼原旧基础拆除工程"等四份签证原件,欲证明一审、二审判决对此部分的工程造价认定错误。经审查,洮阳公司未能在一审、二审期间提交上述证据原件,没有正当理由,且上述证据亦不足以推翻一审、二审判决认定的本案基本事实,其该项申请再审理由亦不能成立。

前述案件中,当事人提交证据材料时仅提供了有关证据材料的复印件,未提交证据原件,导致其提交的该证据未能被采纳作为鉴定材料,最终造成了不利后果。因此,当事人无论是从诉讼效率还是诉讼目的考量,都需慎之又慎地对待证据材料的收集和鉴定材料的提交工作。

第五节　建设工程质量司法鉴定意见

一、建设工程质量司法鉴定意见的性质

《民事诉讼法》规定了工程质量司法鉴定启动的两种方式:一是当事人就查明事实相关的专门性问题有权申请鉴定;二是当事人未申请但人民法院认为需要通过鉴定查明专门性问题的,应当依职权委托鉴定。人民法院依法启动鉴定程序后,鉴定人接受所在鉴定机构的指派,运用专门的技术、知识、经验和技能,对案件中工程质量专门性问题进行分析、鉴别后出具专业意见,即建设工程质量司法鉴定意见。

建设工程质量司法鉴定意见是工程质量司法鉴定活动最后形成的成果,是工程质量司法鉴定完成的标志。鉴定意见以鉴定书为载体,其制作不仅应当符合法理性和逻辑性的基本要求,还要符合司法鉴定就专门性问题作出专门意见的科学属性的要求。鉴定意见的科学属性体现在以下三个方面:(1)鉴定对象涉及科学范畴的内容;(2)鉴定意见是依据科学的原理和方法所作的推论、总结;(3)结果上的科学性。

《民事诉讼法》第六十六条规定了八种法定证据种类,包括当事人的陈述、书证、物证、视听资料、电子数据、证人证言、鉴定意见、勘验笔录。根据民事诉

讼法的前述规定,鉴定意见属于法定的八种证据形式之一。民诉法意义上的鉴定意见,是人民法院依据当事人的申请或者依职权委托鉴定而形成的书面意见。诉讼前、诉讼过程中或诉讼程序终结后,当事人单方或双方委托鉴定机构出具的“鉴定意见”不属于《民事诉讼法》第六十六条规定的“鉴定意见”。对于当事人自行委托鉴定形成的书面意见,司法实践中一般参照书证的质证规则来处理。

在民事诉讼领域,“鉴定意见”在 2012 年《民事诉讼法》实施之前并不叫“鉴定意见”,而是叫“鉴定结论”。1982 年《民事诉讼法》第五十五条规定,证据包括“(六)鉴定结论”。1991 年、2007 年《民事诉讼法》沿用了“鉴定结论”这一法律表述。直到 2012 年《民事诉讼法》第六十三条将“鉴定结论”改称“鉴定意见”,从立法层面确认了“鉴定意见”这一法律概念。这种修改,表面上看只有两个字的差异,但实际上却意味着该种证据诉讼地位的变化。通常而言,“结论”带有唯一性、确定性、不容置疑性的色彩,而“意见”则代表仅仅属于主观判断,并不具备绝对的可采性。正因如此,建设工程司法鉴定意见需要经由双方当事人交叉质证,并由人民法院审查其证明力和证据能力后,才可能作为查明案件事实和裁判的依据。

二、建设工程质量司法鉴定意见的质证

(一)双方当事人质证

建设工程质量司法鉴定意见是对民事诉讼中涉及的查明事实的专门性问题进行鉴别和判断后形成的意见,属于证据的一种,对其是否采信并作为认定案件事实的根据,需要经过与其他证据一样的质证过程。并且,建设工程质量司法鉴定意见对于案件的定性和走向具有重大的直接影响,因此,有必要进行质证,这是对当事人诉讼权利的正当程序保障。

《民事诉讼法》第六十八条规定,证据应当在法庭上出示,并由当事人互相质证;对涉及国家秘密、商业秘密和个人隐私的证据应当保密,需要在法庭出示的,不得在公开开庭时出示。《民诉法解释》第一百零三条第一款规定,证据应当在法庭上出示,由当事人互相质证;未经当事人质证的证据,不得作为认定案件事实的根据。第一百零四条第一款规定,人民法院应当组织当事人围绕证据的真实性、合法性以及与待证事实的关联性进行质证,并针对证据有无证明力

和证明力大小进行说明和辩论。《施工合同司法解释(一)》第三十四条规定,人民法院应当组织当事人对鉴定意见进行质证。鉴定人将当事人有争议且未经质证的材料作为鉴定依据的,人民法院应当组织当事人就该部分材料进行质证。经质证认为不能作为鉴定依据的,根据该材料作出的鉴定意见不得作为认定案件事实的依据。

根据上述法律、司法解释的规定,建设工程质量司法鉴定意见应当在法庭上展示,人民法院应当组织当事人围绕建设工程质量司法鉴定意见的真实性、合法性以及与待证事实的关联性进行质证,并针对建设工程质量司法鉴定意见有无证明力和证明力大小进行说明和辩论。对涉及国家秘密、商业秘密和个人隐私的,应当保密,需要在法庭出示的,不得在公开开庭时出示,可以采取其他保密的方式出示证据,由当事人质证。建设工程质量司法鉴定意见未经当事人质证,不得作为认定案件事实的根据。

当事人质证主要是围绕建设工程质量司法鉴定意见的真实性、合法性以及与待证事实的关联性进行质证,并针对建设工程质量司法鉴定意见有无证明力和证明力大小进行说明和辩论。

关于建设工程质量司法鉴定意见证据三性的质证要点,可参考本章第四节中关于建设工程质量司法鉴定材料的质证要点。

司法实践中,当事人可以从下列方面对建设工程质量司法鉴定意见进行质证:鉴定机构、鉴定人是否与对方当事人之间存在利害关系;鉴定机构、鉴定人是否具备法定资质;鉴定依据的法律规范是否现行有效;鉴定程序是否符合相关的法律规定;鉴定依据的证据材料是否经过双方的质证;鉴定书的内容及形式是否符合法律规定;鉴定意见是否符合法律规范、是否客观公正等。

在本章第四节中,我们了解到鉴定人基于对建设工程质量司法鉴定材料的分析出具建设工程质量司法鉴定意见,当事人提交与鉴定相关的证据材料后,人民法院组织对相关材料进行质证和审核,未经质证的鉴定材料不得作为鉴定的根据。但实践中,存在证据材料提交程序不规范的情形,比如鉴定人将当事人有争议且未质证的证据材料作为建设工程质量司法鉴定依据并作出鉴定意见的,人民法院应如何处理?

在司法实践中,人民法院首先会采取程序补救措施,组织当事人对该部分材料进行质证。如果经质证,该部分材料不能作为鉴定依据的,根据该材料作出的建设工程质量司法鉴定意见不得作为认定案件事实的依据;如果经质证,该部分材料可以作为鉴定依据的，根据该材料作出的建设工程质量司法鉴定意见可以作为认定案件事实的根据。

（二）双方当事人质证之辅助手段

建设工程质量司法鉴定意见涉及专业知识，当事人及代理人基本上仅能对建设工程质量司法鉴定意见的合法性提出意见，对鉴定意见的关联性和客观性几乎少有或者无法质疑。建设工程质量司法鉴定意见的专业性导致当事人对鉴定意见的质证效果有限，法院也很难判断是否采纳鉴定意见。

为解决上述问题，我国规定了“鉴定人出庭”制度和“专家辅助人”制度，以增强当事人的质证能力，为法院准确判断建设工程质量司法鉴定意见提供参考。

1. 鉴定人出庭

根据《民事诉讼法》的规定，各方当事人/一方当事人对建设工程质量司法鉴定意见持有异议或者各方当事人对建设工程质量司法鉴定意见均没有异议，但人民法院根据审理需要认为鉴定人有必要出庭的（比如建设工程质量司法鉴定意见可能涉及损害国家利益、社会公共利益或他人合法权益的情况），鉴定人应当出庭作证。

在当事人对建设工程质量司法鉴定意见有异议鉴定人需出庭的具体操作上，《证据规定》第三十七条吸收了司法实践中的惯有做法并进行了细化，安排了当事人以书面方式提出异议和鉴定人以书面方式回复的具体流程。根据《证据规定》第三十七条的规定，当事人对鉴定书的内容有异议的，应当在人民法院指定期间内以书面方式提出。对于当事人的异议，人民法院应当要求鉴定人作出解释、说明或者补充。人民法院认为有必要的，可以要求鉴定人对当事人未提出异议的内容进行解释、说明或者补充。这种方式有两个优点：一是可以消化一部分原本就不需要鉴定人出庭的简单争议，有利于提高诉讼效率；二是为建设工程质量司法鉴定意见异议的明确和进一步提炼鉴定争议的焦点奠定良好基础，使鉴定人为出庭做好充分准备，节约庭审时间。

在人民法院把鉴定人针对当事人异议的书面解释、说明或者补充意见转交当事人后，当事人仍有异议的，人民法院应当通知有异议的当事人预交鉴定人出庭费用，并通知鉴定人出庭；双方均有异议的，出庭费用由双方分摊。

对于当事人无异议但人民法院认为鉴定人有出庭必要的情形，由于审判人员认为鉴定人有必要出庭的原因是对建设工程质量司法鉴定意见尚未形成内心确信,而申请鉴定并想通过建设工程质量司法鉴定意见支持自己事实主张的当事人负有证明建设工程质量司法鉴定意见真实客观的证明义务,由其预交鉴定人出庭费用,符合逻辑。

若鉴定人拒不出庭作证,一方面,建设工程质量司法鉴定意见不得作为认定事实的根据;另一方面,当事人有权请求鉴定人返还鉴定费用。建设工程质量司法鉴定意见不同于证人证言,仅是专业人员利用专业知识和科学方法就专门问题作出的判断意见,不具有唯一性。鉴定人拒不出庭,建设工程质量司法鉴定意见不得作为证据使用,当事人可以申请重新鉴定,由人民法院另行委托鉴定人进行重新鉴定。

2. 专家辅助人

依据《民事诉讼法》第七十九条、《民诉法解释》第一百二十二条规定,当事人可以申请人民法院通知具有专门知识的人出庭,就鉴定人作出的建设工程质量司法鉴定意见或专业问题提出意见。具有专门知识的人在我国法理上也被称为专家辅助人。

《民诉法解释》第一百二十二条对当事人申请专家辅助人出庭作出了限制性规定:专家辅助人出庭需要由当事人在举证期限前提出申请且专家辅助人人数为一至二人。专家辅助人能否参与到法庭审理,取决于法院的决定,法院认为当事人申请专家辅助人出庭没有必要的,可以驳回当事人的申请。

人民法院准许专家辅助人出庭的,专家辅助人仅能参与以下其他诉讼活动,且不得参与除此之外的其他诉讼活动:其一,对鉴定意见质证,即对鉴定意见进行正当的审视并指出破绽和问题,用法官、当事人能理解的语言对专业问题进行回答、分析表达。其二,就专业问题发表意见,回答审判人员和当事人的关于专业问题的询问,诉讼双方各自申请的专家辅助人对争议事实有关的专业问题进行互相对质。

专家辅助人的诉讼地位是诉讼辅助人,其出席法庭审理时不能被视为证人在证人席陈述意见,而是与当事人及其诉讼代理人在法庭上的位置保持一致。因此,专家辅助人不同于接受法院委托、作为中立第三方出具鉴定意见的鉴定人,也不同于只能就案件事实进行体验性陈述的证人,更不同于接受当事人委托开展诉讼代理活动的诉讼代理人。

诉讼代理人、鉴定人、专家辅助人与证人具有以下不同点,见表3-1。

表 3-1　诉讼代理人、鉴定人、专家辅助人、证人的不同点

不同点	角色			
	诉讼代理人	鉴定人	专家辅助人	证人
委托方/提议方	当事人一方	人民法院	当事人一方	当事人申请或人民法院依职权通知证人出庭作证
诉讼地位	代表当事人一方	中立地位	诉讼辅助人，代表当事人一方	中立地位
作用	代表当事人一方进行诉讼活动，维护一方当事人合法权益，相应法律后果由该当事人承担	就待证事实涉及的专门性问题作出鉴定意见	代表当事人一方对鉴定意见进行质证，或者对案件事实所涉及的专业问题提出意见	就案件事实进行亲身体验性陈述，不得使用猜测、推断或者评论性语言
要求	1. 律师、基层法律服务工作者 2. 当事人的近亲属或者工作人员 3. 当事人所在社区、单位以及有关社会团体推荐的公民	具有相应的鉴定资质	无任职资格的特别要求，当事人一般考虑专家辅助人是否持有该专业领域的资格证书、是否具有从业经验、是否参加过类似项目	1. 能正确表达意思 2. 待证事实与其年龄、智力状况或者精神健康状况相适应的无民事行为能力人和限制民事行为能力人，可以作为证人 3. 不得使用猜测、推断或者评论性语言

三、建设工程质量司法鉴定意见的审查

建设工程质量司法鉴定意见经过当事人充分质证后，并非当然就作为认定案件事实的根据，是否作为认定案件事实的根据，最终要由人民法院在当事人所发表的质证意见的基础上，进一步对建设工程质量司法鉴定意见的真实性、合法性、关联性作出审核认定。

真实性也称客观性，是指建设工程质量司法鉴定意见所反映的内容必须是伴随着案件的发生、发展过程而遗留下来的，不以人们的主观意志为转移。人

民法院对建设工程质量司法鉴定意见的真实性进行审核认定，主要审核：一是作为证据的鉴定意见是否为原件、原物；如是复印件、复制品，则要查验复印件、复制品与原件、原物是否相符。二是鉴定意见的内容是否真实、是否为案件事实的客观记载和反映，而非主观臆断的事实。该判断需要审判人员根据逻辑规律、日常生活经验进行判断，去考察鉴定意见所反映的事实信息是否合理，是否符合逻辑规律、自然规律、定理、定律等，判断鉴定意见的内容是否存在矛盾、可疑之处。

关联性也称相关性，是指建设工程质量司法鉴定意见与待证事实之间存在实质性联系，对案件事实有证明作用。人民法院对鉴定意见的关联性进行审核认定，主要是审核鉴定意见对案件中某个实质性争议问题是否具有证明意义。若有，则具有关联性；若无，则不具备关联性。

合法性，是指建设工程质量司法鉴定意见的收集和提供必须符合法定程序，不为法律所禁止。人民法院对建设工程质量司法鉴定意见的合法性进行审核认定，主要审核：建设工程质量司法鉴定意见的出具主体是否具有相应资质或资格、鉴定程序是否符合法律规定、鉴定意见是否具备法定形式要素、鉴定人有无出庭作证等。就鉴定程序是否符合法律规定而言，人民法院主要审查鉴定人与当事人之间有无利害关系，鉴定人是否依法回避等。通常而言，如鉴定人与当事人之间存在某种利害关系，鉴定人没有依法回避，则难免在作出鉴定意见时带有某种偏见、爱好，丧失鉴定的中立性。就建设工程质量司法鉴定意见的形式要素而言，人民法院主要审查鉴定意见是否包括：(1)委托法院的名称；(2)委托鉴定的内容、要求；(3)鉴定材料；(4)鉴定所依据的原理、方法；(5)对鉴定过程的说明；(6)鉴定意见；(7)承诺书；建设工程质量司法鉴定书应当由鉴定机构盖章，并由从事鉴定的人员签名。

人民法院在对建设工程质量司法鉴定意见三性审核认定的基础上，对其有无证明力和证明力大小进行判断，从而确定能否作为认定案件事实的根据。建设工程质量司法鉴定意见本身只是证据之一种，人民法院运用审判权对建设工程质量司法鉴定意见进行审查，不能简单地依赖鉴定意见，更不能照搬鉴定意见的内容。

四、申请重新鉴定的情形

对于申请重新鉴定的，一般需要满足《证据规定》第四十条第一款规定的情形,即当事人申请重新鉴定,存在下列情形之一的,人民法院应当准许:(1)鉴定人不具备相应资格的;(2)鉴定程序严重违法的;(3)鉴定意见明显依据不足的;(4)鉴定意见不能作为证据使用的其他情形。

例如,建设工程质量司法鉴定意见作出的程序应当合法。鉴定人应当严格遵循回避的有关规定,开展建设工程质量司法鉴定的机构及相关鉴定人员与当事人不得有利害关系,从而确保其中立性。鉴定材料应当依据法定程序经过当事人质证和法院认证。如果鉴定人未遵循回避规定或鉴定材料未经质证等,则属于程序错误,在严重违法的情形下,需要重新鉴定。

再者,建设工程司法鉴定意见应当符合客观规律或与当事人提供的证据一致。鉴定材料(鉴定意见的基础)不真实、不充分,鉴定依据的原理、方法(鉴定的技术和方法)有问题等均属于鉴定意见明显依据不足。一旦出现鉴定意见明显依据不足的情形,则可能需要重新鉴定。

五、虚假鉴定的责任承担

司法鉴定在查明工程质量专门性问题的过程中发挥了不可替代的作用,为人民法院查明涉及专门性问题的待证事实提供了极其重要的科学证据。为避免鉴定违法违规导致鉴定意见不能作为证据使用的情形,提高鉴定公信力和审判效率,司法解释明确规定了虚假鉴定的法律后果。

针对司法鉴定人故意虚假鉴定的行为,《证据规定》不仅明确人民法院有权要求其退还鉴定费用,还明确人民法院有权根据情节轻重,依据《民事诉讼法》第一百一十四条规定予以罚款、拘留,构成犯罪的,依法追究刑事责任。此外,《司法鉴定决定》作为司法鉴定管理的法律文件,在司法鉴定人虚假鉴定刑事法律责任之上,增加了其行政责任,即“由省级人民政府司法行政部门给予停止从事司法鉴定业务三个月以上一年以下的处罚;情节严重的,撤销登记”。

由此就产生一个问题,当事人能否因鉴定人虚假鉴定而起诉司法鉴定机构或司法鉴定人要求其承担民事责任呢?回答这个问题的前提是需要我们对这个问题涉及的司法鉴定机构和司法鉴定人的法律关系及法律责任有所了解。

首先,关于司法鉴定机构。从定义上看,司法鉴定机构是指依法设立,符合法定条件,在诉讼活动中接受人民法院委托,组织所属的具有委托事项执业资格的司法鉴定人,遵循法律规定的方式、方法、步骤以及相关的规则和标准,对诉讼涉及的专门性问题运用科学技术或者专门知识进行鉴别和判断并提供鉴定意见的法人或其他组织。司法鉴定机构只是对司法鉴定人进行监督和管理,以及提供技术保障和支持,并不直接参与司法鉴定活动。[①]

其次,关于司法鉴定人。司法鉴定人即鉴定人员,是指受所在司法鉴定机构指派,按照规定时限独立完成鉴定工作,并出具鉴定意见的自然人。司法鉴定人是鉴定工作的具体实施者和直接参与者,且只能在一个鉴定机构中执业。

最后,关于司法鉴定机构、司法鉴定人的法律责任问题。我国《司法鉴定机构登记管理办法》第四十一条规定"司法鉴定机构在开展司法鉴定活动中因违法和过错行为应当承担民事责任的,按照民事法律的有关规定执行"、《司法鉴定人登记管理办法》第三十一条规定"司法鉴定人在执业活动中,因故意或者重大过失行为给当事人造成损失的,其所在的司法鉴定机构依法承担赔偿责任后,可以向有过错行为的司法鉴定人追偿",由此可知,在司法鉴定法律责任主体问题上,是以鉴定机构责任为主、鉴定人责任为次。司法鉴定机构对司法鉴定人的鉴定活动负有直接管理和监督的责任和义务,可依法承担有关民事赔偿责任后向有过错的司法鉴定人追偿。

因此,在民事诉讼中,确因鉴定人员故意或者重大过失致使出具的鉴定意见不能被人民法院采信,或者致使出具错误的鉴定意见被采信,从而令当事人遭受损失的,当事人可以通过民事救济途径主张相应权利。

---

① 参见陈军、郭姚明:《浅谈司法鉴定机构的法律地位——1例当事人起诉司法鉴定机构案件引发的思考》,载《中国司法鉴定》2017年第1期。

第四章

建设工程验收质量纠纷

第一节　建设工程前序节点验收及工程质量责任承担

建设工程的核心价值在于能够实现对其的正常交付使用，根据《民法典》第七百九十九条第二款、《建筑法》第六十一条第二款以及《建设工程质量管理条例》第十六条第三款等法律法规规定，建设工程可以交付使用的前提应为建设工程经竣工验收合格，鉴于建设单位投资成果的转化及施工单位工程价款请求权的行使均以工程质量合格为基础，因此，竣工验收对于建设工程质量的实体认定以及建设单位、施工单位等各方的权责界定意义重大。众所周知，建设工程自勘察、设计至施工，不仅投资大、周期长，各个环节及工序更是纷繁复杂，因此，为了保证最终交付的工程质量符合相关法律法规等规定以及符合建设工程施工合同等约定，建设工程验收不仅指竣工验收，还有在工程建设的各节点环节须依据相关标准对各阶段性完工部分的工程质量进行阶段性检查并设置阶段性的节点验收，前序工程建设阶段验收合格是继续开展施工工作以及后续工程建设阶段验收的前提条件。《建筑工程施工质量验收统一标准》（GB 50300—2013）（以下简称《2013 版建筑工程施工质量验收统一标准》）第 2.0.7 项对“验收”的全流程也作出了相关释义，即建筑工程质量在施工单位自行检查合格的基础上，由工程质量验收责任方组织，工程建设相关单位参加，对检验批、分项、分部、单位工程及其隐蔽工程的质量进行抽样检验，对技术文件进行审核，并根据设计文件和相关标准以书面形式对工程质量是否达到合格做出确认。

一、贯穿建设工程各阶段的检验检测

(一)检验检测概述

检验检测是指在工程勘察设计阶段、施工阶段、使用阶段通过合法、科学的检验检测手段,对建设工程质量进行准确、科学的评价的行为。检验检测贯穿建设工程的各个阶段,包括:勘察设计阶段,如对水文、地质状况进行检验检测、对选择的料场材料进行检验检测等;施工阶段,如对建筑材料、建筑构配件和设备进行检验检测、对工程实体进行检验检测、进行现场工艺试验等;使用阶段,如对既有房屋进行可靠性检验检测、对水库大小进行蓄水运行试验等。① 与检验检测相关的规定散见于相关法律、行政法规和部门规章中,如《建筑法》第五十九条规定,建筑施工企业必须按照工程设计要求、施工技术标准和合同的约定,对建筑材料、建筑构配件和设备进行检验,不合格的不得使用。《建设工程安全生产管理条例》(国务院令第393号)第十八条规定,施工起重机械和整体提升脚手架、模板等自升式架设设施的使用达到国家规定的检验检测期限的,必须经具有专业资质的检验检测机构检测。经检测不合格的,不得继续使用。《建设工程质量检测管理办法》第二条规定,建设工程质量检测是指工程质量检测机构接受委托,依据国家有关法律、法规和工程建设强制性标准,对涉及结构安全项目的抽样检测和对进入施工现场的建筑材料、构配件的见证取样检测。

(二)检验检测机构资质及其工作

检验检测的意义在于尽可能地确保建设工程质量达到法定或约定的标准,因此检验检测的合法性、科学性及程序性则是保障检测结果有效性的前提。根据不同的检验检测内容,检验检测机构须依据不同的规定取得相关资质并开展相关检验检测工作。

根据《建设工程质量检测管理办法》的规定,依据国家有关法律、法规和工程建设强制性标准,对涉及结构安全项目进行抽样检测和对进入施工现场的建筑材料、构配件进行见证取样检测的检验机构实行资质准入政策,即该类检测

① 参见常设中国建设工程法律论坛第八工作组著:《中国建设工程施工合同法律全书词条释义与实务指引》,法律出版社2019年版,第725页。

机构作为具有独立法人资格的中介机构，按照承担的检测业务内容，其资质分为专项检测机构资质和见证取样检测机构资质，该等资质标准系由国务院建设主管部门制定，检测机构在符合标准的情况下须经机构所在地省、自治区、直辖市人民政府建设主管部门进行相关资质审批，方可开展上述检测工作，该等检测机构的质量检测活动由市、县人民政府建设主管部门负责实施监督管理。专项检测的内容包括：(1)地基基础工程检测：①地基及复合地基承载力静载检测；②桩的承载力检测；③桩身完整性检测；④锚杆锁定力检测。(2)主体结构工程现场检测：①混凝土、砂浆、砌体强度现场检测；②钢筋保护层厚度检测；③混凝土预制构件结构性能检测；④后置埋件的力学性能检测。(3)建筑幕墙工程检测：①建筑幕墙的气密性、水密性、风压变形性能、层间变位性能检测；②硅酮结构胶相容性检测。(4)钢结构工程检测：①钢结构焊接质量无损检测；②钢结构防腐及防火涂装检测；③钢结构节点、机械连接用紧固标准件及高强度螺栓力学性能检测；④钢网架结构的变形检测。见证取样检测的内容包括：①水泥物理力学性能检验；②钢筋(含焊接与机械连接)力学性能检验；③砂、石常规检验；④混凝土、砂浆强度检验；⑤简易土工试验；⑥混凝土掺加剂检验；⑦预应力钢绞线、锚夹具检验；⑧沥青、沥青混合料检验。

根据《检验检测机构资质认定管理办法》(2021 修改)的规定，依据相关标准或者技术规范，利用仪器设备、环境设施等技术条件和专业技能，对产品或者法律法规规定的特定对象进行检验检测的检验检测机构，资质由其所在省级市场监督管理部门进行认定。

(三)检验检测工作流程

1. 取样。检验检测始于取样工作，检验检测的目的是通过核验工程质量的相关数据是否符合建设工程相关标准和规范，以便确定工程质量是否合格，而上述核验数据的来源则为抽取的样品，因此，取样工作应予以严格规范。根据《建设工程质量检测管理办法》的规定，质量检测试样的取样应当严格执行有关工程建设标准和国家有关规定，在建设单位或者工程监理单位监督下现场取样。提供质量检测试样的单位和个人，应当对试样的真实性负责。根据《房屋建筑工程和市政基础设施工程实行见证取样和送检的规定》(建建〔2000〕211号)的规定，取样主体应为施工单位的现场试验人员，见证人员应由建设单位或该工程的监理单位具备建筑施工试验知识的专业技术人员担任，并应由建设单位或该工程的监理单位书面通知施工单位、检测单位和负责该项工程的质量监督机构。在施工过程中，见证人员应按照见证取样和送检计划，对施工现场的取样和送检进行见证，取样人员应在试样或其包装上作出标识、封志。标识和封志应标明工程名称、取样部位、取样日期、样品名称和样品数量，并由见证人员和取样人员签字。见证人员应制作见证记录，并将见证记录归入施工技术档案。见证人员和取样人员应对试样的代表性和真实性负责。见证取样的试块、试件和材料送检时，应由送检单位填写委托单，委托单应有见证人员和送检人员签字。检测单位应检查委托单及试样上的标识和封志，确认无误后方可进行检测。送检的检验检测机构应为经过省级以上建设行政主管部门资质认可和质量技术监督部门计量认证的质量检测单位。

2. 检验检测。检验检测程序合法合规是检验检测结果客观、真实的重要保障。根据住建部颁布的《2013 版建筑工程施工质量验收统一标准》的规定，检验是指对被检验项目的特征、性能进行量测、检查、试验等，并将结果与标准规定的要求进行比较，以确定项目每项性能是否合格的活动。建筑工程采用的主要材料、半成品、成品、建筑构配件、器具和设备应进行进场检验。复检是指建筑材料、设备等进入施工现场后，在外观质量检查和质量证明文件核查符合要求的基础上，按照有关规定从施工现场抽取试样送至试验室进行检验的活动。凡涉及安全、节能、环境保护和主要使用功能的重要材料、产品，应按各专业工程施工规范、验收规范和设计文件等规定进行复验，并应经监理工程师检查认可。各施工工序应按施工技术标准进行质量控制，每道施工工序完成后，经施工单位自检符合规定后，才能进行下道工序施工。各专业工种之间的相关工序应进行交接检验，并应记录。对于监理单位提出检查要求的重要工序，应经监理工程师检查认可，才能进行下道工序的施工。

3. 现场工艺试验。现场工艺试验的目的是确定施工单位所使用的施工方法或施工技术是否成熟、安全、实用、稳定、可行。① 根据《建设工程施工合同（示范文本）》（GF—2017—0201）（以下简称《2017 版建设工程施工合同示范文本》）第 9.4 款对现场工艺试验的约定，承包人应按合同约定或监理人指示进行现场工艺试验。对大型的现场工艺试验，监理人认为必要时，承包人应根据监

① 参见常设中国建设工程法律论坛第八工作组著：《中国建设工程施工合同法律全书词条释义与实务指引》，法律出版社 2019 年版，第 728 页。

理人提出的工艺试验要求，编制工艺试验措施计划，报送监理人审查。

（四）检验检测法律责任解析

检验检测（含现场工艺试验）的具体范围和所依据的相关标准应当遵守国家法律法规、强制性规范及有关行政规章的规定，如建设单位对于部分材料、产品、设备及工程的检测或试验范围超过上述规定或高于上述规定的标准的，应在建设工程施工合同的专用条款中进行明确约定。施工过程中经检验检测，施工单位用于施工的材料、产品、设备等或工程未达到规定或约定的相关标准，则施工单位应承担返修、重做等工程质量责任，由此造成建设单位损失的，建设单位有权向施工单位主张损害赔偿。

如监理单位或施工单位对检验检测结果或试验结果持有异议，均可另行启动检测检验程序，相关异议流程及责任承担方式应在建设工程施工合同的专用条款中进行明确约定，以保证该流程的可操作性。重新检测或试验的结果如符合相关规定或约定的要求，则由此增加的费用和（或）延误的工期应由建设单位承担，反之，由此增加的费用和（或）延误的工期则应由施工单位承担。建设单位或监理单位要求的超出法律法规和技术标准强制性规定及合同约定的检验检测和试验所产生的费用和（或）延误的工期应由建设单位承担。

除以上责任承担外，如施工单位具有未按规定对建筑材料、建筑构配件、设备和商品混凝土进行检验，或者未对涉及结构安全的试块、试件以及有关材料取样检测的违法行为，根据《建设工程质量管理条例》的规定，应责令施工单位改正，并处10万元以上20万元以下的罚款；情节严重的，责令停业整顿，降低资质等级或者吊销资质证书；造成损失的，依法承担赔偿责任。

二、检验批验收

（一）检验批概述

检验批是按相同的生产条件或按规定的方式汇总起来供检验用的，由一定数量样本组成的检验体，是建筑工程施工质量验收的最小单元，也是分项工程乃至建筑工程质量验收的基础。根据《2013版建筑工程施工质量验收统一标准》的规定，检验批可根据施工、质量控制和专业验收的需要，按工程量、楼层、施工段、变形缝进行划分。

（二）检验批验收工作流程

1. 验收参与主体。检验批的检查验收应由施工单位先自检评定，自检合格后向监理单位提出验收要求；正式验收由专业监理工程师（或建设单位项目专业技术负责人）组织施工单位项目专业质量检查员、专业工长等共同进行。

2. 抽样方案的确定。检验批的质量检验，可根据检验项目的特点在下列抽样方案中选取：(1)计量、计数或计量—计数的抽样方案；(2)一次、二次或多次抽样方案；(3)对重要的检验项目，在有简易快速的检验方法时，选用全数检验方案；(4)根据生产连续性和生产控制稳定性情况，采用调整型抽样方案；(5)经实践证明有效的抽样方案。无论选择何种抽样方案，检验批抽样样本均应随机抽取，满足分布均匀、具有代表性的要求，抽样数量亦应符合有关专业验收规范的规定。采用计数抽样时，最小抽样数量应符合标准载明的要求。

3. 检验批验收。检验批质量验收合格应符合：(1)主控项目的质量经抽样检验均应合格；(2)一般项目的质量经抽样检验合格，即在采用计数抽样时，合格点率应符合有关专业验收规范的规定，且不得存在严重缺陷；(3)具有完整的施工操作依据、质量验收记录。检验批质量验收不符合要求时，应按下列规定进行处理：(1)经返工或返修的检验批，应重新进行验收；(2)经有资质的检测机构检测鉴定能够达到设计要求的检验批，应予以验收；(3)经有资质的检测机构检测鉴定达不到设计要求、但经原设计单位核算认可能够满足安全和使用功能的检验批，可予以验收；(4)经返修或加固处理并满足安全及使用功能要求时，可按技术处理方案和协商文件的要求予以验收。

司法实践中，尤其应当注意对上述检验批质量验收不合格的第3种处理方式的有效运用，例如，最高人民法院审理的（2019）最高法民终235号贵州鸭溪酒业有限公司（以下简称“鸭溪公司”）与贵州省冶金建设公司（以下简称“冶金公司”）建设工程施工合同纠纷一案中，鸭溪公司主张案涉工程有严重的质量问题，冶金公司应拆除重建并返还鸭溪公司已付工程款。一审法院根据鸭溪公司的申请委托贵州省建筑科学研究检测中心司法鉴定所对冶金公司已经施工的工程质量进行鉴定，检测中心出具的《鉴定意见书》建议：“……对于检测结果中不符合要求的检测批，建议由原设计单位进行复核验算，根据核算结果进行后续处理；……”由此一审法院认为涉案工程没有达到全部拆除重建的地步，鸭溪公司主张拆除重建并返还已付工程款的证据不足，与客观事实不符。本案在最高人民法院二审时,检测中心鉴定人员根据最高人民法院通知出庭就《司法鉴定意见书》进行了进一步的说明,该鉴定人员表示施工质量鉴定实际上就是检查冶金公司施工是否满足设计和相关规范要求,质量不合格并不等同于无法修复。结合一审法院亦曾组织冶金公司、鸭溪公司、原设计院对工程质量修复问题进行过沟通,且原设计院作出回复,认为施工出现的问题从相关施工技术上是可以处理的、从现行的施工技术和设计技术上也可以做弥补……以及在工程建设期间,监理公司派驻施工现场监理部对工程施工全过程按建设监理规范及相关法规要求进行质量、安全监管、检验控制的过程监理,并对工程施工中的重要部位、工序进行了过程旁站的相关证据,最高人民法院综合评判后认为,按照规定监理实施旁站监理,只有质量符合要求才可以进入下一道工序施工,且检测中心和原设计院的意见均认为案涉工程质量可以进行修复处理,因此,鸭溪公司主张工程质量不合格达到了需要拆除重建的程度,与工程施工监理情况不符。最终,最高人民法院认为鸭溪公司提供的证据并不足以证明该涉案工程质量存在严重问题需要拆除重建的事实存在的高度可能性,故其应当承担相应的不利后果。鸭溪公司关于案涉项目应当拆除重建的主张,最高人民法院不予支持;相应地,鸭溪公司关于冶金公司应返还已收工程款的主张,亦不成立。

(三)检验批验收法律责任解析

检验批的验收过程和验收结果均将通过相关验收资料进行展现,该等验收资料是验收主体直接面对工程实体实施工程质量检验检测所得的一手资料,也是后续节点验收中工程质量控制资料的重要组成部分,每道施工工序都需施工单位自检合格后才能进行下道工序施工,重要工序还须经监理工程师检查认可方才能够进行下道工序施工。因此,检验批的验收资料应当是客观、真实、完整的,部分资料缺失时,施工单位应及时委托有资质的检测机构按有关标准进行相应的实体检验或抽样试验。建设工程竣工验收出现工程质量争议时,检验批验收资料可以作为证明工程质量是否合格的有效证据之一。

根据《住房和城乡建设部工程建设行政处罚裁量基准》的规定,施工单位偷工减料,或使用不合格的建筑材料、建筑构配件和设备,或者有其他不按照工程设计图纸或者施工技术标准施工的行为,责令改正,处工程合同价款2%以上4%以下的罚款;造成建设工程质量不符合规定的质量标准的,负责返工、修理,并赔偿因此造成的损失;造成重要的检验批达不到设计要求的,责令停业整顿

60～90日。施工单位未按规定对建材、设备检验检测，责令改正，处10万元以上20万元以下的罚款；造成重要的检验批达不到设计要求，责令停业整顿60～90日。

三、分项工程验收

（一）分项工程概述

分项工程是分部工程的组成部分，也是施工图预算中最基本的计算单位，分项工程质量验收须在检验批质量验收的基础上进行，通常两者具有相同或相近的性质，只是批量的大小不同而已，分项工程可由一个或若干个检验批组成。根据《2013版建筑工程施工质量验收统一标准》第4.0.7项的规定，施工前，应由施工单位制定分项工程和检验批的划分方案，并由监理单位审核。对于附录B（建筑工程的分部工程、分项工程划分）及相关专业验收规范未涵盖的分项工程和检验批，可由建设单位组织监理、施工等单位协商确定。分项工程可按主要工种、材料、施工工艺、设备类别进行划分。例如，混凝土基础分部工程，可分为模板、钢筋、混凝土、后浇带混凝土、混凝土结构缝处理等分项工程；砌体结构分部工程，可分为砖砌体、混凝土小型空心砌块砌体、石砌体、配筋砖砌体、填充墙砌体等分项工程。

（二）分项工程验收工作流程

1. 验收参与主体。分项工程的检查验收应由施工单位先自检评定，自检合格后向监理单位提出验收要求；正式验收由专业监理工程师（或建设单位项目专业技术负责人）组织施工单位项目专业技术负责人（非一般质量检查员）等共同进行。

2. 分项工程验收。分项工程质量验收合格应符合：(1)所含检验批的质量均应验收合格；(2)所含检验批的质量验收记录应完整。由于分项工程验收覆盖的范围较检验批有所扩大，因此，分项工程验收已不再是直接面对施工现场的操作性检验，而是主要通过汇总检查各检验批的验收记录进行的汇总性检验，故具有间接推定的含义，由此，在分项工程的验收条件中充分明确了对所含检验批质量验收记录完整性的要求。分项工程质量应符合国家有关工程施工验收规范、标准及合同约定，施工单位应按照施工组织设计的要求完成分项工程施工。鉴于分项工程验收程序并没有相关法定程序,因此,建设单位可以和施工单位在建设工程施工合同中对分项工程验收程序进行明确约定。根据《2017版建设工程施工合同示范文本》第13.1.2项的约定,分部分项工程经承包人自检合格并具备验收条件的,承包人应提前48小时通知监理人进行验收。监理人不能按时进行验收的,应在验收前24小时向承包人提交书面延期要求,但延期不能超过48小时。监理人未按时进行验收,也未提出延期要求的,承包人有权自行验收,监理人应认可验收结果。分部分项工程未经验收的,不得进入下一道工序施工。分部分项工程的验收资料应当作为竣工资料的组成部分。

(三)分项工程验收法律责任解析

根据上文所述,分项工程的工程质量应符合国家有关工程施工验收规范、标准及合同约定,国家有关工程施工验收规范、标准应属强制性标准,是对工程质量和技术的最低要求,如建设单位与施工单位在建设工程施工合同中约定的分项工程质量验收标准低于国家规定的强制性标准,则约定验收标准因违反强制性规定而无效,但如约定验收标准高于国家规定的强制性标准,在该等约定系双方真实意思表示的情况下,该等约定对双方均具有法律约束力。

分项工程质量验收不符合要求的处理方式与检验批质量验收不符合要求的处理方式相同,即在分项工程质量验收不符合要求的情况下,施工单位亦负有对存在质量缺陷的分项工程进行返修、加固或重做的质量责任。

根据《住房和城乡建设部工程建设行政处罚裁量基准》的规定,施工单位偷工减料,或使用不合格的建筑材料、建筑构配件和设备,或者有其他不按照工程设计图纸或者施工技术标准施工的行为,或施工单位未按规定对建材、设备检验检测,处罚金额与上述检验批质量责任处罚金额一致;造成重要的分项工程质量不符合要求的,责令停业整顿90~120日。

四、分部工程验收

(一)分部工程概述

分部工程是单位工程的组成部分,也是建筑工程和安装工程的各个组成部分。分项工程是分部工程的重要组成部分。根据《2013版建筑工程施工质量验收统一标准》的规定,分部工程可按专业性质、工程部位划分,当分部工程较大或者复杂时,还可按材料种类、施工特点、施工程序、专业系统及类别将分部工程划分为若干子分部工程。例如,分部工程有土方工程、地基与基础工程、砌体工程、地面工程、装饰工程、管道工程、通风工程等;而地基与基础工程的子分部工程则有无支护土方、有支护土方、地基处理、桩基、地下防水、混凝土基础、砌体基础、劲钢(管)混凝土、钢结构。

(二)分部工程验收工作流程

1. 验收参与人员。分部工程的检查验收应由施工单位先自检评定,自检合格后向监理单位提出验收要求;正式验收由总监理工程师(或建设单位项目专业负责人)组织施工单位的项目负责人和项目技术负责人等进行验收。勘察、设计单位项目负责人和施工单位技术、质量部门负责人应参加地基与基础分部工程的验收。设计单位项目负责人和施工单位技术、质量部门负责人应参加主体结构、节能分部工程的验收。

2. 分部工程验收。分部工程质量验收合格应符合:(1)所有分项工程的质量均应验收合格;(2)质量控制资料应完整;(3)有关安全、节能、环境保护和主要使用功能的抽样检验结果应符合相应规定;(4)观感质量应符合要求。由此可知,分部工程质量验收并非其所包含之分项工程质量验收的简单相加。分部工程质量验收是在前序汇总性检验的基础上进一步进行了强化验收以及增加了观感质量检查验收。强化验收主要是针对有关安全和功能等的检验,多为对已完工工程实体进行的见证取样检验或抽样检测,对于该等检验项目亦均有对应的专业施工质量验收规范可供执行,如对地基基础、主体结构安全中涉及的混凝土结构分部工程验收,或设备安装后的使用功能验收等。观感质量检查验收内容多为难以定量检测的定性判断项目,因此,通常系由有经验的检验人员共同通过观察触摸并经商讨后给予评价,该等主观印象判断通常分为“好”“一般”“差”等定性结论,能够符合要求的可以评价为“一般”,而观感质量达不到应有的质量要求且存在明显的严重缺陷的则评价为“差”,对评价“差”的项目和部位施工单位应进行返修处理并在达到质量要求后再进行相应的检查验收。

(三)分部工程验收法律责任解析

分部工程质量验收是在分项工程质量验收合格的基础上进一步叠加对安

全、节能、环境保护和主要使用功能（如地基基础、主体结构、设备安装等分部工程）的见证取样试验或抽样检测，以及对观感质量的验收，因此，分项工程质量验收合格并不意味着分部工程质量验收必然合格，在分部工程质量验收不符合要求时，施工单位亦须根据工程质量缺陷的严重程度负有返修、加固或重作的责任。

鉴于分部工程质量与建筑工程的质量安全直接相关，分部工程的使用功能不能满足相关条件时将会导致整个建筑无法正常使用，甚至对人民生命财产安全造成重大隐患。因此，建设工程各方参与主体对分部工程质量将承担更为严苛的责任，例如，根据《住房和城乡建设部工程建设行政处罚裁量基准》的规定，勘察单位未按照工程建设强制性标准进行勘察，责令限期改正，处 10 万元以上 30 万元以下的罚款；造成分部工程存在严重缺陷，经返修和加固处理仍不能满足安全使用要求的，应对勘察单位作出降低资质等级的处罚。设计单位未根据勘察成果文件进行工程设计或指定建筑材料、建筑构配件的生产厂、供应商或未按照工程建设强制性标准进行设计，责令改正，处 10 万元以上 30 万元以下的罚款；造成分部工程存在严重缺陷，经返修和加固处理仍不能满足安全使用要求的，应对设计单位作出降低资质等级的处罚。施工单位偷工减料，或使用不合格的建筑材料、建筑构配件和设备，或者有其他不按照工程设计图纸或者施工技术标准施工的行为，责令改正，处工程合同价款 2% 以上 4% 以下的罚款；造成建设工程质量不符合规定的质量标准的，负责返工、修理，并赔偿因此造成的损失；施工单位未按规定对建材、设备检验检测，责令改正，处 10 万元以上 20 万元以下的罚款；因以上两类情况造成重要分部工程质量不符合要求，经返修或加固处理才能满足安全使用要求的，责令施工单位停业整顿 120 ~ 180 日；造成分部工程存在严重缺陷，经返修和加固处理仍不能满足安全使用要求的，应对施工单位作出降低资质等级的处罚。工程监理单位与建设单位或者建筑施工企业串通、弄虚作假、降低工程质量或将不合格的建设工程、建筑材料、建筑构配件和设备按照合格签字，责令改正，处 50 万元以上 100 万元以下的罚款；造成分部工程存在严重缺陷，经返修和加固处理仍不能满足安全使用要求的，应对监理单位作出降低资质等级的处罚。

（四）分部工程质量验收合格是施工单位工程价款请求权及建设工程价款优先受偿权的权利基础

司法实践中，时常发生建设工程尚未进行竣工验收，建设单位与施工单位就工程款的给付金额产生较大争议从而引发诉讼的案件，对于施工单位而言能够证明分部工程质量验收合格（如主体结构验收合格）将对其主张已完工工程价款甚至对其主张建设工程价款优先受偿权均具有积极作用。例如，甘肃高院审理的（2020）甘民终216号金昌新开元房地产开发有限公司（以下简称金昌新开元公司）与甘肃第九建设集团公司（以下简称甘肃九建公司）等建设工程施工合同纠纷一案中，甘肃九建公司诉请判令解除甘肃九建公司与金昌新开元公司的《建设工程施工合同》，并判令金昌新开元公司支付拖欠的工程款19,154,635元及利息以及判令甘肃九建公司对承建的金昌印象11号楼工程折价、变卖、拍卖所得价款享有优先受偿权。一审法院认为，涉案工程虽未竣工验收，但甘肃九建公司已停止施工，双方的施工合同已解除，双方对甘肃九建公司完成的施工内容和工程量价款进行了确认，监理单位对地基与基础部分、主体结构部分已进行分项工程质量验收合格，金昌公司对其他已完工程也未提出质量问题。因此，金昌公司应当履行向甘肃九建公司支付工程款的义务，并支持了甘肃九建公司主张的建设工程价款优先受偿权。金昌公司认为一审判决认定工程质量合格的依据不充分，分项验收报告并没有发包人参加和确认，且分项验收仅为中间验收，不能作为认定工程质量合格的依据，实际完成的工程不限于地基与基础部分、主体结构，超出前述范围的工程未经验收合格；甘肃九建公司主张的欠款没有充足证据支撑，且不能证明其完成的工程质量合格，故其关于支付拖欠工程款的诉请不能成立，工程价款优先受偿权为法定优先权，为担保主债权实现的从属权利，故在主债权尚不确定的情况下，优先受偿权无从谈起。本案在甘肃高院二审审理中，甘肃九建公司进一步主张已完工程已进行分部工程质量验收合格，金昌公司应当支付工程款的理由是，案涉金昌印象11号楼工程尚未竣工，不具备竣工验收条件，不应适用《建设工程质量管理条例》第十六条的规定进行竣工验收，根据甘肃九建公司在一审提交的主体结构、地基与基础分部工程质量验收记录，甘肃九建公司已完成的主体工程、地基与基础工程已经验收合格。甘肃九建公司提供的主体结构、地基与基础分部工程质量验收记录符合建筑工程施工质量验收统一标准，且金昌公司参加了主体结构、地基与基础分部工程的验收,并对验收评价为合格,虽然按照建筑工程施工质量验收统一标准,金昌公司没有在主体结构、地基与基础分部工程的验收记录上签字,但这并不影响主体结构、地基与基础分部工程质量验收记录的效力,也不能据此推定甘肃九建公司已完成的主体结构、地基与基础分部工程质量不合格。案涉金昌印象11号楼工程的门窗、幕墙以及消防工程是由金昌公司发包给其他单位施工的,不属于甘肃九建公司的承包范围,之所以节能分部工程未进行验收,是由于节能分部工程涉及的门窗、幕墙和消防工程未完工,责任在于金昌公司,与甘肃九建公司无关,据此也无法认定甘肃九建公司完成的其他节能分部工程质量不合格,未验收不等于不合格,且甘肃九建公司用于节能部位的材料均经过质检中心检测合格。在一审过程中,金昌公司对甘肃九建公司已完成的主体结构、地基与基础工程以及其他已完工程质量未提出异议,也未提供证据证明甘肃九建公司已完工程质量不合格。甘肃高院经审理认为,2019年8月28日建设单位金昌公司、监理单位和施工单位甘肃九建公司共同通过《工程量确认单》确认:"截至2019年8月27日,11号楼已完工程内容,总计完成工程量3050万元。"该确认单是对甘肃九建公司已完工程的最终确认,价款明确。而且在2019年8月30日双方的协议书中再次明确"双方结算确认11号楼已完工程量合计为3050万元"。因此,案涉11号楼已完工程量3050万元是双方最终确认的,一审判决据此认定欠付工程款数额正确。本案工程并未竣工,但已实际交付,金昌公司并未提出质量问题,也没有证据证明存在质量问题。根据原《施工合同司法解释(二)》第二十条的规定,未竣工的建设工程质量合格,承包人请求其承建工程的价款部分折价或者拍卖后的价款优先受偿的,人民法院应予支持。因此,一审判决确定甘肃九建公司对案涉工程折价或拍卖价款在欠付工程款范围内享有优先受偿权正确。金昌公司上诉认为工程存在质量问题,甘肃九建公司不享有优先受偿权的理由无事实和法律依据,不予支持。

五、单位工程验收

(一)单位工程概述

单位工程是由分部工程构成的,根据《2013年版建筑工程施工质量验收统一标准》的规定,单位工程应按下列原则划分,具备独立施工条件并能形成独立使用功能的建筑物或构筑物为一个单位工程，对于规模较大的单位工程，可将其能形成独立使用功能的部分划分为一个子单位工程。

（二）单位工程验收工作流程

1. 验收参与人员。单位工程的检查验收应由施工单位先自检评定，总监理工程师应组织各专业监理工程师对工程质量进行竣工预验收，存在施工质量问题时，应由施工单位整改。整改完毕后，由施工单位向建设单位提交工程竣工报告，申请工程竣工验收。建设单位收到工程竣工报告后，由建设单位项目负责人组织监理、施工、设计、勘察等单位项目负责人进行单位工程验收。参加验收的各方共同商定综合验收结论，即对建设工程质量是否符合设计和规范要求给予明确结论且对工程总体质量水平作出综合评价，该等综合验收结论由建设单位最终填写。

2. 单位工程验收。单位工程质量验收合格应符合：（1）所含分部工程的质量均应验收合格；（2）质量控制资料应完整；（3）所含分部工程中有关安全、节能、环境保护和主要使用功能的检验资料应完整；（4）主要使用功能的抽查结果应符合相关专业验收规范的规定；（5）观感质量应符合要求。对于前述环节已经验收合格的分部工程，在单位工程验收过程中也只要求检查相应的验收资料即可，但对于主要功能项目的抽查则是对前述所有检验的使用功能的综合考验，主要功能项目的抽查要求也在相关的专业质量验收规范中进行了明确的规定。

（三）单位工程验收法律责任解析

通过单位工程质量验收程序可以看出，在前序节点验收中施工单位制定的操作规程和施工过程中形成的质量检查记录对于层层判定建设工程的实际工程质量是否合格具有重要的参考价值。基于汇总性检查的特性，施工单位对于基础检查资料的全面性、真实性和可靠性的要求应进一步规范和严格，随着工程进度的不断推进，基础检查资料将日趋庞杂，而面临对于工程质量的判定、责任承担的划分及争议事项的解决，施工单位的工程质量管理水平和技术资料管理能力也应随之进一步得到促进和提升。鉴于根据《2013 版建筑工程施工质量验收统一标准》的规定，建筑工程施工质量验收被划分为单位工程、分部工程、分项工程和检验批，因此，单位工程质量验收就成为了建筑工程竣工验收前的最后一道验收环节，其重要性不言而喻，因此，在上述验收标准第 5.0.8 项中对经返修或加固处理仍不能满足安全或重要使用要求的分部工程及单位工程，作出了严禁验收强制性规定。

同时，对于造成单位工程质量验收不合格的行为主体的处罚也更加严苛，例如，根据《住房和城乡建设部工程建设行政处罚裁量基准》的规定，勘察单位未按照工程建设强制性标准进行勘察，责令改正，处 10 万元以上 30 万元以下的罚款，造成单位（子单位）工程存在严重缺陷，经返修和加固处理仍不能满足安全使用要求的，应对勘察单位作出吊销资质证书的处罚。设计单位未根据勘察成果文件进行工程设计或指定建筑材料、建筑构配件的生产厂、供应商或未按照工程建设强制性标准进行设计，责令改正，处 10 万元以上 30 万元以下的罚款；造成单位（子单位）工程存在严重缺陷，经返修和加固处理仍不能满足安全使用要求的，应对设计单位作出吊销资质证书的处罚。施工单位偷工减料，或使用不合格的建筑材料、建筑构配件和设备，或者有其他不按照工程设计图纸或者施工技术标准施工的行为，责令改正，处工程合同价款 2% 以上 4% 以下的罚款；施工单位未按规定对建材、设备检验检测，责令改正，处 10 万元以上 20 万元以下的罚款；因上述两类情况造成建设工程质量不符合规定的质量标准的，施工单位负责返工、修理，并赔偿因此造成的损失；造成单位（子单位）工程存在严重缺陷，经返修和加固处理仍不能满足安全使用要求的，应对施工单位作出吊销资质证书的处罚。工程监理单位与建设单位或者建筑施工企业串通、弄虚作假、降低工程质量或将不合格的建设工程、建筑材料、建筑构配件和设备按照合格签字，责令改正，处 50 万元以上 100 万元以下的罚款，造成单位（子单位）工程存在严重缺陷，经返修和加固处理仍不能满足安全使用要求的，应对监理单位作出吊销资质证书的处罚。

第二节　建设工程隐蔽工程验收与工程试车及工程质量责任承担

一、隐蔽工程验收

（一）隐蔽工程概述

隐蔽工程是指在施工过程中前序已完工工程实物将被后续其他工程内容

或者自然物质掩盖、封闭，从而无法或者难以被重新暴露、检查、整修的工程。隐蔽工程具有不可逆向作业的特征。

隐蔽工程包括以下三种形式：第一，上道工序结束，被下一道工序所掩盖，系属工程本身工序中间环节隐蔽，如地基验槽、钢筋砼中的钢筋工程，码头工程中的基床、棱体和倒滤层等，防腐、防锈涂漆前的钢结构工程，以及设备封闭前的内部构件安装工程等。第二，建筑物或构筑物本身一个部位或者全部被回填所掩盖，涉及被隐蔽的工程部位本身质量验收和回填材料及施工质量的要求，一般系属地下工程，如建筑物基础工程、地下管网工程、轨道梁工程等。第三，边施工边隐蔽的工程，如地下砼灌注桩、深层水泥搅拌桩、地基加固中的碎石振冲桩等工程。①

（二）隐蔽工程验收工作流程

1. 验收参与主体。隐蔽工程的检查验收应由施工单位先自检评定，自检合格后向监理单位提出验收要求；正式验收由施工单位施工人员及施工班组、建设单位工程分管人员、监理工程师等共同验收，必要时下一工序施工班组也应参加验收；重要工程部位（如基底、基槽、桩基础工程等）还需施工单位项目经理、勘察单位、设计单位相关负责人和相关检测单位负责人与政府部门共同参与验收。

2. 隐蔽工程验收。隐蔽工程大量存在于建设工程施工的过程中，如存在于地基验槽、现场预制桩钢筋安装、预制桩接头、混凝土灌注钢筋笼、钢筋混凝土工程、砌体工程、钢结构工程、地面工程、门窗工程、幕墙工程、墙面工程、轻质隔墙工程、吊顶工程、细部工程、地下防水工程、屋面防水工程、隔热保温工程的过程之中。根据《2013版建筑工程施工质量验收统一标准》及《附录H单位工程质量竣工验收记录》的规定，隐蔽工程在隐蔽前应由施工单位通知监理单位进行验收，并应形成验收文件，验收合格后方可继续施工；建筑与结构、给水排水与供暖、通风与空调、建筑电气、智能建筑、建筑节能、电梯均须将隐蔽工程验收记录作为单位工程质量控制资料接受检查。

关于隐蔽工程的检查验收流程，参照《2017版建设工程施工合同示范文

---

① 参见程永琪、崔华伟：《做好隐蔽工程是保证工程质量整体优良的基础》，载《水运工程》2007年第S1期。

本》通用合同条款第5.3条及项下条款的约定,承包人应当对工程隐蔽部位进行自检,并经自检确认是否具备覆盖条件。除专用合同条款另有约定外,工程隐蔽部位经承包人自检确认具备覆盖条件的,承包人应在共同检查前48小时书面通知监理人检查,通知中应载明隐蔽检查的内容、时间和地点,并应附有自检记录和必要的检查资料。监理人应按时到场并对隐蔽工程及其施工工艺、材料和工程设备进行检查。经监理人检查确认质量符合隐蔽要求,并在验收记录上签字后,承包人才能进行覆盖。经监理人检查质量不合格的,承包人应在监理人指示的时间内完成修复,并由监理人重新检查,由此增加的费用和(或)延误的工期由承包人承担。除专用合同条款另有约定外,监理人不能按时进行检查的,应在检查前24小时向承包人提交书面延期要求,但延期不能超过48小时,由此导致工期延误的,工期应予以顺延。监理人未按时进行检查,也未提出延期要求的,视为隐蔽工程检查合格,承包人可自行完成覆盖工作,并作相应记录报送监理人,监理人应签字确认。监理人事后对检查记录有疑问的,可按第5.3.3项〔重新检查〕的约定重新检查,即承包人覆盖工程隐蔽部位后,发包人或监理人对质量有疑问的,可要求承包人对已覆盖的部位进行钻孔探测或揭开重新检查,承包人应遵照执行,并在检查后重新覆盖恢复原状。经检查证明工程质量符合合同要求的,由发包人承担由此增加的费用和(或)延误的工期,并支付承包人合理的利润;经检查证明工程质量不符合合同要求的,由此增加的费用和(或)延误的工期由承包人承担。承包人未通知监理人到场检查,私自将工程隐蔽部位覆盖的,监理人有权指示承包人钻孔探测或揭开检查,无论工程隐蔽部位质量是否合格,由此增加的费用和(或)延误的工期均由承包人承担。

(三)隐蔽工程验收法律责任解析

有关隐蔽工程验收的法律、法规规定主要是《民法典》第七百九十八条"隐蔽工程在隐蔽以前,承包人应当通知发包人检查。发包人没有及时检查的,承包人可以顺延工程日期,并有权请求赔偿停工、窝工等损失"以及《建设工程质量管理条例》第三十条"施工单位必须建立、健全施工质量的检验制度,严格工序管理,作好隐蔽工程的质量检查和记录。隐蔽工程在隐蔽前,施工单位应当通知建设单位和建设工程质量监督机构"。鉴于隐蔽工程不可逆向作业的特性,在其被掩盖、封闭后将很难或无法进行相关检查,由此将导致对出现的工程质量问题难以补救的问题。因此,法律分别赋予了承包人和发包人相应的法定义务,即隐蔽工程在隐蔽以前,承包人负有通知发包人检查的法定义务,而发包人在收到承包人的检查通知后则负有及时检查的法定义务。

在司法实践中,隐蔽工程检查验收引发的相关争议也是建设工程施工合同纠纷的争议高发点,经过相关梳理,发承包双方在隐蔽工程检查验收环节的法律责任承担主要涉及以下问题。

1. 承包人在隐蔽工程隐蔽以前未履行检查通知义务的法律责任承担

虽然承包人因违反强制性法律规定须就未尽检查通知义务承担相应法律责任的结论毋庸置疑,但在司法实践中法院对承包人责任承担的裁判尺度却不尽相同。

(1)承包人在隐蔽工程隐蔽以前未履行检查通知义务应对工程质量问题承担主要责任

如最高人民法院审理的(2018)最高法民终38号松原市金滩源房地产开发有限公司(以下简称金滩源公司)与贵州建工集团第一建筑工程有限责任公司(以下简称贵州一建)建设工程施工合同纠纷一案中,金滩源公司与贵州一建双双上诉,争议焦点之一就是隐蔽工程质量问题的责任认定及相应修复费用及鉴定费用的承担。

金滩源公司关于该争议焦点的上诉理由为,导致工程质量需要修复的原因是贵州一建在施工时未预留管线通道(隐蔽工程)所致,一审法院判决贵州一建承担的鉴定费金额错误,具体为:一审法院委托吉林省建筑工程质量检测中心对贵州一建承建的工程质量问题进行鉴定,鉴定结论认为,原工程存在五个问题,其中消防报警系统、广播系统、联动系统管线大部分不通或不满足设计,以及消防栓未设置或管线不通,是因为贵州一建施工时未预留管线通道所致。针对存在的工程质量问题,一审法院又委托吉林通汇项目管理咨询有限公司进行了修复造价鉴定,鉴定修复费用为325,834元,但一审法院只判决贵州一建承担162,917元,违反了基本常识。上述鉴定费共计350,000元,但一审仅判决贵州一建公司承担22,053.82元,尚不足以弥补一审法院确认的质量不合格修复费用,违反了公平原则。对此,贵州一建辩称,由于管线不通的原因无法查明,但是施工单位履行完整的施工流程,必然对已经铺设的管线进行现场维护,尽最大可能避免堵塞,也为后续管线穿线施工预留便利条件,这是施工惯例,故贵州一建对管线不通不承担修复费用。

贵州一建关于该争议焦点的上诉理由为，贵州一建撤场前，金滩源公司已经让后续施工单位吉林冠沅建筑工程有限责任公司（以下简称冠沅公司）进场施工。2014 年 7 月 28 日，金滩源公司申请对案涉工程质量司法鉴定。2014 年 12 月 24 日，鉴定机构吉林省建筑工程质量检测中心进行现场勘察，此时，冠沅公司对管线敷设工程全部施工完毕，故该检测中心无法区分和确定管线不通是由谁造成的，据此作出的鉴定意见书也说明管线不通、不满足设计或验收规范要求，却不能说明管线不通是哪一方造成的。综上所述，贵州一建对案涉工程管线不通的事实，既无故意也无过失，金滩源公司要求贵州一建承担责任缺乏证据佐证，一审法院在没有事实证据的情况下裁判，适用法律错误。对此，金滩源公司辩称，一审法院委托吉林通汇项目管理咨询有限公司进行修复造价鉴定，鉴定意见为消防栓未设置或管线不通部分的鉴定修复价款为 325,834 元。司法鉴定结论是贵州一建施工质量存在问题，如无特别说明，鉴定结论当然是贵州一建施工存在缺陷，一审法院更改鉴定结论，认为管线不通不能确定是贵州一建的责任，没有法律依据。

最高人民法院对管线不通的责任及修复费用、鉴定费用的承担问题作出以下认定：从《司法鉴定书》鉴定结论看，贵州一建施工的工程质量不仅存在一审判决认定的管线不通问题，还存在指定位置上未设置消火栓，未按设计或规范要求进行施工等问题，对此，施工人存在过错。具体说，管线工程系隐蔽工程，原《合同法》第二百七十八条规定："隐蔽工程在隐蔽以前，承包人应当通知发包人检查。发包人没有及时检查的，承包人可以顺延工程日期，并有权要求赔偿停工、窝工等损失。"贵州一建在二审中虽主张其已经通知金滩源公司及监理公司检查，但是并未提供证据证实，应当承担举证不能的不利后果。贵州一建对管线不通等质量问题，应当承担主要责任；金滩源公司作为发包方，没有及时检查管线工程质量，也应承担相应的责任。一审法院以无法查明管线不通的原因为由，酌定双方当事人各承担一半责任，是非判断不准，缺乏充分的事实和法律依据。贵州一建上诉主张其不承担责任；金滩源公司上诉主张此部分质量缺陷损失应由贵州一建全部承担，诉请理由均不充分。最高人民法院酌定，对管线不通部分的修复费用 325,834 元，由贵州一建承担 90% 的赔偿责任，即赔偿金滩源公司 293,250.60 元，剩余部分由金滩源公司自行承担。关于金滩源公司上诉主张的鉴定费分担问题，上述吉林省建筑工程质量检测中心作出的《司法鉴定书》载明工程质量缺陷主要由施工人贵州一建所致，故工程质量鉴定以及修复造价鉴定所支出的鉴定费共计350,000元,应当主要由贵州一建承担,一审认定主要由金滩源公司承担不当,本院予以纠正。根据导致工程质量缺陷的法定和约定责任,本院酌定由贵州一建承担315,000元,由金滩源公司承担35,000元。[①]

从上述案例可以看出,最高人民法院在本案中的观点是承包人在未履行检查通知义务的情况下对隐蔽工程质量问题承担主要责任,而发包人亦因未及时检查而须对隐蔽工程质量问题承担次要责任。对于该等观点实务中尚存争议,原因在于根据《民法典》第七百九十八条的规定,发包人对于隐蔽工程的检查义务是建立在承包人通知的基础之上,如承包人已通知但发包人怠于履行检查义务,则根据《民法典》第七百九十八条的规定,发包人所应承担的法律责任是顺延工程日期并赔偿承包人停工、窝工等损失。本案已查明承包人并未履行通知义务,因此根据上述法律规定,发包人不应在此情况下对隐蔽工程质量问题承担责任。需要说明的是,《民法典》第七百九十七条"发包人在不妨碍承包人正常作业的情况下,可以随时对作业进度、质量进行检查"应视为对发包人监督检查工程进度及质量权利的规定,而非在隐蔽工程项下对发包人检查义务的设定,无论发包人是否行使对工程质量的检查监督权,承包人都有义务交付质量合格的隐蔽工程。

(2)承包人在隐蔽工程隐蔽以前未履行检查通知义务应对工程质量问题承担全部责任

如云南省昆明中院审理的(2017)云01民终1244号四川双龙安装工程有限公司(以下简称双龙安装公司)与云南空港百事特商务有限公司建设工程合同纠纷一案中,昆明中院认为,就本案来看,上诉人双龙安装公司承建的中央空调系统工程,其应当按照合同的约定使用质量合格的材料履行合同,且原《合同法》第二百七十八条明确规定"隐蔽工程在隐蔽以前,承包人应当通知发包人检查"(该条款内容与《民法典》第七百九十八条一致——笔者注),上诉人双龙安装公司并未举证证明发生事故的隐蔽工程大厅中央空调风机盘管在隐蔽以前,已经通过被上诉人百事特公司的检查。该隐蔽工程一经隐蔽,即应由施工人对该工程材料和工程质量承担责任。现本案已经明确,事故的原因为大堂吊顶中央空调风机盘管发生爆裂渗水,存在违约行为。因此,上诉人双龙安装公司应

---

① 参见最高人民法院(2018)最高法民终38号民事判决书。

当对该工程质量瑕疵所造成的损失承担赔偿责任。[①]

2. 承包人未经验收擅自对隐蔽工程实施隐蔽，导致增加的工程量无法查明的不利后果由承包人自行承担

如广东省江门市中院审理的(2013)江中法民一终字第438号张某某与黎某某建设工程施工合同纠纷一案中，江门市中院认为，由于隐蔽工程具有不为施工图纸所记载、被下一道工序所覆盖且不能被直接看到的特性，难以通过事后测量确定其工程量，故原《合同法》第二百七十八条明确规定"隐蔽工程在隐蔽以前，承包人应当通知发包人检查……"。涉案土方增加工程主要为挖填土方的隐蔽工程，黎某某在实施下一步工程之前，依法应当通知张某某对土方增加工程进行检验，但本案并无证据证明张某某已对该部分工程进行验收，由此造成土方增加工程量无法测定的不利后果，应由黎某某承担。鉴于原审法院向鉴定机构提供的台山市ZZ镇潮境工业区台山市AA副食品厂增加土方报价书为黎某某单方制作的施工文件，张某某在鉴定前对此鉴定依据不予确认，故本案不宜以此作为认定土方增加工程造价的依据，相应的工程造价96,776.11元应在总工程造价中予以剔除，即涉案工程造价应相应调减为479,347.99元。[②]

3. 承包人未经验收擅自对隐蔽工程实施隐蔽，隐蔽工程出现质量问题但承包人无法证明系发包人擅自使用的，承包人无权主张隐蔽工程价款

如最高人民法院审理的(2020)最高法民终547号中兴建设有限公司(以下简称中兴公司)、新疆秀天房地产开发有限责任公司建设工程施工合同纠纷一案中，上诉人中兴公司认为应当计入工程造价的鉴定意见争议造价为：(1)马凳筋和对拉螺杆争议造价340,051.89元；(2)土方清运及换填造价641,773.97元；(3)回填土外运3千米及回运3千米造价906,534.49元。根据鉴定意见，中兴公司对上述第1项和第2项争议造价提供了工程联系单、地基换填资料复印件。上述施工资料中无各单位盖章，其中板内马凳筋系隐蔽工程，现场无法核实；中兴公司对第3项争议造价未提供相应施工资料，双方意见不一致，现场不能判断施工期间施工场地能否堆土。因此，最高人民法院认为，因中兴公司系履行施工义务一方当事人，其不能提供相应施工资料证明上述工程量已实际发生，一审判决未将鉴定意见争议造价计入工程造价并无不妥，中兴公司该上

---

① 参见昆明中院(2017)云01民终1244号民事判决书。

② 参见江门中院(2013)江中法民一终字第438号民事判决书。

诉理由不能成立。[①]

再如，江苏省苏州中院审理的（2021）苏05民终2936号南通四建集团有限公司（以下简称南通四建）与苏州鼎铭企业管理有限公司（以下简称鼎铭公司）建设工程施工合同纠纷一案中，法院也是持有上述观点。本案的争议焦点之一是鼎铭公司就诉争工程质量问题是否存在相应过错，应否对诉争工程加固修复费用承担相应责任。南通四建认为，本案中需加固修复项目本身或直接是隐蔽工程或与隐蔽工程相关，根据涉案《建设工程施工合同》的相关约定，隐蔽工程必须经总监批准后才能覆盖；发包方有权随时要求承包方打开进行验收，如验收不合格，由此发生的费用由承包方负担且不予顺延工期。故对隐蔽工程进行验收属于鼎铭公司的合同义务。苏州中院认为，关于南通四建承建工程，经双方协商委托东南建设工程安全鉴定有限公司进行工程质量鉴定，并经苏州市姑苏工程造价事务所有限责任公司进行造价鉴定，修复造价为9,477,726.05元，加固造价为24,306,059.98元，合计33,783,786.03元。一审认定上述修复及加固费用由南通四建承担，并无不当。南通四建上诉认为鼎铭公司未履行验收义务、聘用监理履职不当等导致工程质量问题并非否认其自身施工存在质量问题的合理抗辩，本院不予采信。关于质量鉴定及修复加固费用的鉴定费用，应由导致质量问题的责任方南通四建承担。关于鼎铭公司因修复加固产生的相应损失，可由鼎铭公司另行主张。[②]

4.承包人对隐蔽工程未经验收擅自隐蔽且发包人擅自使用的，因工程质量问题造成相关损失的法律责任承担

在发承包人双方未对隐蔽工程组织验收的情况下，承包人擅自隐蔽且发包人擅自使用的行为均违反了合同约定的验收交付使用流程，因此在该情形下，发承包人应按法律规定或合同约定分别承担相应责任。根据《施工合同司法解释（一）》第十四条规定，建设工程未经竣工验收，发包人擅自使用后，又以使用部分质量不符合约定为由主张权利的，人民法院不予支持；但是承包人应当在建设工程的合理使用寿命内对地基基础工程和主体结构质量承担民事责任。实践中，承包人对于发包人擅自使用的工程是否仍需承担保修责任存有不同的裁判观点，相关内容详见本书第六章第四节未完工工程的保修责任。

---

① 参见最高人民法院（2020）最高法民终547号民事判决书。

② 参见苏州中院（2021）苏05民终2936号民事判决书。

5. 发包人在隐蔽工程隐蔽以前未及时检查的法律责任承担

根据《民法典》第七百九十八条的规定可知,发包人对承包人报检的隐蔽工程没有及时检查的法律后果是承包人可以顺延工程日期并有权请求赔偿停工、窝工等损失,但实践中承包人通常会谨慎决定是否需要通过停工促使发包人履行相关义务,因此在隐蔽工程检查验收环节,即使发包人未及时检查,多数情况下承包人也会自行完成覆盖工作并继续实施下一道工序,该等行为在《2017 版建设工程施工合同示范文本》第 5.3.2 项"除专用合同条款另有约定外,监理人未按时进行检查,也未提出延期要求的,视为隐蔽工程检查合格,承包人可自行完成覆盖工作,并作相应记录报送监理人,监理人应签字确认"亦有相应约定。这里,监理人受托监理,其检查权来源于发包人的授权委托,但需要注意的是,这里的"视为隐蔽工程检查合格"应理解为"推定隐蔽工程检查合格"而非必然合格,若有证据证明隐蔽工程质量不合格,上述按照合同约定推定的结论将可被推翻。为了解决上述问题及对应的责任承担,《2017 版建设工程施工合同示范文本》第 5.3.3 项"重新检查"中进行了相应约定,即承包人覆盖工程隐蔽部位后,发包人或监理人对质量有疑问的,可要求承包人对已覆盖的部位进行钻孔探测或揭开重新检查,承包人应遵照执行,并在检查后重新覆盖恢复原状。经检查证明工程质量符合合同要求的,由发包人承担由此增加的费用和(或)延误的工期,并支付承包人合理的利润;经检查证明工程质量不符合合同要求的,由此增加的费用和(或)延误的工期由承包人承担。

6. 建设工程验收合格交付使用后,发包人以隐蔽工程存在质量问题为由主张相关损失的法律责任承担

建设工程验收的过程往往是对前序工程资料进行验收确认,并对相关验收部位进行抽检等,因此,建设工程验收合格并交付使用的,通常已对隐蔽工程的验收记录进行过核验,且已认定隐蔽工程质量合格,此时发包人再以隐蔽工程存在质量问题为由主张返工、进行工程质量鉴定等并主张承包人承担相关损失的,法院通常不予支持。如宁夏高院(2018)宁民终 25 号宁夏冠凌房地产开发有限公司(以下简称冠凌公司)与宁夏建工集团有限公司(以下简称建工集团)、宁夏第五建筑有限公司(以下简称五建公司)等建设工程施工合同纠纷一案中,宁夏高院认为,关于建工集团、五建公司应否返工重做或支付返工费并赔偿相应损失及数额的问题,依据《管道隐蔽工程检查验收记录单》记载,冠凌公司委托的监理单位签署了"符合设计及规范要求,同意隐蔽验收"的意见,证实

该监理单位认可五建公司施工的取暖管铺设长度符合设计及规范要求，同意验收，且依据2010年12月22日竣工验收备案表的记载，经冠凌公司及各验收单位对案涉房屋验收后，一致认为五建公司施工的工程合格，即证实了冠凌公司亦认可案涉房屋包括取暖管铺设长度施工合格。一审据此作出认定并无不当，故冠凌公司以案涉房屋取暖管铺设长度与图纸设计不一致为由，要求建工集团和五建公司承担返工重做或支付返工费并赔偿损失的上诉理由不能成立，宁夏高院不予支持。①

若建设工程竣工验收合格，而在交付后隐蔽工程出现质量问题的，承包人仅主张系在发包人认可下对隐蔽工程实施隐蔽但未能提交隐蔽工程验收合格的相关证据，法院通常会判令发承包双方按照主次责任分别承担相应损失。如天津市滨海新区人民法院审理的(2017)津0116民初31985号石家庄瑞儿水育休闲健身有限公司(以下简称瑞儿水育公司)与北京东旭阳光装饰工程有限公司(以下简称东旭阳光装饰公司)建设工程合同纠纷一案中，法院认为，建设工程施工合同由于承包人的原因致使建设工程在合理使用期限内造成人身和财产损害的，承包人应当承担损害赔偿责任。原告瑞儿水育公司主张被告东旭阳光装饰公司赔偿鉴定费8万元，该费用是原告租赁的经营场地渗漏水而引起相邻关系诉讼，在诉讼中为确定漏水原因而支出的鉴定费损失。根据鉴定结论，漏水的原因是防水工程存在缺陷。被告东旭阳光装饰公司作为该工程的承包人，应保证工程质量，防水工程渗漏水是质量瑕疵，因此造成的损失，被告应承担赔偿责任。原告瑞儿水育公司基于支付的鉴定费，有权向被告追偿相应损失。关于损失的承担，应根据该工程的实际情况综合评判。根据合同法相关规定，隐蔽工程在隐蔽以前，承包人应当通知发包人检查。发包人没有及时检查的，承包人可以顺延工程日期，并有权要求赔偿停工、窝工等损失。涉诉工程是水上游乐设施，应当进行闭水试验，并在隐蔽以前进行。根据双方的陈述，施工过程中未做闭水试验，系原告认可不进行闭水试验，被告亦未提出异议，也未进行闭水试验，而是继续后续施工。由此可见，对于工程存在渗漏水的质量问题并造成损害，原告亦应承担部分责任。综合考虑工程的性质及双方责任大小，法院酌情确定被告承担鉴定费损失中的6万元，另外2万元原告自行承担。②

---

① 参见宁夏高院(2018)宁民终25号民事判决书。

② 参见天津市滨海新区人民法院(2017)津0116民初31985号民事判决书。

二、工程试车

(一)工程试车概述

工程试车,是指对已完工的机器、设备、电路系统、管道系统等的试运行,以检验其是否正常运转以及是否达到设计要求的过程。工程试车主要出现在工业建筑的设备安装上,但随着民用建筑的发展,许多民用建筑中的设备安装在投入使用前也要进行集中调试,如电梯、供热系统、中央空调等的安装调试,这些设备的调试也可视为广义上的试车,发承包双方可结合工程实际在《建设工程施工合同》专用合同条款作出约定。

按试车范围可分类为单机试车和联动试车。单机试车是针对安装工程中某一相对独立的设备单独进行试车;联动试车是指对安装工程中的全部或某一系列的设备进行联合运转的试车,联动试车主要是调整和考核各设备之间的配合情况。

按试车性质可分类为冷试车、热试车和试生产。冷试车是指设备进行机械性的试运转,冷试车一般不投料。热试车是指设备进行生产性试运转,热试车一般是进行投料试运转,通常热试车一般是联动试车。试生产属于热试的一种,与热试相比试生产的周期相对要长一些,通过一定周期的试生产,主要的目的是考核设备的生产能力和稳定性,所以试生产期亦可称为"考核期"。

《化学工业建设项目试车规范》第 2.0.5 项、第 2.0.10 项、第 2.0.11 项将试车分为单机试车、冷试车(联动试车)和热试车(投料试车)三类。

《2017 版建设工程施工合同示范文本》的通用合同条款第 13.3.1 项及第 13.3.3 项将试车分为单机无负荷试车、无负荷联动试车和投料试车三类。

(二)工程试车的程序

1. 工程试车参与主体。根据《2017 版建设工程施工合同示范文本》通用合同条款的约定:(1)具备单机无负荷试车条件的,由承包人组织试车并通知监理人,发包人提供必要试车条件,监理人参与试车并确认试车结果;(2)具备无负荷联动试车条件,发包人组织试车并通知承包人,承包人准备试车条件,双方共同对试车结果进行确认;(3)需进行投料试车的,发包人应在工程竣工验收后组织投料试车。发包人要求在工程竣工验收前进行或需要承包人配合时,应征得承包人同意,并在《建设工程施工合同》专用合同条款中约定有关事项。

重大项目工程试车竣工验收将由发包人或其相关主管部门主持,组成竣工验收委员会,邀请投资、建设、质监、设计、发包人以及各合同段的发包人代表等有关部门参加,按照国家有关部门颁发的有关工程试车竣工验收的管理办法的规定进行竣工验收。

2. 工程试车程序。参照《2017 版建设工程施工合同示范文本》,除专用合同条款另有约定外,工程试车应按如下程序进行。

(1)具备单机无负荷试车条件。承包人组织试车,并在试车前 48 小时书面通知监理人,通知中应载明试车内容、时间、地点。承包人准备试车记录,发包人根据承包人的要求为试车提供必要条件。试车合格的,监理人在试车记录上签字。监理人在试车合格后不在试车记录上签字,自试车结束满 24 小时后视为监理人已经认可试车记录,承包人可继续施工或办理竣工验收手续。

监理人不能按时参加试车,应在试车前 24 小时以书面形式向承包人提出延期要求,但延期不能超过 48 小时,由此导致工期延误的,工期应予以顺延。监理人未能在前述期限内提出延期要求,又不参加试车的,视为认可试车记录。

(2)具备无负荷联动试车条件。发包人组织试车,并在试车前 48 小时以书面形式通知承包人。通知中应载明试车内容、时间、地点和对承包人的要求,承包人按要求做好准备工作。试车合格,合同当事人在试车记录上签字。承包人无正当理由不参加试车的,视为认可试车记录。

(3)如需进行投料试车,鉴于投料试车是指按正常工作方式试机,属于带负荷试车,不属于承包人的承包范围。因此,投料试车在工程竣工验收后由发包人全部负责,一般情况下承包人不参与。投料试车时,如发包人要求在工程竣工验收前进行或需要承包人配合时,应征得承包人同意,且双方应在《建设工程施工合同》专用合同条款中或另行签订的补充协议中明确约定双方的责任及费用承担,并对双方的权利与义务进行安排。

3. 工程试车费用。单机无负荷试车及无负荷联动试车内容应与承包人的承包范围一致,除发承包双方另有约定外,试车费用应由承包人承担。投料试车费用除发承包双方另有约定外,应由发包人承担。

(三)工程试车法律责任解析

工程试车不合格的原因主要来自设计、施工以及机器设备自身方面等原因,也不排除外部组装安装过程中出现问题。因此,可能造成工程试车不合格的情况具有一定的复杂性。

因设计导致试车达不到验收要求,发包人应要求设计人修改设计,承包人按修改后的设计重新安装。发包人承担修改设计、拆除及重新安装的全部费用,工期相应顺延。在此情形下,发包人有权向设计人主张发包人因此遭受的相关损失,包括拆除及重新安装的全部费用、因工期延误造成的损失等,并可根据设计合同约定减免相应设计费用或向设计人主张相应违约责任。

因承包人导致试车达不到验收要求,承包人按监理人要求重新安装和试车,并承担重新安装和试车的费用,工期不予顺延。

因工程设备制造原因导致试车达不到验收要求的,由采购该工程设备的合同当事人负责重新购置或修理,承包人负责拆除和重新安装,由此增加的修理、重新购置、拆除及重新安装的费用及延误的工期由采购该工程设备的合同当事人承担。

鉴于投料试车是建立在无负荷联动试车合格的基础上的试生产,试车合格的要求是整个设备安装工程按设计要求生产出了合格的产品。那么,由于承包人造成投料试车不合格的,承包人应按照发包人要求进行整改,由此产生的整改费用由承包人承担;非因承包人导致投料试车不合格的,如发包人要求承包人进行整改的,由此产生的费用由发包人承担。

前述由单一原因导致的试车达不到验收要求的责任承担较为明晰,而在试车达不到验收要求是由多方主体的多种原因混合所致时,如何合理确定各方主体的责任承担则是实务中较难解决的问题。如最高人民法院审理的(2020)最高法民终1040号中冶焦耐(大连)工程技术有限公司(以下简称中冶焦耐公司)与黑龙江龙盛达煤化工有限公司(以下简称龙盛达公司)建设工程施工合同纠纷一案中,上诉人中冶焦耐公司诉称被上诉人龙盛达公司接受工程并投入试运行后发现的质量问题不属于设计、施工质量问题或设备问题。即使讼争设备存在一定的质量瑕疵,也仅涉及工程竣工验收后的质量保修责任,龙盛达公司不能据此对抗中冶焦耐公司的全部工程价款请求,并称案涉工程试车过程中存在问题的原因主要是龙盛达公司实际操作不当、原料不合格以及设备长期未投入施工造成的正常损耗。被上诉人龙盛达公司辩称中冶焦耐公司只完成了投料试车前的工程和设备的实物移交,未完成后续的投料联动试车、生产考核和竣工验收。案涉工程在投料试车时存在诸多问题,中冶焦耐公司一直没有整改,导致试车屡试屡败,无法进行后续的生产考核和最终竣工验收。根据合同约定和双方提供的证据,足以认定中冶焦耐公司没有完成其承包项目的投料试车、生产考核和最终竣工验收,龙盛达公司有权拒付包括质保金在内的剩余工程价款。最高人民法院经审理认为,双方当事人在合同中约定案涉工程为"交钥匙工程",承包人中冶焦耐公司负责工程设计、设备材料采购、施工至工程试运行、投产达产达标等全过程和最终效果。按照合同约定,中冶焦耐公司完工后需组织竣工验收,整个工程的竣工验收大致分为实物移交和装置投料试车并考核达标两个阶段执行。实物移交,是指在单机试车后、联动试车前向发包人龙盛达公司办理工程及设备中间交接;承包人于装置投料试车系统生产出合格产品并考核达标后向业主办理工程竣工手续。装置投料试车并考核达标,属于竣工检验。按照合同专用条款第九条的约定,竣工检验主要分四个步骤,即无负荷试车、负荷试车、保证值考核和竣工验收。根据本案现有证据尚不能认定案涉工程在实物移交后,承包人中冶焦耐公司完成了竣工检验程序,也不能认定其未完成竣工检验程序系发包人龙盛达公司的原因所致。中冶焦耐公司主张龙盛达公司在工程交付后擅自使用,工程试车过程中出现问题系龙盛达公司实际操作不当、原料不合格以及设备长期未投入施工造成的正常损耗所致,也明显缺乏事实依据,最高人民法院不予支持。案涉合同约定工程竣工验收的标准不仅是工程实物交接,还包括试车投产达产达标,而案涉工程并没有完成竣工检验程序,案涉工程不同于一般实物交接的建设工程,且本案也无证据证明龙盛达公司在工程未经竣工验收的情况下擅自使用,案涉工程尚不具有适用《施工合同司法解释(一)》第十三条关于"建设工程未经竣工验收,发包人擅自使用后,又以使用部分质量不符合约定为由主张权利的,不予支持"的规定条件,中冶焦耐公司根据该条司法解释的规定主张案涉工程存在的问题仅仅是工程验收合格后的质量维修问题,缺乏事实和法律依据,最高人民法院不予支持。①

从上述案例可知,尤其在包含设计、施工、采购三项工作内容的工程总承包项目中,总承包人对于试车是否符合验收要求负有较重的举证责任。总承包人除需证明设计及工程设备制造符合试车验收要求外,还需证明竣工检验程序具有完备性,即具有能够完整证明试车检验、考核达标、实物移交等各步骤相关的完备程序且资料齐全;通知具有有效性,即依约在试车各有关时点书面通知发

---

① 参见最高人民法院(2020)最高法民终1040号民事判决书。

包人及相关人员试车内容、时间、地点以及需要发包人为试车提供的必要条件;发包人义务的履行情况,即发包人是否提供检验所需的必要条件、是否具有其他导致检验程序无法完成的行为等。

第三节　建设工程专项验收及工程质量责任承担

一、专项验收概述

专项验收,是指建设工程在竣工验收前,由验收责任方依据法律、法规的规定,组织工程建设相关单位在相关行政主管部门的监督下,对特定工程内容或档案资料的质量进行检验,对相关的技术文件进行审核,并根据设计文件要求、合同约定和相关法律、法规规定的标准,对特定工程内容或者文件资料是否达到合格进行评定的活动。①

《建筑法》第六十一条第一款规定,交付竣工验收的建筑工程,必须符合规定的建筑工程质量标准,有完整的工程技术经济资料和经签署的工程保修书,并具备国家规定的其他竣工条件。《2013 版建筑工程施工质量验收统一标准》第 3.0.5 项规定,当专业验收规范对工程中的验收项目未作出相应规定时,应由建设单位组织监理、设计、施工等相关单位制定专项验收要求。涉及安全、节能、环境保护等项目的专项验收,要求应由建设单位组织专家论证。

二、专项验收事项

建设工程中涉及的常见专项验收事项除依据法律、法规规定的规划验收、消防验收、节能验收、环境保护验收、档案验收、防雷验收外,各地方政府也会出台相关专项验收规定,以便满足不同类型建设项目的不同验收需求。

(一)规划验收

1. 规划验收依据

根据《城乡规划法》第四十五条的规定,县级以上地方人民政府城乡规划主

① 参见常设中国建设工程法律论坛第八工作组著:《中国建设工程施工合同法律全书词条释义与实务指引》,法律出版社 2019 年版,第 737 页。

管部门按照国务院规定对建设工程是否符合规划条件予以核实。未经核实或者经核实不符合规划条件的,建设单位不得组织竣工验收。建设单位应当在竣工验收后六个月内向城乡规划主管部门报送有关验收资料。

2. 规划验收条件

建设工程的主体和外立面已完成,建设单位委托有资质的测绘机构进行测绘并出具《建设工程竣工测量成果报告书》;室外道路、管网、园林绿化已完成。

3. 规划验收程序

建设工程竣工后,建设单位应当依法向城乡规划行政主管部门提出竣工规划验收申请,由城乡规划行政主管部门按照选址意见书、建设用地规划许可证、建设工程规划许可证、乡村建设规划许可证及其有关规划的要求,对建设工程进行规划验收,即主要对建设工程是否按照建设工程规划许可证及其附件、附图确定的内容进行建设予以现场审核,包括对建设用地范围内的各项工程建设情况、建筑物的使用性质、位置、间距、层数、标高、平面、立面、外墙装饰材料和色彩、各类配套服务设施、临时施工用房、施工场地等进行全面核查,并作出验收记录。对于验收合格的,由城乡规划行政主管部门出具规划认可文件或核发建设工程竣工规划验收合格证。[①]《城乡规划法》第六十七条规定:"建设单位未在建设工程竣工验收后六个月内向城乡规划主管部门报送有关竣工验收资料的,由所在地城市、县人民政府城乡规划主管部门责令限期补报;逾期不补报的,处一万元以上五万元以下的罚款。"

(二)消防验收

1. 消防验收依据

《消防法》第十三条规定:"国务院住房和城乡建设主管部门规定应当申请消防验收的建设工程竣工,建设单位应当向住房和城乡主管部门申请消防验收。前款规定以外的其他建设工程,建设单位在验收后应当报住房和城乡建设主管部门备案,住房和城乡建设主管部门应当进行抽查。依法应当进行消防验收的建设工程,未经消防验收或者消防验收不合格的,禁止投入使用;其他建设工程经依法抽查不合格的,应当停止使用。"

---

① 参见全国一级建造师执业资格考试用书编写委员会编写:《2021 年版全国一级建造师执业资格考试用书:建设工程法规及相关知识》,中国建筑工业出版社 2021 年版,第 320 页。

2. 消防验收条件

室内防火分区(含封堵)、防火(卷帘)门、消火栓、喷淋(气体)灭火、消防指示灯、消防报警、电气等系统完成联动调试,室外幕墙防火构造、庭院环形路、室外接合器等完成并自检合格。建设单位委托有资质消防检测机构检测,并出具消防检测报告书。

3. 消防验收程序

根据《建设工程消防设计审查验收管理暂行规定》的相关规定,特殊建设工程须经消防设计审查并强制消防验收,而除特殊建设工程外的其他建设工程则仅须经消防验收备案及抽查。消防设计审查验收主管部门为县级以上地方人民政府住房和城乡建设主管部门。

(1)强制消防验收程序。《建设工程消防设计审查验收管理暂行规定》第十四条规定:"具有下列情形之一的建设工程是特殊建设工程:(一)总建筑面积大于二万平方米的体育场馆、会堂,公共展览馆、博物馆的展示厅;(二)总建筑面积大于一万五千平方米的民用机场航站楼、客运车站候车室、客运码头候船厅;(三)总建筑面积大于一万平方米的宾馆、饭店、商场、市场;(四)总建筑面积大于二千五百平方米的影剧院,公共图书馆的阅览室,营业性室内健身、休闲场馆,医院的门诊楼,大学的教学楼、图书馆、食堂,劳动密集型企业的生产加工车间,寺庙、教堂;(五)总建筑面积大于一千平方米的托儿所、幼儿园的儿童用房,儿童游乐厅等室内儿童活动场所,养老院、福利院,医院、疗养院的病房楼,中小学校的教学楼、图书馆、食堂,学校的集体宿舍,劳动密集型企业的员工集体宿舍;(六)总建筑面积大于五百平方米的歌舞厅、录像厅、放映厅、卡拉OK厅、夜总会、游艺厅、桑拿浴室、网吧、酒吧,具有娱乐功能的餐馆、茶馆、咖啡厅;(七)国家工程建设消防技术标准规定的一类高层住宅建筑;(八)城市轨道交通、隧道工程,大型发电、变配电工程;(九)生产、储存、装卸易燃易爆危险物品的工厂、仓库和专用车站、码头,易燃易爆气体和液体的充装站、供应站、调压站;(十)国家机关办公楼、电力调度楼、电信楼、邮政楼、防灾指挥调度楼、广播电视楼、档案楼;(十一)设有本条第一项至第六项所列情形的建设工程;(十二)本条第十项、第十一项规定以外的单体建筑面积大于四万平方米或者建筑高度超过五十米的公共建筑。"建设单位申请消防验收,应当提交的材料为:(1)消防验收申请表;(2)工程竣工验收报告;(3)涉及消防的建设工程竣工图纸。消防设计审查验收主管部门收到建设单位提交的消防验收申请后,对申请材料齐全的,应当出具受理凭证;申请材料不齐全的,应当一次性告知需要补正的全部内容。消防设计审查验收主管部门受理消防验收申请后,应当按照国家有关规定,对特殊建设工程进行现场评定。现场评定包括对建筑物防(灭)火设施的外观进行现场抽样查看;通过专业仪器设备对涉及距离、高度、宽度、长度、面积、厚度等可测量的指标进行现场抽样测量;对消防设施的功能进行抽样测试、联调联试消防设施的系统功能等内容。消防设计审查验收主管部门应当自受理消防验收申请之日起十五日内出具消防验收意见。对符合条件的,应当出具消防验收合格意见;对不符合条件的,应当出具消防验收不合格意见并说明理由。实行规划、土地、消防、人防、档案等事项联合验收的建设工程,消防验收意见由地方人民政府指定的部门统一出具。

(2)消防验收备案及抽查程序。根据《建设工程消防设计审查验收管理暂行规定》第二条第三款的规定,其他建设工程是指特殊建设工程以外的其他按照国家工程建设消防技术标准需要进行消防设计的建设工程。其他建设工程竣工验收合格之日起五个工作日内,建设单位应当报消防设计审查验收主管部门备案。建设单位办理备案,应当提交的材料为:(1)消防验收备案表;(2)工程竣工验收报告;(3)涉及消防的建设工程竣工图纸。消防设计审查验收主管部门收到建设单位备案材料后,对备案材料齐全的,应当出具备案凭证;备案材料不齐全的,应当一次性告知需要补正的全部内容。消防设计审查验收主管部门应当对备案的其他建设工程进行抽查。消防设计审查验收主管部门应当自其他建设工程被确定为检查对象之日起十五个工作日内,按照建设工程消防验收有关规定完成检查,制作检查记录。检查结果应当通知建设单位,并向社会公示。建设单位收到检查不合格整改通知后,应当停止使用建设工程,并组织整改,整改完成后,向消防设计审查验收主管部门申请复查。消防设计审查验收主管部门应当自收到书面申请之日起七个工作日内进行复查,并出具复查意见。复查合格后方可使用建设工程。

4.未经消防验收或消防验收不合格,擅自投入使用的法律责任承担

消防工程属于建设工程,因此可以适用建设工程相关的法律规定。针对实践中发生的包括消防工程在内的建设工程未经验收由建设单位擅自投入使用的问题,通常系以《施工合同司法解释(一)》第十四条“建设工程未经竣工验收,发包人擅自使用后,又以使用部分质量不符合约定为由主张权利的,人民法院不予支持;但是承包人应当在建设工程的合理使用寿命内对地基基础工程和

主体结构质量承担民事责任”作为确定责任承担的裁判依据。如辽宁省大连中院审理的（2021）辽 02 民再 237 号大连亿顺消防工程有限公司（以下简称亿顺公司）、大连千川实业有限公司（以下简称千川公司）建设工程施工合同纠纷一案中，涉案双方当事人就消防验收不合格的情况下建设单位千川公司擅自使用的责任承担问题产生巨大争议，本案历经一审、二审、再审、抗诉等多轮司法救济程序，最终大连中院在适用上述审判思维的基础上进一步分析，千川公司明知存在消防问题却未要求亿顺公司进行整改而擅自将案涉厂房投入使用，在保修期内也未提出整修的请求，因此应视为案涉工程已经完工，千川公司不能再要求亿顺公司承担整改义务；而千川公司作为案涉工程的发包方，应当履行相应的报验义务，其明知案涉工程存在不合格的问题，但未要求亿顺公司进行整改，亦未与亿顺公司协商委托他人进行整改，更未要求亿顺公司协助办理报验手续，故该工程长达十余年未经报验的责任不应由亿顺公司承担，其在工程完工后十余年方诉请亿顺公司承担赔偿责任缺乏法律依据。[1]

鉴于《建设工程消防设计审查验收管理暂行规定》针对消防工程做出了强制验收或验收备案、抽查的明确区分，因此，在建设单位擅自使用未经消防验收或消防验收不合格的建设工程的情况下，能否因建设单位擅自使用而认定建设工程竣工验收合格进而满足工程款付款条件，目前尚存不同观点。

5. 消防验收主管部门变更导致的验收文件效力问题分析

根据 2008 年《消防法》第十三条的规定，消防验收、备案应当向公安机关消防机构申请。根据经过第二次修正并于 2021 年 4 月 29 日生效的《消防法》第十三条规定，建设工程消防验收、备案的主管部门为住房和城乡建设主管部门。同时，对于消防验收职责的移交承接，《住房和城乡建设部　应急管理部关于做好移交承接建设工程消防设计审查验收职责的通知》在第二条“2019 年 4 月 1 日至 6 月 30 日为建设工程消防设计审查验收职责移交承接期，各地应于 6 月 30 日前全部完成移交承接工作”中亦作出了明确规定。因此，建设工程消防验收、备案相关文件在 2019 年 6 月 30 日后应由住房和城乡建设主管部门作出为有效。

如江西省南昌中院审理的（2021）赣 01 民特 23 号深圳南利装饰集团股份有限公司（以下简称南利公司）与江西瑞拓建设工程有限公司（以下简称瑞拓公

① 参见大连中院（2021）辽 02 民再 237 号民事判决书。

司)申请撤销仲裁裁决特别程序一案中,对于申请人南利公司提出的仲裁裁决所根据的消防验收证据是伪造的主张,南昌中院认为,被申请人瑞拓公司于2019年1月24日经网上备案受理系统就案涉工程进行了竣工验收消防备案,按照当时的《消防法》的规定,《建设工程竣工验收消防备案受理凭证》由南昌市高新技术开发区的公安消防大队出具,申请人南利公司未能提供证据证明被申请人瑞拓公司提供的《建设工程竣工验收消防备案受理凭证》是伪造的,故不符合《仲裁法》第五十八条第一款第四项的规定,对于申请人南利公司的该项撤销仲裁裁决的理由,法院不予支持。①

(三)节能验收

1. 节能验收依据

《节约能源法》第三十五条规定,建筑工程的建设、设计、施工和监理单位应当遵守建筑节能标准。不符合建筑节能标准的建筑工程,建设主管部门不得批准开工建设;已经开工建设的,应当责令停止施工、限期改正;已经建成的,不得销售或者使用。建设主管部门应当加强对在建建筑工程执行建筑节能标准情况的监督检查。《民用建筑节能条例》第十七条规定,建设单位组织竣工验收,应当对民用建筑是否符合民用建筑节能强制性标准进行查验;对不符合民用建筑节能强制性标准的,不得出具竣工验收合格报告。

2. 节能验收条件

根据《建筑节能工程施工质量验收标准》(GB 50411—2019)(以下简称《2019版建筑节能工程施工质量验收标准》)规定,建筑节能分部工程的质量验收,应在检验批、分项工程全部合格的基础上,进行外墙节能构造实体检验、严寒、寒冷和夏热冬冷地区的外窗气密性现场检测,以及系统节能性能检测和系统联合试运转与调试,确认建筑节能工程质量达到设计要求及本规范规定的合格水平后方可进行。

3. 节能验收程序

建设工程施工过程中,对节能工程的验收依次可划分为节能工程检验批验收、节能分项工程验收及节能分部工程验收,具体验收程序为:节能分部工程施工完成后,施工单位对节能工程质量进行检查,确认符合节能设计文件要求后

---

① 参见南昌中院(2021)赣01民特23号民事裁决书。

填写《建筑节能分部工程质量验收表》并由项目经理和施工单位负责人签字。监理单位收到《建筑节能分部工程质量验收表》后，应全面审查施工单位的节能工程验收资料且整理监理资料，对节能各分项工程进行质量评估，监理工程师及项目总监在《建筑节能分部工程质量验收表》中签字确认验收结论。监理单位总监理工程师（建设单位项目负责人）主持验收会议，组织施工单位的相关人员、设计单位节能设计人员对节能工程质量进行检查验收。验收各方对工程质量进行检查，提出整改意见。建筑节能质量监督管理部门的验收监督人员到施工现场对节能工程验收的组织形式、验收程序、执行验收标准等情况进行现场监督，发现有违反规定程序、执行标准或评定结果不准确的，应要求有关单位改正或停止验收。对未达到国家验收标准合格要求的质量问题，签发监督文书。施工单位按照验收各方提出的整改意见进行整改；整改完毕后，建设、监理、设计、施工单位对节能工程的整改结果进行确认。对节能工程存在重要的整改内容的项目，质量监督人员参加复查。符合节能工程质量验收规范的工程为验收合格，即通过节能分部工程质量验收。对节能工程验收不合格工程，按《2019 版建筑节能工程施工质量验收标准》和其他验收规范的要求整改完后，重新验收。建筑节能工程施工质量验收合格后，相应的建筑节能分部工程验收资料应作为建设工程竣工验收资料中的重要组成部分归档。单位工程竣工验收在节能分部工程验收合格后进行。

4. 施工单位经建设单位许可变更原设计采用的节能材料导致发生建设工程质量问题的责任承担

根据《民用建筑节能条例》的规定，施工单位应当对进入施工现场的墙体材料、保温材料、门窗、采暖制冷系统和照明设备进行查验；不符合施工图设计文件要求的，不得使用。建设单位不得明示或者暗示设计单位、施工单位违反民用建筑节能强制性标准进行设计、施工，亦不得明示或者暗示施工单位使用不符合施工图设计文件要求的墙体材料、保温材料、门窗、采暖制冷系统和照明设备，不得采购不符合施工图设计文件要求的墙体材料、保温材料、门窗、采暖制冷系统和照明设备。由此可知，使用符合节能强制性标准和设计要求的节能材料是建设单位与施工单位共同的法定义务，违反该等义务导致降低建设工程质量的，各方应分别承担相应的责任，又鉴于交付质量合格的建设工程是施工单位应履行的主要义务，因此变更节能材料即使系经过建设单位许可，但若因此导致建设工程质量下降，施工单位亦应对此承担主要责任。

如江苏省镇江中院审理的(2019)苏11民终2755号江苏宸源实业有限公司(以下简称宸源公司)与江苏卓鑫建设有限公司(以下简称卓鑫公司)等建设工程施工合同纠纷一案,经历一审、二审直至江苏高院再审发回重审后的一审、二审,双方当事人的争议焦点仍是卓鑫公司变更外墙挤塑板及用砖等建材是否经过宸源公司的同意、建材变更后双方对工程质量要求是否通过协商予以降低以及即使卓鑫公司接收了宸源公司变更建筑材料指令,卓鑫公司是否仍需有义务交付达到设计要求之工程质量的建设工程。

镇江中院认为,关于涉案工程外墙由原设计选用的煤矸石多孔砖改为黏土多孔砖,虽然现有证据不能证明事先征得宸源公司同意,卓鑫公司做了更改,但是宸源公司对卓鑫公司更改保温建筑材料的行为未要求纠正,视为同意。理由为:首先,《建筑法》第五十九条规定:“建筑施工企业必须按照工程设计要求、施工技术标准和合同的约定,对建筑材料、建筑构配件和设备进行检验,不合格的不得使用。”卓鑫公司提供句容市质量检测中心关于烧结多孔砖的检测报告,可以表明原设计选用的煤矸石多孔砖改为黏土多孔砖;卓鑫公司提供建筑节能分部工程质量验收记录,可以表明外墙由挤塑板改为复合水泥发泡板,但是建筑材料检验属于作为施工方卓鑫公司的责任,且送检委托书未加盖宸源公司公章,故卓鑫公司主张涉案工程保温建筑材料由宸源公司送检合格后使用,即涉案工程使用建材的变更事先经卓鑫公司与宸源公司协商同意,依据不足。其次,《建筑法》第三十二条规定:“建筑工程监理应当依照法律、行政法规及有关的技术标准、设计文件和建筑工程承包合同,对承包单位在施工质量、建设工期和建设资金使用等方面,代表建设单位实施监督。工程监理人员认为工程施工不符合工程设计要求、施工技术标准和合同约定的,有权要求建筑施工企业改正。工程监理人员发现工程设计不符合建筑工程质量标准或者合同约定的质量要求的,应当报告建设单位要求设计单位改正。”《民用建筑节能条例》第十六条规定:“施工单位应当对进入施工现场的墙体材料、保温材料、门窗、采暖制冷系统和照明设备进行查验;不符合施工图设计文件要求的,不得使用。工程监理单位发现施工单位不按照民用建筑节能强制性标准施工的,应当要求施工单位改正;施工单位拒不改正的,工程监理单位应当及时报告建设单位,并向有关主管部门报告。墙体、屋面的保温工程施工时,监理工程师应当按照工程监理规范的要求,采取旁站、巡视和平行检验等形式实施监理。未经监理工程师签字,墙体材料、保温材料、门窗、采暖制冷系统和照明设备不得在建筑上使用或者安装,施工单位不得进行下一道工序的施工。”卓鑫公司变更原设计选用的保温建筑材料施工的涉案工程,并非隐蔽工程,且卓鑫公司施工选用的保温建筑材料已经句容市建筑工程质量检测中心的检测,涉案工程取得建筑节能分部工程质量验收;同时宸源公司委托监理单位监理涉案工程施工,应当发现涉案工程保温建筑材料的变更,而未采取相应纠正措施,可以认定宸源公司默认卓鑫公司变更保温建筑材料的施工行为。关于涉案工程保温性能下降的责任问题。镇江市建科工程质量检测中心有限公司出具建筑节能现场检测报告结论为:北墙传热阻值低于《公共建筑节能设计标准》的要求值;屋面传热阻值低于《公共建筑节能设计标准》的要求值;外窗现场气密性检测为 1 级,低于 6 级要求等。镇江市建科工程质量检测中心有限公司出具外墙保温层构造检测报告结论为:所检工程基层墙体种类、保温材料种类不符合设计图纸要求。江苏建研建设工程质量安全鉴定有限公司出具讼争房屋修复方案为:外墙面平整度不符合设计要求,外墙传热阻值及外墙保温做法不符合设计要求;屋面部位传热阻值不满足规范要求,维修方案为按原设计要求重做防水层和保温层等;外墙气密性不符合设计要求。维修方案为增加且更换外窗框扇间毛条、胶条等。镇江市建科工程质量检测中心有限公司的工作人员亦陈述,屋面挤塑板保温改为轻质发泡混凝土保温可能对第十项传热阻值低于标准有影响。因此,从镇江市建科工程质量检测中心有限公司建筑节能现场检测报告和江苏建研建设工程质量安全鉴定有限公司修复方案来看,导致涉案工程不符合设计要求或者规范要求的,既有保温建筑材料变更原因,也有施工原因。《建设工程质量管理条例》第二十九条规定:“施工单位必须按照工程设计要求、施工技术标准和合同约定,对建筑材料、建筑构配件、设备和商品混凝土进行检验,检验应当有书面记录和专人签字;未经检验或者检验不合格的,不得使用。”《建筑法》第五十四条规定:“建设单位不得以任何理由,要求建筑设计单位或者建筑施工企业在工程设计或者施工作业中,违反法律、行政法规和建筑工程质量、安全标准,降低工程质量。建筑设计单位和建筑施工企业对建设单位违反前款规定提出的降低工程质量的要求,应当予以拒绝。”涉案工程保温性能下降,卓鑫公司、宸源公司均应当承担责任。江苏恒信建设工程造价咨询有限公司《江苏宸源实业有限公司办公综合楼维修方案》明确维修费用总价为 2,666,329.77 元,其中屋面及外墙维修以外的维修费用,应当由卓鑫公司承担;结合涉案工程屋面及外墙保温性能下降事实、产生的原因以及卓鑫公司、宸源公司各自责任,参照屋面及外墙维修费用约190万元,对于涉案工程全部维修费,原审法院酌定由卓鑫公司承担220万元不妥,法院认定由卓鑫公司承担维修费171.6万元。卓鑫公司支付宸源公司维修费用后,讼争房屋的建筑质量问题由宸源公司自行解决。

在上述类型的案件中,各方责任主体除面临须分担建设工程维修费用的责任承担之外,根据《节约能源法》及《民用建筑节能条例》等相关规定,建设单位还将面临被县级以上地方人民政府建设主管部门责令改正并处20万元以上50万元以下罚款的相关行政处罚,而设计单位、施工单位和监理单位在面临责令改正及处10万元以上50万元以下罚款的基础上,基于情节的严重程度,还可能存在被责令停业整顿,降低资质等级或者吊销资质证书的重大风险。

(四)环保验收

1.环保验收依据

《建设项目环境保护管理条例》第二十条第一款规定,环境保护行政主管部门应当对建设项目环境保护设施设计、施工、验收、投入生产或者使用情况,以及有关环境影响评价文件确定的其他环境保护措施的落实情况,进行监督检查。

2.环保验收条件

编制环境影响报告书、环境影响报告表的建设项目竣工后,建设单位应当按照国务院环境保护行政主管部门规定的标准和程序,对配套建设的环境保护设施进行验收,编制验收报告。

3.环保验收程序

建设单位在环境保护设施验收过程中,应当如实查验、监测、记载建设项目环境保护设施的建设和调试情况,不得弄虚作假。除按照国家规定需要保密的情形外,建设单位应当依法向社会公开验收报告。分期建设、分期投入生产或者使用的建设项目,其相应的环境保护设施应当分期验收。编制环境影响报告书、环境影响报告表的建设项目,其配套建设的环境保护设施经验收合格,方可投入生产或者使用;未经验收或者验收不合格的,不得投入生产或者使用。前款规定的建设项目投入生产或者使用后,应当按照国务院环境保护行政主管部门的规定开展环境影响后评价。鉴于环境保护设施必须与主体工程同时设计、同时施工、同时投产使用,因此,与建设项目配套建设的环境保护设施的验收是建设项目投产或交付使用的前置条件,环境保护设施应在验收合格后与主体工程同时投入使用。

4. 环保验收法律责任

基于环保验收系由建设单位组织实施,因此建设单位负有编制建设项目初步设计、落实防治环境污染和生态破坏的措施以及环境保护设施投资概算,并将环境保护设施建设纳入施工合同、依法开展环境影响后评价、组织实施环境保护对策措施的义务;未履行前述义务的,建设单位将面临被建设项目所在地县级以上环境保护行政主管部门作出责令限期改正并处 20 万元以上 100 万元以下的罚款的风险;逾期不改正的,将面临被责令停止建设的风险。若需要配套建设的环境保护设施未建成、未经验收或者验收不合格,建设项目即投入生产或者使用,或者在环境保护设施验收中弄虚作假的,在上述行政处罚的基础上建设单位逾期不改正的,还将处以 100 万元以上 200 万元以下的罚款;同时,对直接负责的主管人员和其他责任人员,处 5 万元以上 20 万元以下的罚款;造成重大环境污染或者生态破坏的,责令停止生产或者使用,或者报经有批准权的人民政府批准,责令关闭。

(五)防雷验收

1. 防雷验收依据

《防雷减灾管理办法》第十七条第一款、第二款规定,防雷装置实行竣工验收制度。县级以上地方气象主管机构负责本行政区域内的防雷装置的竣工验收。《气象灾害防御条例》第二十三条第一款规定,各类建(构)筑物、场所和设施安装雷电防护装置应当符合国家有关防雷标准的规定。新建、改建、扩建建(构)筑物、场所和设施的雷电防护装置应当与主体工程同时设计、同时施工、同时投入使用。

2. 防雷验收条件

施工单位完成接地、屋面、幕墙、金属门窗等避雷系统的全部设计内容并自检合格;建设单位委托具有资质的防雷检测机构出具《防雷装置检测报告》。

3. 防雷验收程序

负责验收的气象主管机构接到申请后,应当根据具有相应资质的防雷装置检测机构出具的检测报告进行核实。符合要求的,由气象主管机构出具验收文件。不符合要求的,负责验收的气象主管机构提出整改要求,申请单位整改后重新申请竣工验收。未取得验收合格文件的防雷装置,不得投入使用。投入使用后的防雷装置实行定期检测制度。防雷装置应当每年检测一次，对爆炸和火灾危险环境场所的防雷装置应当每半年检测一次。

（六）档案验收

1. 档案验收依据

《建设工程质量管理条例》第十七条规定，建设单位应当严格按照国家有关档案管理的规定，及时收集、整理建设项目各环节的文件资料，建立、健全建设项目档案，并在建设工程竣工验收后，及时向建设行政主管部门或者其他有关部门移交建设项目档案。

2. 档案验收条件

施工单位完成施工设计图纸和建设工程施工合同中约定的全部施工内容，且各分部工程验收合格、工程资料准确、完整。

3. 档案验收程序

根据《城市建设档案管理规定（2001 年修正）》（原建设部令第 61 号）以及 2019 年 3 月 13 日生效的《住房和城乡建设部关于修改部分部门规章的决定》（住房和城乡建设部令第 47 号）的相关规定，列入城建档案馆档案接收范围的工程，城建档案管理机构按照建设工程竣工联合验收的规定对工程档案进行验收。即工程档案预验收不再是档案验收的前提条件，建设单位无需在先取得且建设行政主管部门也无须在先查验城建档案管理机构出具的工程档案认可文件，即可组织工程竣工验收以及办理竣工验收备案。建设单位应当在工程竣工验收后三个月内，向城建档案馆报送一套符合规定的建设工程档案。凡建设工程档案不齐全的，应当限期补充。建设工程在交付使用后可能会遇到维修、改建、扩建、拆除等情形，对改建、扩建和重要部位维修的工程，建设单位应当组织设计、施工单位据实修改、补充和完善原建设工程档案；凡结构和平面布置等改变的，应当重新编制建设工程档案，并在工程竣工后三个月内向城建档案馆报送。

4. 档案验收责任承担

建设工程竣工验收后，建设单位未向建设行政主管部门或者其他有关部门移交建设项目档案的，责令改正，处 1 万元以上 10 万元以下的罚款。

（七）其他专项验收

根据建设工程的不同类别，建设工程的专项验收还涉及人防验收、电力验收、燃气验收、供水验收、排水验收、电信验收、电梯验收、无障碍设施验收、锅炉系统验收等多项专项验收。上述专项验收均应按照相应验收规范及验收标准由建设单位组织实施。

第四节 建设工程竣工验收与竣工验收备案及工程质量责任承担

一、建设工程竣工验收概述

建设工程竣工验收尚无特定概念释义，根据住建部《房屋建筑和市政基础设施工程竣工验收规定》（建质〔2013〕171号）（以下称《房建市政工程竣工验收规定》）的规定，并按照建筑行业解释，建设工程的竣工验收是指建设单位（发包人）收到施工单位（承包人）的工程竣工验收申请后，根据建设工程质量管理法律制度和建设工程竣工验收技术标准，以及建设工程合同（勘察设计合同、施工合同、监理合同等）的约定，组织设计、施工、工程监理等有关单位对建设工程查验接受的行为。建设工程竣工验收是建设过程中的最后一个工序，是建设工程由建设转入使用的重要标志。①

二、建设工程竣工验收主体

随着我国社会经济的发展及市场功能的逐步完善，建设工程竣工验收的主体也发生了相应变化。在2000年以前，根据原国家计委下发的《建设项目（工程）竣工验收办法》（现已失效）的规定，系由建设单位向负责验收的单位提出竣工验收申请报告，并由建设项目主管部门或地方政府部门以验收委员会或者验收组的方式组织验收，该等经组织评定的竣工验收具有强烈的行政色彩。

自2000年起，随着国务院发布的《建设工程质量管理条例》，建设工程竣工验收发生了重大变化，即工程完工后由施工单位在对工程质量进行自检合格的

---

① 参见关丽：《因组织工程竣工验收的主体不适格，质监部门出具的竣工验收报告不具有证明力——威海市鲸园建筑有限公司与威海市福利企业服务公司、威海市盛发贸易有限公司拖欠建筑工程款纠纷再审案》，载最高人民法院民事审判第一庭编：《民事审判指导与参考》2013年第2辑（总第54辑），人民法院出版社2013年版，第147页。

基础上,向建设单位提出工程竣工报告,而建设工程竣工验收主体也自行政部门组织评定变为由建设单位组织验收。在建设单位认为建设工程具备竣工验收条件的情况下,进一步组织勘察、设计、施工、监理等单位参与验收,并在验收合格后由建设单位报建设主管部门或其他有关部门进行竣工验收备案。自此,建设单位变成建设工程竣工验收的主体,对建设工程进行检查、组织验收既是建设单位的权利也成为建设单位的法定义务。

随后,2013 年颁布的《房建市政工程竣工验收规定》进一步明确,建设工程竣工验收由建设单位负责组织实施,并由勘察、设计、施工、监理等单位组成验收组共同进行验收并出具书面验收意见,同时依照住建部于 2009 年修正的《房屋建筑和市政基础设施工程竣工验收备案管理办法》的相关规定,向建设工程所在地的县级以上地方人民政府建设主管部门备案。2016 年,国家发改委作出《国家发展改革委关于废止部分规章和规范性文件的决定》,正式废止了与现行建设工程竣工验收制度冲突的《建设项目(工程)竣工验收办法》。

三、建设工程竣工验收程序

(一)预验收

预验收在委托监理的建设工程中是竣工验收的前置程序。根据《2013 版建筑工程施工质量验收统一标准》第 6.0.5 项的规定,单位工程完工后,施工单位应组织有关人员进行自检。总监理工程师应组织各专业监理工程师对工程质量进行竣工预验收。存在施工质量问题时,应由施工单位整改。整改完毕后,由施工单位向建设单位提交工程竣工报告,申请工程竣工验收。《建设工程监理规范》(GB 50319—2019)(以下简称《2019 版建设工程监理规范》)第 5.2.18 项的规定,项目监理机构应审查施工单位提交的单位工程竣工验收报审表及竣工资料,组织工程竣工预验收。存在问题的,应要求施工单位及时整改;合格的,总监理工程师应签认单位工程竣工验收报审表。第 5.2.19 项规定,工程竣工预验收合格后,项目监理机构应编写工程质量评估报告,并经总监理工程师和工程监理单位技术负责人审核签字后报建设单位。

在通常情况下,预验收的作用是在竣工验收之前发现工程存在的质量问题并进行整改,以便顺利通过正式的竣工验收,但预验收与正式竣工验收之间尚存有一段期间,因此,即使预验收合格也不代表正式竣工验收必然合格,在正式竣工验收时,建设单位仍可对工程质量问题提出异议。但在发生以下情况时,预验收也可被认定为建设工程竣工验收合格的相关依据,进而对工程质量的瑕疵责任承担问题、工程款付款条件成就问题等产生重大影响:(1)建设工程未取得建设工程规划许可手续,但已通过预验收且施工单位已与建设单位完成工程移交且建设单位与施工单位已完成结算,该等情况下建设工程应视为竣工验收合格,由此,施工单位向建设单位主张支付工程价款的条件应视为已成就;(2)预验收已通过,施工单位也已提交竣工验收报告,建设工程处于可竣工验收的状态,但建设单位无正当理由拖延竣工验收的,根据《施工合同司法解释(一)》第九条的规定,应以施工单位提交验收报告之日为竣工日期。

(二)竣工验收申请报告

竣工验收申请报告在不同法律法规的规定中存在不同的用词,如在《简明标准施工招标文件》第11.2款与《标准设计施工总承包招标文件的通知》第18.2款的规定中,用词为“竣工验收申请报告”;在《建设工程质量管理条例》第十六条与《房建市政工程竣工验收规定》第六条的规定中,用词为“工程竣工报告”;而在《施工合同司法解释(一)》第九条的规定中,用词则为“竣工验收报告”。《2017版建设工程施工合同》第13.2.2项使用的即为“竣工验收申请报告”。

从上述规定可知,竣工验收申请报告的提交人系施工总承包人,但竣工验收申请报告的接收人则有发包人或监理人两种情形,为避免竣工验收申请报告未能有效提交而产生的相关争议,发承包人应在《建设工程施工合同》中对报告接收人作出明确约定。

(三)竣工验收

竣工验收也称单位工程验收,该等验收综合反映了建设工程施工的材料、工艺、工程实体质量等全方位内容,是建设工程在施工结束后投入使用前进行的最后一次验收。如前文所述,施工单位先行自检以及监理单位组织的竣工预验收均是建设单位正式组织竣工验收的前置程序,在满足竣工验收条件的情况下,建设单位应根据《房建市政工程竣工验收规定》第六条之规定组织勘察、设计、施工、监理单位开展竣工验收工作。

1. 建设工程竣工验收法定条件

根据《建设工程质量管理条例》及《房建市政工程竣工验收规定》的相关规定，建设工程竣工验收应当具备下列条件：完成建设工程设计和合同约定的各项内容；有完整的技术档案和施工管理资料；有工程使用的主要建筑材料、建筑构配件和设备的进场试验报告；有勘察、设计、施工、工程监理等单位分别签署的质量合格文件；有施工单位签署的工程保修书；建设主管部门及工程质量监督机构责令整改的问题全部整改完毕。

2. 建设工程竣工验收程序

(1) 成立验收组并制定验收方案

建设单位收到施工单位提交的经总监理工程师签署意见的竣工验收申请报告后，对符合竣工验收要求的工程组织勘察、设计、施工、监理等单位组成验收组，制定验收方案，对于重大工程和技术复杂工程，根据需要可邀请有关专家加入验收组。

(2) 通知工程质量监督机构监督验收

建设单位应当在工程竣工验收 7 个工作日前将验收的时间、地点及验收组名单书面通知负责监督该工程的工程质量监督机构。工程质量监督机构对工程竣工验收的组织形式、验收程序、执行验收标准等情况进行现场监督，发现有违反建设工程质量管理规定行为的，责令改正，并将对工程竣工验收的监督情况作为工程质量监督报告的重要内容。

(3) 组织竣工验收

建设、勘察、设计、施工、监理单位分别汇报工程合同履约情况和在工程建设各个环节执行法律、法规和工程建设强制性标准的情况；审阅建设、勘察、设计、施工、监理单位的工程档案资料，重点关注工程档案资料、质量验收资料的完备性以及资料内容与工程实际状况的相符性；实地查验工程质量，包括对工程外观质量的检查以及对工程使用功能的抽查等；对工程勘察、设计、施工、设备安装质量和各管理环节等方面作出全面评价，形成经验收组人员签署的工程竣工验收意见。参与工程竣工验收的建设、勘察、设计、施工、监理等各方不能形成一致意见时，应当协商提出解决的方法，待意见一致后，重新组织工程竣工验收。

(4) 竣工验收合格

建设工程经建设单位组织竣工验收合格的，建设单位应及时提出工程竣工验收报告。工程竣工验收报告主要包括工程概况,建设单位执行基本建设程序情况,对工程勘察、设计、施工、监理等方面的评价,工程竣工验收时间、程序、内容和组织形式,工程竣工验收意见等内容。工程竣工验收报告还应附有施工许可证、施工图设计文件审查意见、施工单位提交的竣工验收申请报告、监理单位提交的完整的监理资料和工程质量评估报告、勘察、设计单位提出的质量检查报告、施工单位签署的工程质量保修书、验收组人员签署的工程竣工验收意见等法规规章所规定的其他有关文件。

(5)竣工验收不合格

根据《2013 版建筑工程施工质量验收统一标准》的规定,在建筑工程施工质量不符合要求时,经返修或加固处理仍不能满足安全或重要使用功能的分部工程及单位工程,严禁验收。

四、建设工程竣工验收备案

(一)建设工程竣工验收备案制度介绍

建设工程竣工验收备案制度详见《建设工程质量管理条例》第四十九条以及《房建市政工程竣工验收规定》第九条,即建设单位应当自建设工程竣工验收合格之日起 15 日内,将建设工程竣工验收报告和规划、公安消防、环保等部门出具的认可文件或者准许使用文件报建设主管部门或者其他有关部门备案。建设主管部门或者其他有关部门发现建设单位在竣工验收过程中有违反国家有关建设工程质量管理规定行为的,责令停止使用,重新组织竣工验收。由此可知,竣工验收备案是建设单位在组织勘察、设计、施工、监理单位完成建设工程竣工验收之后,由建设单位向建设主管部门报送相关文件并进行备案的行为,即建设工程竣工验收备案是建设单位应履行的法定义务。

(二)建设工程竣工验收备案的条件

《建筑法》第六十一条第一款规定,交付竣工验收的建筑工程,必须符合规定的建筑工程质量标准,有完整的工程技术经济资料和经签署的工程保修书,并具备国家规定的其他竣工条件。《建设工程质量管理条例》第十六条第二款亦规定了竣工验收的五个基本条件:(1)完成建设工程设计和合同约定的各项内容:主要是完成设计文件所确定的、在承包合同“承包人承揽工程项目一览表”中载明的工作范围,也包括监理工程师签发的变更通知单中所确定的工作内容。竣工验收时,必须确保工作内容全部按质、按量、按时完成,从而确保工程具有正常的使用功能。(2)有完整的技术档案和施工管理资料:包括但不限于以下档案资料:①工程项目竣工报告;②分项、分部工程和单位工程技术人员名单;③图纸会审和设计交底记录;④设计变更通知单,技术变更核实单;⑤工程质量事故发生后调查和处理资料;⑥隐蔽验收记录及施工日志;⑦竣工图;⑧质量检验评定资料;⑨合同约定的其他资料。《建设工程文件归档规范》(GB/T 50328—2014,2019年局部修订)亦规定,建设工程档案的验收应纳入建设工程竣工联合验收环节。(3)有工程使用的主要建筑材料、建筑构配件和设备的进场试验报告:主要是有材料、设备、构配件的质量合格证明资料和试验、检验报告,报告中应当注明其规格、型号、用于工程的某部位、批量批次、性能等技术指标,其质量要求必须符合国家规定的标准。(4)有勘察、设计、施工、工程监理等单位分别签署的质量合格文件:勘察、设计、施工、工程监理等有关单位依据工程设计文件及承包合同所要求的质量标准,对竣工工程进行检查和评定,符合规定的,签署合格文件。竣工验收所依据的国家强制性标准有土建工程、安装工程、人防工程、管道工程、桥梁工程、电气工程及铁路建筑安装工程验收标准等。(5)有施工单位签署的工程质量保修书:根据《建设工程质量管理条例》第三十九条的规定,对保修范围、保修期限和保修责任进行确定的文件。质量保修书应由建设单位在提交工程竣工验收报告的同时提交。①

《房屋建筑工程和市政基础设施工程竣工验收备案管理办法》第五条规定:“建设单位办理工程竣工验收备案应当提交下列文件:(一)工程竣工验收备案表;(二)工程竣工验收报告。竣工验收报告应当包括工程报建日期,施工许可证号,施工图设计文件审查意见,勘察、设计、施工、工程监理等单位分别签署的质量合格文件及验收人员签署的竣工验收原始文件,市政基础设施的有关质量检测和功能性试验资料以及备案机关认为需要提供的有关资料;(三)法律、行政法规规定应当由规划、环保等部门出具的认可文件或者准许使用文件;(四)法律规定应当由公安消防部门出具的对大型的人员密集场所和其他特殊

① 参见全国一级建造师执业资格考试用书编写委员会:《建设工程法规及相关知识》,中国建筑工业出版社2021年版,第318~319页。

建设工程验收合格的证明文件;[①]（五）施工单位签署的工程质量保修书;（六）法规、规章规定必须提供的其他文件。住宅工程还应当提交《住宅质量保证书》和《住宅使用说明书》。”从上述条款可知,即使建设单位是进行竣工验收备案的责任主体,但施工单位和相关主管部门仍负有协助建设单位提供竣工验收备案所需资料的义务。

（三）建设工程竣工验收备案对竣工验收的影响

从《建设工程质量管理条例》第四条、第四十三条的规定可知,竣工验收备案是建设主管部门对建设工程质量进行监督管理的制度安排,《国务院关于取消第二批行政审批项目和改变一批行政审批项目管理方式的决定》规定,房屋建筑工程和市政基础设施工程“竣工验收核准”改为了“告知性备案”。再结合《房屋建筑工程和市政基础设施工程竣工验收备案管理办法》第六条第一款“备案机关收到建设单位报送的竣工验收备案文件,验证文件齐全后,应当在工程竣工验收备案表上签署文件收讫”及《建设工程质量管理条例》第四十九条可知,建设工程竣工验收备案是一种程序性管理制度,鉴于竣工验收备案是在竣工验收合格之后进行的,由此,是否进行备案或者备案资料是否齐全均不会对建设工程竣工验收合格的法律效力造成影响。

（四）建设工程竣工验收备案对交付建设工程的影响

根据《建筑法》第六十一条的规定,交付竣工验收的建筑工程,必须符合规定的建筑工程质量标准,有完整的工程技术经济资料和经签署的工程保修书,并具备国家规定的其他竣工条件。建筑工程经验收合格后方可交付使用,未经验收或者验收不合格的,不得交付使用。由此可明确,经验收合格系建筑工程交付使用的法定条件,因此,建设工程是否经过竣工验收备案均不会对建设工程的交付使用造成影响。

---

① 《房建市政工程竣工验收备案管理办法》于2009年10月19日生效且现行有效,根据经第二次修正并于2021年4月29日生效的《消防法》第十三条规定,消防验收职责由公安消防部门移交至住房和城乡建设主管部门。由此,根据新《消防法》的规定,在验收过程中应转为由住房和城乡建设主管部门出具消防验收的验收合格证明文件。

（五）建设单位未依法办理建设工程竣工验收备案的责任承担

鉴于办理建设工程竣工验收备案系建设单位的法定义务，因此，若建设单位在工程竣工验收合格之日起15日内未办理工程竣工验收备案的，将面临被责令限期改正并处20万元以上50万元以下罚款的行政处罚。若建设单位采用虚假证明文件办理工程竣工验收备案的，工程竣工验收无效，且亦将面临被责令停止使用，重新组织竣工验收并处20万元以上50万元以下罚款的行政处罚，构成犯罪的，还将被依法追究刑事责任。

备案部门发现建设单位在竣工验收过程中有违反国家有关建设工程质量管理规定行为的，应当在收讫竣工验收备案文件15日内，责令停止使用，重新组织竣工验收。建设单位将备案机关决定重新组织竣工验收的工程，在重新组织竣工验收前，擅自使用的，将面临被责令停止使用并处工程合同价款2%以上4%以下罚款的行政处罚。

（六）施工单位未履行竣工验收备案协助义务的责任承担

施工单位未履行竣工验收备案的协助义务尚无行政法律责任，但不排除需承担违约或损害赔偿等相关责任。如最高人民法院审理的（2018）最高法民终207号浙江昆仑建设集团股份有限公司（以下简称昆仑公司）、安徽文越投资置业有限公司（以下简称文越公司）建设工程施工合同纠纷一案中，法院认为，案涉工程竣工综合验收后，因昆仑公司不履行协助义务，拒绝配合文越公司完成竣工综合验收及竣工验收备案的相关手续，导致案涉工程无法及时为购房户办理房屋产权证书，文越公司根据与购房户签订的《商品房买卖合同》的约定，需要向购房户承担逾期办证违约金1，305，780元。此项损失的产生系昆仑公司的原因导致，应当由昆仑公司承担。①

对于建设单位是否可以以施工单位未配合竣工验收备案为由不予支付工程价款的问题，除合同条款作出明确约定外，司法实践中的掌握尺度也并不统一，有观点认为竣工验收备案材料中包括“建设单位按合同支付工程款的证明文件”，因此，施工单位未配合办理竣工验收备案不得作为建设单位拒绝支付工程价款的抗辩事由；但也有观点认为互负义务的双方同时履行相应义务较为

① 参见最高人民法院（2018）最高法民终207号民事判决书。

适宜。

上述两种观点在最高人民法院审理的(2019)最高法民终1667号中建六局第二建筑工程有限公司(以下简称中建六局二公司)、国家税务总局恩施土家族苗族自治州税务局(以下简称恩施州税务局)建设工程施工合同纠纷一案中均有所体现。本案一审中,原告中建六局二公司诉请被告恩施州税务局支付拖欠的工程款9171万余元及利息704万余元,恩施州税务局反诉中建六局二公司立即向恩施州税务局交付恩施州税务局省级数据灾备中心项目的竣工验收备案资料。一审判决认为,根据法律规定及合同约定,中建六局二公司应当向恩施州税务局提交相应的竣工验收备案资料。根据查明的事实,经中建六局二公司和恩施州税务局双方确认,中建六局二公司只向恩施州税务局提交了拆除门房的竣工图。从相关行政规章的规定来看,房屋建筑工程竣工验收备案表、单位工程竣工验收原始记录并非中建六局二公司单独能完成或所有,恩施州税务局也未提供证据证明勘察单位质量检查报告、设计单位质量检查报告、施工图设计文件审查合格书系中建六局二公司所有,故中建六局二公司应当向恩施州税务局交付的竣工验收备案资料,包括建筑工程竣工验收报告、施工单位工程竣工报告、监理单位质量评估报告、竣工图(除拆除门房的竣工图)、工程质量保修书。因此,一审法院判决:根据《湖北省房屋建筑工程和市政基础设施工程竣工验收及备案管理办法》第十二条"建设单位办理工程竣工验收备案应当提交下列文件:……(八)建设单位按合同支付工程款的证明文件"的规定,中建六局二公司应当在恩施州税务局按照一审法院确定的给付工程款履行的期限内给付工程款完毕之日起十日内,向恩施州税务局交付上述竣工验收备案资料。"关于恩施州税务局先付款中建六局二公司后交付资料的认定是否有误"成为了本案二审的争议焦点之一,恩施州税务局上诉主张,一审判令恩施州税务局先付款,中建六局二公司再交付资料,明显不当。应由中建六局二公司先交付资料,恩施州税务局再支付剩余款项。因为竣工备案资料是恩施州税务局办理竣工备案证的必备资料,没有这些资料无法办理竣工备案验收,影响了房屋的正常使用。若中建六局二公司收取剩余款项后,拒不移交资料,人民法院不好执行。因此,请求判令中建六局二公司先移交资料,恩施州税务局再支付款项,或者判决同时进行。对此最高人民法院经审理认为,根据双方签订的《湖北省建设工程施工合同》专用条款第48.3款"承包人提供竣工图及竣工验收资料四套"的约定,中建六局二公司应当向恩施州税务局提交相应的竣工验收备案资料。双方对一审判决关于中建六局二公司向恩施州税务局交付竣工验收备案资料[包括建筑工程竣工验收报告、施工单位工程竣工报告、监理单位质量评估报告、竣工图(除拆除门房的竣工图)、工程质量保修书]的认定无异议。只是恩施州税务局上诉请求判令中建六局二公司先移交资料,恩施州税务局再支付款项,或者判决移交资料与支付款项同时进行。一审中,中建六局二公司自述其可以移交建筑工程竣工验收报告、施工单位工程竣工报告、监理单位质量评估报告、工程施工许可证、竣工图、工程质量保修书,其他竣工验收备案资料应由恩施州税务局提交或双方配合完成。为便于双方及时履行义务,由中建六局二公司在恩施州税务局按照本判决确定的支付剩余工程款完毕之日,向恩施州税务局交付上述竣工验收备案资料,较为适宜。①

就上述案件而言,一审法院的裁判观点较为合理,因在建设工程施工合同中,施工单位的主要合同义务是依约交付质量合格的建设工程,建设单位的主要合同义务是在施工单位交付质量合格的建设工程的基础上向施工单位支付工程价款,而施工单位配合建设单位竣工验收备案的义务应为施工单位基于施工合同的附随义务,除双方在合同中另有约定外,建设单位不能因施工单位未履行附随义务而拒绝履行支付工程价款的主要合同义务。对于施工单位未履行附随义务的责任承担,建设单位应通过违约或损害赔偿等方式进行主张。

五、建设工程质量阶段性验收问题

(一)阶段性验收合格工程价款的支付依据

建设工程阶段性验收是实务中对除建设工程竣工验收外的统称,包括前文提及的检验批验收、分项验收、分部验收以及上述环节中包含的隐蔽工程验收、专项验收等。从《民法典》第七百九十三条第一款“建设工程施工合同无效,但是建设工程经验收合格的,可以参照合同关于工程价款的约定折价补偿承包人”,第八百零五条第三款“合同解除后,已经完成的建设工程质量合格的,发包人应当按照约定支付相应的工程价款;已经完成的建设工程质量不合格的,参照本法第七百九十三条的规定处理”以及《施工合同司法解释(一)》第二十四条第一款“当事人就同一建设工程订立的数份建设工程施工合同均无效,但建

① 参见最高人民法院(2019)最高法民终1667号民事判决书。

设工程质量合格,一方当事人请求参照实际履行的合同关于工程价款的约定折价补偿承包人的,人民法院应予支持",第三十九条"未竣工的建设工程质量合格,承包人请求其承建工程的价款就其承建工程部分折价或者拍卖的价款优先受偿的,人民法院应予支持"等规定可知,施工单位可以取得其承建工程之工程价款的实质性前提并非该建设工程经竣工验收合格,而是该建设工程已完成部分的质量合格,在该前提下,对于合同无效、合同解除以及建设工程已完工或已部分完工但未竣工验收的情况下,施工单位主张相应工程价款的合法权益将得到有效保障。

上述观点在《施工合同司法解释(一)》生效之前就已得到法院的支持,如最高人民法院(2017)最高法民终730号民事判决书认为,原《施工合同司法解释》第二条规定:"建设工程施工合同无效,但建设工程经竣工验收合格,承包人请求参照合同约定支付工程价款的,应予支持。"其中,经验收合格的工程包括工程竣工后验收合格和正在建设中的工程经阶段性验收合格的工程及经过修复后验收合格的工程。本案中,案涉工程存在大量质量不合格的事实,经鉴定机构鉴定,确定修复费用金额,并由某建六公司承担。由此可见,案涉工程属于原《施工合同司法解释》第二条规定的经修复后验收合格的情形,某盛源公司应参照双方的约定支付中建六公司工程价款。① 再如,最高人民法院(2019)最高法民终504号民事判决书也认为,虽然案涉唐山富丽国际花园小区项目的整体工程尚未办理竣工验收手续,但就南通六建已完工程经过了分部分项验收,且南通六建撤离施工现场后,该项目工程已由第三方继续施工至封顶。根据《建筑法》第六十一条第二款的规定,建设工程竣工验收不合格是无法交付使用的。通华公司在实际接收使用了南通六建已完工程的情况下,又主张该部分工程未经验收合格,依据不足。鉴于建设工程项目自身的特点,经验收合格的工程不仅包括整体工程竣工后验收合格的工程,也包括工程经阶段性验收合格的工程以及经过修复后验收合格的工程。关于南通六建已施工工程的质量问题,通华公司已经过另案诉讼,要求南通六建给付修复不合格工程或赔偿修复不合格工程费用。通华公司该诉讼请求已为生效的人民法院判决所支持,也即针对案涉工程质量存在的问题,作为施工人的南通六建已承担了修复责任。因此,南通六建对其施工的投入,有权要求通华公司支付相应的工程价款。通华公司以案

---

① 参见最高人民法院(2017)最高法民终730号民事判决书。

涉唐山富丽国际花园小区项目的整体工程未经竣工验收合格为由，上诉主张南通六建请求支付工程款的条件未成就，理据不足，最高人民法院不予支持。[①]

（二）阶段性验收对建设工程质量责任承担的举证责任划分影响

建设工程的阶段性验收既是对前序工程质量合格的确认，也是对进入下一施工阶段的启动。建设工程各参与方尤其是施工单位如管理规范，应制作并留存完备的施工工序记录、监理工程师检测确认记录、工程质量控制资料核查记录、工程安全和功能检验资料核查及主要功能抽查记录、工程观感质量检查记录、阶段性工程验收记录等各类证明已完工工程质量合格的资料。这些资料在日后建设工程未竣工验收但发生质量争议的情况下，将能很大程度地还原各参与方尤其是施工单位在施工过程中的具体行为，并将最终影响各方对工程质量责任承担的认定。施工单位通常在建设工程质量纠纷案件中负有较重的举证责任，但如没有相反证据能够推翻已形成的阶段性验收资料，在司法实践中，法院通常会认定施工单位不宜承担相应的质量责任。

如，最高人民法院（2018）最高法民申 667 号民事判决书认为，库尔勒天勤房地产开发有限责任公司（以下简称天勤公司）申请再审称二审判决以备案表、工程量验收表、竣工图为计算工程面积之依据错误。（1）工程量验收表只是计算和支付进度款或阶段性付款的依据，并不是建设工程的最终和最准确的面积。备案表及竣工图中的面积，只是对工程量验收表中面积数字的重复腾挪，并不对建筑面积进行测量。二审认定建筑面积的所有依据均不是建筑面积的最终的和最准确数字。（2）施工合同约定工程量“以实际竣工面积确认”，就应以竣工后的实测面积为准。天勤公司向法院提交的第三方公司测绘面积是实测面积，更符合当事人的约定。如泰隆公司有异议，法院应当委托第三方机构另行实测，而不是依据不准确的、未经实际测量的图表进行认定。关于二审判决依据工程质量验收意见表、工程竣工图、竣工验收报告计算工程量是否错误的问题，法院认为，根据案涉《施工合同》的约定，应以实际竣工面积确认工程量。泰隆公司提交的工程质量验收意见表由建设、监理、设计、施工、勘察单位共同对案涉工程验收后出具，各方均已认可，其计算的施工面积与工程竣工图、竣工验收报告所记载的施工面积一致，且天勤公司在一审庭审中亦对该施工面

---

① 参见最高人民法院（2019）最高法民终 504 号民事判决书。

积予以认可，故依据竣工后的工程面积进行结算更符合当事人的真实意思表示及客观情况。虽然天勤公司提供房产测绘表予以反证，但该测绘表系天勤公司单方委托新疆建隆房地产评估有限公司出具，内容系对涉案房产面积的测量，并非对建筑工程量的测量，且该测绘表出具时案涉工程尚未竣工，故不应作为确认案涉工程施工面积的依据。因此，二审判决依据工程质量验收意见表、工程竣工图、竣工验收报告计算工程量是正确的。天勤公司该项申请理由不能成立。①

再如，最高人民法院（2021）最高法民申2824号民事判决书认为，阿克苏明华杭州大厦有限责任公司（以下简称明华公司）诉称因松鹤公司施工质量存在瑕疵，导致工程需进行加固处理，虽然案涉工程所使用的混凝土系明华公司提供，但松鹤公司将该材料用于施工，审验把关不当，对工程质量存在缺陷也负有责任，故应当由双方共同承担工程的加固费用。经查明，该工程已经主体验收合格。由此，法院认为，明华公司虽然提交了质量鉴定报告、加固处理设计方案及费用支出等证据，但上述证据不能证明工程混凝土强度未达标系因松鹤公司施工不规范导致，明华公司作为案涉工程商砼的供应方，其所提供的商砼等级和质量亦会直接影响施工工程质量，因明华公司不能举证证明松鹤公司对混凝土强度不合格存在过错，二审法院未予支持明华公司主张的加固处理费并无不当。②

① 参见最高人民法院（2018）最高法民申667号民事裁定书。
② 参见最高人民法院（2021）最高法民申2824号民事裁定书。

第五章

建设工程质量保证金

第一节　质保金概述

一、质保金的概念

2005 年 1 月 12 日，原建设部与财政部共同发布了《建设工程质量保证金管理暂行办法》（建质〔2005〕7 号）（已失效，以下简称《暂行办法》），其中第二条规定："本办法所称建设工程质量保证金（保修金）是指发包人与承包人在建设工程承包合同中约定，从应付的工程款中预留，用以保证承包人在缺陷责任期内对建设工程出现的缺陷进行维修的资金。缺陷是指建设工程质量不符合工程建设强制性标准、设计文件，以及承包合同的约定。缺陷责任期一般为六个月、十二个月或二十四个月，具体可由发、承包双方在合同中约定。"

《暂行办法》明确了"质量保证金（保修金）"的概念，同时对缺陷责任期、保证金预留、返还方式、预留比例、期限进行了规定。《暂行办法》中，质量保证金与质量保修金概念同一，质量保证金也称为质量保修金，但"质量保修金"的表述容易与工程保修期、保修责任关联并产生混淆，"质量保证金（保修金）"的概念对应的是"缺陷责任期"，而保修责任、保修义务对应的是"保修期"，缺陷责任期与保修期的概念、期限、依据、法律后果均存在不同。因此 2016 年 12 月 27 日住房和城乡建设部、财政部共同发布了《建设工程质量保证金管理办法》（建质〔2016〕295 号，已失效），删除了"质量保修金"的表述，统一使用"质量保证金"的概念。

2017 年 6 月 20 日，住房和城乡建设部、财政部对《建设工程质量保证金管理办法》（建质〔2016〕295 号）进行修订后发布了《建设工程质量保证金管理办法》（以下简称《质保金管理办法》）（建质〔2017〕138 号），其中第二条对质保金的概念作了明确规定。

《质保金管理办法》第二条第一款规定,建设工程质量保证金(以下简称质保金)是指发包人与承包人在建设工程承包合同中约定,从应付的工程款中预留,用以保证承包人在缺陷责任期内对建设工程出现的缺陷进行维修的资金。

质保金制度的设立,作为建设工程施工合同项下发包方与承包方之间就工程质量缺陷修复的一种权利义务安排,对于督促施工企业重视工程质量,减少质量缺陷,履行维修义务,从而进一步保障建设工程竣工交付后的工程质量起到了重要作用。

从质保金的概念可以看出,质保金具有如下法律属性。

1. 质保金是建设工程发包人与承包人之间民事权利义务的安排,由发承包双方在合同中进行明确约定

质保金涉及建设工程发包人与承包人之间具体权利义务关系,质保金的给付方式、质保金预留比例、返还时间、违约责任等内容,均属于双方当事人之间的一种民事权利义务安排,须在合同中进行明确约定。双方在合同中已经明确约定的,一般应尊重双方当事人的意思自治。

如果双方约定的质保金条款内容与《质保金管理办法》规定不一致的,如何进行认定,实践中存在认识与处理上的差异。从行业主管部门从减轻建筑企业负担,营造公平的营商环境的价值取向角度,以及质保金的功能定位方面考量,目前司法实践对当事人的意思自治也进行了一定的限制,包括质保金比例、质保金预留期限等方面,对质保金条款约定的意思自治原则进行了必要的限缩,在一定程度上限制了当事人意思自治原则的适用。例如,最高法院民一庭指出:"工程质量保证金一般不能超过工程总价款的3%,超过的部分不能认定为工程质量保证金。"①

2. 质保金可以由发包人在工程款结算时从应付工程款中扣留

建筑工程竣工验收合格后,发包人与承包人对工程款进行结算,结算时可以扣留一定比例的质保金,待缺陷责任期届满后再行支付。

《质保金管理办法》第七条规定,发包人应按照合同约定方式预留保证金,保证金总预留比例不得高于工程价款结算总额的3%。

① 最高人民法院民事审判第一庭编著:《最高人民法院建设工程施工合同司法解释(二)理解与适用》,人民法院出版社2019年版,第185页。

3. 质保金具备担保功能，主要功能在于保证在缺陷责任期内对建设工程出现的缺陷有资金进行维修

住房和城乡建设部、原国家工商行政管理总局《建设工程施工合同(示范文本)》(GF—2017—0201)第 1.1.5.7 目“质量保证金”的规定为：“质量保证金，是指按照第 15.3 款〔质量保证金〕约定承包人用于保证其在缺陷责任期内履行缺陷修补义务的担保。”

《质保金管理办法》第九条第一款规定：“缺陷责任期内，由承包人原因造成的缺陷，承包人应负责维修，并承担鉴定及维修费用。如承包人不维修也不承担费用，发包人可按合同约定从保证金或银行保函中扣除，费用超出保证金额的，发包人可按合同约定向承包人进行索赔。承包人维修并承担相应费用后，不免除对工程的损失赔偿责任。”

在缺陷责任期内，承包人应负责维修自身原因造成的工程质量缺陷，并承担相应的费用。如果承包人既不维修也不承担费用，发包人可以按照合同约定从质量保证金中扣除相应的费用。

二、缺陷责任期

缺陷责任期这一概念引自 1987 年版的 FIDIC(国际咨询工程师联合会)合同条件第四十九条，该条规定了缺陷责任期：缺陷责任期终止前承包人应完成所有剩余工作并修复好缺陷；由于承包人原因造成的缺陷修复应自费处理，若非承包人原因造成的缺陷，其调查费和修复缺陷费用应加到合同价格上去。缺陷责任期满之后，经工程师验收合格，签发工程缺陷责任终止证书。缺陷责任期容易使人误解为只有在缺陷责任期内，施工人才承担修复缺陷的义务，而实际上在 FIDIC 合同条件下，施工人的修复缺陷义务并不仅仅存在于缺陷责任期内，在履约证书颁发之前的任何阶段，施工人均负有缺陷修复义务。故 1999 版的 FIDIC 合同条件则将缺陷责任期修改为缺陷通知期。缺陷通知期，是指自工程接收证书中注明的竣工日期算起，至通知工程存在缺陷的期限。

《标准施工招标文件》(2007 年版)及《建设工程施工合同(示范文本)》(GF—2017—0201)均引入了缺陷责任期的概念。在缺陷责任期内，由施工人原因造成的缺陷，施工人应负责维修，并承担鉴定及维修费用。缺陷责任期届满，发包人应当返还质量保证金。

鉴于质保金用于担保承包人在缺陷责任期内履行工程质量缺陷的维修修

复义务，因此准确界定缺陷以及缺陷责任期，对于质保金的适用、质保金的返还均具有重要意义。

（一）缺陷的概念

在 FIDIC 合同条件下，"缺陷"一般指工程或材料与合同要求不一致。主要工程及设备的缺陷通知期大多为 1 年，当事人可以对此进行约定。如果因为某项缺陷达到使工程或主要生产设备不能按原定目的使用的程度，业主有权提出延长缺陷通知期，但所延长的时间不得超过 2 年。

《质保金管理办法》第二条第二款规定，缺陷是指建设工程质量不符合工程建设强制性标准、设计文件，以及承包合同的约定。

工程建设强制性标准，是指直接涉及工程质量、安全、卫生及环境保护等方面的工程建设标准强制性条文。工程建设强制性标准，是工程质量标准中的最低要求，必须予以执行。北京高院《关于审理建设工程施工合同纠纷案件若干疑难问题的解答》（京高法发〔2012〕245 号）第二十七条亦明确规定，建设工程施工合同中约定的建设工程质量标准低于国家规定的工程质量强制性安全标准的，该约定无效；合同约定的质量标准高于国家规定的强制性标准的，应当认定该约定有效。

建设工程的施工，需要严格按照工程设计图纸和施工技术标准执行，确保工程质量。因此，设计文件是判断施工质量是否合格，是否存在质量缺陷的重要依据。工程设计图纸是建设工程设计单位根据工程的功能、质量等方面的要求所完成的设计工作的最终成果，其中的施工图是对建设工程的建筑物、设备、管线等工程对象的尺寸、布置、选用材料、构造、相互关系、施工及安装质量要求的详细图纸和说明，是指导施工的直接依据。施工技术标准是施工作业人员进行每一项施工操作的技术依据，包括对各项施工准备、施工操作工艺流程和应达到的质量要求的规定。①

施工人除严格按照工程设计图纸和施工技术标准进行施工外，对施工所采用的建筑材料、建筑构配件和设备的质量负责，不得偷工减料。

由于承包方违反工程建设强制性标准、设计文件，以及承包合同的约定导致工程质量存在缺陷的，即工程质量缺陷系由于承包方的原因造成的，承包方

---

① 参见史智军编著：《建设工程合同注释书》，中国民主法制出版社 2020 年版，第 392 页。

应承担工程缺陷修复义务,并承担相应的费用。

（二）缺陷责任期

1. 缺陷责任期最长不超过二年

原建设部与财政部共同发布的《暂行办法》规定:缺陷责任期一般为六个月、十二个月或二十四个月,具体可由发、承包双方在合同中约定。

2017 年《质保金管理办法》对缺陷责任期进一步作了统一规定。按照规定,缺陷责任期一般为 1 年,最长不超过 2 年,由发、承包双方在合同中约定。在缺陷责任期内,承包人认真履行合同约定的责任,到期后,承包人向发包人申请返还质保金。

《建设项目工程总承包合同(示范文本)》(GF—2020—0216)第 11.6 款“缺陷责任期终止证书”规定,除专用合同条件另有约定外,承包人应于缺陷责任期届满前 7 日内向发包人发出缺陷责任期即将届满通知,发包人应在收到通知后 7 日内核实承包人是否履行缺陷修复义务,承包人未能履行缺陷修复义务的,发包人有权扣除相应金额的维修费用。发包人应在缺陷责任期届满之日,向承包人颁发缺陷责任期终止证书,并按第 14.6.3 项〔质量保证金的返还〕返还质量保证金。如根据第 10.5.3 项〔人员撤离〕承包人在施工现场还留有人员、施工设备和临时工程的,承包人应当在收到缺陷责任期终止证书后 28 天内,将上述人员、施工设备和临时工程撤离施工现场。

2. 缺陷责任期的起算时间

缺陷责任期从工程通过竣工验收之日起计。由于承包人原因导致工程无法按规定期限进行竣工验收的,缺陷责任期从实际通过竣工验收之日起计。由于发包人原因导致工程无法按规定期限进行竣工验收的,在承包人提交竣工验收报告 90 日后,工程自动进入缺陷责任期。

3. 缺陷责任期内修复责任承担

缺陷责任期内,由承包人原因造成的缺陷,承包人应负责维修,并承担维修费用。如承包人不维修也不承担费用,发包人可按合同约定从质保金中扣除,费用超出质保金金额的,发包人可按合同约定向承包人进行索赔。承包人维修并承担相应费用后,不免除对工程的损失赔偿责任。

非因承包人原因造成的缺陷,不属于承包人缺陷责任承担范围。如由非承包人原因造成的缺陷,发包人负责组织维修,承包人不承担费用,且发包人不得从保证金中扣除费用。

4. 承包人缺陷调查

相较于《建设项目工程总承包合同示范文本(试行)》(GF—2011—0216),《建设项目工程总承包合同(示范文本)》(GF—2020—0216)在涉及缺陷责任的条款中增加了缺陷调查的约定,为发、承包双方解决缺陷责任争议提供了指引和借鉴。这些条款内容借鉴了国际通行的FIDIC合同条件的相关规定,并在此基础上作出了适应中国总承包实践的调整。

《建设项目工程总承包合同(示范文本)》(GF—2020—0216)第11.3.1项"承包人缺陷调查"规定:如果发包人指示承包人调查任何缺陷的原因,承包人应在发包人的指导下进行调查。承包人应在发包人指示中说明的日期或与发包人达成一致的其他日期开展调查。除非该缺陷应由承包人负责自费进行修补,承包人有权就调查的成本和利润获得支付。如果承包人未能根据本款开展调查,该调查可由发包人开展。但应将上述调查开展的日期通知承包人,承包人可自费参加调查。如果该缺陷应由承包人自费进行修补,则发包人有权要求承包人支付发包人因调查产生的合理费用。

5. 缺陷责任期与保修期

明确界定区分缺陷责任期与保修期,对于准确理解质保金法律制度具有重要意义。关于二者的区别详见本书第六章第二节保修期与缺陷责任期的区分。

三、质保金的给付方式

发、承包双方在签订施工合同时,应该约定质保金缴纳方式。《建设工程施工合同(示范文本)》(GF—2017—0201)第15.3.1项"承包人提供质量保证金的方式"规定:承包人提供质量保证金有以下三种方式:(1)质量保证金保函;(2)相应比例的工程款;(3)双方约定的其他方式。

对于质保金的给付方式,由发包方、承包方协商确定,并在专用条款中进行特别约定。

(一)银行保函

《质保金管理办法》第五条规定:"推行银行保函制度,承包人可以银行保函替代预留保证金。"

银行保函是工程质量保证金的缴纳方式之一。如北京市住房和城乡建设委员会《关于推行以银行保函方式缴纳工程质量保证金的通知》(京建法〔2017〕24号)规定:承包人以银行保函方式缴纳工程质量保证金的,应当在工程竣工验收10个工作日内,向发包人提交银行保函。由于发包人原因导致工程无法按规定期限进行竣工验收的,承包人应当在提交竣工验收报告90日内,经与发包人协商确定日期,向发包人提交银行保函。

承包人应对其所出具的银行保函的真实性负责,并按照有关法律法规的规定,配合发包人对工程缺陷进行维修。

工程项目竣工验收前,承包人已经向发包人提交履约保证金或履约保函的,发包人不得要求承包人以任何形式缴纳工程质量保证金。

工程竣工验收后,承包人以银行保函方式缴纳工程质量保证金的,发包人不得再另行预留工程质量保证金。

银行保函的有效期应与合同约定的缺陷责任期一致,缺陷责任期内,承包人应认真履行合同约定的责任,到期后,采用银行保函方式的,银行保函自动失效。银行保函的有效期与合同约定的缺陷责任期一致,有利于建筑业企业通过以银行保函方式缴纳质量保证金,避免因业主到期不返还质量保证金造成的经济损失,同时也督促发、承包双方在缺陷责任期内及时解决工程质量问题。

(二)工程结算款中预留质量保证金

由于银行保函需要向银行申请授信额度,施工企业需要向银行提供担保等增信措施,因此建设工程领域普遍采用工程结算款中直接预留质量保证金的方式。缺陷责任期满后,承包人向发包人申请返还质保金。

(三)工程担保公司保函和工程保证保险等其他方式

为进一步优化营商环境,强化事中事后监管,保障工程建设各方主体的合法权益,住房和城乡建设部等部门发布的《关于加快推进房屋建筑和市政基础设施工程实行工程担保制度的指导意见》(建市〔2019〕68号)规定,推行工程保函替代保证金。加快推行银行保函制度,在有条件的地区推行工程担保公司保函和工程保证保险。

综上所述,对于质保金的给付方式,发、承包双方可以进行约定,并在合同中予以明确。

四、质保金与履约保证金

国务院办公厅发布的《关于清理规范工程建设领域保证金的通知》(国办发〔2016〕49 号)要求:全面清理各类保证金。对建筑业企业在工程建设中需缴纳的保证金,除依法依规设立的投标保证金、履约保证金、工程质量保证金、农民工工资保证金外,其他保证金一律取消。作为建设工程领域广泛存在的履约保证金,是否可以与质保金同时收取,二者之间有何不同,需要进行识别与判断。

(一)履约保证金

《中华人民共和国招标投标法》(2017 年修正)(以下简称《招标投标法》)第四十六条第二款规定:招标文件要求中标人提交履约保证金的,中标人应当提交。

国务院《中华人民共和国招标投标法实施条例》(2019 年修正)(以下简称《招标投标法实施条例》)第五十八条规定:招标文件要求中标人提交履约保证金的,中标人应当按照招标文件的要求提交。

国务院《中华人民共和国政府采购法实施条例》(国务院令第 658 号)(以下简称《政府采购法实施条例》)第四十八条规定:采购文件要求中标人或者成交供应商提交履约保证金的,供应商应当以支票、汇票、本票或者金融机构、担保机构出具的保函等非现金形式提交。

履约保证金并非法定的担保方式。在建设工程领域,一般是指招标人要求投标人在接到中标通知后,提交的其保证履行合同各项义务的担保。中标人不履行合同义务的,招标人将按照合同约定扣除其全部或部分履约保证金,或由担保人承担担保责任。合同双方当事人在合同中约定收取履约保证金的比例、履约保证金适用的条件和后果、履约保证金返还的时间等内容。在发生合同约定的违约情形时,按照合同约定的履约保证金条款进行处理。

(二)质保金与履约保证金的区别

质保金与履约保证金均属于对建设工程施工合同履行的担保,但二者无论在资金性质、法律性质、担保事项等方面,均存在不同,具体体现在以下方面。

1. 给付方式不同

根据《招标投标法》等法律法规的规定,履约保证金是承包方为保证正常履行建设工程施工合同,避免出现违约行为,按照建设工程施工合同的约定,提前向发包方交纳的资金,主要是支票、汇票、本票或者金融机构、担保机构出具的保函等非现金形式,需要占用承包人的流动资金或者银行授信额度。但质保金可以是发包人在竣工结算时扣留一定比例的工程款,无须承包人另行筹措资金。

基于前述资金给付方式的不同,对于发包方与承包方而言,从各自利益角度出发,在履约保证金和质保金不能重复收取的情况下,各方选择也会有所侧重或不同。

2. 担保事项不同

履约保证金系担保建设工程施工合同承包人全面履行合同,双方在施工合同中约定履约保证金的担保事项。在合同中约定的履约保证金担保事项出现时,发包人有权依据施工合同的约定对履约保证金进行扣留或不予返还。履约保证金的担保事项由双方进行明确约定。

质保金系担保承包人在缺陷责任期内建设工程出现的缺陷进行维修的资金,保证承包人在缺陷责任期内履行缺陷修复义务。如承包人不履行修复义务,发包人可按合同约定从质保金中直接扣除修复费用。

3. 保证金计算基数以及比例不同

《招标投标法实施条例》第五十八条规定,履约保证金不得超过中标合同金额的10%。《政府采购法实施条例》第四十八条规定,履约保证金的数额不得超过政府采购合同金额的10%。因此,履约保证金的最高限额为合同金额的10%。

《质保金管理办法》第七条规定:发包人应按照合同约定方式预留保证金,保证金总预留比例不得高于工程价款结算总额的3%。合同约定由承包人以银行保函替代预留保证金的,保函金额不得高于工程价款结算总额的3%。因此,质保金的最高限额为工程价款结算总额的3%。

在建设工程施工过程中,经常出现洽商变更等影响工程款结算金额的情况,合同金额与工程款结算金额往往不一致,由于履约保证金系在合同履行前预交的,因此履约保证金以合同金额的10%作为上限;而质保金系在竣工结算后对工程款扣留,因此按照工程款结算金额的3%作为上限。

4. 返还时间不同

履约保证金系为了担保承包人全面履行合同,在工程竣工验收合格承包人履行完毕合同义务后，发包人即应依照合同约定返还履约保证金。而质保金的返还时间为缺陷责任期内承包人履行缺陷修复义务，缺陷责任期届满后发包人予以返还。

5. 合同无效的法律后果不同

履约保证金属于一种约定的担保方式，并非属于建设工程施工合同双方当事人必然的选择，只有在双方当事人明确约定提供履约保证金的情形下，才存在履约保证金条款的适用。根据《民法典》第一百五十七条规定，民事法律行为无效、被撤销或者确定不发生效力后，行为人因该行为取得的财产，应当予以返还；不能返还或者没有必要返还的，应当折价补偿。因此，在履约保证金条款无效时，收取的履约保证金应返还给对方。

而质保金是对缺陷责任期内工程质量缺陷责任维修义务的担保，建设工程质量关系到社会公共安全和人民群众生命财产安全，国家对建设工程质量进行严格的管理。即使合同约定无效，法院也可以参照法定或合同约定的质保金内容对质保金扣留进行认定。例如 2009 年 5 月 4 日安徽高院《关于审理建设工程施工合同纠纷案件适用法律问题的指导意见》第十四条规定："建设工程施工合同无效，但工程经竣工验收合格并交付发包人使用的，承包人应承担相应的工程保修义务和责任，发包人可参照合同约定扣留一定比例的工程款作为工程质量保修金。"当然，对于合同无效质保金条款的效力，司法实践中亦存在不同的看法和认识，具体详见本章第四节合同无效情形下质保金的法律问题。

（三）质保金与履约保证金的关系

《质保金管理办法》第六条规定："在工程项目竣工前，已经缴纳履约保证金的，发包人不得同时预留工程质量保证金。采用工程质量保证担保、工程质量保险等其他保证方式的，发包人不得再预留保证金。"

国务院办公厅《关于清理规范工程建设领域保证金的通知》第四条规定："严格工程质量保证金管理。……在工程项目竣工前，已经缴纳履约保证金的，建设单位不得同时预留工程质量保证金。"

《建设工程施工合同（示范文本）》（GF—2017—0201）第 15.3 款"质量保证金"约定："在工程项目竣工前，承包人已经提供履约担保的，发包人不得同时预留工程质量保证金。"

建设工程施工项目的施工方资金压力大，要求履约保证金以及质保金不得重复收取，也是国家清理规范工程建设领域保证金层面推进简政放权、放管结合、优化服务改革的必要措施，有利于减轻企业负担、激发市场活力，有利于发展信用经济、建设统一市场、促进公平竞争、加快建筑业转型升级。

（2021）最高法民申4775号沈阳思诚房地产开发有限公司（以下简称思诚公司）、沈阳北方建设股份有限公司（以下简称北方公司）建设工程施工合同纠纷再审案中，同时涉及履约保证金和质保金的返还两个争议焦点。

关于应否返还履约保证金问题。最高法院认为，案涉《建设工程施工合同》专用条款"26"约定，工程交付使用并取得竣工验收备案后返还剩余履约保证金（不计利息）。2009年原住房和城乡建设部发布的《房屋建筑和市政基础设施工程竣工验收备案管理办法》（住房和城乡建设部令第2号）第四条规定："建设单位应当自工程竣工验收合格之日起15日内，依照本办法规定，向工程所在地的县级以上地方人民政府建设主管部门（以下简称备案机关）备案。"据此，办理案涉工程备案手续的义务应由建设单位思诚公司承担。2015年9月16日案涉工程竣工验收手续办理完毕并交付使用，但迟至2020年本案二审时竣工验收备案手续尚未办理完毕。思诚公司诉称案涉工程未完成备案手续系由北方公司所致，但其提交的《关于尽快完善大观苑（三期）政府补贴房项目竣工档案的函》等证据材料，均无北方公司签章，《建设工程竣工档案初验合格证副本》亦未提及北方公司责任，尚不足以证实其主张。原审判决思诚公司向北方公司返还履约保证金并给付逾期返还的利息，有事实和法律依据，并无不当。

关于应否返还质保金问题。最高法院认为，案涉《建设工程施工合同》约定工程质量保修期为2～6年，案涉工程于2015年9月16日完成竣工验收，北方公司于2020年提起本案诉讼时，已超过缺陷责任期2年。故原审判决思诚公司返还质保金，亦无不当。①

关于已经缴纳履约保证金不再扣留质保金的规定，最早见于2016年6月23日施行的国务院办公厅《关于清理规范工程建设领域保证金的通知》。（2021）最高法民申4775号案件中，2015年9月16日案涉工程竣工验收手续办理完毕并交付使用，当时并无同时收取履约保证金和质保金的禁止性规定，因此在（2021）最高法民申4775号案件中，存在收取履约保证金的同时，又预留质保金的情况，但质保金与履约保证金二者之间在款项的给付方式、适用条件、返

① 参见（2021）最高法民申4775号民事裁定书。

还时间等方面均存在不同。2016 年 6 月 23 日《关于清理规范工程建设领域保证金的通知》发布后,禁止同时收取履约保证金和质保金。

五、质保金与定金

定金是合同当事人在订立合同时,为了保证合同的履行,约定一方当事人预先支付给对方一定数额的货币,债务人履行债务后,定金应当收回或抵作价款的一种担保合同。

定金是《民法典》规定的债的担保方式之一。根据《民法典》的规定,当事人可以约定一方向对方给付定金作为债权的担保。定金合同自实际交付定金时成立。定金的数额由当事人约定;但是,不得超过主合同标的额的百分之二十,超过部分不产生定金的效力。实际交付的定金数额多于或者少于约定数额的,视为变更约定的定金数额。债务人履行债务的,定金应当抵作价款或者收回。给付定金的一方不履行债务或者履行债务不符合约定,致使不能实现合同目的的,无权请求返还定金;收受定金的一方不履行债务或者履行债务不符合约定,致使不能实现合同目的的,应当双倍返还定金。当事人既约定违约金,又约定定金的,一方违约时,对方可以选择适用违约金或者定金条款。定金不足以弥补一方违约造成的损失的,对方可以请求赔偿超过定金数额的损失。

质保金具备从属性、补充性和保障债权切实实现性,故为担保,且属于金钱担保。[①] 质保金担保的是承包人在缺陷责任期内的维修责任,缺陷责任期届满后承包人的维修义务消灭,发包人需返还质保金,故质保金具有从属性。同时,质保金只有在缺陷责任期内承包人既不维修也不承担维修费用时,发包人方可按照合同约定在质保金中扣除维修费用,故质保金亦具有补充性。此外,承包人若在缺陷责任期内不履行维修义务,发包人有权将维修资金在质保金中予以直接扣除,从而保障承包人债权的落实。

定金与质保金两者虽均属于债的担保,但两者在法律适用上存在不同。

(一)给付方式不同

定金是一方给付相对方一定数额的金钱,属于金钱给付;而质保金给付方

① 参见崔建远:《"担保辨"——基于担保泛化弊端严重的思考》,载《政治与法律》2015 年第 12 期。

式可以由承、发包双方在合同中约定，既可以是质保金保函，也可以预留一定比例的工程款，双方还可以约定工程担保公司保函和工程保证保险等其他方式。

（二）法律后果不同

1. 根据《民法典》关于定金罚则的规定，定金对给付方、接收方双方均有约束力。给付定金的一方不履行债务或者履行债务不符合约定，致使不能实现合同目的的，无权请求返还定金；收受定金的一方不履行债务或者履行债务不符合约定，致使不能实现合同目的的，应当双倍返还定金。

质保金仅单方约束承包方，对发包方并无约束力，不存在接收质保金的发包方不履行合同需要双倍返还的惩罚问题。

2. 违约金的适用方面，当事人既约定违约金，又约定定金的，一方违约时，对方可以选择适用违约金或者定金条款，二者择其一适用。

承包方在缺陷责任期内不履行缺陷修复义务，合同中同时约定了违约金条款，质保金与违约金二者是否能够同时适用，法律上并无明确规定，在我国民事责任是以补偿性为原则，惩罚性为例外的，若法律无特别规定民事责任具有惩罚性的，则应为补偿性，属于损害填补责任。质量保证金的基本功能在于保证建设工程的质量，在承包方违反缺陷责任修复义务时，在质保金中扣除修复费用后，对发包人的损失已经进行了弥补，如同时又支持违约金的主张，显然与违约金的填补损失原则相悖。但如果在承包方承担了质保金责任却仍不足弥补发包人的损失时，发包人还可以另行主张违约金等违约责任进行填补。

（三）定金合同属于实践合同，而工程质保金的合同为诺成合同

定金合同具有实践性，属于实践合同，以定金的交付为合同的成立要件。定金合同自实际交付定金时成立。而工程质保金的合同，为诺成合同，自双方当事人意思表示一致时即成立，不以质保金的交付为合同成立要件。

（四）关于超过法定比例金额部分的认定

《民法典》第五百八十六条第二款规定，定金的数额由当事人约定；但是，不得超过主合同标的额的百分之二十，超过部分不产生定金的效力。

对于质保金比例的约定，如果超过《质保金管理办法》规定的3%时，超过部分如何认定，司法实践中并无统一的裁判规则。一种观点认为，工程质量保

证金一般不能超过工程总价款的3%，超过的部分不能认定为工程质量保证金。另一种观点认为，《质保金管理办法》属于规范性法律文件，且非效力性强制性规范，依照尊重当事人意思自治原则，认定该约定有效。

第二节 质保金的预留

采用从工程款中预留的方式给付质保金的，质保金的预留以及返还，实质是工程款最后一期的支付时间与支付金额，关系到发包方财务安排，也关系到承包方实现工程施工收益、资金回笼，因此质保金条款涉及发、承包双方重要权利义务，发、承包双方应在合同中明确约定质保金预留比例、预留方式以及返还时间等内容，使双方交易具有稳定性和可预期性，避免双方因质保金条款内容在合同中未约定或约定不明确产生争议与分歧。本节对质保金的预留比例、预留方式等法律问题进行探讨。

一、质保金预留比例

（一）质保金预留比例不得高于工程价款结算总额的3%

《质保金管理办法》相较2016年《建设工程质量保证金管理办法》（建质〔2016〕295号，已失效）的规定，其中一个重要的变化，即将质保金比例由原来的工程价款结算总额的5%调整为3%。《质保金管理办法》第七条规定，发包人应按照合同约定方式预留保证金，保证金总预留比例不得高于工程价款结算总额的3%。合同约定由承包人以银行保函替代预留保证金的，保函金额不得高于工程价款结算总额的3%。

近年来，为了有效减少建筑业企业资金占用压力，补充流动资金，减少银行贷款，降低企业的经营成本，增强中小微企业的资金流动性，部分地方住建部门发文降低工程质保金预留比例至工程价款结算总额的1.5%。如武汉市城建局2021年7月23日发布的《关于调整工程质量保证金预留比例的通知》规定，工程质量保证金预留比例由发、承包双方自行约定，但不得高于工程价款结算总额的1.5%。在武汉市参建路桥隧市政公用工程、房屋建筑工程等项目的相关企业，应参照最新的工程质量保证金预留比例执行，对于超额收取或逾期未返的,应做到应返尽返、应退尽退、应退快退。因此,虽然质保金预留比例属于发、承包双方约定内容,但也出现各地住建部门从鼓励企业经营、优化营商环境等方面考量,在《质保金管理办法》的基础上,确定本地施工项目的质保金比例。因此,无论项目建设方还是施工企业,还是应关注各地相关行政主管部门对于质保金的规范性文件内容,避免产生行政合规风险。

(二)质保金预留比例超过法定比例的效力认定

承、发包双方在合同中约定的质保金预留比例超过了《质保金管理办法》规定的3%时,司法实践中对于超过部分的效力认定,存在不同的认识。

1. 第一种观点认为,质保金预留比例超过法定比例的,不应作为质保金予以认定

最高法院民一庭指出:"工程质量保证金一般不能超过工程总价款的3%,超过的部分不能认定为工程质量保证金。"[①]该观点虽然属于学理观点,但司法实践中也存在类似的裁判思路。

例如,河南南阳中院(2019)豫13民终2867号安徽远扬新能源建设有限公司(以下简称远扬公司)、襄城县光合建筑安装劳务有限公司建设工程施工合同案中,双方签订的建设工程施工专业分包合同第二部分通用条款第21.3款约定:"剩余合同总价的10%作为质保金,在本项目并网验收合格后满一年,无施工质量问题或分包人履行质保义务的前提下,分包人收到承包人的质保金后四十日内向分包人支付合同结算总价的5%;网格验收合格后满2年,项目无施工质量问题或分包人履行质保义务的前提下,承包人于40日内支付剩余合同结算总价的5%。"河南南阳中院认为,依据《质保金管理办法》第七条的规定:"发包人应按照合同约定方式预留保证金,保证金总预留比例不得高于工程价款结算总额的3%。"远扬公司已经预留了10%的质量保证金,明显超出法定范围,故对双方约定的质保金事宜在合同总价款的3%内予以支持,超出部分不予支持。[②]

四川甘孜藏族自治州中院在(2021)川33民终209号案中亦持此观点,认

---

① 最高人民法院民事审判第一庭编著:《最高人民法院建设工程施工合同司法解释(二)理解与适用》,人民法院出版社2019年版,第185页。

② 参见河南南阳中院(2019)豫13民终2867号民事判决书。

为皓晟公司、橘子酒店双方在协议书中约定案涉工程质保金为 20 万元，依据《质保金管理办法》第七条的规定，该协议约定的质保金过高，对高出部分不予支持，确定质保金为工程价款的 3% 即 109, 038. 3 元。双方《协议书》中约定皓晟公司应当向橘子酒店交纳 20 万元质量保证金，一审法院在该约定的基础上，根据《质保金管理办法》对质保金进行调整，并无不当。①

2. 第二种观点认为，双方约定超过《质保金管理办法》规定的比例并不违反法律法规的强制性规定，应属合法有效

发、承包双方签订合同系双方真实意思表示，依法成立的合同，对当事人具有法律约束力，当事人应当按照约定全面履行自己的义务。《质保金管理办法》属于规范性法律文件，不属于法律、行政法规，双方约定超过《质保金管理办法》规定的质保金比例并不违反法律、行政法规的强制性规定，应属合法有效，双方应按照约定履行各自的义务。一方关于质保金数额的约定因违反《质保金管理办法》规定而无效的主张应不予支持。

例如，江西亚宏建设工程有限公司、乐平市棚户区改造安置房建设项目部建设工程施工合同纠纷再审审查与审判监督案中，最高人民法院认为：《建设工程施工合同》关于质量保证金的约定与《质保金管理办法》不符，但并未违反法律、行政法规的强制性规定，不会因此导致质保金条款无效。②

质保金预留比例尊重双方当事人意思自治的原则，双方约定并未违反法律、行政法规的强制性规定，也是司法实践中的主流观点，如江西高院（2020）赣民终 136 号案、北京市昌平区人民法院（2021）京 0114 民初 14669 号案等，均未支持按照《质保金管理办法》规定的比例计算质保金的主张。

对于前述两种不同的观点和认识，第一种观点直接引用《质保金管理办法》进行判决和认定，缺乏法理依据。原因在于《质保金管理办法》属于部门规范性文件，根据《最高人民法院关于裁判文书引用法律、法规等规范性法律文件的规定》第四条规定，民事裁判文书应当引用法律、法律解释或者司法解释。对于应当适用的行政法规、地方性法规或者自治条例和单行条例，可以直接引用。对于除上述第四条之外的规范性文件，根据审理案件的需要，经审查认定为合法有效的，可以作为裁判说理的依据。

---

① 参见四川甘孜藏族自治州中院（2021）川 33 民终 209 号民事判决书。

② 参见最高人民法院（2020）最高法民申 5165 号民事裁定书。

第二种观点从《质保金管理办法》的法律规范层级、是否属于强制性规范等方面论述，认为双方约定不属于导致合同无效情形，按照双方约定的比例计算质保金，更符合民法尊重当事人意思自治的立法原则。

综合前述两种观点，我们认为，应在尊重当事人意思自治的基础上，对超过《质保金管理办法》规定比例部分的条款进行认定，不能单纯以《质保金管理办法》作为司法裁判的依据。同时，鉴于建设工程施工工期长、投资金额大等因素，也避免发包方利用市场优势地位，要求承包人接受明显高于《质保金管理办法》规定比例的质保金，一定程度上也应允许法院在明显不公平的情形下对当事人约定的明显过高的质保金比例进行调整，但对质保金比例的司法干预应该予以特别的限制和慎重。此外，施工方在签约谈判时也应尽量争取较低的工程质量保证金预留比例，以免约定比例过高、返还期限过长而陷于不利与被动。

（三）合同约定了质保金，但未约定质保金比例或约定不明确，参照《质保金管理办法》3%的比例预留

如发、承包双方在合同中仅约定了质保金，但未明确约定质保金比例或约定不明确，从探究双方当事人真实意思表示的角度，认为双方存在预留质保金的合意，仅对质保金比例未约定，参照《质保金管理办法》3%的比例预留。

例如，湖南省江岸路桥施工有限公司、湖南华侨建设开发集团有限公司建设工程施工合同纠纷案中，双方对于案涉工程的质保金扣留比例、质保期及质保金返还时间未做明确约定，参照《质保金管理办法》第二条“缺陷责任期一般为1年，最长不超过2年”、第七条“发包人应按照合同约定方式预留保证金，保证金总预留比例不得高于工程价款结算总额的3%。合同约定由承包人以银行保函替代预留保证金的，保函金额不得高于工程价款结算总额的3%”及第十一条“发包人在接到承包人返还保证金申请后，应于14日内会同承包人按照合同约定的内容进行核实。……发包人在接到承包人返还保证金申请后14日内不予答复，经催告后14日内仍不予答复，视同认可承包人的返还保证金申请”之规定，结合施工惯例，酌情认定案涉工程质保金按3%扣留，质保期为两年，案涉工程于2015年12月30日交工，故质保期至2017年12月30日止，质保金返还

时间为质保期结束 14 日后即 2018 年 1 月 14 日。[①]

(四)合同未约定质保金发包人是否可以在工程款中预留

对于发、承包双方在合同中未约定质保金,发包人是否可以在工程款中预留质保金,司法实践中存在参照《质保金管理办法》预留质保金的裁判案例,如湖南高院(2020)湘民终 560 号怀化金圆房地产开发有限公司建设工程施工合同纠纷中,实际施工人王某学主张"《质保金管理办法》的相关规定并非法律强制性规定,并没有强制性要求发包方必须扣留承包方或者实际施工人质保金,该管理办法是基于发包人与承包人在施工合同中约定质保金情况下,对如何规范质保金的比例、方式、返还期限等等进行管理性的规定,在无质保金约定的情况下,不应适用《质保金管理办法》扣留质保金",一、二审法院均对王某学的主张未予支持,认为案涉工程尚在质保期内,按照工程款的 3% 扣留质保金并未超出双方的预期,因此判决参照《质保金管理办法》第七条的规定,从欠付工程款中扣留 3% 的质保金。

前述裁判思路值得商榷。《质保金管理办法》并非法律强制性规定,是否预留质保金,应属于双方当事人意思自治范围。在发、承包双方合同中未约定质保金的情况下,应认定发包方在签订合同时即已经放弃了预留质保金的权利,属于对自身权利的处置,在发生争议时,依照意思自治以及诚实信用原则,法院应对发包方主张扣留质保金的主张不予支持。

二、质保金预留方式

建设工程施工周期长、投资大,为使建筑施工企业在施工中耗用的资金及时得到补偿,需要对工程价款进行中间结算(进度款结算),全部工程竣工验收后应进行竣工结算。发、承包双方一般会在合同中约定预付款、工程进度款、竣工结算付款以及质保金。

《建设工程施工合同(示范文本)》(GF—2017—0201)约定,预付款的支付按照专用合同条款约定执行,但至迟应在开工通知载明的开工日期 7 天前支付。预付款应当用于材料、工程设备、施工设备的采购及修建临时工程、组织施工队伍进场等。除专用合同条款另有约定外,预付款在进度付款中同比例扣

---

① 参见湖南高院(2019)湘民终 289 号民事判决书。

回。在颁发工程接收证书前，提前解除合同的，尚未扣完的预付款应与合同价款一并结算。

工程进度款是指在施工过程中，按逐月或其他标准完成的工程数量计算的各项费用总和。工程进度付款申请须按照合同约定包括已完成工程量报表、截至本次付款周期已完成工作对应的金额；根据合同变更条款应增加和扣减的变更金额；根据合同预付款条款约定应支付的预付款和扣减的返还预付款；根据合同质保金条款约定应扣减的质量保证金；根据合同索赔条款应增加和扣减的索赔金额；对已签发的进度款支付证书中出现错误的修正，应在本次进度付款中支付或扣除的金额；根据合同约定应增加和扣减的其他金额等。

工程结算是指施工企业按照承包合同和已完工程量向建设单位（业主）办理工程价款清算的经济文件。除专用合同条款另有约定外，承包人应在工程竣工验收合格后28日内向发包人和监理人提交竣工结算申请单，并提交完整的结算资料，有关竣工结算申请单的资料清单和份数等要求由合同当事人在专用合同条款中约定。竣工结算申请单一般应包括以下内容：（1）竣工结算合同价格；（2）发包人已支付承包人的款项；（3）应扣留的质量保证金，已缴纳履约保证金的或提供其他工程质量担保方式的除外；（4）发包人应支付承包人的合同价款。发包人在收到承包人提交竣工结算申请书后28日内未完成审批且未提出异议的，视为发包人认可承包人提交的竣工结算申请单，并自发包人收到承包人提交的竣工结算申请单后第29日起视为已签发竣工付款证书。除专用合同条款另有约定外，发包人应在签发竣工付款证书后的14日内，完成对承包人的竣工付款。

鉴于工程款一般采用分期、分阶段付款的支付方式，采用从工程款中预留质保金的，一般采用如下两种预留方式。

（一）在支付工程进度款时逐次扣留

质保金可以在支付工程进度款时逐次扣留，在此情形下，质量保证金的计算基数不包括预付款的支付、扣回以及价格调整的金额。

工程进度款对应的是根据施工合同按月或其他标准完成的工程数量计算的各项费用总和。付款申请时需要在前述基础上扣留按比例计算的预付款、对已签发的进度款支付证书中出现错误的修正，应在本次进度付款中支付或扣除的金额等，质保金计算基数仅针对根据施工合同当期完成的工程量计算的费用总和，不包含在当次进度付款中需要扣除的已经支付的预付款、因错误修正而发生的支付或扣除以及价格调整的金额等。

《建设工程施工合同（示范文本）》（GF—2017—0201）通用条款第 15.3.2 项关于质保金比例的约定，与《质保金管理办法》规定的质保金比例一致，采用逐次扣留方式收取质保金的，发包人累计扣留的质量保证金不得超过工程价款结算总额的 3%。

因此，在工程款进行最终竣工结算时，对于在工程进度款中逐次预留的质保金金额，应以双方约定的质保金比例为限。双方约定了质保金但未约定质保金比例的，参照《质保金管理办法》的规定，逐次预留的质保金不应超过工程价款结算总额的 3%。如逐次预留的质保金比例在最终竣工结算时已经超过了双方约定的比例，发包人应将超过部分返还给承包人。

（二）在工程竣工结算时一次性扣留

发、承包双方可以在工程竣工结算时一次性扣留质保金。质保金以工程价款结算总额作为计算基数，在工程竣工结算时，双方结算价款最终确定，为便于质保金计算以及在工程施工阶段减少承包方的资金压力，可以采用在工程竣工结算时一次性扣留的方式预留质保金。

《建设工程施工合同（示范文本）》（GF—2017—0201）通用条款 15.3.2 项约定，除合同双方在专用条款另有约定外，原则上适用第一种方式，即在支付工程进度款时逐次扣留。

质保金条款是双方民事权利义务的约定，因此在实务操作中，对质保金条款的预留方式并非严格按照如上的操作方式，而是双方基于各自的合同地位，按照双方洽商的情况，综合对合同进度款、结算款、质保金条款进行约定。例如，约定当期进度款仅支付一定比例如 80%，剩余款项在结算时扣留 3% 的质保金时支付；再如，当期进度款足额支付，但工程款支付至合同总价的一定比例时停止支付进度款，竣工结算时支付至审定总价的 97%，剩余 3% 工程款作为质保金预留。

但无论采用哪一种预留方式，如承包人在发包人签发竣工付款证书后 28 天内提交质量保证金保函或提供了工程质量保险担保等担保方式时，发包人应将作为质保金部分扣留的工程款返还给承包人。

第三节 质保金的返还

质保金是用以保证承包人在缺陷责任期内对建设工程出现的缺陷进行维修的资金。根据《质保金管理办法》的规定,缺陷责任期内,承包人认真履行合同约定的责任,到期后,承包人向发包人申请返还质保金。发包人在接到承包人返还质保金申请后,应于 14 日内会同承包人按照合同约定的内容进行核实。如无异议,发包人应当按照约定将质保金返还给承包人。对返还期限没有约定或者约定不明确的,发包人应当在核实后 14 日内将质保金返还承包人,逾期未返还的,依法承担违约责任。发包人在接到承包人返还质保金申请后 14 日内不予答复,经催告后 14 日内仍不予答复,视同认可承包人的返还质保金申请。

一、质保金返还时间

《质保金管理办法》第八条规定,缺陷责任期从工程通过竣工验收之日起计。由于承包人原因导致工程无法按规定期限进行竣工验收的,缺陷责任期从实际通过竣工验收之日起计。由于发包人原因导致工程无法按规定期限进行竣工验收的,在承包人提交竣工验收报告 90 日后,工程自动进入缺陷责任期。缺陷责任期最长为 2 年,缺陷责任期满,发包人应当将质保金返还给承包人。

对于质保金的返还期限,各地高院结合审判实践,对质保金返还期限的认定也作出了规定。

北京高院《关于审理建设工程施工合同纠纷若干疑难问题的解答》(京高法发〔2012〕245 号)第三十一条第二款规定:“当事人就工程质量保修金返还期限有约定的,依照其约定,但不影响承包人在保修期限内承担质量保修责任;没有约定或约定不明的,工程质量保修金返还期限为工程竣工验收合格之日起二十四个月。”

河北高院《建设工程施工合同案件审理指南》(冀高法〔2018〕44 号)第四十三条规定,当事人对质量保证金返还期限有约定的,承包人请求按照约定返还工程质量保证金的,人民法院应予支持。没有约定或约定不明的,适用《质保金管理办法》第二条规定,缺陷责任期最长为 2 年。发包人应在最长缺陷责任期(2 年)期满后将质量保证金返还承包人。质量保证金的期限自工程竣工验收合格之日起算；工程因发包人原因未能竣工验收的，自承包人提交工程竣工验收报告 90 天后起算。发包人返还质量保证金后，不影响承包人依照合同约定或法律规定履行工程保修义务。

广东高院《关于审理建设工程合同纠纷案件疑难问题的解答》（粤高法〔2017〕151 号，已废止）第九项规定，根据《质保金管理办法》第二条的规定，质量保证金是用以保证承包人在缺陷责任期内对建设工程出现的缺陷进行维修的资金，缺陷责任期最长为 2 年。当事人对质量保证金返还期限有约定的，从其约定；没有约定或约定不明的，发包人应在最长缺陷责任期（2 年）期满后 28 日内将质量保证金返还给承包人。合同约定的缺陷责任期满后，承包人仍应在保修期内对工程承担保修责任。

山东高院《关于印发全省民事审判工作会议纪要的通知》（鲁高法〔2011〕297 号）中“关于质量保修金返还时间的确定问题”，山东高院认为，质量保修期与缺陷责任期是两个不同的概念，质量保修期是指建设工程在正常使用条件下的法定最低保修期限，在此期限内承包人对建设工程出现的质量问题负有保修义务。而缺陷责任期是指质量保证金的预留期限，最长为 2 年，缺陷责任期满，发包人应当将保证金返还给承包人。二者期限不同，质量保修期长于缺陷责任期。因此，当事人对质量保修金返还期限有约定的，从其约定；没有约定或约定不明的，缺陷责任期满后，发包人应当将质量保修金返还给承包人，即发包人应当自接受建设工程之日起 2 年内将质量保修金返还给承包人。

最高法院《施工合同司法解释（一）》（法释〔2020〕25 号）第十七条规定：“有下列情形之一，承包人请求发包人返还工程质量保证金的，人民法院应予支持：（一）当事人约定的工程质量保证金返还期限届满；（二）当事人未约定工程质量保证金返还期限的，自建设工程通过竣工验收之日起满二年；（三）因发包人原因建设工程未按约定期限进行竣工验收的，自承包人提交工程竣工验收报告九十日后当事人约定的工程质量保证金返还期限届满；当事人未约定工程质量保证金返还期限的，自承包人提交工程竣工验收报告九十日后起满二年。发包人返还工程质量保证金后，不影响承包人根据合同约定或者法律规定履行工程保修义务。”

综合前述关于质保金返还期限的规定，质保金返还期限可以从如下方面进行认定。

(一)尊重当事人意思自治,质保金返还期限有约定从约定

质保金是发包人与承包人在建设工程施工合同中约定,从应付的工程款中预留,用以保证承包人在缺陷责任期内对建设工程出现的缺陷进行维修的资金。质保金条款是双方当事人之间的民事权利义务安排,依赖于双方当事人的约定。因此质保金的返还应遵循当事人之间的约定。合同约定的缺陷责任期届满,承包人履行了缺陷责任修复义务,发包人应返还质保金。

例如,最高院(2018)最高法民终556号中国新兴建设开发有限责任公司(以下简称新兴公司)、海上嘉年华(青岛)置业有限公司(以下简称嘉年华公司)建设工程施工合同纠纷二审案中,最高法院认为,《质保金管理办法》第二条第一款规定:"质量保证金为发包人与承包人在建设工程承包合同中约定,从应付的工程款中预留,用以保证承包人在缺陷责任期内对建设工程出现的缺陷进行维修的资金。"质量保证金的返还应遵循当事人约定,合同约定的缺陷责任期届满,发包人应当返还质量保证金。保修义务是承包人的法定义务,发包人返还保证金后,承包人仍应在法定或合同约定的保修期内承担各部分工程的保修责任。嘉年华公司与新兴公司签订的《支付协议》约定:"协议签订之日起计算保修期,保修期满一年三日内返还80%质量保修金(即6880万元),保修期满两年三日内返还除防水质量保修款(335.5万元)以外的余下全部质量保修金,保修期满五年后一个月内返还防水质量保修金。"《支付协议》于2014年4月22日签订,根据上述约定,除防水质量保修款以外的质量保修金已到期。因此,新兴公司主张嘉年华公司于2015年4月25日返还新兴公司6880万元,2016年4月25日返还新兴公司1384.5万元,应予以支持。嘉年华公司未按照《支付协议》约定时间返还质量保修金,应按照协议约定自逾期之日起按照同期银行贷款利率支付利息。防水质量保修款尚未到当事人约定的返还期限,新兴公司主张提前予以返还的理由并不充分,本院不予支持。一审判决以案涉住宅项目的竣工验收时间2015年2月12日作为起算质保期的时间不符合双方约定。此外,对于嘉年华公司主张的工程质量问题,新兴公司应根据法律规定承担保修责任,并不影响质量保修金的返还。嘉年华公司主张新兴公司拒绝对工程质量问题进行维修,新兴公司不予认可。因嘉年华公司未能提交充分证据证明其在约定的缺陷责任期内通知新兴公司维修,而新兴公司拒绝维修,亦未能证明应扣除质量保修金的数额,其与新兴公司就工程保修问题可另行解决。一审判决

认定嘉年华公司不应返还质量保修金,依据并不充分,法院予以纠正。

(2018)最高法民终556号案对双方当事人关于质保金条款约定的尊重,体现在两个方面:一是质保金返还期限的起始计算时间,双方约定自"协议签订之日起计算",而非工程竣工验收之日;二是质保金返还期限,防水部分的质保金返还期限按照保修期满五年计算,而非《质保金管理办法》规定的最长两年的缺陷责任期。最高法院根据充分尊重当事人约定的原则,对质保金的返还期限进行了认定。

(二)当事人未约定返还期限的,为工程竣工验收合格之日起满二年

发、承包双方虽然在合同中约定了质保金,但未约定质保金返还期限的,适用《质保金管理办法》第二条规定,缺陷责任期最长为二年。缺陷责任期自工程竣工验收合格之日起计算。此外,对于虽然约定了缺陷责任期的时间,但未约定缺陷责任期的起算时间的,应按照《质保金管理办法》的规定,自工程竣工验收合格之日起计算缺陷责任期。

(2018)最高法民终337号杭州神通交通工程有限公司(以下简称杭州神通公司)、贵州省公路工程集团有限公司建设工程施工合同纠纷案中,对于双方合同中约定的缺陷责任期的起算时间,以"项目业主、项目公司、监理人确定的起算时间"为准,最高法院认为,本案中项目业主、项目公司、监理人并未确定缺陷责任期的起算时间。《质保金管理办法》第八条规定,"缺陷责任期从工程通过竣工验收之日起计"。因涉案工程为道路交通工程,杭州神通公司上诉主张自工程交工验收合格之日起算缺陷责任期,符合建筑行业的一般规范和行业惯例,本院予以支持。因涉案工程于2013年12月30日交工验收,缺陷责任期已经届满,质保金应予退还。

(三)由于发包人原因建设工程未按约定期限进行竣工验收的,自承包人提交工程竣工验收报告九十日开始计算质保金返还期限

缺陷责任期从工程通过竣工验收之日起计。《施工合同司法解释(一)》第九条第二项规定,承包人已经提交竣工验收报告,发包人拖延验收的,以承包人提交验收报告之日为竣工日期。但《质保金管理办法》第八条规定,由于发包人原因导致工程无法按规定期限进行竣工验收的,在承包人提交竣工验收报告90日后,工程自动进入缺陷责任期。

原《施工合同司法解释(二)》(已失效)关于质保金返还期限的规定,吸收了《质保金管理办法》关于缺陷责任期的规定,在工程未按期竣工验收归责于发包人的情形下,将承包人提交竣工验收报告后的第九十一日视为起算缺陷责任期。《民法典》颁布实施后,《施工合同司法解释(一)》关于质保金返还期限的规定沿用了原《施工合同司法解释(二)》(已失效)第八条,即《施工合同司法解释(一)》第十七条第一款第三项规定:"因发包人原因建设工程未按约定期限进行竣工验收的,自承包人提交工程竣工验收报告九十日后当事人约定的工程质量保证金返还期限届满;当事人未约定工程质量保证金返还期限的,自承包人提交工程竣工验收报告九十日后起满二年。"即由于发包人原因建设工程未按约定期限进行竣工验收的,自承包人提交工程竣工验收报告九十日后开始计算缺陷责任期。

《建设工程施工合同(示范文本)》(GF—2017—0201)第1.1.4.4目约定"缺陷责任期"第15.2.1项规定,由于发包人原因导致工程无法按合同约定期限进行竣工验收的,在承包人提交竣工验收报告90日后,工程自动进入缺陷责任期。

《建设项目工程总承包合同(示范文本)》(GF—2020—0216)第11.2款规定,由于发包人原因导致工程未能进行竣工验收的,在承包人提交竣工验收报告90日后,工程自动进入缺陷责任期。

综上所述,虽然缺陷责任期的起算时间为竣工之日,但是关于竣工日期的规定,无论是《施工合同司法解释(一)》还是合同示范文本,均规定由于发包方原因不能按期竣工验收的,以提交竣工验收报告日为竣工验收日。因此从逻辑上讲,提交竣工验收报告之次日应为缺陷责任期的第一日。但《质保金管理办法》和《施工合同司法解释(一)》均规定由于发包人原因导致工程无法按规定期限进行竣工验收的,在承包人提交竣工验收报告90日后,缺陷责任期开始起算。上述关于竣工日期、缺陷责任期、质保金的返还期限起算时间规定之间的冲突与不一致,导致司法实践中对由于发包人原因未能按照约定竣工验收的,缺陷责任期的起算时间不一致,司法裁判不统一的情况。

第一种观点:缺陷责任期以提交工程竣工验收报告九十日后起算

(2019)最高法民终710号中国化学工程第四建设有限公司(以下简称中化四建公司)、山西潞安树脂有限责任公司(以下简称潞安树脂公司)建设工程施工合同纠纷案中,关于案涉工程的质量保证金是否应当返还给中化四建公司。

最高法院认为,潞安树脂公司应当返还质量保证金。理由是:(1)潞安树脂公司主张案涉工程仍存在质量问题缺乏证据支持。其一,虽然2013年3月8日的《会议纪要》载明810电石破碎AB地坑、208锅炉房下煤坑存在质量问题,但中化四建公司于2013年12月9日的申请竣工验收书面材料中载明,案涉工程已完成单机试车,具备竣工验收条件,提请验收。该书面材料盖有潞安树脂公司的印章。潞安树脂公司未提供证据证明其对中化四建公司提请验收的工程进行过质量检验,也无证据证明其对上述工程进行验收。而且,自2013年12月9日中化四建公司提交书面材料时起至2018年中化四建公司起诉之日止,就案涉质量问题,潞安树脂公司并无证据表明向中化四建公司主张了维修。其二,潞安树脂公司认可,其公司受资金条件和市场行情的影响,至今未投料试车,故而未竣工验收。因此,潞安树脂公司至今未竣工验收是由于自身原因。在潞安树脂公司由于自身原因未进行验收的情况下仍以工程存在质量问题为由主张未予验收,该主张不能成立。其三,潞安树脂公司虽然主张因中化四建公司施工质量问题对案涉工程进行维修花费了80万元,但并未提供证据证明。(2)本案质量保证金的返还期限已经届满。其一,中化四建公司于2013年12月9日申请潞安树脂公司竣工验收,潞安树脂公司表示,其受资金条件和市场行情的影响,至今未投料试车,故而未竣工验收;其在二审庭审中也表示没有竣工验收主要是由于市场原因没有投产,质量问题并非主要原因。建设工程竣工验收需发包人与承包人互相配合进行。发包人潞安树脂公司由于自身原因未配合进行竣工验收,潞安树脂公司应承担不利后果。由于发包人原因导致工程无法按规定期限进行竣工验收的,在承包人提交竣工验收报告90日后,工程自动进入缺陷责任期。本案宜自2013年12月9日的90日后,即2014年3月10日起计算缺陷责任期。其二,潞安树脂公司与中化四建公司虽在《建设工程施工合同》中约定,保修期满视工程质量情况返还保证金,同时就屋面防水、供热与供冷系统、设备安装、给排水设施等工程约定了不同的保修期限。保修期制度与质量保证金的缺陷责任期制度不是同一种法律制度,潞安树脂公司以保修期的相关约定来确定质量保证金的缺陷责任期,缺少法律依据。原《施工合同司法解释(二)》(已失效)第八条第一款第三项规定,由于发包人原因建设工程未按约定期限进行竣工验收的,自承包人提交工程竣工验收报告九十日后起当事人约定的工程质量保证金返还期限届满;当事人未约定工程质量保证金返还期限的,自承包人提交工程竣工验收报告九十日后起满二年。本案中,因为质量保证金的缺陷责任期自2014年3月10日起算,所以至2016年3月9日止,潞安树脂公司应当向中化四建公司返还质量保证金。质量保证金返还后,并不影响案涉工程在保修期内出现质量问题时潞安树脂公司向中化四建公司主张保修的权利。

第二种观点:缺陷责任期以提交竣工验收报告之次日起算

(2019)最高法民申2046号拉萨兴旺房地产开发有限公司(以下简称兴旺公司)、陈某龙以及陕西精华建筑工程有限公司(以下简称精华公司)建设工程施工合同纠纷再审案中,陈某龙借用精华公司的资质承包兴旺公司开发的兴旺小区一、二、三号排中的一排A、B单元施工。关于质保金的认定,最高法院认为,《质保金管理办法》第二条、第八条规定,缺陷责任期一般为1年,最长不超过2年,由发、承包双方在合同中约定;缺陷责任期从工程通过竣工验收之日起计。案涉工程于2015年8月10日开工,2016年11月完工。2016年11月13日,兴旺公司、精华公司及陈某龙对案涉工程进行了初步验收并提出存在的问题。陈某龙整改后,精华公司于同年11月24日向兴旺公司及监理机构递交报告,要求对案涉工程进行终验,但兴旺公司至今未组织终验。根据原《施工合同司法解释(一)》第十四条第二项关于"承包人已经提交竣工验收报告,发包人拖延验收的,以承包人提交验收报告之日为竣工日期"之规定,案涉工程实际竣工日期应认定为2016年11月24日。由于双方合同仅约定了质保金预留比例,其他未明确约定,缺陷责任期依法应自2016年11月24日起计,至2018年11月24日2年最长缺陷责任期已经届满。二审法院据此对兴旺公司关于从工程余款中扣除质保金的主张不予支持,具有事实和法律依据。

综合(2019)最高法民终710号案、(2019)最高法民申2046号两案,同属于由于发包人原因导致未能按照约定竣工验收,缺陷责任期的起算时间不一致,案件处理结果不一致。司法实践对建设工程实务具有指导作用,对于由于发包人原因不能按期竣工验收的,提交竣工验收报告之日起九十日内,是否属于缺陷责任期,缺陷责任期起算节点从何时起算,发包人与承包人站在不同的立场与角度,可能做出不同的选择与理解,容易产生争议与分歧,不利于实务争议解决。从法律、司法解释以及建设工程施工合同示范文本的指引实务操作的一致性看,由于发包人原因未能按照约定竣工验收的,以提交竣工验收报告之次日起算缺陷责任期更为周延。

二、双方约定的质保金返还期限超过两年的处理

质保金条款是发包方与承包方合同约定条款，双方约定质保金返还期限超过《质保金管理办法》最长两年的规定，司法实践中如何处理，存在如下两种观点。

（一）第一种观点认为，超过两年的期限不能认定为缺陷责任期，两年期满后应返还质保金

最高人民法院民一庭对原《施工合同司法解释（二）》第八条第一款第（二）项规定，即“（二）当事人未约定工程质量保证金返还期限的，自建设工程通过竣工验收之日起满二年”的观点为：《质保金管理办法》明确规定缺陷责任期即为发包人预留工程质量保证金的期限，缺陷责任期最长不超过两年，可由当事人在合同条款中约定。如果当事人没有约定，则参照该规定，缺陷责任期不能超过两年的期限。通常情况下当事人对返还工程质量保证金没有约定包括如下情形：……（2）当事人对返还工程质量保证金的期限虽有约定，但是约定全部或者部分违反了《质保金管理办法》的相关规定，如当事人约定工程质量保证金自工程通过竣工验收之日起满 3 年后返还，则当事人该约定违反了《质保金管理办法》缺陷责任期最长不超过两年的规定，超过两年的期限不能认定为缺陷责任期；或者当事人约定主体工程质量保证金竣工 3 年后返还，其他部分工程质量保证金竣工 1 年后返还，则因关于主体工程缺陷责任期的约定超过两年，超过两年的期限不能认定为缺陷责任期。①

（2018）最高法民终 753 号、（2018）最高法民申 1622 号、（2019）最高法民终 461 号、（2019）最高法民终 710 号、（2020）最高法民终 1113 号、（2020）最高法民申 3252 号、（2020）最高法民申 1670 号等案件中，均认为质保金对应的是缺陷责任期，缺陷责任期最长不超过两年。超过两年的期限，不能认定为缺陷责任期，自竣工之日起两年期限届满承包人即可主张返还质保金。但质保金返还，不影响发包方要求承包方承担保修义务。

---

① 最高人民法院民事审判第一庭编著：《最高人民法院建设工程施工合同司法解释（二）理解与适用》，人民法院出版社 2019 年版，第 187 页。

（二）第二种观点认为，双方当事人约定质保金返还期限超过两年的，有约定从约定，尊重当事人意思自治

质量保证金的返还应遵循当事人约定，《质保金管理办法》仅为部门规范性文件，其对工程质量保证金返还期限的规定，不能作为认定工程质量保证金返还期限效力的规定，工程质量保证金返还期限超过2年的约定依然有效。

最高院(2019)最高法民终557号四川省第一建筑工程有限公司（以下简称一建公司）、昭通市泰斗房地产开发经营有限公司（以下简称泰斗公司）建设工程施工合同纠纷案中，一建公司上诉主张：根据《质保金管理办法》第二条以及原《施工合同司法解释（二）》（已失效）第八条之规定，质保金应自工程通过竣工验收之日满两年返还，对约定的超过两年的期限，可视为双方对工程保修期的约定，与质量保证金的经济保证责任无关。本案《工程质量保修书》约定防水保修金返还期限为五年，超过了法律规定的两年期限，属于"当事人双方未约定工程质量保证金返还期限"的情形，案涉工程质保金返还期限应为工程竣工验收之日起满两年。超过法律规定的3年防水质保期，属于约定的工程保修期范围内容，应予以履行，但与工程质量保证金的返还无关。案涉工程已于2016年12月9日竣工，因此，泰斗公司应于2018年12月10日返还分部工程质保金。

关于工程质量保证金应否返还的问题，最高法院在二审判决中认为，原《施工合同司法解释（二）》第八条规定："有下列情形之一，承包人请求发包人返还工程质量保证金的，人民法院应予支持：（一）当事人约定的工程质量保证金返还期限届满。（二）当事人未约定工程质量保证金返还期限的，自建设工程通过竣工验收之日起满二年。……"本案中，双方当事人对质保金的返还期限在《建设工程施工合同》中进行了明确约定，即"质保金在分部工程两年质保期满后退还，防水质保金在五年防水工程质保期满后退还"，因本案工程尚有部分地下安装工程需待消防工程完毕后方可施工完成，且五年防水工程质保金的返还期限尚未届满。一审法院结合本案实际情况未予支持一建公司质保金返还的请求并无不当。一建公司主张《质保金管理办法》第二条关于"缺陷责任期一般为六个月、十二个月或二十四个月，具体可由发、承包双方在合同中约定"的规定系法律关于质保金返还期限不得超过二年的强制性规定没有依据，法院不予采信，其上诉请求返还工程质保金及利息，法院不予支持。

(2018)最高法民终556号、(2018)最高法民终843号、(2018)最高法民再

235 号、(2019)最高法民申 5705 号、(2019)最高法民终 995 号、(2019)最高法民申 6222 号、(2019)最高法民申 1030 号、(2019)最高法民申 4544 号、(2019)最高法民申 650 号、(2020)最高法民申 1873 号、(2020)最高法民再 212 号、(2020)最高法民申 5165 号、(2020)最高法民终 158 号等案件,亦持此观点。

质保金的返还期限超过二年的约定,不违反法律法规强制性规定,亦不违背公序良俗,不属于导致合同无效的情形,因此按照双方约定的期限返还质保金,更符合民事权利中充分尊重当事人意思自治的原则。

此外,从诚实信用原则的角度来讲,发、承包双方在签订合同时已经明确约定了质保金的返还期限,合同签订后,双方应诚实守信,以善意的方式履行法定和约定的义务,不得滥用权利及规避合同规定的义务。对于自己不履行合同的约定义务,违背诚信原则反而主张合同无效的,应认真分析其是否属于恶意抗辩,不能草率支持。裁判结果不能让失信者在经济上获利。在具体案件中,如果适用某一条款的结果可能会使不守信用者获取不正当利益,就应考虑所适用法律的价值取向,做有利于诚实守信方的解释,保护其合法利益。因此,尊重意思自治,尊重双方约定的返还期限更符合民事法律行为的基本原理。

综上所述,质量保证金的返还期限如与缺陷责任期的期限不一致,质量保证金条款一般情况下应当尊重当事人的约定。在约定致使双方当事人利益严重失衡的情况下,如有的合同中约定按照国家规定的质量保修期的规定返还,如适用质量保修期的规定,由于具体分部、分项工程的保修期不一致,其中基础设施工程、房屋建筑的地基基础工程和主体结构工程为设计文件规定的该工程的合理适用年限,而该年限通常为 50 年,防水工程为 5 年,如以保修期作为质量保证金的返还期限,将导致质量保证金的返还期限过长,这种适用显然不符合基本的公平原则和行业惯例。因此在利益严重失衡的情况下,可以适用《民法典》第四百九十六条、第四百九十七条格式条款的规定,认定质量保证金返还条款无效而排除该条款适用。

三、质保金返还不影响承包人履行工程保修义务

依据《建设工程质量管理条例(2019 修正)》(国务院令第 714 号)第四十条以及《房屋建筑工程质量保修办法》(原建设部令第 80 号)第七条的规定,在正常使用条件下,法律规定的建设工程最低保修期限自竣工验收合格之日起计算,均为 2 年或 2 年以上,当事人约定的保修期限不得短于最低保修期限,而缺

陷责任期最长不得超过2年。因此,工程保修期涵盖了缺陷责任期。由于工程保修义务是承包人的法定义务,当事人不能通过合同约定排除或缩短期限,约定排除或缩短期限的,该条款无效。

如前文所述,缺陷责任期与保修期不同,缺陷责任期对应的是质保金的返还期限,保修期对应的是承包人的工程保修义务。因此,缺陷责任期和工程保修期二者在缺陷责任期内是重合的。缺陷责任期届满后,发包人应返还质保金,但缺陷责任期届满后工程仍在保修期内的,承包人仍应按照法定或合同约定履行保修义务,即质保金返还后,不影响承包人根据法律规定或者合同约定履行保修义务。

四、工程款与质保金的诉讼时效起算点是否同一

工程款按照惯例,一般分为预付款、进度款、竣工结算款以及质保金分期支付,支付的时间节点不同。对于分期付款的诉讼时效问题,最高法院原《关于审理民事案件适用诉讼时效制度若干问题的规定》(已失效)第五条规定,当事人约定同一债务分期履行的,诉讼时效期间从最后一期履行期限届满之日起计算。《民法典》第一百八十九条规定,当事人约定同一债务分期履行的,诉讼时效期间自最后一期履行期限届满之日起计算。建设工程施工合同纠纷中,进度款、竣工结算款的诉讼时效,是否可以按照分期履行情形下最后一笔质保金的支付时间作为诉讼时效的起算时间,存在两种不同的观点和认识。

(一)第一种观点认为,质保金和工程款非同一债务,应分别计算诉讼时效

持此观点的主要认为:质保金和进度款、结算款并非同一性质的债务,不属于上述规定中“同一债务分期履行”的情形。根据《质保金管理办法》的规定,建设工程质量保证金,是指发包人与承包人在建设工程承包合同中约定,从应付的工程款中预留,用以保证承包人在缺陷责任期内对建设工程出现的缺陷进行维修的资金。因此,保证金虽从工程款中预留,但质量保证金是以约定的缺陷责任期的工程是否有缺陷以及缺陷大小来确定该保证金是否返还或者返还的比例,即保证金对工程质量负有担保的功能,其保证金的发放也以工程质量是否有缺陷、承包人是否履行修复义务为条件,而工程款并无担保功能,其发放是以完成工程量的大小为结算依据,两种款项的性质并不相同。工程款与质量保证金因为性质不同,故诉讼时效的起算时间也不相同。

例如，(2017)辽民申2136号大连欣田房屋修缮工程有限公司(以下简称欣田公司)与大连正治物业管理有限公司建设工程施工合同纠纷再审案中，辽宁高院认为，本案中，质保金和工程款并非同一性质的债务，不属于上述规定中“同一债务分期履行”的情形，故对欣田公司提出的应当从质保金的付款日届满开始计算整个债务的诉讼时效的再审申请理由，法院不予支持。[①]

(二)第二种观点认为，质保金属于工程款的一部分，进度款、结算工程款可以按照分期履行的规定，以最后一期质保金的给付时间作为诉讼时效的起算时间

持此观点的认为：进度款、竣工结算款、预留的质保金均属于同一建设工程施工合同项下的工程款，是同一债务的完整履行，各期债务具有整体性，属于同一债务的分期履行，进度款、竣工结算款可以按照最后一笔质保金的支付时间作为诉讼时效的起算时间。

例如，(2018)最高法民申1454号丹阳市荆林建筑工程有限公司、扬州宏盛钢结构工程有限公司(以下简称宏盛公司)以及江苏微磁科技有限公司(以下简称微磁公司)建设工程施工合同纠纷再审案中，关于诉讼时效问题，双方签订的《联合声明》约定的工程款和保证金均属于案涉工程相关的应付款项，原审判决根据《联合声明》关于微磁公司应于2013年春节前退还5%质保金的约定，将该时确定为本案诉讼时效的起算点，并结合宏盛公司提起本案诉讼的具体时间，认定宏盛公司的起诉未超过法律规定的诉讼时效期间，适用法律亦无不当。[②]

对于进度款、竣工结算款是否能以最后一期质保金的给付时间作为诉讼时效的起算时间，应综合如下几个方面进行确定。

第一，进度款、竣工结算款、质保金，均属于发、承包合同项下工程款的组成部分。

第二，发、承包双方在施工合同中，将质保金与预付款、进度款、结算款一并在“工程费用”“付款方式”条款中予以明确。

第三，质保金是在竣工结算款中进行预留的，以竣工结算总金额的一定比例计算的金额，质保金属于“实际应付工程款”的范围。

---

① 参见(2017)辽民申2136号民事裁定书。

② 参见(2018)最高法民申1454号民事裁定书。

第四，质保金功能、用途的区别并不能改变质保金属于工程款的本质。工程质保金虽然是一种或有债权，但它与各分期支付的工程款系基于同一债务原因即建设工程施工合同而形成，具有同一性和整体性，应属同一债权。

此外，如果将工程预付款、进度款、结算款，与工程质保金割裂开来分别计算诉讼时效，将导致同一合同项下合同款项的诉讼时效至少被分割为两部分，第一部分工程预付款、进度款、结算款从双方办理完毕结算时开始计算诉讼时效，第二部分工程质保金在缺陷责任期届满时开始计算诉讼时效。如双方约定的缺陷责任期过长时，承包人可能在缺陷责任期内需要先行就进度款、结算款主张权利或起诉，以避免工程结算款超过诉讼时效。如此则不利于发、承包双方的合作以及交易稳定，也不利于节约诉讼成本和司法资源。

综上所述，进度款、结算工程款按照同一债务分期履行的规定，以最后一期质保金的给付时间作为诉讼时效的起算时间，更符合实务操作实际以及经济原则，也利于维护交易稳定和建筑市场秩序。

第四节　合同无效情形下质保金的法律问题

建筑业是关系到国计民生的重要支柱产业，建设工程质量关系到不特定社会公众的生命安全、财产权益和社会公共秩序，因此建筑工程质量安全备受社会公众关注。为加强对建筑活动的监督管理，维护建筑市场秩序，保障工程质量，国家对建筑施工企业实行严格的资质管理制度。《建筑法》第十三条规定，从事建筑活动的建筑施工企业、勘察单位、设计单位和工程监理单位，按照其拥有的注册资本、专业技术人员、技术装备和已完成的建筑工程业绩等资质条件，划分为不同的资质等级，经资质审查合格，取得相应等级的资质证书后，方可在其资质等级许可的范围内从事建筑活动。此外，建设工程领域除受到《建筑法》《城乡规划法》《建筑工程质量管理条例》等规范外，还受《招标投标法》等法律规范的规制。必须招标的建设工程范围，必须依法通过招标投标程序确定项目施工主体。由此可见，建设工程施工合同受到不同领域的法律和其他规范性文件的调整和规制，法律关系复杂。

最高人民法院民一庭负责人就原《施工合同司法解释（二）》答记者问时表示：建筑市场中一个不规范即体现为，实践中存在转包工程、违法分包工程、借用资质承包工程等违法现象。这导致建设工程施工合同关系中出现多个施工主体,产生多份施工合同,法律关系复杂。此外,建设工程领域关于招标投标等方面的规定较为严格。为规避这些规定,建筑市场上存在围标串标、明招暗定、"黑白合同"等违法违规行为,扰乱了建筑市场秩序,也会影响建设工程质量。[①]

建筑企业内部管理混乱、法律规范的复杂性以及当事人依法合规理念的缺失导致建筑市场大量的不规范行为,给建设工程质量埋下了重大安全隐患,也不可避免地产生了诸多的争议与纠纷,其中合同效力是建设工程施工合同常见的争议焦点问题,也是法院审理建设工程施工合同纠纷案件首先需要确定的法律问题。

一、建设工程施工合同无效的处理

建设工程施工合同是否有效,直接关系到工程价款的确定,关系到合同约定的违约责任等条款是否对双方当事人具有约束力。人民法院在审理合同纠纷案件过程中,要依职权审查合同是否存在无效的情形,准确认定合同效力,并根据效力的不同情形,结合当事人的诉讼请求,确定相应的民事责任。

(一)建设工程施工合同无效情形

最高人民法院在《关于当前民事审判工作中的若干具体问题》(2015 年)中指出,关于合同效力问题,要严格适用《施工合同司法解释》(已失效)关于合同无效情形的规定,对于应当招标而未招标或中标无效,转包、违法分包、肢解发包,不具有相应资质等级以及未取得建设工程规划许可审批手续等签订建设工程施工合同的,应当依法认定无效。

根据最高法院《施工合同司法解释(一)》的相关规定,建设工程施工合同无效的情形,主要包括如下方面:(1)承包人未取得建筑业企业资质或者超越资质等级的;(2)没有资质的实际施工人借用有资质的建筑施工企业名义的;(3)建设工程必须进行招标而未招标或者中标无效的;(4)承包人因转包、违法分包建设工程与他人签订的建设工程施工合同;(5)未取得建设工程规划许可证的建设工程施工合同无效,但发包人在起诉前取得建设工程规划许可证等规

---

① 最高院民一庭负责人就《施工合同纠纷司法解释(二)》答记者问,网址:https://www.court.gov.cn/zixun-xiangqing-137941.html

划审批手续的，按照效力补正理论，可以认定有效；发包人能够办理审批手续而未办理，并以未办理审批手续为由请求确认建设工程施工合同无效的，人民法院不予支持。

此外，最高人民法院办公厅《全国民事审判工作会议纪要》（法办〔2011〕442 号）、最高人民法院《第八次全国法院民事商事审判工作会议（民事部分）纪要》（法〔2016〕399 号）中均特别强调，当事人违反工程建设强制性标准，任意压缩合理工期、降低工程质量标准的约定，应认定无效。

（二）建设工程施工合同无效处理

最高法院《施工合同司法解释（一）》第二十四条第一款规定："当事人就同一建设工程订立的数份建设工程施工合同均无效，但建设工程质量合格，一方当事人请求参照实际履行的合同关于工程价款的约定折价补偿承包人的，人民法院应予支持。"

同时，《施工合同司法解释（一）》第六条规定："建设工程施工合同无效，一方当事人请求对方赔偿损失的，应当就对方过错、损失大小、过错与损失之间的因果关系承担举证责任。损失大小无法确定，一方当事人请求参照合同约定的质量标准、建设工期、工程价款支付时间等内容确定损失大小的，人民法院可以结合双方过错程度、过错与损失之间的因果关系等因素作出裁判。"

《施工合同司法解释一》第二十四条规定了合同无效，但是建设工程质量合格的，承包人有权请求发包人参照实际履行的合同关于工程价款的约定折价补偿承包人。第六条规定了合同无效后，承包人和发包人的损失赔偿责任以及损失赔偿的认定标准。这两条司法解释的上位法基础依据是《民法典》第一百五十七条、《民法典》第七百九十三条规定的合同无效情形下折价补偿和赔偿损失的权利。其中，《民法典》第七百九十三条规定："建设工程施工合同无效，但是建设工程经验收合格的，可以参照合同关于工程价款的约定折价补偿承包人。建设工程施工合同无效，且建设工程经验收不合格的，按照以下情形处理：（一）修复后的建设工程经验收合格的，发包人可以请求承包人承担修复费用；（二）修复后的建设工程经验收不合格的，承包人无权请求参照合同关于工程价款的约定折价补偿。发包人对因建设工程不合格造成的损失有过错的，应当承担相应的责任。"

建设工程施工合同具有特殊性，合同履行的过程，实质上是将劳动和建筑材料物化在建筑产品的过程。合同被确认无效后，已经履行的合同内容不能适用返还的方式使合同恢复到签约前的状态，只能按照折价补偿的方式处理。在建设工程案件的审理中，工程质量是否合格是承包方主张工程款是否得到支持的认定标准。在建设工程施工合同纠纷案件中，应牢牢把握工程质量这根主线，以工程质量是否合格作为支付工程价款的前提条件。建设工程施工合同无效，但在建设工程经验收合格的情况下，承包人有权要求参照合同中工程价款的约定折价补偿。建设工程施工合同无效且建设工程经验收不合格的，修复后建设工程经验收仍不合格的，承包人无权请求参照合同关于工程价款的约定折价补偿。

基于前述合同无效情形下工程价款的处理原则，且质保金大多是发包方通过在工程款中扣留一定比例的方式收取，缺陷责任期满后返还。工程质量验收不合格，且经修复后仍不能通过验收的，不产生发包方工程款的支付义务，因此不存在质保金预留问题，因此，本书探讨的合同无效情形下质保金的法律问题，均是以工程质量合格为基本前提。

（三）合同无效参照“合同关于工程价款的约定”的范围

《民法典》第七百九十三条中“参照合同关于工程价款的约定折价补偿”，合同约定包括哪些内容，司法实践以及学理上均存在争议。

一种观点认为，参照合同约定范围主要指工程款计价方法、计价标准等与工程款数额有关的约定，而工程价款的支付条件、支付时间的约定，不属于可以参照的范围，如（2019）最高法民终 1852 号、（2020）最高法民申 4624 号案、（2021）最高法民申 2539 号案、（2020）最高法民终 1145 号案。其中，（2020）最高法民终 1145 号案中，最高人民法院认为，案涉建设工程施工合同系无效合同，当事人之间关于工程进度款付款时间节点的约定条款，不属于可以参照适用的合同约定。①

另有一种观点认为，“参照合同关于工程价款的约定”是指承包人可以获得工程折价补偿的数额或工程折算补偿款结算方式参照合同约定的价款或者计价原则执行。“参照合同关于工程价款的约定”还包括与工程价款结算相关联的事项，包括无效施工合同约定的付款条件、付款时间、下浮率、工期等事项，这

---

① 参见（2020）最高法民终 1145 号民事判决书。

些约定虽不涉及价格计算，但影响工程折价补偿款支付，也应属于价格条款的组成部分，仍应在进行工程折算款结算时参照适用，否则易造成一方因合同无效而获得高于合同有效时的利益。①

二、无效合同情形下质保金条款的适用

鉴于实务操作中普遍采用从工程价款中预留质保金的方式收取，合同无效情形下，参照合同关于工程价款的约定折价补偿时，对于双方合同约定的质保金条款如何适用，关系到工程折价补偿款的支付时间、支付金额，因此质保金条款如何适用也是建设工程施工合同无效情形中一个重要的法律问题。质保金条款是否因合同无效而不再具有约束力，发包人在合同无效情形下是否可以预留质保金，是发、承包双方在无效合同纠纷案件中常见的一个争议焦点问题。本节对无效合同情形下质保金条款适用的裁判进行梳理，希望通过司法实践中无效合同的否定性评价和统一明确的司法裁判规则，引导发、承包双方约束行为、遵守规则，避免或减少争议。

“参照合同关于工程价款的约定折价补偿”中对于合同约定范围的理解在司法实践中存在差异，也一定程度上导致对于无效合同下质保金条款适用的理解和观点不一。无效合同情形下质保金条款如何适用，在司法实践和学理上存在如下不同的观点和认识。

（一）第一种观点认为质保金条款属于结算条款，不以合同效力认定为前提

《民法典》第五百零七条规定：“合同不生效、无效、被撤销或者终止的，不影响合同中有关解决争议方法的条款的效力。”第五百六十七条规定：“合同的权利义务关系终止，不影响合同中结算和清理条款的效力。”《民法典》第五百六十七条中结算和清理条款效力的独立性，是否包括合同无效情形？（2017）最高法民申 4192 号案中最高法院认为，有关工程款的结算条款，根据原《合同法》第九十八条关于“合同的权利义务终止，不影响合同中结算和清理条款的效力”之规定，即使《建设工程施工合同》《补充协议》《管理协议》因违反法律禁止性规定

① 参见周峰：《建设工程施工合同纠纷裁判精要》，法律出版社 2020 年版，第 87 页。

无效,也不应认定为无效。[①]（2019）最高法民终 564 号、（2020）最高法民终 1131 号案,也同样确认了上述司法裁判原则,即合同无效,不影响合同中结算和清理条款的效力。

因此,合同不生效、无效、被撤销或者终止,虽不能产生当事人所预期的法律效果,但基于建设工程施工合同履行不能返还的现实性,应当折价补偿。如果当事人约定了结算和清理条款,这些条款均涉及对合同无效后折价补偿的处理,故应当尊重当事人的此种约定。

质保金系在工程款中扣留一定的比例作为缺陷责任期内工程质量的担保,属于工程款的一部分,在缺陷责任期届满后予以返还。因此质保金条款的约定,属于合同中的结算条款。即使合同无效,也不影响其效力。

例如,（2019）最高法民终 504 号唐山市通华房地产开发有限公司（以下简称通华公司）、江苏南通六建建设集团有限公司（以下简称南通六建）建设工程施工合同纠纷案中,通华公司和南通六建签订《工程协议书》,被法院生效判决确认为无效合同。根据南通六建、通华公司各自起诉及答辩主张,双方对《工程协议书》无效均无异议。

关于案涉工程的质保金是否应予以扣留的问题,最高法院认为,双方对工程质保金约定在《工程协议书》第七条"付款方式"中,内容即"政府主管部门对工程项目总体竣工验收合格后,由南通六建向通华公司提交工程结算报告,通华公司收到南通六建工程结算报告后 60 日内完成结算审核并支付至总工程款的 95%。剩余 5% 部分作为保修金,在南通六建按有关规定完成保修任务的前提下,工程竣工满一年,10 日内付 2%,剩余部分按国家有关规定执行"。由此,双方对质保金的约定,属于结算条款范畴。因此,在合同约定的条件满足时,工程质量保证金才应返还施工人。[②]

（2018）最高法民终 922 号中建二局第四建筑工程有限公司（以下简称中建二局四公司）、黑龙江省日出康城房地产开发有限公司建设工程施工合同纠纷案,关于应否扣除质保金的问题。最高法院同样认为,案涉《工程施工合同》约定的质保金内容属于结算条款的一部分,不因合同无效而免除中建二局四公司

---

① 参见（2017）最高法民申 4192 号民事裁定书。
② 参见（2019）最高法民终 504 号民事判决书。

留取质保金的义务[①]。

(二)第二种观点认为合同无效,质保金条款约定亦无效,发包人预留质保金无合同依据

无效的或者被撤销的民事法律行为自始没有法律约束力。建设工程施工合同无效,质保金条款当然应无效,而且自始无效,具有溯及力。发包人无权根据质保金条款约定预留质保金。

例如,最高院(2018)最高法民终 846 号锦宸集团有限公司(以下简称锦宸公司)、呼伦贝尔市天顺房地产开发有限公司(以下简称天顺公司)建设工程施工合同纠纷案中,案涉天顺新城二、三期建设工程项目,属于必须进行招标的大型基础设施、公用事业等关系社会公共利益、公众安全的项目,因此涉案工程项目是必须进行招标的项目。锦宸公司与天顺公司就海拉尔天顺新城项目签订的《建设工程施工合同》,违反了《招标投标法》第四十三条"在确定中标人之前,招标人不得与投标人就投标价格、投标方案等实质性内容进行谈判"的法律强制性规定应为无效。关于约定 5% 质量保证金应否从工程价款中扣除问题。最高法院认为,《质保金管理办法》第二条第一款规定:"质量保证金为发包人与承包人在建设施工合同中约定,从应付的工程款中预留,用以保证承包人在缺陷责任期内对建设工程出现的缺陷进行维修的资金。"质量保证金的交纳和返还应依当事人约定。本案中,各方当事人对一审判决认定案涉五份建设工程施工合同无效均无异议。因案涉建设工程施工合同无效,故双方关于在工程结算价款中预留 5% 质量保证金的约定亦无效。一审判决按双方合同约定预留结算价款 5% 质量保证金缺乏合同和法律依据,显属不当,法院予以纠正。[②]

在(2019)最高法民申 5458 号案、(2015)民申字第 231 号案中,最高法院均采合同无效质保金条款亦无效的观点。

(三)第三种观点认为合同无效,质保金条款亦无效,但可以参照合同约定适用质保金预留和返还

该种观点认为,质保金条款并非合同的结算和清理条款,施工合同无效,质

---

① 参见最高人民法院(2018)最高法民终 922 号民事判决书。

② 参见最高人民法院(2018)最高法民终 846 号民事判决书。

保金条款不应认定为有效。但根据施工合同无效参照合同约定价款折价补偿的原则,质保金条款是否属于可以参照适用的内容,存在不同的理解。有的观点认为,对于参照“合同约定”范围主要指工程款计价方法、计价标准等与工程款数额有关的约定,而工程价款的支付条件、支付时间的约定不属于可以参照的范围,施工合同无效,质保金条款亦无效,发包人不应当预留质保金。按此观点,发包人以参照合同约定主张应预留质保金的,法院将不予支持。如此理解,将导致承包人因合同无效获得的折价补偿利益大于缔约时的期望利益。

民事法律行为无效的处理规定,其法理基础应当是任何人不得从无效行为中获利原则。无论是发包人还是承包人,皆不允许因建设工程施工合同无效而获利。鉴于“任何人不得从违法行为中获取较合法行为更多的利益”这一基本原理,以及质保金系为了保证承包人在缺陷责任期内对建设工程出现的缺陷进行维修,在工程欠款与缺陷责任期内的质保金重合时,仍然应当参照适用质保金返还和支付条款,即施工合同无效,质保金条款亦无效,但可以参照合同约定扣留质保金,以利于发包方更好地向承包人主张工程质量责任,维护建设工程的安全性、适用性。法官可重点审查无效合同有关质保金的约定、质保金支付条件是否已成就(或质保已没有必要)、质保金数额、应付质保金的日期等内容。①

在司法实践中,部分高院结合司法审判实践制定的审理建设工程施工合同的地方司法文件中,也持同样观点。

山东高院民一庭《关于审理建设工程施工合同纠纷案件若干问题的解答》(2020 年 8 月 16 日)第一条关于“施工合同无效,当事人主张参照合同约定结算工程价款,如何处理”,规定:施工合同无效,建设工程经竣工验收合格的,可以将合同中关于工程价款、付款时间、工程款支付进度、下浮率、质保金等约定条款作为折价补偿的依据。

江苏高院《关于审理建设工程施工合同纠纷案件若干问题的解答》(2018 年 6 月 26 日)第五条规定,建设工程施工合同无效,建设工程经竣工验收合格的,当事人主张工程价款或确定合同无效的损失时请求将合同约定的工程价款、付款时间、工程款支付进度等事项作为考量因素的,应予支持。

---

① 参见周利明:《解构与重塑:建设工程合同纠纷审判思维与方法》,法律出版社 2019 年版,第 169 页。

北京高院《关于审理建设工程施工合同纠纷若干疑难问题的解答》(京高法发〔2012〕245 号)第三十一条第四款规定,建设工程施工合同无效,但工程经竣工验收合格并交付发包人使用的,承包人应依据法律、行政法规的规定承担质量保修责任。发包人要求参照合同约定扣留一定比例的工程款作为工程质量保修金的,应予支持。

安徽高院《关于审理建设工程施工合同纠纷案件适用法律问题的指导意见》(2009 年 5 月 4 日)第十四条规定,建设工程施工合同无效,但工程经竣工验收合格并交付发包人使用的,承包人应承担相应的工程保修义务和责任,发包人可参照合同约定扣留一定比例的工程款作为工程质量保修金。

浙江高院民一庭《关于审理建设工程施工合同纠纷案件若干疑难问题的解答》(浙法民一〔2012〕3 号)第二十条"合同无效是否影响关于工程质量的约定、承诺的效力"规定:建设工程施工合同无效,不影响发包人按合同约定、承包人出具的质量保修书或法律法规的规定,请求承包人承担工程质量责任。

虽然前述地方司法文件并没有直接认定质保金条款的效力,而是参照合同约定将扣留一定比例的工程款作为工程质量保修金。但"参照"一词适用的前提是质保金条款无效的,否则不会"参照"适用。因此,前述地方司法文件事实上认为施工合同无效,质保金条款亦无效,但工程质量验收合格时,发包方在支付工程价款时可以参照合同约定扣留质保金。

例如,(2020)最高法民申 2954 号陕西煜塬建筑工程有限公司(以下简称煜塬公司)、西北建设有限公司(以下简称西北公司)建设工程施工合同纠纷案中,关于质量保证金问题,最高法院认为,煜塬公司依据其与西北公司签订的《劳务分包协议》向西北公司主张工程款,该协议虽因西北公司违法转包而无效,但其中关于工程价款的约定仍可参照适用。该协议约定,煜塬公司接受西北公司与建设单位世纪城投资公司签订的施工合同中约定的支付方式。案涉工程建设单位世纪城投资公司与西北公司结算时暂扣了工程质量保证金。原审法院据此扣除质量保证金,并无不当。

综上所述,从前述司法审判实践可以看出,无效合同情形下质保金条款如何适用,并无统一的裁判规则。第一种观点即质保金条款属于结算条款,合同无效但不影响质保金条款效力,质保金有效;第二种观点即施工合同无效,质保金条款也无效,发包人预留质保金无合同依据,不应在工程款中预留质保金;第三种观点并不认可质保金条款有效,但发包人可以参照合同约定在工程款中预留质保金。从目前的司法审判实践来看,虽然第一种、第三种观点在质保金条款的效力上存在分歧,但在合同无效情形下允许发包人按照合同约定在工程款中预留质保金已经成为一种主流观点。

综合前述观点,对于合同无效情形下质保金条款的适用问题,需要结合质保金设立目的、质保金的性质、无效合同过错等方面综合认定。

首先,质保金的设立目的,是保障缺陷责任期内承包方履行质量修复义务,督促承包人履行缺陷修复义务以确保工程质量。施工合同无效,但在工程质量合格的情形下,承包方参照合同约定取得工程款折价补偿,实现了合同目的;从权利义务对等以及公平原则的角度出发,承包方应承担在工程款中预留质保金的义务。

其次,合同无效但工程质量合格,不免除承包人的工程质量保修责任。保修是承包人的法定义务。质保金对应的缺陷责任期,在一定时间内与保修期时间重合,从督促承包人履行质量修复责任,承担保修义务,以及保证工程质量方面考量,在施工合同无效的情形下,参照合同中约定的质保金条款预留质保金,更能体现质保金的设立价值,同时对于保证工程质量也具有重要作用。

再次,《九民会议纪要》规定,合同不成立、无效或者被撤销情况下,当事人所承担的缔约过失责任不应超过合同履行利益。“不得因合同无效而获利”是民事审判的一个基本原则。对于质保金条款的适用,应结合导致合同无效的过错,不能使过错责任方因合同无效而获利。如因承包方不具备资质或借用资质等情形导致合同无效的情形下,承包方是合同无效的过错方,如不适用质保金条款,不允许发包方预留质保金,则承包方一方面可以参照合同约定取得工程款的折价补偿,另一方面提前取得全部工程折价补偿款,承包方作为合同无效的过错方,取得了比合同有效履行更多的利益。因此,从利益平衡以及过错责任承担的角度,也应按照合同约定适用质保金条款。

最后,合同约定了质保金条款,质保金条款即属于发、承包双方当事人合意的重要内容。即使合同无效,但承包人取得工程款折价补偿,从合同双方当事人交易稳定、可预期以及诚实信用的角度,亦不应允许承包方以合同无效为由否定发包方在工程款中预留质保金。

综上所述,如发包方以在工程款中预留一定比例的方式收取质保金,质保金虽属于工程款的一部分,但并不属于合同结算与清理条款。合同无效,质保金条款亦无效。对“参照合同关于工程价款的约定”范围的确定,不应作狭义的解释,“参照合同关于工程价款的约定”包括与工程价款结算相关联的事项,包括无效施工合同约定的付款条件、付款时间、下浮率等事项,质保金可以参照合同约定预留与返还,更符合诚实信用原则以及“不得从无效行为中获利”原则。

第五节　合同解除情形下质保金的法律问题

建设工程施工合同施工周期长、资金投入大,且在施工过程中可能存在各种未知因素带来的变化,由此导致出现工期、质量、资金支付等各种风险,一方当事人为避免风险以及损失的扩大,通过行使合同约定或法定解除权实现权利救济。合同解除后,对于工程质量、工程价款结算、合同解除的过错责任认定以及损失问题如不能达成一致,或达成一致后未能按照约定履行时,发、承包双方可能会因建设工程施工合同产生争议导致纠纷的发生。

由于质保金是发包人与承包人在建设工程施工合同中约定,从应付的工程款中预留,用以保证承包人在缺陷责任期内对建设工程出现的缺陷进行维修的资金。即如采用在工程款中预留一定比例的方式收取质保金,则质保金实质上属于工程款的一部分。按照《质保金管理办法》的规定,质保金对应工程的缺陷责任期,应从工程通过竣工验收合格之日起计算。但如施工合同提前解除,工程一般未完工,无法确定工程竣工验收合格日期。因此在合同解除的情形下,合同约定的质保金条款是否适用?发包人是否可以按照发、承包双方合同约定的预留质保金条款,在结算的工程款中扣留质保金?或扣留了质保金,缺陷责任期自何时开始起算,质保金返还期限自何时开始起算?上述问题成为发、承包双方在合同解除情形下发生纠纷后的争议焦点问题。

本节拟从司法审判实践中对合同解除后发包方是否可以扣留质保金的裁判梳理,分析合同解除情形下质保金条款的适用。

一、建设工程施工合同的解除

合同解除是合同权利义务终止的一种情形。当事人双方可以通过协商解除,使合同权利义务终止,即协议解除。

当事人也可以约定一方解除合同的事由。在解除合同的事由发生时,解除权人可以解除合同,即合同的约定解除权。解除权可以在订立合同时约定,也可以在履行合同的过程中约定;可以约定一方享有解除合同的权利,也可以约定双方享有解除合同的权利。约定解除合同的条件出现时,享有解除权的当事人可以行使解除权解除合同。

除协议解除、约定解除外,还有一种解除合同形式,即法定解除,是指合同具有法律约束力后,当事人在法律规定的解除事由出现时,通过行使解除权而使合同的权利义务关系终止。《民法典》第五百六十三条规定了法定解除权的情形。《民法典》第五百六十三条第一款规定:“有下列情形之一的,当事人可以解除合同:(一)因不可抗力致使不能实现合同目的;(二)在履行期限届满前,当事人一方明确表示或者以自己的行为表明不履行主要债务;(三)当事人一方迟延履行主要债务,经催告后在合理期限内仍未履行;(四)当事人一方迟延履行债务或者有其他违约行为致使不能实现合同目的;(五)法律规定的其他情形。”

法定解除是合同中没有约定解除条件或者不符合约定的解除条件,但是符合法律规定的合同解除情形,合同一方可以要求解除合同。建设工程施工合同双方当事人对法定解除权的行使,除依照《民法典》第五百六十三条第一款规定外,建设工程施工合同对于法定解除权的行使,还作了如下专门规定。

(一)建设工程施工合同法定解除的情形

1.发包人的合同法定解除情形

原《施工合同司法解释》(已失效)第八条规定:“承包人具有下列情形之一,发包人请求解除建设工程施工合同的,应予支持:(一)明确表示或者以行为表明不履行合同主要义务的;(二)合同约定的期限内没有完工,且在发包人催告的合理期限内仍未完工的;(三)已经完成的建设工程质量不合格,并拒绝修复的;(四)将承包的建设工程非法转包、违法分包的。”前述第(一)、(二)、(三)项规定实质是源自原《合同法》(已失效)第九十四条关于合同解除条件的规定,第(四)项规定源自原《合同法》(已失效)第二百五十三条的规定。《民法典》实施后,原《合同法》(已失效)第九十四条的规定即为《民法典》第五百六十三条第一款的内容。

《民法典》第八百零六条第一款规定,承包人将建设工程转包、违法分包的,发包人可以解除合同。

2. 承包人的合同法定解除情形

原《施工合同司法解释》(已失效)第九条规定:“发包人具有下列情形之一,致使承包人无法施工,且在催告的合理期限内仍未履行相应义务,承包人请求解除建设工程施工合同的,应予支持:(一)未按约定支付工程价款的;(二)提供的主要建筑材料、建筑构配件和设备不符合强制性标准的;(三)不履行合同约定的协助义务的。”

《民法典》第八百零六条第二款规定,发包人提供的主要建筑材料、建筑构配件和设备不符合强制性标准或者不履行协助义务,致使承包人无法施工,经催告后在合理期限内仍未履行相应义务的,承包人可以解除合同。

(二)发包方是否享有承揽合同规定的任意解除合同权利

如前所述,法律规定合同解除的事由,是对任意解除合同的限制,《民法典》第八百零八条规定:本章没有规定的,适用承揽合同的有关规定。承揽合同的定作方享有任意解除合同的权利,建设工程施工合同的发包人,是否可以按照承揽合同的规定享有任意解除合同的权利?

对于该问题,从体系解释看,《民法典》合同编第十八章已经就发包人在何种情形下享有解除权作了规定,故发包人的解除权问题,不应适用承揽合同的规定。另外,从立法目的看,《民法典》第七百八十七条规定定作人在承揽人完成工作前可以随时解除合同,主要目的是减少损失、防止浪费。承揽合同约定的定作物是为满足定作人的特定需求,如果由于情况变化定作人不需要定作物,及时解除合同有利于减少当事人的损失,避免造成更大的浪费。但建设工程施工合同并不存在这一情况。实践中,签订建设工程施工合同后,发包人不再需要建设合同约定工程的情况十分少见。如果由于规划变化等原因导致建设工程没有继续施工必要的,发包人可通过情势变更原则行使合同解除权。相反,承包人准备施工、进场和退场都会带来高昂的成本。如果允许发包人随时解除合同,反而会造成更大的损失,与定作人任意解除合同制度的立法目的正好相悖。[①] 因此,不宜认定发包人享有任意解除建设工程施工合同的权利。

综上所述,建设工程施工合同解除的情形,主要源自《民法典》的规定,最高

---

① 最高人民法院民事审判第一庭编:《民事审判指导与参考》2021 年第 3 辑(总第 87 辑),人民法院出版社 2022 年版,第 254 页。

法院《施工合同司法解释(一)》并未对施工合同的解除进行规定。从《民法典》施行前后对发、承包双方合同法定解除权的规定来看,无论是发包方,还是承包方,《民法典》都对合同的法定解除权进行了限缩,这一点需要引起注意和关注。因此,当事人应在建设工程施工合同中约定合同解除的情形,通过合同约定解除权实现救济,这一点也恰恰是体现约定解除权对法定解除权的要件和行使效果进行修正、缓和和补充的功能价值。

(三)合同解除的法律后果

《民法典》第五百五十七条第二款规定,合同解除的,该合同的权利义务关系终止。同时,《民法典》第五百六十六条第一款规定,合同解除后,尚未履行的,终止履行;已经履行的,根据履行情况和合同性质,当事人可以请求恢复原状或者采取其他补救措施,并有权请求赔偿损失。

建设工程施工合同解除的,合同终止履行,已经履行的部分,不适合恢复原状,因此根据合同履行情况和合同性质,最高法院原《施工合同司法解释》(已失效)第十条对建设工程施工合同解除的法律后果进行了如下规定:"建设工程施工合同解除后,已经完成的建设工程质量合格的,发包人应当按照约定支付相应的工程价款;已经完成的建设工程质量不合格的,参照该解释第三条规定处理。"

前述司法解释的规定,在《民法典》颁布后,被吸收到《民法典》中。《民法典》第八百零六条第三款规定:合同解除后,已经完成的建设工程质量合格的,发包人应当按照约定支付相应的工程价款;已经完成的建设工程质量不合格的,参照本法第七百九十三条的规定处理,即已完工工程质量不合格,经修复后合格的,发包人可以请求减少工程价款或者由承包人承担修复费用。已完工工程即使经过修复也不合格的,建设工程无利用价值,承包人请求支付工程款的,不予支持。

建设工程施工合同中,工程质量优先于合同效力,即合同无论有效还是解除,工程款支付的前提是已完工工程质量合格。合同解除后,根据《民法典》的规定,已完工工程质量合格的,发包人应当按照合同约定支付工程款。质保金是在工程款中预留一定的比例保证缺陷责任期内承包人修复义务的履行,合同解除后对于已完工工程,发包人是否有权在工程款中扣留质保金,本节拟进行梳理与论述。

二、合同解除情形下质保金条款的适用

建设工程施工合同解除后,在工程尚未完工情形下,对于已完工工程部分,发包人在支付工程款时,是否可以按照合同约定扣留质保金?即合同约定的质保金条款在合同解除后是否还可以继续适用?在施工合同解除后,发包方一般会主张按照合同质保金条款的约定暂扣质保金,由此容易发生争议。

(一)合同解除后双方在解除协议中约定质保金扣留的,按照双方约定执行

合同解除后,如发、承包双方通过签订协议的方式确认了已完工工程款、质保金的预留与返还等事项,则对于质保金的预留与返还,应尊重双方当事人的意思自治。如(2016)最高法民终251号案件中,在如何认定欠付工程款的金额上,最高法院认为,鉴于双方签订的结算协议中对于质保期做了明确约定,并约定支付款项时应当扣减3%的质保金,合同约定的质保期还未到期,相关的质保金应当予以扣减。①

根据合同解除后双方结算协议中约定的质保金条款确定发包方是否有权预留质保金时,须注意如下几个问题。

1. 双方的合同解除后,即使施工合同被认定无效,对已完工部分工程进行的清理、结算条款,不因合同无效而影响结算协议的效力

即使施工合同因违反法律法规的强制性规定而无效,但双方在终止合同履行后签订的关于工程款的支付、质保金预留等问题的协议,属于对债权债务的清理、结算。合同终止后,双方应按照签订的清理、结算协议履行义务。

例如,(2018)最高法民申5743号西双版纳新供销房地产开发有限公司(以下简称版纳新供销公司)与云南九州建设集团有限公司(以下简称九州公司)建设工程施工合同纠纷案,双方签订的《建设工程施工合同》因违反招投标法的规定而无效,但双方签订的《合同解除协议书》约定:九州公司于本协议签订后退出项目,并在本协议签订之日起第二日内组织相关机械、材料、设备的清点、认价、移交工作。九州公司在项目实施过程中产生的合格工程量及工程款,由双方共同确定的造价机构进行造价审定,已实施的合格工程量及工程款按审定结

---

① 参见(2016)最高法民终251号民事判决书。

果进行结算。工程款于2015年10月28日前按结算价的97%支付给九州公司,留3%质保金于一年后的28天内一次性无息支付给九州公司等。最高法院认为,双方签订的《合同解除协议书》并不因《建设工程施工合同》无效而当然无效,二者虽有关联,但仍为两份独立的合同。原审认定《合同解除协议书》虽名为解除协议,但实质为结算协议,双方意思表示真实,且协议内容不违反法律法规的强制性规定,故《合同解除协议书》有效,该认定正确。《合同解除协议书》明确约定了版纳新供销公司应自2015年10月28日起一年后于28天内将质保金一次性无息支付给九州公司,该质保金退还的约定系发包人对自身权利的处分,是否收取质保金以及是否在质保期届至前退还质保金,均没有免除承包人的质保责任,故该约定并没有违反法律和行政法规的规定,原审认定支付条件已经成就,版纳新供销公司应依约向九州公司支付质保金,并无不当。①

2. 如合同解除后的结算协议未约定扣留质保金,不应支持发包人扣留质保金的诉求

与承包人的法定质量保修义务不同,质保金条款依赖于双方当事人的约定。如发、承包双方在合同解除后对债权债务清理协议中未约定扣留质保金,则应认定为不应在工程款中予以扣除。

例如,(2017)最高法民终883号内蒙古新加多房地产开发有限公司(以下简称新加多公司)、中建城市建设发展有限公司(以下简称中建公司)建设工程施工合同纠纷二审案件中,新加多公司主张在利息计算的基数中扣除有关规费等费用以及质保金。最高法院认为,双方在结算协议中明确约定结算金额为中建公司完成本工程应获得的全部和最终的结算总额,亦是双方结算争议事项的最终解决,因此不应扣除有关规费等费用,故利息计算基数中也不应扣除上述费用。本案中新加多公司欠付工程款违约事实清楚,案涉三份施工合同,中建公司依法行使解除权予以了解除,双方的结算协议对此也予以确认。在工程并未完工、合同已经解除、结算协议并未约定扣留质保金的情况下,新加多公司关于利息计算基数扣留质保金的主张缺乏合同依据和法律依据。②

---

① 参见(2018)最高法民申5743号民事裁定书。

② 参见(2017)最高法民终883号民事判决书。

3. 该等关于质保金的协议，可以在诉讼前达成，也可以在诉讼中当事人以同意或认可的方式作出

合同解除后，如双方未能就工程款支付、质保金等问题达成一致引发诉讼，在诉讼过程中，发包方主张扣留质保金，如承包方在诉讼过程中同意或认可发包方在工程款中扣留质保金，在符合约定条件下予以返还。根据民事诉讼自认原则，该等同意或认可属于当事人的自认。合同解除后发包方主张扣留质保金的，如在诉讼过程中承包方明确对扣留质保金予以认可或同意，可以按照承包方的承诺扣留质保金。

(二) 合同解除后，双方未就质保金适用达成一致如何处理，司法实践中裁判观点不一

1. 一种观点是不支持发包方在工程款中扣留质保金

缺陷责任期确定的前提是工程通过竣工验收，也即竣工验收合格，缺陷责任期自工程通过竣工验收之日为计算起点，这是扣留质保金的一般原则。但是建设工程施工合同提前解除后，承包方不再进行后续工程施工，无法按照质保金扣留的一般原则扣留质保金，因此不支持在合同解除情形下在工程款中扣留质保金。鉴于合同解除后工程情况复杂不一，司法实践中不支持发包人在工程款中预留质保金的案件，主要存在如下方面的认定情形。

(1) 合同解除后未履行部分应终止履行，扣留质保金无合同依据，因此已经扣除的应予以返还，未扣除的不予以扣留

根据合同解除理论，合同解除后，尚未履行的，终止履行；已经履行的，根据履行情况和合同性质，当事人可以要求恢复原状、采取其他补救措施并有权要求赔偿损失。在合同已经解除的情形下，关于质保金条款的约定，应终止履行，按照原合同约定扣留质保金无合同依据。

例如，(2018) 最高法民终 918 号沈阳星辰房地产开发有限公司（以下简称星辰公司）、江苏顺通建设集团有限公司（以下简称顺通公司）建设工程施工合同纠纷案中，关于质保金问题，最高法院认为，本案合同履行过程中，星辰公司未按约支付工程款存在违约，顺通公司主张解除合同符合法律规定和合同约定。在一审判决已判令解除案涉建设工程施工合同的情况下，案涉《建设工程施工合同》关于质保金的约定尚未履行，依法应终止履行。星辰公司主张扣除质保金已无合同依据。但合同解除并不影响顺通公司对其已完工工程所应承

担的质量责任。如存在质量问题,星辰公司可另行主张。[①]

最高院(2015)民一终字第8号、(2015)民提字第193号、(2017)最高法民终383号、(2018)最高法民终638号案,均系此种观点。

(2)因发包方违约导致合同解除,且工程长期停工、停工后未进行后续施工的,不支持发包人在工程款中预留质保金

建设工程施工合同资金投入大,解除合同很多系因为发包方无法按期支付工程款,最终导致承包方行使合同解除权。因此,建设工程施工合同解除后,发包方无资金继续投入形成"烂尾"工程,工程长期停工,甚至发包方进入破产重整程序,由于烂尾等原因导致工程长期无法实现竣工验收的,因工程未竣工验收,是否确定缺陷责任期对于建设工程没有意义。[②] 质保金条款中约定的"竣工验收合格开始计算缺陷责任期,缺陷责任期为二年,二年期满后返还质保金"等内容,属于在工程能够竣工验收合格的正常情形下的约定。在工程因发包人的资金问题常年停工、合同解除,且已完工部分不存在质量问题的情况下,扣留质保金既不符合情理,对承包人也不公平。因此此种情形下发包方主张在工程款中预留质保金,法院不予支持。

例如,(2017)最高法民终252号上诉人中国新兴建设开发总公司(以下简称新兴公司)与被上诉人国泰纸业(唐山曹妃甸)有限公司(以下简称国泰纸业公司)建设工程施工合同纠纷案中,最高人民法院认为,因资金问题,案涉工程已于2015年1月停工至今,并且新兴公司在一审时的诉请之一就是解除《建设工程施工合同》,在此情形下,在新兴公司和国泰纸业公司之间,案涉工程不可能再满足竣工这一条件,故有关质量保证金的返还问题不能直接适用上述规定。鉴于案涉工程已于2015年1月停工,至今已经超出两年,在此期间,国泰纸业公司并未提出证据证明案涉工程存在质量问题以及需要进行质量返修,故其主张应继续扣留质量保证金没有依据,其应按照已经认定的数额向新兴公司支付工程欠款及损失费用。原审判决对此认定不当,法院予以纠正。[③]

(2020)最高法民终455号、(2020)最高法民终132号案均属于发包方违约、工程长期停工,最高法院判决发包方不得在工程款中扣留质保金。

---

① 参见(2018)最高法民终918号民事判决书

② 最高人民法院民事审判第一庭编著:《最高人民法院新建设工程施工合同司法解释(一)理解与适用》,人民法院出版社2020年版,第180页。

③ 参见(2017)最高法民终252号民事判决书。

(3)工程由第三人继续施工,法院不支持发包方扣留质保金

合同解除后,承包方退场,发包人委托第三方对未完工程继续施工的,工程竣工日期承包方无法控制亦无法确定,因此,质保金条款实际上无法继续履行。如(2020)最高法民终117号案、(2019)最高法民终1086号案、(2020)最高法民终245号案最高人民法院均不支持发包人预留质保金。

例如,(2020)最高法民终117号贵州瑞和建设集团有限公司(以下简称瑞和公司)、石阡县信德房地产开发有限责任公司(以下简称信德公司)建设工程施工合同纠纷案中,最高法院认为,2016年4月21日信德公司通知瑞和公司解除《3、4、5号楼建设工程施工合同》,2016年4月28日将未完工程发包给案外人,即信德公司与瑞和公司的《3、4、5号楼建设工程施工合同》客观上已无法继续履行,也不可能按照《3、4、5号楼建设工程施工合同》的约定自工程竣工验收合格之日起计算缺陷责任期。瑞和公司施工的主体部分无明显质量问题。如今后有其他质量问题,退还质保金后也不影响瑞和公司承担相应责任。因此,在信德公司欠付瑞和公司3、4、5号楼的工程款中不必扣除3%的房屋质量保证金。① 与该观点类似的案例还有:(2019)最高法民终1086号、(2020)最高法民终245号案。

(4)在分期返还质保金的情形下,即使部分质保金的缺陷责任期未届满,为避免诉累,平衡双方当事人利益,法院不支持发包人扣留缺陷责任期未届满的质保金

(2018)最高法民终920号、(2019)最高法民终886号案,最高法院均在判决中认为,施工合同约定的3%质保金,仅余1%或0.5%对应的缺陷责任期未满,质保金是否预留不影响承包方就施工部分承担工程质量保修责任,亦无必要让当事人双方因0.5%或1%的质保金再承受讼累。为平衡双方利益,该3%的质保金应当作为工程款全部退还。②

建设工程合同纠纷案件法律关系复杂,也存在法院仅以缺陷责任期届满为由不支持发包方扣留质保金的裁判理由,如最高法(2007)民一终字第10号案、(2015)民申字第2814号案,对于合同解除的特殊情形下质保金条款的理解与适用未作具体回应与解释。

---

① 参见(2020)最高法民终117号民事判决书。

② 参见(2018)最高法民终920号民事判决书、(2019)最高法民终886号民事判决书。

2. 另一种相反观点是支持发包方扣留质保金

(2017)最高法民终252号承办法官对该案进行分析时指出,虽然建设工程施工合同解除后,如果双方当事人对合同解除后是否扣留质保金没有特别约定,则在认定发包人应付工程款时,不可直接适用原合同中有关质量保证金的条款,但在特定情形下有适用余地,人民法院在认定时应持谨慎态度。① 但对于哪些属于特定情形,具体的界定标准是什么,并无特别的阐述与说明。

河北高院《建设工程施工合同案件审理指南》(冀高法〔2018〕44号)第四十二条规定,未完工程中,承包人主张其已完成部分的工程款的,后续工程已经由第三方施工完毕,并竣工验收合格的,发包人又以承包人施工部分的工程质量不合格主张付款条件不成就或者拒付工程款的,人民法院不予支持。后续工程已经由第三方施工完毕但未进行竣工验收,或者未由第三方继续施工,但分部分项验收合格的,发包人以承包人施工部分的工程质量不合格主张付款条件不成就或者拒付工程款的,人民法院不予支持。人民法院可在承包人已完工程价款中按合同约定比例暂扣质保金,暂扣质保金的时间最长不超过两年。但确因承包人原因导致建设工程的地基基础工程和主体结构存在质量问题的除外。

司法实践中,支持发包方预留质保金的,主要存在如下认定情形。

(1)认为质保金属于结算条款,合同解除不影响质保金条款的效力

本章第四节关于无效合同情形下质保金条款适用问题,即探讨和分析了质保金条款属于结算条款的裁判思路。质保金系在工程款中扣留一定的比例作为缺陷责任期内工程质量的担保,属于工程款的一部分,因此一种观点认为质保金条款的约定,属于合同中的结算条款。合同解除后,质保金条款仍适用。

例如:(2020)最高法民终337号福建九鼎建设集团有限公司(以下简称福建九鼎)、云南佳鸿宇合实业有限公司建设工程施工合同纠纷案中,最高法院认为,质保金条款属于结算条款,合同解除不影响质保金条款的效力,因此在合同约定的条件满足时,工程质量保证金才应返还施工方。虽然案涉工程未完工,但福建九鼎的质量保修义务并不因此免除。根据《建设工程施工合同》中《工程质量保修书》之约定,工程质量保修金按实际完成工程结算总价款5%扣留

---

① 参见于蒙:《建设工程施工合同解除后,质量保证金条款能否适用——中国新兴建设开发总公司与国泰纸业(唐山曹妃甸)有限公司建设工程施工合同纠纷案》,载最高人民法院民事审判第一庭编:《民事审判指导与参考》2018年卷,人民法院出版社2020年版,第308页。

5 年,案涉工程于 2016 年 1 月 8 日完成主体封顶,至今工程未竣工验收,也未交付使用,质量保修期尚未届满,故福建九鼎主张质保金不应扣除的理由不能成立。①

(2018)最高法民终 920 号案、(2018)最高法民终 922 号案、(2020)最高法民终 686 号案,均认定质保金条款属于结算条款,合同解除后仍应适用质保金条款的约定,在工程款中允许发包方扣留质保金。

(2)承包方对案涉工程应承担质量责任,因此允许发包方在合同解除后预留质保金

施工方对工程应承担质量责任,包括对工程施工中出现的质量问题及经验收不合格工程应承担的质量返修责任,以及对经验收合格的工程在使用过程中出现的质量问题应承担的缺陷修复责任和保修责任。即使合同解除,承包方仍应对已完工工程部分承担质量责任,因此支持发包方扣留质保金。

例如,(2021)最高法民终 885 号北京建工集团有限责任公司(以下简称北京建工)、丹东汉高口岸置业有限公司(以下简称汉高置业)等建设工程施工合同纠纷案中,北京建工以汉高置业不按照约定给付工程进度款为由,将案涉工程长时间停工,且北京建工在诉讼中坚持诉请解除合同;案涉《建设工程施工合同》通用条款第 44.2 款约定,发包人违约延期付款导致施工无法进行,承包人停止施工超过 56 天,发包人仍不付款的,承包人有权解除合同。案涉工程已停工多年,合同履行已经陷入僵局,合同约定解除的条件已经成就,法院判定解除《建设工程施工合同》。关于是否在欠付工程款中扣除质保金问题,最高法院认为,北京建工作为施工方对案涉工程应承担质量责任,包括对工程施工中出现的质量问题及经验收不合格工程应承担的质量返修责任,以及对经验收合格的工程在使用过程中出现的质量问题应承担的保修责任。因案涉工程未全部验收,汉高置业可根据《建设工程施工合同》专用条款第 26 条的约定,扣除已完工程价款的 5% 作为质量保证金,故一审判决关于在欠付工程款中扣除质量保证金的认定,并无不当。在质量保证金具备返还条件时,北京建工可依法另行主张。②

此外,支持发包方扣留质保金的观点还认为,扣留质保金符合诚信原则,亦

① 参见(2020)最高法民终 337 号民事判决书。
② 参见(2021)最高法民终 885 号民事判决书。

符合建筑行业的惯例和有关法律规定。[①]

合同解除情形下允许发包人在工程款中预留质保金的司法实践中,因合同解除时工程未完工,工程款结算仅是对已完工工程对应的部分工程款进行结算,因此质保金以已完工工程部分对应的工程价款作为计算基数,在实务中并不存在争议。

三、支持预留质保金的司法裁判对质保金返还期限起算时间的认定

依据《质保金管理办法》第八条的规定,缺陷责任期自工程通过竣工验收之日起计算。缺陷责任期满后,承包人可以请求返还质保金。因合同提前解除,工程未完工的情况下,支持发包方在工程款中预留质保金的司法裁判案件中,质保金返还期限的起算时间的认定,实践中存在争议,存在以整体工程竣工验收时间作为质保金返还期限的起算时间、以工程移交时间作为质保金返还的起算时间、以合同解除时间作为质保金返还期限的起算时间的不同认识。鉴于质保金对应的缺陷责任期与保修期在起算时间节点上认定一致,故本节不再赘述,参见第六章第四节"未完工工程保修责任"关于保修期起算时间的认定。

综上所述,从司法实践对于合同解除情形下质保金条款的适用来看,因质保金的规定过于简单粗放,导致实务中对于合同解除情形下如何适用质保金条款,观点不一。目前合同解除情形下质保金条款适用的裁判实践与同案同判思维、提升司法裁判质量的要求均存在差距,也使当事人的合同履行预期存在不确定性,因此在最高法院就相关问题做出明确的司法解释前,也建议发、承包双方尽可能就相关问题积极协商,避免或减少争议发生。

第六节　质保金条款下的违约责任承担

质保金是发包人与承包人在建设工程承包合同中约定,从应付的工程款中预留,用以保证承包人在缺陷责任期内对建设工程出现的缺陷进行维修的资金。《建设工程施工合同(示范文本)》(GF—2017—0201)第15.3.3项"质量保

① 参见(2017)最高法民申4093号民事裁定书。

证金的退还"约定：缺陷责任期内，承包人认真履行合同约定的责任，到期后，承包人可向发包人申请返还保证金。发包人在接到承包人返还保证金申请后，应于14天内会同承包人按照合同约定的内容进行核实。如无异议，发包人应当按照约定将保证金返还给承包人。对返还期限没有约定或者约定不明确的，发包人应当在核实后14天内将保证金返还承包人，逾期未返还的，依法承担违约责任。发包人在接到承包人返还保证金申请后14天内不予答复，经催告后14天内仍不予答复，视同认可承包人的返还保证金申请。发包人和承包人对保证金预留、返还以及工程维修质量、费用有争议的，按施工合同约定的争议和纠纷解决程序处理。

质保金制度设立的目的是保证承包人在缺陷责任期内对建设工程承担维修义务。缺陷责任期内，由于承包人造成的质量缺陷，承包人负责维修并承担维修费用。缺陷责任期满后，承包人有权主张返还质保金。因此，质保金条款下发、承包双方的责任表现为承包人负责在缺陷责任期内的质量修复义务，发包人在缺陷责任期满后负有返还质保金的义务。本节从发、承包双方的角度探讨违反质保金条款下义务的法律责任承担。

一、承包方违反缺陷责任修复义务的法律责任承担

质量缺陷责任实质是瑕疵担保责任。承担瑕疵担保责任的主要方式，包括瑕疵修补、重作、减少报酬、解除合同、损害赔偿等。[①] 在建设工程施工合同下，承担瑕疵担保责任的主要方式实质上为瑕疵修复、返工、减少工程价款、解除合同、损失赔偿等。建设工程竣工后缺陷责任期内，承包人应认真履行合同约定的缺陷责任修复责任。发包人对使用过程中发现已接收的工程存在由于承包人原因造成的质量缺陷的情形，应通知承包人进行维修，且根据合同约定由承包人承担维修费用。

1. 缺陷责任确定

缺陷责任期内，由于承包人原因造成的缺陷，承包人应负责维修，并承担鉴定及维修费用。如承包人不维修也不承担费用，发包人可按合同约定从质保金中扣除，费用超出质保金金额的，发包人可按合同约定向承包人进行索赔。由

① 参见冯小光：《建设工程施工合同纠纷案件法律适用的有关问题》，载最高人民法院民事审判第一庭编：《民事审判指导与参考（2018年卷）》，人民法院出版社2020年版，第446页。

于他人原因造成的缺陷,发包人负责组织维修,承包人不承担费用,且发包人不得从质保金中扣除费用。

因此,发包人在工程使用过程中发现工程质量瑕疵的,是否有权要求承包人承担维修费用的前提,是确定质量瑕疵或缺陷,是否由于承包人原因造成的。如工程产生质量缺陷,承、发包双方首先应进行协商,确认存在的问题,如无法达成一致,应共同邀请第三方机构对工程质量问题进行调查,确定原因和责任。[①] 发包方与承包方可以在合同中约定缺陷调查的主体和费用承担。在发现工程质量缺陷时,双方根据合同约定的缺陷调查程序确定缺陷责任的原因,并根据合同约定的责任承担主体承担相应的费用。

实践中,工程产生质量缺陷的原因相对复杂,工程质量缺陷的责任判断在许多情形下具有复杂性,可能难以在短时间内确定缺陷责任原因,或者情况紧急必须立即修复缺陷的,如果严格按照先认定责任再进行修复的程序,可能导致缺陷修复的过度迟延,进而导致损失的进一步扩大。鉴于缺陷责任期与工程保修期在时间上存在重合,因此,一般情形下承包人应先自费履行修复义务,再根据最后的质量责任认定结果,要求发包人承担由承包人先行垫付的不可归责于承包人原因产生的维修费用。或者在维修费用过高的情形下,如承包人有合理理由认为缺陷产生的原因不是承包人造成的,建议双方协商由发包人先行支付部分维修费用,最后再根据质量责任认定结果进行结算。

2. 修复通知

缺陷责任期内,发包人在使用过程中,发现已接收的工程存在缺陷或损坏的,应书面通知工程承包人予以修复,但情况紧急必须立即修复缺陷或损坏的,发包人可以口头通知承包人并在口头通知后及时进行书面确认。

3. 修复费用承担

由于承包人原因造成工程的缺陷,承包人拒绝维修或未能在合理期限内修复,且经发包人书面催告后仍未修复的,或者情况紧急必须立即修复的,发包人有权自行修复或委托第三方修复,所需费用由承包人承担。发包人有权根据合同约定在质保金中直接予以扣除。该种直接在质保金中扣除的操作即体现了质保金的担保功能。

---

① 参见最高人民法院民事审判第一庭编著:《最高人民法院建设工程施工合同司法解释(二)理解与适用》,人民法院出版社 2019 年版,第 194 页。

实践中还存在一种情况，如果当事人约定，承包人未及时维修时发包人有权直接没收工程质量保证金全部或一部，该约定属于双方当事人协商一致的意思表示，不存在导致合同无效的情形。

二、发包人逾期返还质保金的责任承担

按照《质保金管理办法》以及《建设工程施工合同（示范文本）》（GF—2017—0201）关于质保金返还的规定，缺陷责任期满后，承包人可向发包人申请返还保证金。发包人应根据合同约定返还质保金。发包人逾期返还的，应承担相应的违约责任。

（一）承包人可以根据工程项目情况，自行选择质保金与工程款一并或分开主张

承包人主张质保金和工程款，会根据项目的具体情况，对质保金和工程款选择一并主张或分开主张。在缺陷责任期内，承包人主张工程款的，因质保金未届返还期，承包人主张质保金返还的条件未成就，因此，承包人一般先行主张工程款，待质保金返还条件成就时，再单独主张返还质保金。缺陷责任期满后承包人主张工程款的，一般也会存在如下情形：一是质保金作为工程款的一部分，直接主张工程款；二是工程款与质保金分别作为不同的诉讼请求，一并在诉讼中主张。前述做法在司法实践中均普遍存在，承包人可以根据项目情况自行选择权利主张方式。

（二）发包人逾期支付质保金的违约责任

发包人未按照合同约定的期限返还质保金，是否应承担违约责任，应结合以下因素进行考量。

（1）发包人未返还质保金是否具有法定或合同约定的抗辩事由，如具有有效的抗辩理由，则不应承担违约责任；

（2）在工程不存在质量缺陷情况下，发包人如在质量缺陷期满后未按约定期限或未在《质保金管理办法》规定的 14 天内返还质保金，应承担违约责任，如

果虽然超出了缺陷责任期,但在约定时间内进行了返还,则不应承担违约责任。[①] 即发包人是否承担逾期返还质保金的违约责任前提,是首先确定是否存在违约行为。在承包人主张发包人返还质保金并承担逾期返还责任时,一般发包人以缺陷责任期未届满质保金返还条件未成就为由拒绝返还质保金;或缺陷责任期虽然已经届满,但因缺陷责任期内承包人未履行修复义务,质保金作为缺陷责任修复义务的担保不予返还;或缺陷责任期虽已经届满,但未届双方约定的质保金返还期限等进行抗辩。关于质保金返还期限、承包人承担修复义务等内容,在之前的内容中已经论述,在此不再赘述。本部分内容主要探讨发包人逾期支付质保金时,承包人可以主张发包人承担的违约责任内容以及在发包人违约情况下承包人享有的权利。

1. 质保金的违约责任能否按照工程款约定的违约责任条款执行

发、承包双方在施工合同中,对工程价款支付部分,一般分为预付款、进度款、竣工结算款以及质保金,其中质保金部分须在缺陷责任期满后返还给承包人。双方当事人一般会在合同中约定工程结算款逾期支付的违约金、或利息计算标准,逾期支付质保金,是否能适用竣工结算款约定的逾期付款违约责任标准,在司法实践中存在不同的认识。

(1)一种观点认为,质保金属于工程款的一部分,逾期返还质保金适用工程结算款违约责任约定

质保金是在工程款中预留一定的比例,待缺陷责任期满后返还给承包人,其仍然属于工程款的一部分,因此逾期返还质保金的,适用工程款的违约责任约定。

例如,(2021)最高法民申 4544 号陕西康隆置业有限公司、陕西建工第八建设集团有限公司建设工程施工合同纠纷案中,最高法院认为,涉案施工合同专用条款第 39 条约定,本合同通用条款第 37.8 款约定发包人违约应承担的违约责任;发包人未能按约定支付竣工结算款,发包人每天按未付工程款的万分之五支付违约金并承担违约责任。原《施工合同司法解释》(已失效)第十七条规定:“当事人对欠付工程价款利息给付标准有约定的,按照约定处理;没有约定的,按照中国人民银行发布的同期同类贷款利率计息。”本案双方当事人对未能

---

① 参见最高人民法院民事审判第一庭编著:《最高人民法院新建设工程施工合同司法解释(一)理解与适用》,人民法院出版社 2021 年版,第 180 页。

按时支付工程款的责任已经作出约定，即发包人每天按照未付工程款的万分之五支付违约金，故二审按照月利率 1.5% 计算剩余工程款（质保金属于工程款的组成部分）的利息，符合双方合同约定。[①] （2021）最高法民申 4544 号案件中，因质保金属于工程款的组成部分，因此判决认定发包人按照竣工结算款约定的违约金标准，确定逾期返还质保金的违约责任。

（2）另一种观点认为，逾期支付质保金的违约责任不应按照逾期支付工程款的违约责任条款执行

持此观点的认为，逾期返还质保金的违约责任应进行明确约定，如未约定质保金返还违约责任适用工程款违约责任标准的，则不适用。

例如，（2020）最高法民终 437 号江苏南通二建集团有限公司（以下简称南通二建）、唐山市铭远房地产开发有限公司（以下简称铭远公司）建设工程施工合同纠纷案中，双方合同第 13.1.2 项发包人违约的责任"（2）因发包人原因未能按合同约定支付合同价款的违约责任"约定："a）当发生任何因甲方的原因引起的未能按约向乙方支付工程款的情况，乙方有权向甲方发出要求付款的通知，甲方收到通知后仍不能付款的，自第 16 天起，甲方按照中国人民银行发布的同期同类贷款利率的双倍向乙方支付延期付款的利息。自第 57 天起，按照中国人民银行发布的同期同类贷款利率的四倍向乙方支付延期付款的利息。"此外，双方约定结算总价的 2% 作为质保金。竣工验收合格满 1 年，质保金支付基数为合同结算总额的 1%；竣工验收合格满 2 年，质保金支付基数为合同结算总额的 0.5%；竣工验收合格满 3 年，质保金支付基数为合同结算总额的 0.5%。案涉工程于 2016 年 10 月 10 日竣工验收合格，案涉工程已竣工验收合格满 2 年，故铭远公司应支付合同结算总额 1.5% 的质保金 6,233,947.55 元，并给付 6,233,947.55 元自竣工验收合格满 2 年之日 2018 年 10 月 10 日起至实际给付之日止按中国人民银行同期同类贷款利率计算的利息。因双方并未就逾期支付质保金作出约定，南通二建关于应适用合同中关于逾期支付工程款的违约责任计算逾期支付质保金利息的主张不符合合同约定及法律规定，对此不予支持。[②]

鉴于存在上述两种不同的观点和认识，为避免在发生争议时对条款解释的

---

① 参见（2021）最高法民申 4544 号民事裁定书。

② 参见（2020）最高法民终 437 号民事判决书。

理解分歧，建议对质保金逾期返还的违约责任是否适用工程竣工结算款的违约金、利息计算标准等违约责任条款进行明确约定。

2. 未约定逾期支付质保金的利息计算标准的违约责任承担

最高法院《施工合同司法解释（一）》第二十六条规定，当事人对欠付工程价款利息计付标准有约定的，按照约定处理。没有约定的，按照同期同类贷款利率或者同期贷款市场报价利率计息。质保金给付系履行金钱债务，同时质保金属于工程款的一部分，如发包方逾期支付质保金的，双方当事人对逾期支付质保金的利息计付标准有约定的，按照约定处理。没有约定的，应按照同期同类贷款利率或者同期贷款市场报价利率计息。

（三）质保金是否属于承包人工程价款优先受偿权的范围

承包人建设工程价款优先受偿权是指承包人对于建设工程的价款就该工程折价或者拍卖的价款享有优先受偿的权利。《民法典》第八百零七条规定，发包人未按照约定支付价款的，承包人可以催告发包人在合理期限内支付价款。发包人逾期不支付的，除根据建设工程的性质不宜折价、拍卖外，承包人可以与发包人协议将该工程折价，也可以请求人民法院将该工程依法拍卖。建设工程价款优先受偿权是法律赋予承包方的一项权利，是法律基于维护社会公共利益及承包人权利之需要，在相关利益冲突时作出的一种价值选择，即承包人的建设工程价款就建设工程折价或者拍卖的价款优先受偿于抵押权与其他普通债权。

质保金是否属于承包人工程价款优先受偿权范围，司法实践中还存在不同的认识。四川高院《施工合同若干疑难问题的解答》第三十八条第二款明确规定，工程质量保证金不属于建设工程价款优先受偿的范围。

考察质保金是否属于承包人工程价款优先受偿权的范围，应从工程价款的组成、工程价款优先受偿权的保护范围等方面进行考量。

最高法院原《施工合同纠司法解释（二）》第二十一条规定，承包人建设工程价款优先受偿的范围依照国务院有关行政主管部门关于建设工程价款范围的规定确定。承包人就逾期支付工程价款的利息、违约金、损害赔偿金等主张优先受偿的，人民法院不予支持。

质量保证金显然不属于以上除外款项范围，不属于上述建设工程价款优先受偿权不予保护的范围，且质保金是指双方在承包合同中明确约定从应付工程款中预留的资金。因此质保金应为工程款的一部分，且司法实践中对质保金属于工程价款的组成部分也予以普遍认同，质保金当然属于承包人工程价款优先受偿权的范围。该种认识也越来越得到司法实践的普遍认可。

例如，(2018)最高法民终638号浙江中成建工集团有限公司(以下简称中成公司)、天津万炬电子产业投资有限公司(以下简称万炬公司)建设工程施工合同纠纷案中，关于万炬公司应付中成公司工程款中应否扣除质量保证金以及中成公司享有工程价款优先受偿权应否包含质量保证金问题。最高法院认为，原《合同法》第九十七条规定，合同解除后，尚未履行的，终止履行；已经履行的，根据履约情况和合同性质，当事人可以要求恢复原状、采取其他补救措施，并有权要求赔偿损失。案涉《备案合同》解除后，尚未履行的条款应终止履行。《质保金管理办法》第二条第一款规定："质量保证金为发包人与承包人在建设施工合同中约定，从应付的工程款中预留，用以保证承包人在缺陷责任期内对建设工程出现的缺陷进行维修的资金。"案涉《备案合同》第二十六条约定余款5%作为工程质保金，待工程竣工满1年后7天内支付质保金总价的50%，待工程竣工满2年后7天内支付至质保金总价的70%。该条款系当事人就质保金的支付比例及返还时间所作约定。案涉工程至今未完工，缺陷责任期尚未起算，上述质保金条款尚未履行，自《备案合同》解除之时，该条款应终止履行。一审判决仍然依据该条款扣除质量保证金，依据不足。对于中成公司已完工部分，万炬公司并未主张该部分工程存在质量问题需要维修，即便质保金条款终止履行，中成公司仍然应对已完工程的质量问题在保修期内承担保修责任。万炬公司主张扣留质保金，依据不足。

一审判决扣除的质量保证金2106万元属于工程价款的一部分，应在工程价款优先受偿权的保护范围之内。一审判决在万炬公司应付中成公司工程款数额中扣除质保金有误，并导致认定中成公司享有优先受偿权的工程款数额有误，本院予以纠正。万炬公司应支付中成公司工程款198,817,194元，中成公司在万炬公司欠付工程款198,817,194元的范围内享有建设工程价款优先受偿权。①

此外，(2020)最高法民申4593号、(2020)最高法民申1318号案件，最高法院均确认质保金属于建设工程价款的一部分，属于建设工程价款优先受偿权的

① 参见(2018)最高法民终638号民事判决书。

范围。

至于质保金优先受偿权行使的起算时间，最高法院《施工合同司法解释（一）》第四十一条规定："承包人应当在合理期限内行使建设工程价款优先受偿权，但最长不得超过十八个月，自发包人应当给付建设工程价款之日起算。"优先受偿权行使期限为自发包人应当给付建设工程价款之日起算，故质保金部分的工程款优先受偿权的起算时间，应自发包人应当返还质保金之日起算。

第六章

保修期内的质量纠纷

第一节　工程质量保修制度

一、工程质量保修制度的概念

建设工程质量保修制度，是指建设工程竣工经验收后，在规定的保修期限内，由于勘察、设计、施工、材料等原因造成的质量缺陷，应当由施工承包单位负责维修、返工或更换，由责任单位负责赔偿损失的法律制度。建设工程质量保修制度对于促进建设各方加强质量管理，保护用户及消费者的合法权益可起到重要的保障作用。

《建筑法》第六十二条第一款规定："建筑工程实行质量保修制度。"《建筑工程质量管理条例》第三十九条规定："建设工程实行质量保修制度。建设工程承包单位在向建设单位提交竣工验收报告时，应当向建设单位出具保修书。质量保修书中应当明确建设工程的保修范围、保修期限和保修责任等。"

工程质量保修书是发、承包双方对工程质量保修范围、保修期限、保修责任等进行约定的协议，是承包人对竣工验收的建设工程承担保修责任的法律文件。《2017 版建设工程施工合同(示范文本)》(GF—2017—0201)对施工单位的建设工程质量保修责任作了具体约定，并将《工程质量保修书》作为附件 3，该保修书共有 6 条，较以前增加了缺陷责任期一条。

二、保修范围

(一)保修范围的概念

保修范围，是指建设工程竣工验收后承包人在保修期内对建设工程承担保修责任的范围。《建筑法》第六十二条第二款规定："建筑工程的保修范围应当包括地基基础工程、主体结构工程、屋面防水工程和其他土建工程,以及电气管线、上下水管线的安装工程,供热、供冷系统工程等项目;保修的期限应当按照保证建筑物合理寿命年限内正常使用,维护使用者合法权益的原则确定。具体的保修范围和最低保修期限由国务院规定。”

工程质量保修范围是工程质量保修书的必备条款,由承包人与发包人在工程质量保修书中共同约定,但不得违反《建筑法》《建设工程质量管理条例》等法律、法规的基本要求。对于《建设工程质量管理条例》和《房屋建筑工程质量保修办法》中没有明确列入工程质量保修范围的项目,如智能建筑分部工程中涉及的软件安装、信息网络系统等,应当结合《建筑法》第六十二条的规定,由双方当事人在保修书中另行约定。

(二)不属于保修范围的情形

《房屋建筑工程质量保修办法》第十七条规定:“下列情况不属于本办法规定的保修范围:(一)因使用不当或者第三方造成的质量缺陷;(二)不可抗力造成的质量缺陷。”

三、保修期限

(一)保修期限的概念

保修期限,是指工程竣工验收合格后,承包人对建设工程承担质量瑕疵保修责任的期限。《建筑法》第六十二条规定:“……保修的期限应当按照保证建筑物合理寿命年限内正常使用,维护使用者合法权益的原则确定。具体的保修范围和最低保修期限由国务院规定。”

《建筑工程质量管理条例》第四十条规定:“在正常使用条件下,建设工程的最低保修期限为:(一)基础设施工程、房屋建筑的地基基础工程和主体结构工程,为设计文件规定的该工程的合理使用年限;(二)屋面防水工程、有防水要求的卫生间、房间和外墙面的防渗漏,为5年;(三)供热与供冷系统,为2个采暖期、供冷期;(四)电气管线、给排水管道、设备安装和装修工程,为2年。其他项目的保修期限由发包方与承包方约定。建设工程的保修期,自竣工验收合格之日起计算。”

（二）合理使用年限的规定

关于《建筑工程质量管理条例》中“设计文件规定的该工程的合理使用年限”，根据住房城乡建设部颁布的《建筑结构可靠性设计统一标准》（GB 50068—2018）第 3.3.3 项：（1）临时性结构，设计使用年限为 5 年；（2）易于替换的结构构件，设计使用年限为 25 年；（3）普通房屋和构筑物，设计使用年限为 50 年；（4）纪念性建筑和特别重要的建筑结构，设计使用年限为 100 年。

（三）约定的保修期限与法律规定不一致的处理

实践中，经常会出现承、发包双方约定的保修期限与法律、法规规定的期限不同或没有约定保修期限的情形，按照以下几种情形分别处理：

1. 承、发包双方未约定保修期限的，按法律、法规的规定执行；

2. 承、发包双方约定的保修期限低于法律、法规规定的最低保修期限的，该约定无效，按法律、法规的规定执行；

3. 承、发包双方约定的保修期限高于法律、法规规定的最低保修期限的，按约定执行。

（四）保修期限的延长

我国现行的法律、法规并未对工程质量保修期延长有明确的规定，司法实践中，工程质量保修期延长需建设单位与施工单位以书面约定等方式予以确认。

1. 在未有约定的情况下，在保修期内提出质量异议并不导致保修期的延长。法院认定保修期是否延长的重要依据并不是保修期内提出质量异议。根据《房屋建筑工程质量保修办法》第九条的规定，保修期内提出异议是建设单位或房屋建筑所有人的权利和义务，该行为仅导致施工单位应予以保修的结果，并未规定保修期也相应延长。如果保修期提出质量异议就导致保修期延长，实际上将保修终身制，过分加重了施工单位的保修义务，否定了保修期的设立初衷。因此，认定保修期是否延长主要应依据建设单位与施工单位之间是否达成新的合意。

2. 约定保修期延长的几种情形：（1）变更起算起点，约定将竣工验收合格之日变更为质量缺陷修复验收合格之日起算；（2）实践中会出现发包人提出保修要求，而承包人迟迟不予维修的情形，部分发包人会在合同中约定，若承包人未按合同约定提供保修服务的，出现质量问题的部位保修期自保修通知发出之日起重新起算。

四、保修责任

《建筑工程质量管理条例》第四十一条规定："建设工程在保修范围和保修期限内发生质量问题的，施工单位应当履行保修义务，并对造成的损失承担赔偿责任。"《2017 版建设工程施工合同（示范文本）》第 15.4.1 项"保修责任"规定：工程保修期从工程竣工验收合格之日起算，具体分部分项工程的保修期由合同当事人在专用合同条款中约定，但不得低于法定最低保修年限。在工程保修期内，承包人应当根据有关法律规定以及合同约定承担保修责任。发包人未经竣工验收擅自使用工程的，保修期自转移占有之日起算。

（一）保修责任的承担方式

1. 自行维修。自行维修是承包人承担保修义务的主要形式，也是保修期限内出现工程质量缺陷后发包人应当首先选择的救济途径。《房屋建筑工程质量保修办法》第九条规定："房屋建筑工程在保修期限内出现质量缺陷，建设单位或者房屋建筑所有人应当向施工单位发出保修通知……"

2. 承担修复费用。由于承包人原因造成工程质量缺陷或损坏，经发包人书面通知或催告后，承包人拒绝修复或在合理期限内不能修复或发包人有正当理由拒绝承包人修复的，发包人可以自行修复或另行委托第三方修复，承包人应承担合理的修复费用。《房屋建筑工程质量保修办法》第十二条规定："施工单位不按工程质量保修书约定保修的，建设单位可以另行委托其他单位保修，由原施工单位承担相应责任。"

（二）保修费用

《房屋建筑工程质量保修办法》第十三条规定："保修费用由质量缺陷的责任方承担。"《2017 版建设工程施工合同（示范文本）》第 15.4.2 项"修复费用"规定，保修期内，修复的费用按照以下约定处理：（1）保修期内，由于承包人原因造成工程的缺陷、损坏，承包人应负责修复，并承担修复的费用以及因工程的缺陷、损坏造成的人身伤害和财产损失；（2）保修期内，因发包人使用不当造成工程的缺陷、损坏,可以委托承包人修复,但发包人应承担修复的费用,并支付承包人合理利润;(3)由于其他原因造成工程的缺陷、损坏,可以委托承包人修复,发包人应承担修复的费用,并支付承包人合理的利润,因工程的缺陷、损坏造成的人身伤害和财产损失由责任方承担。

(三)保修程序

《房屋建筑工程质量保修办法》第九条规定:“房屋建筑工程在保修期限内出现质量缺陷,建设单位或者房屋建筑所有人应当向施工单位发出保修通知。施工单位接到保修通知后,应当到现场核查情况,在保修书约定的时间内予以保修。发生涉及结构安全或者严重影响使用功能的紧急抢修事故,施工单位接到保修通知后,应当立即到达现场抢修。”第十条规定:“发生涉及结构安全的质量缺陷,建设单位或者房屋建筑所有人应当立即向当地建设行政主管部门报告,采取安全防范措施;由原设计单位或者具有相应资质等级的设计单位提出保修方案,施工单位实施保修,原工程质量监督机构负责监督。”第十一条规定:“保修完成后,由建设单位或者房屋建筑所有人组织验收。涉及结构安全的,应当报当地建设行政主管部门备案。”

上述条款即为质量缺陷保修的程序性规定,即保修期内出现质量缺陷,建设单位或房屋所有人应当向施工单位发出保修通知,施工单位接到保修通知后,予以保修。可见,发保修通知是建设单位或房屋所有人的法定义务。另外,如果建设单位未履行通知义务而自行修复或委托第三方修复或建设单位有正当的理由拒绝承包人修复,修复费用如何承担,分为以下几种情况。

1.发包人未履行通知义务的费用承担

(1)发包人未通知承包人修复,另行委托他人修复的,承包人承担的修复费用以由其自行修复所需的合理费用为限。北京高院、安徽高院持此观点。北京市高级人民法院《关于审理建设工程施工合同纠纷案件若干疑难问题的解答》第三十条规定,发包人以工程质量不符合合同约定为由,要求承包人承担修复费用的,如何处理?因承包人原因致使工程质量不符合合同约定,承包人拒绝修复、在合理期限内不能修复或者发包人有正当理由拒绝承包人修复,发包人另行委托他人修复后要求承包人承担合理修复费用的,应予支持。发包人未通知承包人或无正当理由拒绝由承包人修复,并另行委托他人修复的,承包人承担的修复费用以由其自行修复所需的合理费用为限。

(2)发包人未履行通知义务,要求承包人承担维修费缺乏依据,不予支持

例如,金昌中院(2019)甘03民初1号甘肃华瑞建设工程有限公司诉甘肃高地房地产开发有限公司建设工程施工合同纠纷一案①中,金昌中院认为,关于高地公司主张的消防工程修复费用是否应由华瑞公司承担的问题,因没有证据证明高地公司通知华瑞公司对消防工程进行维修,故对高地公司要求华瑞公司承担消防修复费用的请求,亦缺乏相应依据,法院不予支持。判决后双方均上诉,甘肃高院维持了原判。

2. 建设单位拒绝承包人修复的理由及费用承担

(1)承包人没有相应资质,建设单位可以委托有资质的第三方修复,修复费用由承包人承担。

《江苏省高级人民法院建设工程施工合同案件审理指南》五、建设工程施工合同无效的处理中应注意问题 (八)建设工程施工合同无效的工程质量保修规定:"……若施工合同是由于承包人没有相应的资质而被确认无效的,则不能由承包人自己来承担质量瑕疵的维修义务。可由承包人自行委托具有相应资质的施工队伍,来替代承包人承担质量瑕疵的维修义务,也可由发包人自行维修,修复的费用由承包人承担。"

(2)在双方当事人已失去合作信任的情况下,发包人可自行委托第三方对工程质量予以整改,所需费用由承包人承担。

《最高人民法院公报》2014年第8期江苏南通二建集团有限公司(以下简称南通二建)与吴江恒森房地产开发有限公司(以下简称恒森公司)建设工程施工合同纠纷一案,承包人交付的建设工程应符合合同约定的交付条件及相关工程验收标准。工程实际存在明显的质量问题,承包人以工程竣工验收合格证明等主张工程质量合格的,人民法院不予支持。在双方当事人已失去合作信任的情况下,为解决双方矛盾,人民法院可以判决由发包人自行委托第三方参照修复设计方案对工程质量予以整改,所需费用由承包人承担。

关于本案屋面渗漏应按何种方案修复的问题,二审法院认为,根据原《合同法》第一百零七条、第二百八十一条之规定,由于施工方原因致使工程质量不符合约定的,施工方理应承担无偿修理、返工、改建或赔偿损失等违约责任。本案中,双方当事人对涉案屋面所做的工序进行了明确约定,然南通二建在施工过

① 参见甘肃省金昌市中级人民法院(2019)甘03民初1号判决书。

程中，擅自减少多道工序，尤其是缺少对防水起重要作用的2.0厚聚合物水泥基弹性防水涂料层，其交付的屋面不符合约定要求，导致屋面渗漏，其理应对此承担违约责任。鉴于恒森公司几经局部维修仍不能彻底解决屋面渗漏，双方当事人亦失去信任的合作基础，为彻底解决双方矛盾，原审法院按照司法鉴定意见认定按全面设计方案修复，并判决由恒森公司自行委托第三方参照全面设计方案对屋面渗漏予以整改，南通二建承担与改建相应责任有事实和法律依据，亦属必要。

第二节　保修期与缺陷责任期的区分

一、质量保修期与缺陷责任期的区别

司法实践中经常会有将工程保修期与缺陷责任期混淆的情形，比如施工合同约定“工程保修期适用国家法律规定的最低保修期限”，同时在质保金返还时又约定“发包人所预留的质量保证金在保修期届满后返还”，这就是典型的混淆了工程保修期与缺陷责任期的情况，也给双方在质量保证金返还的问题上留下了争议的隐患。两者的区别主要体现在以下几方面。

1. 概念不同。保修期是指承包人按照合同约定和法律规定对工程质量承担保修责任的期限，该期限自竣工验收合格之日起计算；缺陷责任期是承包人对所承建的工程质量缺陷如出现不符合工程建设强制性标准、设计文件规定以及施工合同的约定时须承担缺陷修复义务的期限，该期限自通过竣工验收之日起计。

2. 法律依据不同。质量保修期的依据是《建筑法》和《建设工程质量管理条例》等法律、行政法规。而缺陷责任期的依据是《建设工程质量保证金管理办法》（建质〔2017〕138号），该办法是规范性文件。

3. 责任期限不同。质量保修期有法定的最低期限要求，且不同工程部位的质量保修期不同。由于建设工程质量事关社会公共利益，当事人对质量保修期的约定低于法定最低保修期限的，则会因违反行政法规的效力性强制性规定而无效。而缺陷责任期可以由承、发包双方当事人约定，一般为1年，最长不超过2年。

4. 功能不同。缺陷责任期与质量保修期在时间跨度上有所重合。二者的起算时间均为工程竣工验收合格之日，根据《建设工程质量保证金管理办法》的规定，缺陷责任期最长不超过 2 年，而《建设工程质量管理条例》第四十条规定的最低保修期限中，电气管线、给排水管道、设备安装和装修工程的最低保修期限最短，也为 2 年。从上述规定来看，缺陷责任期一般应当在质量最低保修期限之内。因此，在质量保修期和缺陷责任期内，施工人均应承担质量保修责任。缺陷责任期的特别功能在于，在该期限内，施工人以被预留的质量保证金作为对工程所出现缺陷进行维修的担保。在缺陷责任期届满后，发包人应当向施工人返还质量保证金。而质量保修期的功能在于赋予施工人对建设工程的质量维修义务，以解决合同履行完毕后一定期限内发现的工程质量问题，该期间一旦经过，施工人便不再承担保修责任。

通过以上分析可知缺陷责任期一般短于保修期。缺陷责任期满后，建设工程处于保修期的，承包人仍要承担保修义务，其保修义务并不因质量保证金的返还而免除。返还质量保证金表明缺陷责任期到期，承包人不需要承担交付质量保证金以保证履行质量缺陷责任的义务。但对于质量保修义务，无论有无质量保证金或者缺陷责任期是否到期，承包人都需要依法或者按照约定承担保修义务。

(2021)最高法民终 340 号海天建设集团有限公司(以下简称海天公司)与西安华峰置业有限公司(以下简称华峰公司)等建设工程施工合同纠纷民事二审判决书①中，最高法院认为，关于质保金期限应如何认定、应否扣除 76,740 元质保金的问题，海天公司主张案涉工程为未完成工程，不存在保修期，不应扣除 76,740 元质保金，华峰公司则主张质保金未至退还期限。本院认为，质量保证金是发包人与承包人在建设工程承包合同中约定，从应付的工程款中预留，用以保证承包人在缺陷责任期内对建设工程出现的缺陷进行维修的资金。与承包人的法定质量保修义务不同，质量保证金条款依赖于双方当事人的约定。建设工程质量保证金对应的是“缺陷责任期”，而非保修期。缺陷责任期是承包人按照合同约定承担缺陷修复义务，且发包人预留质量保证金(已缴纳履约保证金的除外)的期限，自工程实际竣工日期起计算。保修期是承包人按照合同约定对工程承担保修责任的期限，从工程竣工验收合格之日起计算。保修义务是

---

① 参见(2021)最高法民终 340 号民事判决书。

承包人的法定义务。本案中，根据已查明事实，案涉工程系未完工工程。双方当事人现已解除合同，但已完工部分仍应按照《复工协议》约定的质保金条款，对于合同约定的缺陷责任期已经到期的部分，应返还质保金并承担法定保修义务；对于缺陷责任期未至届满的，应预留至期满再行返还。华峰公司返还工程质量保证金后，不影响海天公司依照合同约定或法律规定履行工程保修义务。故，原审判决以案涉工程主体质量检测合格之日起算质保期并无不当，本院予以维持。

二、当事人双方关于保修期还是缺陷责任期约定不明的情形下，如何认定

实践中，经常出现当事人双方在施工合同中约定了“质保期”，并约定期满后返还质量保证金的情形。“质保期”非建筑领域的专用名词，该“质保期”是工程保修期还是缺陷责任期？有观点认为施工合同约定的“质保期”应是《建设工程质量管理条例》第四十条规定的保修期，因质保期与保修期意思相近，而且当事人可以约定质量保证金于保修期满后返还，这不违反法律、法规强制性规定；另有观点认为该“质保期”应是缺陷责任期，缺陷责任期与质量保证金相对应，《质保金管理办法》第八条规定，缺陷责任期满发包人应该返还质量保证金。而且，如果认定为保修期，则可能由于一些分部工程保修期限较长，比如基础工程和主体结构工程的保修期为合理使用年限，可能会超过50年，保修期届满再返还质量保证金，则对施工单位造成极大的不公平。

我们认为第二种观点更为合理，质量保修期是法律规定的建设工程保修的最低期限，属于法定期限，当事人约定的保修期低于法定期限的，该约定无效。而缺陷责任期一般为1年，最长不超过2年，由发、承包双方在合同中约定。“质量保证金”对应的是“缺陷责任期”，而“保修责任”“保修义务”对应的是“保修期”。在认定双方约定的是保修期还是缺陷责任期时，应审查双方签订合同时的真实意思，结合保修期、缺陷责任期的不同特点综合考虑。

(2019)最高法民终108号安徽万特投资发展有限公司(以下简称万特公司)与中色十二冶金建设有限公司(中色十二冶公司)建设工程施工合同纠纷案[①]中，最高人民法院认为，关于万特公司是否应当返还工程质量保证金的问题。万特公司与中色十二冶公司在《补充协议》中约定，余款5%作为工程质量

① 参见(2019)最高法民终108号判决书。

保修金,质保期 1 年,期满后 14 日内无质量问题全额支付。该协议所约定的工程质量保修金实质是工程质量保证金,其中关于工程质保期 1 年的约定实质是关于工程质量缺陷责任期的约定,并非是对工程保修期的约定,并不违反《建设工程质量管理条例》第四十条的规定。万特公司向中色十二冶公司返还工程质量保证金后,并不影响中色十二冶公司在《建设工程质量管理条例》规定的保修期限内继续承担工程质量保修责任。原审法院根据《补充协议》的约定和案涉工程投入使用的时间,认定案涉保修金即 14,155,671.79 元应于 2015 年 11 月 14 日返还,应自该日起计算利息,并无不当。

实践中也确实存在承包人为了尽快取得质保金而压缩缺陷责任期的情形。因此,本案中双方约定"质保期 1 年"的真实意思应该为缺陷责任期并非是质量保修期,而且本案被告返还质保金后并不影响其在《建设工程质量管理条例》规定的保修期限内继续承担工程质量保修责任。

三、缺陷责任期可以延长,但最长不能超过 24 个月

我国现行的法律、法规并未对缺陷责任期的延长有明确的规定,但在施工合同示范文本、总承包合同示范文本中对缺陷责任期延长均有明确的规定。司法实践中,工程缺陷责任期延长需建设单位与施工单位以书面约定等方式予以确认。

《2017 版建设工程施工合同(示范文本)》第 15.2.2 项规定,缺陷责任期内,由于承包人原因造成的缺陷,承包人应负责维修,并承担鉴定及维修费用。如承包人既不维修也不承担费用,发包人可按合同约定从保证金或银行保函中扣除,费用超出保证金额的,发包人可按合同约定向承包人进行索赔。承包人维修并承担相应费用后,不免除对工程的损失赔偿责任。发包人有权要求承包人延长缺陷责任期,并应在原缺陷责任期届满前发出延长通知。但缺陷责任期(含延长部分)最长不能超过 24 个月。

《建设项目工程总承包合同(示范文本)》(GF—2020—0216)规定,由于承包人原因造成某项缺陷或损坏使某项工程或工程设备不能按原定目标使用而需要再次检查、检验和修复的,发包人有权要求承包人延长该项工程或工程设备的缺陷责任期,并应在原缺陷责任期届满前发出延长通知。但缺陷责任期最长不超过 24 个月。

无论建设工程施工合同还是工程总承包合同,工程出现质量缺陷时发包人

均有权要求延长缺陷责任期,缺陷责任期(含延长部分)最长不能超过24个月,但延长的条件有所不同。工程总承包合同中发包人要求延长缺陷责任期的条件为:(1)质量缺陷或损害是由承包人的原因导致的;(2)质量缺陷或损坏使某项工程或工程设备不能按原定目标使用而需要再次检查、检验和修复。施工合同示范文本中发包人要求延长缺陷责任期的条件只要由承包人的原因造成的质量缺陷,发包人即有权要求延长缺陷责任期。

如果约定的缺陷责任期超过24个月,超过部分如何认定?详见本书第五章“建设工程质量保证金司法实务”第三节“质保金的返还”的相关内容。

第三节　保修期内质量责任的举证责任分配

一、保修责任的举证责任

对于已通过竣工验收的工程在保修期期间出现的工程质量缺陷,法律规定由施工单位负责修复,除非施工单位不履行或怠于履行保修义务,建设单位才能自行修复或另行委托其他单位修复,并由施工单位承担相应责任。建设单位越过保修程序的,施工单位不承担相应的法律责任,因此,工程质量缺陷保修不仅是施工单位的义务也是施工单位的权利。在保修期内因保修责任引发的纠纷中,需举证的事项及责任分配通常界定在以下几个方面。

(一)建设单位是否已经真实、恰当地履行了通知义务

《房屋建筑工程质量保修办法》第九条规定:“房屋建筑工程在保修期限内出现质量缺陷,建设单位或者房屋建筑所有人应当向施工单位发出保修通知。施工单位接到保修通知后,应当到现场核查情况,在保修书约定的时间内予以保修。发生涉及结构安全或者严重影响使用功能的紧急抢修事故,施工单位接到保修通知后,应当立即到达现场抢修。”该条是工程质量缺陷保修的程序规定,建设单位所发出的保修通知是施工单位履行保修义务的前提,也是判断施工单位是否依约履行保修义务的前置要件,所以建设单位应当举证证明己方真实、恰当地履行了保修通知义务,具体内容如下。

1. 建设单位口头通知的,应有充分的证据证明存在口头通知。现实中经常

出现由于时间紧急或其他原因建设单位没有书面通知，只是口头通知施工单位保修的情形，诉讼中由于没有证据证明或证据不足以证明履行了通知义务而陷入被动。在此情形下，建设单位应有充分的证据证明有口头通知，否则需承担不利的后果。

2. 书面通知材料已送达施工单位。若要证明已经真实履行了通知义务，仅提供书面通知材料是不够的，因为这些材料是单方证据可以在事后补做，建设单位还需举证证明通知材料已送达至施工单位。实践中建设单位仅有单方制作通知单，没有施工单位驻场维修人员的签收记录，也没有以特快专递等寄送方式进行过送达的凭证。在这种情况下，即使这些通知单记录的质量缺陷真实存在，也无法用于证明建设单位已真实、恰当地履行了通知义务。

3. 质量缺陷的部位与通知的内容应当完整。比如，建设单位在通知中仅笼统表示存在渗漏问题却不明确具体的渗漏部位，或者仅通知了部分的质量问题。这种情况下，建设单位的通知行为存在瑕疵，且客观上会给施工单位履行保修义务造成障碍，不宜依据这种有瑕疵的通知行为认定施工单位违反了保修约定。

如果建设单位未能举证证明已真实、恰当地履行了通知义务，建设单位越过保修程序直接要求施工单位赔偿损失的，即使质量问题真实存在，施工单位也无需承担相应的法律责任，但对于仍在保修期内的质量缺陷，施工单位仍应当继续履行保修义务。

河北高院（2020）冀民终 878 号诚越房地产开发有限公司（以下简称诚越公司）、中太建设集团股份有限公司（以下简称中太集团）等建设工程施工合同纠纷民事二审民事判决书①中，河北高院认为，关于第四个焦点问题（一审对诚越公司反诉请求的处理是否正确），诚越公司反诉请求中的未施工部分损失，实质是工程量确认问题，属于本诉审理范围且已由廊坊利华工程招标咨询有限公司在工程造价鉴定过程中作出认定并解决。其主张的建设工程质量瑕疵导致的损失问题，鉴于案涉工程已竣工验收合格并交付使用，应认定工程质量合格。对诚越公司提出的质量保修问题，应按《房屋建筑工程质量保修办法》第九条、第十二条的规定，先通知中太集团修复，中太集团拒绝修复的，诚越公司才能自行修复或委托他人修复，然后再起诉中太集团要求承担修复费用，越过通知修

① 参见河北省高级人民法院（2020）冀民终 878 号民事判决书。

复程序直接起诉赔偿损失有所不当。虽然施工合同被认定无效，但敬某某借用中太集团资质实际完成了施工，中太集团及敬某某即依法对案涉工程负有保修义务，根据《施工合同司法解释(一)》第十八条之规定，诚越公司有权要求其履行保修义务，也有权在其不履行或未完全履行保修义务的情况下向其主张损害赔偿责任。故一审未就不予受理反诉作出裁定虽存在程序性瑕疵，但实体理由并无不当。

本案中，太集团中标前以施工单位身份派人进入施工现场并参与施工事宜，而诚越公司在完善招投标手续后通知中太集团中标，这明显属于"先定后招"的串通投标违法行为，中标应属无效，在此基础上签订的《建设工程施工合同》应为无效。从中太集团与敬某某签订的《建设工程施工承包协议》内容以及实际施工情况可以看出，敬某某本人并无建筑施工资质，系借用中太集团资质承揽本案工程，二者之间是挂靠关系，敬某某为案涉工程的实际施工人。

诚越公司反诉要求中太集团承担建设工程质量瑕疵导致的损失，两级法院均认为如诚越公司在工程使用中发现工程存在问题确属中太集团施工不当所致且在国家规定的保修期内，诚越公司理应按《房屋建筑工程质量保修办法》第九条、第十二条的规定，先通知中太集团修复，中太集团拒绝修复的，诚越公司才能自行修复或委托他人修复，然后再起诉中太集团要求承担修复费用。本案中，即使诚越公司所称的质量问题存在，在诚越公司没有履行先行通知义务且中太集团拒绝修复的情况下，诚越公司直接起诉中太集团承担修复费用没有法律依据。

(二)施工单位是否存在拒不履行或怠于履行保修义务的行为

如果建设单位能够举证证明己方已履行了通知义务，且通知维修的质量缺陷仍然存在，就需要判断施工单位是否存在拒不履行或怠于履行保修义务的行为。对此施工单位应对己方履行了保修义务承担主要的举证责任，建设单位也可就施工单位存在拒不履行或怠于履行等行为进行举证。

如果施工单位确实存在拒不履行等行为的，法院可直接判决其承担修复费用，具体数额则根据修复方案及双方过错责任进行确定和分配；如果施工单位能够证明己方履行了保修义务，但客观上久修不好或主观上应付了事的，双方不存在合作信任的情况下，为解决双方矛盾，法院可以判决由建设单位自行委托第三方对工程质量缺陷予以修复，所需费用由施工单位承担。但如果绝大部分质量缺陷已经通过保修解决，只有小部分遗留问题的，原则上也适宜由施工单位继续履行保修义务，或者综合实际情况和双方意愿选择最经济的方式解决纠纷。

最高法(2014)民抗字第77号福建径坊建造工程有限公司(以下简称径坊公司)与厦门经济特区房地产开发集团有限公司(以下简称特房集团)建设工程施工合同纠纷申诉案①中，福建省厦门市中级人民法院一审认为，关于特房集团主张的维修整改费用是否应由径坊公司承担的问题，径坊公司确认收到特房集团发给其要求对诉争工程待保修事项及时进行保修整改的函件，但未提交证据证明其在《建设工程施工合同》约定的期限内采取积极的措施，对诉争工程的质量问题进行维修整改，因此对特房集团主张的径坊公司怠于履行维修整改义务的主张予以采信。在此情况下，特房集团另行委托第三方进行维修整改，符合双方合同的约定，特房集团所主张的维修整改内容和费用，在其提交的结算审核报告中均有详细的列明，应认定特房集团已尽到了举证的义务，对此径坊公司虽不予认可，但没有提供相反的证据证明该维修整改内容不属保修范围，也没有充分举证证明其工程价款的不合理性。

最高法院再审认为，按照双方约定，出现需要保修的问题时，特房集团应当以电话方式通知径坊公司指定的工程保修负责人，该负责人于接到电话通知后24小时内到特房集团领取《工程保修通知单》，该电话通知以发包人处留存的电话录音为准。逾期未来领取，或电话通知时该保修负责人的联系电话无法接通，为了避免损失扩大，承包人同意由发包人另行委托其他施工单位维修。本案中现有证据显示，特房集团发出的第一份要求维修的通知即为2008年7月15日函件，该函于2008年7月17日发出，径坊公司于7月18日收到，特房集团未提交在此之前的电话录音或以其他方式进行通知的相应证据，证明其此前已经发出上述通知，故2008年7月18日之前径坊公司未实施维修，不属于违约拒绝保修义务，特房集团认为其在此之前即有权自行委托第三方进行维修，与合同约定不符。

本案经一审、二审、再审、最高检察院抗诉，针对建设单位是否履行了通知义务及施工单位是否存在怠于履行保修义务的行为存在不同的认定。一审、二审法院认为，径坊公司确认收到特房集团发给其要求对诉争工程待保修事项及

① 参见最高人民法院(2014)民抗字第77号民事判决书。

时进行保修整改的函件,但未提交证据证明其在《建设工程施工合同》约定的期限内采取积极的措施,对诉争工程的质量问题进行维修整改,因此对特房集团主张的径坊公司怠于履行维修整改义务的主张予以采信。最高检察院抗诉认为,首先,特房集团在工程验收合格后,违反合同约定的保修程序,擅自提前组织广兴公司进场施工,使诉争工程质量问题的责任难以区分,应承担相应的责任;其次,特房集团自行委托维修整改内容已超出原设计、施工合同范围,该超出部分不属于质量保修范围,不应由径坊公司承担。最高法院再审认为,特房集团未提交在此之前(2008 年 7 月 18 日)的电话录音或以其他方式进行通知的相应证据,证明其此前已经发出上述通知,故 2008 年 7 月 18 日之前径坊公司未实施维修,不属于违约拒绝保修义务。该案例说明建设单位应当对其履行了真实、恰当的通知义务承担举证责任,否则,可以推定施工单位不存在拒绝履行或怠于履行保修义务的行为,不承担相应的法律责任。

(三)质量缺陷与施工单位的施工行为是否存在因果关系

在某些情况下,工程质量缺陷与施工单位的施工行为之间可能并不存在因果关系,施工单位对此不应当承担质量缺陷修复费用的赔偿责任。因此,施工单位应对质量缺陷与施工行为之间不存在因果关系承担举证责任。

1. 质量缺陷是由于建设单位、勘察、设计、第三方施工、装修改动、人为损坏等原因造成的。此时,建设单位可以要求施工单位履行保修义务,但费用应由责任方承担。

2. 已超过保修期或不属于保修范围。若建设单位通知保修时,已经超过了对应的保修期限或这些问题不属于保修范围的,即使问题真实存在,施工单位也无须承担责任。

3. 建设单位存在阻碍保修工作的行为。比如,建设单位在施工单位进场维修时要求提供修复方案,并称经认可后方能开展维修工作。但是,无论是合同约定还是《房屋建筑工程质量保修办法》的规定,均是只有在主体结构出现问题时才需要出具修复方案,一般性的保修工作不需要出具修复方案。所以,建设单位此类行为违反法规规定和合同约定的要求显然不合理,阻碍了保修工作的开展,也侵犯了施工单位的保修权利。

(四)委托第三方进行维修的,修复费用是否具有必要性和合理性

在一些保修纠纷中,建设单位可能已委托第三方进行过维修,或正在进行维修。在此种情形下,这些修复工作是否真实发生、费用多少以及费用是否由施工单位承担需要结合证据综合判断,前两个问题属于案件事实,应由建设单位承担举证责任;后一个问题,则是法院在查清案件全部事实后作出的法律判断与认定。

即使建设单位能够证实自己开展过修复工作并发生了相应费用,也不等于一定应由施工单位承担,还得结合前文所述的举证事项和据此查明的案情进行综合判断,确定双方的责任。如果建设单位未及时通知或故意阻碍保修工作,则应由建设单位自行承担该费用;如果是施工单位拒绝履行或怠于履行保修义务,则应由施工单位承担该费用,但建设单位应对修复费用的必要性及合理性承担举证责任;如果双方都存在过错,则可根据过错大小进行分配。

最高法(2014)民抗字第77号福建径坊建造工程有限公司(以下简称径坊公司)与厦门经济特区房地产开发集团有限公司(以下简称特房集团)建设工程施工合同纠纷申诉案①中,最高人民法院再审认为,本案中,在特房集团发出上述函件后,双方虽进行过洽商,但未按照合同约定共同开展现场核查并保留相应记载。特房集团虽然以公证的方式进行了证据保全,但其也承认在发出通知和进行证据保全之前已经委托第三方进行整改施工,因此径坊公司抗辩称由于特房集团原因造成现场情况改变,现场核查基础已与房屋交接时不符的理由成立。径坊公司收到特房集团发出的上述函件后,对此项情节未及时提出反对意见,也未就收到通知时涉案房屋的状况及双方后续会商、核查情况保留必要的证据。综上所述,对本案工程需要保修的内容现已无法核实的后果,应由特房集团承担主要责任,径坊公司承担次要责任。

与此同时,即使特房集团按照约定有权委托第三方维修,其维修仍应以解决现有质量问题为限,对于不必要、不合理的维修费用,不应由径坊公司承担,并应由特房集团对上述维修工作的必要性和合理性承担举证责任。特房集团所提交的委托建行进行保修工程审价的相关证据,只能证明上述工程价款的真实性,不能证明相关维修工作对于工程存在的质量问题的必要性和合理性,故

① 参见最高人民法院(2014)民抗字第77号民事判决书。

其数额不能当然作为本案工程维修整改的全部合理损失。在本院再审中,特房集团仍然仅强调所有质量问题均应由径坊公司完成保修,对上述问题仍未举证证明,故其以对外委托维修的总价款作为向径坊公司主张赔偿的依据,理由不足。

综合以上两点,加之本案工程已经整改完毕,再进行现场核查及维修必要性等方面的鉴定亦无可能,本案现已无法判定真实合理的保修内容和特房集团支出的合理维修费用数额并进而作为确认双方责任的基础。鉴于双方合同约定以结算款的3%作为质量保修金,这一比例也符合建筑行业惯例,说明上述款项基本能够满足正常工程保修所需,故在诉争工程已经双方验收为合格、特房集团无法举证证明其合理维修数额的情况下,本院酌定以此为准作为径坊公司未能及时回复特房集团保修要求并进行相应核查而应承担的责任数额,特房集团所主张的其他维修整改费用,均由特房集团自行承担。

本案中,建设单位发出保修通知前已经委托第三方进行整改施工,造成现场核审基础与房屋交接时不符;施工单位收到通知后未及时提出反对意见,也未就收到通知时涉案房屋的状况及核查情况保留必要的证据。对本案工程需要保修的内容现已无法核实的后果,双方均有过错,应由建设单位承担主要责任,施工单位承担次要责任。最高人民法院对施工单位存在过错的认定值得商榷,建设单位发出保修通知前已经委托第三方公司进行修复,违反了保修程序规定。对施工单位事后收到保修通知未及时提出反对意见及未对房屋状况保留必要的证据(房屋已交付于建设单位控制下)认定存在过错,有过于严苛之嫌。

建设单位按约定委托第三方维修,其维修应以解决现有质量问题为限,对于不必要、不合理的维修费用,不应由施工单位承担,并应由建设单位对上述维修工作的必要性和合理性承担举证责任;否则,应承担不利的后果。在无法判定真实合理的保修内容和建设单位支出的合理维修费用数额的情况下,最高人民法院以3%的质保金为限,酌定施工单位未及时回复建设单位保修要求的责任数额,平衡了双方利益也是无奈之举。

二、保修期内质量缺陷成因的举证责任

举证责任主体的认定对于建设工程质量纠纷案件的解决具有重大影响,无论对于建设单位还是施工单位,当工程出现质量缺陷时,如何确定工程质量缺陷的成因,并根据成因确定责任主体是解决工程质量纠纷的关键。工程质量缺

陷成因的举证责任的一般分配原则为“谁主张，谁举证”，但由于建设工程质量缺陷成因的复杂性，尤其是一些特殊情况下无法确定缺陷成因，谁承担举证责任即谁承担工程质量责任，法院如何分配举证责任则成了案件成败的关键因素。

1. 工程竣工验收合格进入保修期后，建设单位在使用过程中发现质量缺陷引发的纠纷比例较高，而导致工程出现质量缺陷的责任主体可能是施工单位、建设单位、勘察单位、设计单位、监理单位等单个主体，也可能由多方主体共同所致，认定导致工程质量缺陷的原因通常需要委托有资质的第三方进行鉴定（以下简称成因鉴定），成因鉴定是认定责任主体的重要手段。关于工程质量鉴定问题详见本书第三章建设工程质量司法鉴定的相关内容。

2. 有些工程已经实际投入使用（甚至交付使用多年后），在质量缺陷的成因复杂、无法做成因鉴定的情况下，建设单位或施工单位要证明质量问题缺陷的成因是非常困难的。在此种情形下，认定造成工程质量缺陷成因的举证责任主体则非常关键，谁承担举证责任即谁承担工程质量责任，对此，司法实践中关于举证责任分配存在两种不同的观点。

一种观点认为，应由施工单位承担举证责任。该观点的主要法律依据为：《建设工程质量管理条例》第四十条第一、二款规定：“在正常使用条件下，建设工程的最低保修期限为：（一）基础设施工程、房屋建筑的地基基础工程和主体结构工程，为设计文件规定的该工程的合理使用年限；（二）屋面防水工程、有防水要求的卫生间、房间和外墙面的防渗漏，为5年；（三）供热与供冷系统，为2个采暖期、供冷期；（四）电气管线、给排水管道、设备安装和装修工程，为2年。其他项目的保修期限由发包方与承包方约定。”以及该条例第四十一条规定，“建设工程在保修范围内和保修期限内发生质量问题的，施工企业应当履行保修义务，并对造成的损失承担赔偿责任”。该观点持有人认为，保修期内工程质量缺陷的成因在技术上无法鉴定的情况下，既然施工单位负有保修义务，那么施工单位在该年限内均应保证工程不会出现质量缺陷。如工程在此种情形下出现质量缺陷，应由施工单位对使用人的使用存在过错或其他参与方存在过错承担举证责任，否则就应当由施工单位承担举证不能的法律后果，推定其有过错从而由施工方承担质量责任。实务中，有相当部分的法院将保修期内质量缺陷成因的证明责任分配给了施工单位，要求施工单位证明该质量缺陷并非其施工原因引起，或者显著降低建设单位对质量问题成因部分的证明标准，如施工单位不能举证证明，则承担相应的法律后果。

另一种观点认为,应由建设单位(发包人)承担举证责任。主要理由为:工程竣工交付使用前,经建设单位、施工单位、设计单位、监理单位四方竣工验收合格,即为工程质量合格。工程经竣工验收合格交付后,施工单位向建设单位承担的是工程保修义务,在无充分证据证明的情形下,不能推翻工程质量已合格的事实。同时,由于工程已交付建设单位,建设单位实际控制工程并自行对工程进行了使用,而建设单位如何使用工程、是否违法使用工程、是否对工程进行了隐性破坏等行为施工单位均无从得知。在此情形下,施工单位事实上就根本不可能举证证明工程出现质量缺陷是建设方使用等原因所导致,将工程质量缺陷成因的举证责任分配给施工单位不公平,因此,应当由建设方对工程出现质量缺陷的成因承担举证责任。

江苏高院(2016)苏民再291号浙江中联建设集团有限公司昆山分公司(以下简称昆山中联公司)诉亚龙纸制品(昆山)有限公司(以下简称亚龙公司)建设工程施工合同纠纷再审案①中,昆山法院一审认为,关于墙面裂缝、屋面漏水的保修问题。亚龙公司提出墙体裂缝问题,但未能提供证据证明其在保修期内向昆山中联公司发出过保修通知,也未能提供证据证明昆山中联公司拒绝修复或修复不能的情况,亚龙公司不能直接依据鉴定得出修复造价而主张,故对于亚龙公司按照鉴定修复造价提出的诉讼请求,不予支持。亚龙公司提出的屋面漏水问题,在正常使用条件下,屋面防水工程的最低保修期为5年,涉案工程于2009年1月15日竣工验收合格,亚龙公司在保修期内提出屋面漏水的维修问题,昆山中联公司也对仓库屋面的漏水问题进行了修复。昆山中联公司虽未能提供证据证实对办公楼屋面漏水进行过维修,但考虑到2010年5月22日,昆山中联公司工作人员姚某凯给亚龙公司发出电子邮件中关于屋面漏水原因及针对问题的维修方案的合理性,以及之后双方多次协调、沟通的事实,说明昆山中联公司并未拒绝维修,故直接按照鉴定修复造价要求昆山中联公司承担赔偿责任不妥,参照鉴定报告中单位工程造价鉴定表“生产厂房屋面板天沟处漏水、生产厂房和仓库屋面板女儿墙处防水、生产厂房和仓库屋面板伸缩缝处防水、生产厂房屋面板女儿墙金属盖板处、仓库屋面天沟落口处防水、打包车间屋面防水合计240,570.72元”,一审法院酌情认定昆山中联公司承担屋面防水部分的修复费用18万元。

---

① 参见江苏省高级人民法院(2016)苏民再291号民事判决书。

苏州中院二审认为,关于屋面防水维修问题。二审中,昆山中联公司提出房屋渗漏系房屋不均匀沉降、屋盖的温室效应、防水卷材设计为单层等因素混合导致,但昆山中联公司对此未能提供证据予以证明,难以采纳。在无反证推翻鉴定意见的情况下,应认定房屋渗漏系昆山中联公司的施工质量问题所致,昆山中联公司对保修期内因施工质量问题导致的房屋渗漏负有维修义务。虽然在双方电子邮件往来沟通过程中,昆山中联公司没有明确拒绝维修,也曾对仓库屋面进行过维修,但房屋渗漏问题并未解决,故应认定昆山中联公司未能履行完毕维修义务。一审中,东南安鉴公司对屋面渗漏出具了维修方案,永城咨询公司根据东南安鉴公司的维修方案对维修费用进行造价鉴定。维修费用属于因昆山中联公司未能履行完毕维修义务而给亚龙公司造成的损失,亚龙公司要求昆山中联公司按鉴定的维修费用进行赔偿,应予支持。关于墙体裂缝,根据《工程质量保修书》,墙体的质量保修期应为设计规定使用年限。东南安鉴公司鉴定报告第 15 页“质量问题评价及鉴定结论”第 2 项明确:生产厂房、仓库和打包车间的墙体均存在裂缝质量问题。现无反证推翻该鉴定意见,也无证据证明墙体裂缝系其他原因所致,故昆山中联公司应对墙体裂缝承担维修义务。

江苏高院再审认为,关于维修费用问题。第一,涉案的鉴定报告虽然明确涉案工程有墙面裂缝问题,但并未明确该问题造成的原因,故不能确定该问题系昆山中联公司施工所造成,亚龙公司未对此举证证明,亦未能提供证据证明其在保修期内向昆山中联公司发出过保修通知,也未能提供证据证明昆山中联公司拒绝修复或修复不能的情况,亚龙公司直接依据涉案的鉴定报告得出修复造价而主张维修费用,一审判决未予支持,并无不当。第二,亚龙公司在保修期内向昆山中联公司提出屋面漏水的维修问题,昆山中联公司对仓库屋面的漏水问题进行过维修,昆山中联公司虽未能提供证据证实对办公楼屋面漏水进行过维修,但考虑到昆山中联公司向亚龙公司发出电子邮件中关于屋面漏水原因及针对问题的维修方案的合理性,以及之后双方多次协调、沟通的事实,说明昆山中联公司并未拒绝维修,故一审法院参照涉案的鉴定报告对此确定的工程造价,酌情认定昆山中联公司承担屋面防水部分的维修费用,亦无不当。

本案为典型的工程质量缺陷成因不明的情况下,通过不同的举证责任分配,得到了不同的判决结果。

案件在一审诉讼过程中,亚龙公司申请了工程质量鉴定、修复方案及修复造价鉴定但没有对缺陷成因申请鉴定,鉴定报告明确工程涉及的缺陷有两处,一处是墙面裂缝,一处是仓库屋面漏水。一审法院认为墙面裂缝的质量缺陷修复由于建设单位没有履行通知义务,越过保修程序直接要求施工单位按照鉴定修复造价承担赔偿责任不应得到支持;关于屋面漏水的问题。防水卷材的厚度问题由于设计图纸上没有注明防水卷材的厚度和层数,施工单位按图施工时只要满足防水要求即可,按照正常的市场价格报价。后来设计单位出具建筑设计说明注明厚度5毫米,但当时市场上并没有5毫米的防水卷材,只有3毫米的防水卷材。施工单位按单层3毫米的防水卷材进行了施工,没有达到5毫米的厚度。现屋面出现漏水的质量缺陷,在无法明确质量缺陷成因的情况下,一审法院认为双方均存在过错,建设单位履行了通知义务,施工单位也进行了维修,最终酌情认定施工单位承担屋面防水部分的修复费用18万元。

二审法院则认为,在质量缺陷成因不明的情况下,施工单位无证据证明质量缺陷不是施工单位施工原因所致,也无反证推翻鉴定意见,应认定质量缺陷是因施工所致,施工单位应承担全部责任。故撤销了一审判决,改判施工单位承担全部维修费用798,148.61元。

江苏高院再审认为,在缺陷成因不明的情况下,不能确定是施工单位施工造成的,建设单位应承担质量缺陷成因的举证责任,否则应承担不利后果。最终判决撤销二审判决,维持一审判决。

第四节　未完工工程的保修责任

《建设工程质量管理条例》第四十条第三款规定:“建设工程的保修期,自竣工验收合格之日起计算。”保修期自工程竣工验收合格之日起计算,在工程保修期内,承包人应当根据有关法律规定及合同约定承担保修责任。实践中,存在很多未竣工的工程,具体包括已完工但未通过竣工验收的工程(以下简称“已完未竣”)及未完工不能进行竣工验收的工程(以下简称“未完工工程”),这类工程有关保修期及保修责任纠纷是实务中的难点,争议也很大。本节仅就未完工工程是否存在保修期及保修责任的承担等问题进行探讨,“已完未竣”工程的保修责任等质量责任问题详见本书第七章未竣工工程质量纠纷的责任承担第三节“未竣工工程中承包人质量责任的承担”的相关内容。

本节所述“未完工工程”是指施工完成的实物工程量尚未达到竣工验收标

准的工程,不包括签订施工合同后仅做了必要的准备工作或者承包人已经完成部分工作但尚未形成永久工程实物工程量,如仅完成了施工准备和场地平整等。

一、施工合同被解除导致工程未完工,承包人的保修责任

(一)建设工程施工合同解除概述

《民法典》第八百零六条规定:"承包人将建设工程转包、违法分包的,发包人可以解除合同。发包人提供的主要建筑材料、建筑构配件和设备不符合强制性标准或者不履行协助义务,致使承包人无法施工,经催告后在合理期限内仍未履行相应义务的,承包人可以解除合同。合同解除后,已经完成的建设工程质量合格的,发包人应当按照约定支付相应的工程价款;已经完成的建设工程质量不合格的,参照本法第七百九十三条的规定处理。"该条是关于建设工程合同解除的规定,实践中,建设工程施工合同被解除引发的纠纷大量存在,建设工程施工合同解除的条件及法律后果,详见本书第五章建设工程质量保证金第五节"合同解除情形下质保金的法律问题"的相关内容。

(二)施工合同解除后,承包人仍应对已完成的工程承担保修责任

《建设工程质量管理条例》第四十一条规定:"建设工程在保修范围和保修期限内发生质量问题的,施工单位应当履行保修义务,并对造成的损失承担赔偿责任。"施工单位或承包人在保修期和保修范围内对质量问题承担保修义务。施工合同在履行过程中被解除通常发生在工程竣工验收之前,如果工程没有完工不能进行竣工验收,此情形下承包人是否承担保修责任?

关于未完工情形下承包人是否承担保修责任这一问题,司法实务中争议不大。工程未完工,承包人的保修义务并不因此免除,承包人仍应对已完成的工程承担保修义务。理由是,承包人获得工程价款的前提是向发包人交付的工程符合质量约定的合格工程。根据《民法典》第八百零六条第三款,合同解除后,已经完成的建设工程质量不合格的,参照《民法典》第七百九十三条的规定处理,即如果工程质量不合格发包人有权拒绝支付工程款。既然发包人在合同解除后向承包人支付了工程价款,承包人交付的工程也应该符合合同约定的质量标准。例如,最高院(2019)最高法民终940号杭州建工集团有限责任公司与大

理汇宁房地产开发有限公司建设工程施工合同纠纷二审民事判决书中指出，“本院认为，依照《建设工程施工合同》的约定，杭州建工应当按照案涉工程价款3%的比例缴纳工程质量保证金。虽然案涉工程未完工，但杭州建工的保修义务并不因此免除”；最高院（2021）最高法民申7350号中国有色金属工业第十四冶金建设公司与云南君润房地产开发有限公司建设工程施工合同纠纷民事申请再审审查民事裁定书中指出，“本案原审也查明，十四冶公司未向君润公司就其施工完成的工程提交竣工验收报告，其仍实际控制并管理案涉工程，也未向君润公司交付工程，故本案工程质量保证金尚未满足合同约定的返还条件，十四冶公司的质量保修义务也未因案涉工程未完工而免除”。

如果发包人将未完工工程再次发包给第三方续建完工的情况下，前后两个承包人如何承担保修义务是实务中的难点问题。一种观点认为，未完工工程在第三方续建的情况下，首先，应由两承包人在各自的合格完工工程范围内各自分别承担保修义务；其次，如果质量缺陷成因无法明确，许多情况下工程质量问题的原因并非局限于质量缺陷发生的部位，而是各部位问题相互关联，上述分别保修在实务中往往不具可行性。比如，房屋顶部某一处出现漏水现象，其原因可能是集中于顶层房屋的局部问题，也可能缘于该层房屋的上部或者下层房屋或者地基、基础的质量缺陷。因此，如果发生质量缺陷的部位与质量原因部位分属或者跨越前后两承包人的实际施工范围，两承包人分别履行保修义务往往各自陷入头痛医头的境地，难以达到综合治理根除缺陷的保修目的。该情形下应由后续承包人履行对整个工程的保修义务，在保修责任认定上，将前手承包人纳入可能的责任人范围加以考虑。在出现前手承包人已完工程范围内的工程保修事项时，发包人应及时与前手承包人联系、交涉，保障前手承包人合理的被通知权、参与保修责任认定程序的权利以及参与确定保修费用程序的权利。另一种观点认为，发包人将未完工工程再次发包给第三方属于“擅自使用”，根据《施工合同司法解释（一）》第十四条的规定，前承包人免除除地基基础工程和主体结构以外的质量保修责任，质量责任由发包人自行承担。后承包人对其续建的工程承担保修责任。我们认为第二种观点更符合最高法院司法解释的精神，具体见本章第四节的论述。

（三）施工合同解除后，已完成的工程保修期起算时间如何认定

在通常情况下，工程质量保修期以工程竣工验收合格作为起算时间。在确

定已经解除施工合同未完工工程的保修期时，应根据合同解除时具体情形确定。实务中对此争议较大，存在三种不同的观点。

1. 应以已完工部分工程移交发包人的时间作为保修期起算时间

理由与依据：因为施工合同解除且已完工工程已经移交给发包人，发包人实际占有工程，应能在使用过程中发现工程存在的质量缺陷，按保修程序要求承包人履行保修义务。

(2019)最高法民终940号杭州建工集团有限责任公司(以下简称杭州建工)与大理汇宁房地产开发有限公司(以下简称大理汇宁)建设工程施工合同纠纷二审民事判决书①中，最高法院认为，关于杭州建工主张不应缴纳质量保证金1,408,220.74元问题。依照《建设工程施工合同》的约定，杭州建工应当按照案涉工程价款3%的比例缴纳工程质量保证金。虽然案涉工程未完工，但杭州建工的保修义务并不因此免除。杭州建工称项目后续工程并非由其完成，工程何时竣工其无法控制，以竣工验收作为质量保证金退还条件将导致其实际难以取回工程质量保证金。针对这一问题，一审判决已明确将2018年9月14日工程移交时间作为工程保修的起算时间，大理汇宁应自此时起根据《建设工程施工合同》的约定于3年内分期退还。故杭州建工关于工程质量保证金退还时间无法确定的理由不能成立。

承包人将未完工工程移交给发包人即失去了对工程的控制，后续工程并非由其完成，工程何时竣工承包人无法控制和掌握。此种情形下如果以竣工验收合格作为保修起算时间，等于变相延长了承包人的保修时间，加重了承包人的保修义务，对承包人而言是不公平的。(2019)最高法民终940号案认定发包人存在违约行为，支持了承包人要求解除合同的诉请。同时将2018年9月14日工程移交时间作为工程保修起算时间，更好地保护了守约方承包人的利益。

2. 应将整体工程实际竣工之日作为保修期起算时间

理由与依据：首先，当事人双方在《工程质量保修书》中约定保修期自工程实际竣工之日起计算，应当从其约定。其次，施工合同解除，已完工部分虽移交给了发包人，但由于工程未经竣工验收，不具备使用条件，发包人只能待全部工程完工且验收合格后才能使用。而且，工程质量是否存在缺陷，有些需要实际使用时才能发现，甚至有些施工是否存在质量缺陷也需要在全部完工后进行检

① 参见最高人民法院(2019)最高法民终940号民事判决书。

测后才能确定。

(2019)最高法民终272号江苏弘盛建设工程集团有限公司(以下简称弘盛公司)与云南仟浩房地产开发有限公司(以下简称仟浩公司)建设工程施工合同纠纷案[①]中,2015年6月12日,仟浩公司(发包人)与弘盛公司(承包人)签订《施工合同》约定:由弘盛公司承包建设仟浩尚城项目,合同价款暂定约9000万元。第三部分"专用条款"第26.3款约定工程款支付时间为地下室、裙楼结构验收合格且地上所有幢号平均结构施工至七层楼面板混凝土浇筑时开始付款。同日,仟浩公司与弘盛公司签订《工程质量保修书》,约定质量保修期从工程实际竣工之日算起。分单项竣工验收的工程,按单项工程分别计算质量保修期。

施工过程中,由于弘盛公司的资金链断裂,无力继续垫资履行合同,施工进度尚未达到第一次付款节点,弘盛公司要求退场,经过双方协商,仟浩公司同意弘盛公司退场。后续工程由其他公司施工建设。之后,双方因结算发生纠纷。弘盛公司提起诉讼要求支付工程款等,仟浩公司反诉要求弘盛公司承担违约责任、工程款应扣减质量保证金等。

最高法院二审认为,关于是否应扣除质量保证金的问题。《施工合同》第二十六条第三款第(四)项约定:仟浩公司应于工程竣工后支付工程价款的97%,预留3%作工程质量保修金。《工程质量保修书》约定质量保修期从工程实际竣工之日算起。在弘盛公司按本合同约定履行完全部保修责任的前提下,工程实际竣工之日满一年时,仟浩公司向弘盛公司返还质量保修金的60%,工程实际竣工之日满二年时,仟浩公司向弘盛公司返还除防水质量保修金外的剩余部分的质量保修金。防水质量保修金按防水工程总结算价款的3%计算,工程实际竣工之日满五年时,仟浩公司向弘盛公司一次性返还。根据该约定,工程质量保修期应在工程实际竣工之日起算,而非弘盛公司承建的部分工程交付之后起算,而弘盛公司未举示证据证明案涉工程的竣工时间,也未举证证明其具备了要求仟浩公司退还质量保证金的其他条件,故弘盛公司主张其对案涉工程的质量保证期间已经届满无事实依据,法院不予支持。一审法院在应付工程款中扣减该质量保修金正确,法院予以支持。

施工合同解除后,承包人已经丧失了对工程的实际控制权,工程何时竣工验收合格,不是承包人所能控制和掌握的。此外,在合同解除后发包人委托第

① 参见最高人民法院(2019)最高法民终272号民事判决书。

三方进行施工，且工程已经竣工验收合格的情形下，对于整体工程的竣工验收合格时间的事实查明，应由发包人承担举证责任。因此，(2019)最高法民终272号案将工程实际竣工之日作为保修期的起算时间，并将竣工时间的举证责任分配给承包人，对于合同解除情形下承包人而言显然是不公正的。对于该种观点在司法实践中的适用，应当持审慎态度，应限定在承包人严重违约的情形下。

3. 应以施工合同解除之日作为保修期的起算时间

理由与依据：施工合同解除后，承包人将已完工部分工程交付发包人，发包人另行发包第三方继续施工，最终工程竣工验收合格。如果将整体工程验收合格之日作为保修期的起算时间，等于变相延长了承包人的保修期，加重了承包人的保修义务，对承包人是不公平的。

(2019)最高法民终1446号辽阳晟宝龙房地产开发有限公司(以下简称晟宝龙公司)与浙江众立建设集团有限公司(以下简称众立公司)建设工程施工合同纠纷二审民事判决书①中，最高人民法院认为，关于晟宝龙公司应否返还质保金的问题。晟宝龙公司与众立公司签订的《房屋建筑工程质量保修书》约定，质量保修期：(1)地基基础工程和主体结构工程为设计文件规定的该工程合理使用年限；(2)屋面防水工程、有防水要求的卫生间、房间和外墙面的防漏为5年；(3)装修工程为2年；(4)电器管线、给排水管道、设备安装工程为2年；(5)供热与供冷系统为2个采暖期、供冷期。第五条约定，工程保修金为本工程结算总价的3%，保修期满还清。

晟宝龙公司与众立公司于2014年9月12日解除《建设工程施工合同》，且后续施工已经由晟宝龙公司另行发包给案外人施工完成，故自合同解除至今已超过5年时间，已逾双方约定的最长保修期限。在此情况下，原审法院判决晟宝龙公司返还相应的工程保修金，符合上述《房屋建筑工程质量保修书》的约定。晟宝龙公司关于应当扣除3%工程质保金的上诉主张，缺乏事实和法律依据，法院不予支持。

鉴于合同解除的时间会基于当事人选择合同解除方式的不同，存在以通知送达解除、法院判决解除等情况，在合同解除日与工程移交日之间存在时间差，合同解除时可能工程并未移交给发包方。如在承包人控制施工现场即开始计

---

① 参见最高人民法院(2019)最高法民终1446号民事判决书。

算保修期,合同解除日与工程移交日之间的保修期期间对于发包人而言显然失去了价值和意义。

通过以上三种观点对比,我们认为第一种观点,即在无合同特别约定的情形下,将未完工工程移交发包人的时间作为保修期起算时间更为公平、合理。理由如文中所述,不再赘述。

二、擅自使用未完工工程的保修责任

(一)擅自使用的概述

《施工合同司法解释(一)》第十四条规定:"建设工程未经竣工验收,发包人擅自使用后,又以使用部分质量不符合约定为由主张权利的,人民法院不予支持;但是承包人应当在建设工程的合理使用寿命内对地基基础工程和主体结构质量承担民事责任。"该解释没有对"擅自使用"进行明确的定义和解释,如何理解和认定"擅自使用""擅自使用"包括哪些情形及法律后果,详见本书第七章"未完工工程质量纠纷的责任承担"第二节"未竣工工程发包人质量责任的承担"的相关内容。

(二)发包人擅自使用未完工工程,是否免除承包人的保修责任

根据《施工合同司法解释(一)》第十四条的规定,发包人擅自使用未经竣工验收工程,又以使用部分质量不符合约定为由主张权利的,人民法院不予支持。未竣工验收的工程包括未完工工程,发包人擅自使用后,承包人是否可以免除保修责任呢?该问题在实践中一直存在争议,主要观点有以下两种。

1. 发包人擅自使用未完工工程,仅发生"提前验收"的法律后果,视为该工程已经竣工验收,但不能排除承包人在工程保修期内的保修责任。

该观点的具体理由如下:

(1)承包人承担的工程质量责任有两种:一是承包人在施工过程中或经验收不合格工程的质量返修责任,返修责任系基于建设工程施工合同约定及相关法律法规等规定对工程质量应承担的责任;二是对工程质量在保修期内及保修范围内承担的保修责任,保修责任系基于发、承包双方签订的保修合同或建设工程施工合同中约定的保修条款及相关法律法规等规定对工程质量应承担的责任。《施工合同司法解释(一)》第十四条并未明确说明发包人"以使用部分

质量不符合约定为由主张权利”中主张的是何种权利，该条也没有明确表明免除承包人的保修责任，存在多种解释的可能。

(2)《建设工程质量管理条例》第五十八条规定：“违反本条例规定，建设单位有下列行为之一的，责令改正，处工程合同价款2%以上4%以下的罚款；造成损失的，依法承担赔偿责任：(一)未组织竣工验收，擅自交付使用的；(二)验收不合格，擅自交付使用的；……”《施工合同司法解释(一)》第九条第三款规定：“建设工程未经竣工验收，发包人擅自使用的，以转移占有建设工程之日为竣工日期。”根据上述规定，发包人擅自使用未经竣工验收的工程，不仅交付工程责任风险提前移转、提前支付工程款，而且需承担一定的行政处罚责任，足以实现其立法目的，无须再免除承包人的保修义务。

(3)根据《施工合同司法解释(一)》第九条第三款的规定，发包人擅自使用未经竣工验收的工程，以转移占有建设工程之日为竣工日期。此时工程视为已竣工交付，发包人提前承担工程经验收之后的法律后果，承包人可请求发包人支付工程款。发包人擅自使用未经竣工验收工程，不仅对发包人课以较为严格的责任，而且工程视为竣工交付，在此情形下又剥夺了发包人要求承包人承担保修责任的权利，明显是不合理的。既然让发包人承担了支付合格工程工程款的义务，那么承包人也应有义务承担保修责任，这样更符合权利义务对等原则，否则对发包人是不公平的。

(4)在实践中，一部分承包人为了实现要求发包人提前支付工程款、支付依据不充分的高额补偿或赔偿等目的，拒绝复工或拒绝配合发包人办理竣工验收，致使发包人无法继续施工或及时将工程投入使用的情形并不少见，如果不考虑发包人的继续施工和使用作为一种避免损失扩大的手段，显然无从彰显法律的公平价值追求和案件处理的现实效果。因此，既然擅自使用视为工程竣工交付，就不应排除承包人的保修责任。

(2016)最高法民再23号齐齐哈尔市非凡建筑装饰工程有限责任公司(以下简称非凡公司)与泰来县聚洋购物中心有限公司(以下简称聚洋公司)建设工程施工合同纠纷再审案[①]中，最高人民法院再审认为，关于非凡公司是否应当承担工程质量不合格修复费用的问题。非凡公司再审主张聚洋公司未经验收擅

---

① 参见最高人民法院(2016)最高法民再23号判决书。

自使用案涉工程,依据双方合同约定及建设工程司法解释①第十三条的规定,其不应当对工程质量不合格承担责任,因而不应当承担修复费用。法院认为,施工单位依法应对施工的建设工程质量负责。《建设工程质量管理条例》第三十二条规定:"施工单位对施工中出现质量问题的建设工程或者竣工验收不合格的建设工程,应当负责返修。"第四十条第三款规定:"建设工程的保修期,自竣工验收合格之日起计算。"第四十一条规定:"建设工程在保修范围和保修期限内发生质量问题的,施工单位应当履行保修义务,并对造成的损失承担赔偿责任。"上述规定表明,施工方对建设工程应承担的质量责任,包括对工程施工中出现的质量问题及经验收不合格工程应承担的质量返修责任,以及对经验收合格的工程在使用过程中出现的质量问题应承担的保修责任。前者系基于建设工程施工合同约定及相关法律法规等规定对工程质量应承担的责任,后者系基于双方签订的保修合同或建设工程施工合同中约定的保修条款及相关法律法规等规定对工程质量应承担的责任。本案双方签订的《工程装修合同书》第六条约定,未经验收擅自使用案涉工程,视为聚洋公司对该工程已经验收合格。聚洋公司在案涉工程竣工后未经验收即开业使用,根据上述约定,自其实际使用之日起即应认定工程已经验收合格,非凡公司不再负有施工中或经验收不合格的质量返修责任,仅对案涉工程质量在保修期内及保修范围内负有保修义务,承担保修责任。聚洋公司于2013年9月24日就工程质量问题提起反诉,未超过《工程装修合同书》第八条约定的一年质保期。据此,二审判决认定作为发包方的聚洋公司未经验收擅自使用案涉工程,应承担工程经合法验收合格之后的法律后果,非凡公司对工程质量负有保修义务符合双方合同约定及法律规定。但是,聚洋公司在原审中是以非凡公司承包的部分装饰装修工程质量没有达到国家规定的质量标准,属于根本违约,应当给付因工程质量不合格而给聚洋公司造成的实际损失为由,反诉请求判令非凡公司承担因装饰装修工程质量不合格所需的返修费用。在法院再审庭审中,聚洋公司称,其提起的反诉是针对施工质量不合格提出的,不是使用过程中的保修责任。因此,本案聚洋公司反诉要求非凡公司承担的是因其施工工程质量不合格而产生的质量责任,并非诉请非凡公司履行保修义务,承担保修责任。一审法院基于聚洋公司的申请,

---

① 此处指《最高人民法院关于审理建设工程施工合同纠纷案件适用法律问题的解释》(法释〔2004〕14号)。

委托鉴定机构进行鉴定也是针对施工的部分工程质量是否合格及返修需要的费用,并非是针对案涉工程是否出现了属于保修范围的质量缺陷及需要的维修费用。据此,二审法院在认定非凡公司对案涉工程质量应承担的是保修责任的前提下,判决维持了一审判令非凡公司给付聚洋公司工程质量不合格修复费用的判决结果,实际上是判决非凡公司承担了工程施工中出现的或工程经验收不合格产生的质量责任,与非凡公司依据合同约定及法律法规规定对案涉工程应承担的保修责任不一致,适用法律确有错误,法院予以纠正。判决:驳回泰来县聚洋购物中心有限公司的反诉请求。

该案一审、二审、最高人民法院再审均认定聚洋公司作为发包人在工程未经竣工验收的情况下,提前开业使用了该工程构成擅自使用。开业时应视为诉争工程为验收合格之日,而保修期自工程验收合格之日起计算,承包人仍应承担保修责任。但是承包人应承担返修责任还是保修责任,一审、二审法院并未区分,最高人民法院予以了纠正。最高人民法院认为,作为发包方的聚洋公司未经验收擅自使用案涉工程,应承担工程经合法验收合格之后的法律后果,非凡公司对工程质量负有保修义务符合双方合同约定及法律规定。聚洋公司在案涉工程竣工后未经验收即开业使用,根据上述约定,自其实际使用之日起即应认定工程已经验收合格,非凡公司不再负有施工中或经验收不合格的质量返修责任,仅对案涉工程质量在保修期内及保修范围内负有保修义务,承担保修责任。聚洋公司反诉请求判令非凡公司承担因装饰装修工程质量不合格所需的返修费用,并非诉请非凡公司履行保修义务,承担保修责任,最终驳回了聚洋公司的反诉请求。

该案中,最高人民法院对承包人的返修责任与保修责任之间的区别进行了明确的阐述,发包人擅自使用未完工工程,应承担工程经验收合格之后的法律后果,但承包人对工程负有保修义务。自擅自使用之日起,免除承包人在施工中或经验收不合格的质量返修责任,并不免除承包人的保修义务。我们在代理建设工程施工合同纠纷案件时,应分清建设工程是施工中或经验收不合格的质量问题还是交付使用过程的质量问题,在诉讼请求的选择上或作为被告抗辩时注意两者的不同,以免对案件的结果造成颠覆性的影响。

2. 发包人擅自使用未完工的工程,承包人除了对地基基础工程和主体结构质量承担民事责任外,不承担工程质量保修的责任。

该观点认为发包人擅自使用未完工工程即可视为发包人对建设工程质量

是认可的，或者虽然工程质量不合格但是其自愿承担相应的质量责任，此时交付工程责任风险已转移。

最高人民法院民一庭认为：[①]《建筑法》第六十二条规定："建筑工程实行质量保修制度。建筑工程的保修范围应当包括地基基础工程、主体结构工程、屋面防水工程和其他土建工程，以及电气管线、上下水管线的安装工程，供热、供冷系统工程等项目；保修的期限应当按照保证建筑物合理寿命年限内正常使用，维护使用者合法权益的原则确定。具体的保修范围和最低保修期限由国务院规定。"《建设工程质量管理条例》第四十条规定："在正常使用条件下，建设工程的最低保修期限为：(一)基础设施工程、房屋建筑的地基基础工程和主体结构工程，为设计文件规定的该工程的合理使用年限；(二)屋面防水工程、有防水要求的卫生间、房间和外墙面的防渗漏，为5年；(三)供热与供冷系统，为2个采暖期、供冷期；(四)电气管线、给排水管道、设备安装和装修工程，为2年。其他项目的保修期限由发包方与承包方约定。建设工程的保修期，自竣工验收合格之日起计算。"从上述法律、行政法规规定可以看出，建设工程质量保修是法律规定的强制性制度，并且法律规定了建设工程不同部分的质量保修最低期限。通常情况下，建设工程发、承包双方在建设工程施工合同中也会依据法律的上述规定，对工程质量的保修范围和期限作出明确约定。这就带来了一个冲突问题，即依据法律规定和当事人约定，承包人应当在工程保修期限内对工程质量问题进行保修；而根据本条规定，只要出现发包人擅自使用建设工程的情形，工程质量出现的除地基基础工程和主体结构质量以外的所有质量问题，都由发包人自行承担。如何解决这一冲突，法律、行政法规及相关司法解释均没有明确规定。我们认为，出现发包人擅自使用建设工程的情况，承包人对发包人擅自使用部分，不应再承担质量保修责任，因为本条规定的发包人承担的质量责任范围为除地基基础工程和主体结构质量以外的所有质量问题，与前述法律规定的质量保修责任的范围是重叠的，如果承包人对发包人擅自使用的建设工程部分仍应承担保修责任，则本条规定就失去了意义。

(2020)最高法民终483号浙江省三建建设集团有限公司(以下简称三建公司)与咸阳凯创置业有限责任公司(以下简称凯创公司)等建设工程施工合同纠

---

① 最高人民法院民事审判第一庭编著：《最高人民法院新建设工程施工合同司法解释(一)理解与适用》，人民法院出版社2021年版，第152～153页。

纷上诉案[1]中,陕西高院一审认为,关于凯创公司反诉请求三建公司赔偿因质量缺陷造成的维修损失 11,222,145.87 元的问题。因未经竣工验收凯创公司已于 2015 年 4 月 7 日占有施工现场,根据建设工程司法解释一[2]第十三条“建设工程未经竣工验收,发包人擅自使用后,又以使用部分质量不符合约定为由主张权利的,不予支持;但是承包人应当在建设工程的合理使用寿命内对地基基础工程和主体结构质量承担民事责任”之规定,出现质量问题,凯创公司应自行承担责任。在建设工程未经过竣工验收的情况下,凯创公司作为发包人违反法律规定占有使用,即可视为其对建筑工程质量认可。因为发包人使用未经验收的工程,其应当预见工程质量可能会存在质量问题,随着发包人的提前使用,其工程质量责任风险也由施工单位转移给发包人,而且工程交付的时间,亦可认定为发包人提前使用的时间。凯创公司所诉的质量缺陷不属于地基基础工程和主体结构质量问题,故凯创公司反诉主张三建公司赔偿因质量缺陷造成维修损失的反诉请求,不能成立。

最高人民法院二审认为,关于第四个焦点问题(工程质量的认定及其赔偿责任的确定)。凯创公司反诉三建公司,提出质量索赔,并申请一审法院对案涉工程质量进行鉴定,一审法院认定凯创公司擅自使用工程,未支持其质量索赔。凯创公司上诉请求本院按照该公司在一审提出的申请组织鉴定,并支持该公司对三建公司的索赔请求。《施工合同司法解释(一)》第十三条规定:“建设工程未经竣工验收,发包人擅自使用后,又以使用部分质量不符合约定为由主张权利的,不予支持;但是承包人应当在建设工程的合理使用寿命内对地基基础工程和主体结构质量承担民事责任。”本案中,凯创公司主张的质量缺陷不属于地基基础工程和主体结构质量问题。根据已查明的事实,本案工程未经竣工验收,凯创公司及监理单位林华公司于 2015 年 4 月 7 日向三建公司发出 XJ2015 - 4 - 7《工作联系单》,要求三建公司撤离工地。2015 年 4 月 7 ~ 9 日,凯创公司组织人员拆除了临建活动板房,收回了案涉工程。此前,双方已先后交付使用了 9 栋楼房。法院认为,凯创公司擅自使用未经验收的建设工程,现又以质量不符合约定为由主张权利,缺乏法律依据。同时,合同二(凯创公司作为发包人就案

---

① 参见最高人民法院(2020)最高法民终 483 号民事判决书。

② 此处指《最高人民法院关于审理建设工程施工合同纠纷案件适用法律问题的解释》(法释〔2004〕14 号)。

涉工程与三建公司于2012年11月15日重新签订的施工合同)亦约定未经竣工验收发包人不得使用,如果使用则一切质量问题均由发包人承担。因此,一审判决按照建设工程司法解释一[1]第十三条的规定,对凯创公司的质量索赔不予支持,处理正确。凯创公司此项上诉理由不成立,法院不予支持。对凯创公司的鉴定申请,法院不予准许,并已将法院决定告知该公司。

对比两种观点,我们认为第二种观点更具有合理性。首先,正如《最高人民法院新建设工程施工合同司法解释(一)理解与适用》中所言,若按照第一种观点的理解,那么第十四条的规定将失去其意义。另外,按照第二种观点,第十四条免除承包人的保修责任,意味着加重了发包人的质量责任,使得该条具有了惩罚性。《民法典》第七百九十九条、《建筑法》第六十一条和《建设工程质量管理条例》第十六条均明确规定建设工程未经验收合格的,不得交付使用。发包人擅自使用的,应当对发包人有所惩戒。建设工程质量关乎人民生命和财产安全,从目的解释的角度来看,第十四条如此规定有利于保证建设工程质量,惩戒违法行为。《最高人民法院新建设工程施工合同司法解释(一)理解与适用》中亦做了如此说明:"我们认为,发包人承担的质量责任应是除地基基础工程和主体结构质量以外的所有质量问题。理由主要有两点:(1)本条规定的文义推导。(2)本条规定的目的来看,是落实《民法典》《建筑法》等关于'建筑工程竣工经验收后,方可交付使用;未经验收或者验收不合格的,不得交付使用'的规定而制定,是为了防止使用未经竣工验收的工程,给人民群众生命和财产安全造成危害和损失而作出的强制性规定,对于发包人具有一定的惩罚意义。故理解本条规定的质量责任范围不应作限缩解释。"

---

① 此处指《最高人民法院关于审理建设工程施工合同纠纷案件适用法律问题的解释》(法释〔2004〕14号)。

第七章

未竣工工程质量纠纷的责任承担

第一节　未竣工工程质量问题概述

一、未竣工工程的概念

《民法典》第七百八十八条规定："建设工程合同是承包人进行工程建设，发包人支付价款的合同。建设工程合同包括工程勘察、设计、施工合同。"第七百九十五条规定："施工合同的内容一般包括工程范围、建设工期、中间交工工程的开工和竣工时间、工程质量、工程造价、技术资料交付时间、材料和设备供应责任、拨款和结算、竣工验收、质量保修范围和质量保证期、相互协作等条款。"工程完工后应该竣工验收，竣工验收是施工合同的重要内容。

竣工验收是建设工程项目竣工后建设单位会同设计、施工、设备供应单位及工程质量监督部门，对该项目是否符合规划设计要求以及建筑施工和设备安装质量进行全面检验，取得竣工合格资料、数据和凭证。未竣工工程则是指工程未能通过国家有关单位根据国家验收标准对施工结束后的建筑进行的具有法律效果的验收的工程，包括以下两种情形：(1)工程已完工但未通过竣工验收；(2)工程未完工导致不能进行竣工验收的工程，即我们通常所说的工程中途停工、停建的工程，比较典型的如烂尾工程。

《民法典》第八百零六条第三款规定："合同解除后，已经完成的建设工程质量合格的，发包人应当按照约定支付相应的工程价款；已经完成的建设工程质量不合格的，参照本法第七百九十三条的规定处理。"《民法典》将合同解除后已施工部分工程，表述为"已经完成的建设工程"。此处所称的"已经完成的建设工程"可能是部分完工，也可能是全部完工已具备竣工验收条件但尚未竣工验收的工程；并且合理解释为永久工程而不是临建。从这一规定可以看出，认定工程质量是否合格是发包人支付工程款与否的关键所在。一项工程通过竣工验收并取得建设工程合格证书往往被作为认定工程质量合格的依据。未竣工工程的质量认定在司法实践中争议较大。下文将针对未竣工工程的质量认定的要点进行简要剖析。由于未竣工工程的质量认定会因不同的情形而在方法上有所不同,可以划分为"已完未竣"的工程和未完工工程两种,具体认定详见下文。

二、未竣工工程质量的认定

(一)"已完未竣"的工程质量的认定

本文以下讨论的"已完未竣"工程,指合同约定的施工内容中实物工程量已经施工完成但尚未竣工验收的永久工程。承包人已经完成永久工程的全部实物工程量但是由于种种原因而未完成验收程序,如发包人为了达到拖延给付工程款的目的故意不组织验收或者承包人为了索要工程款拒绝交付验收资料无法验收等。

工程已完工系承包人认为其已经完成施工任务并认为施工质量也已合格,可以申请发包人及时进行竣工验收。发包人应组织勘察人、设计人、施工人、监理人等共同对所涉工程质量做出是否合格的评价。不但包括工程质量合格,而且竣工资料也均已齐备。在此基础上,发包人再向有关部门进行竣工验收备案。工程竣工强调的是相对客观的事实状态。

对于"已完未竣"的工程,承包人已完成所有施工工作,工程的状态已确定、完整,不会因第三人的行为发生形态上的改变,因此对该类工程质量问题的认定,不能仅仅以其未进行竣工验收而直接地否认工程质量合格,应结合已完工工程的具体情况而确定。如果当事人对建设工程质量存在异议,可通过采取建设工程质量司法鉴定以及司法推定的方式予以处理。

因为发包人与承包人等之间的纠纷通常比较复杂,耗时较长,发包人基于各种原因有不少擅自使用的情形。《民法典》第七百九十九条规定:"建设工程竣工后,发包人应当根据施工图纸及说明书、国家颁发的施工验收规范和质量检验标准及时进行验收。验收合格的,发包人应当按照约定支付价款,并接收该建设工程。建设工程竣工经验收合格后,方可交付使用;未经验收或者验收不合格的,不得交付使用。"《施工合同司法解释(一)》第十四条规定:"建设工程未经竣工验收,发包人擅自使用后,又以使用部分质量不符合约定为由主张权利的,人民法院不予支持;但是承包人应当在建设工程的合理使用寿命内对地基基础工程和主体结构质量承担民事责任。”实务中,有很多法院认定发包人擅自使用视为验收、质量合格的案例,承包人可以主张工程款,但不免除承包人的保修义务,且承包人应当在建设工程的合理使用寿命内对地基基础工程和主体结构质量承担民事责任。

(二)未完工工程的质量认定

本文所指的“未完工工程”,指施工完成的实物工程量尚未达到竣工验收标准的工程。除非特别说明,不包括签订施工合同后仅做了必要的准备工作或者承包人已经完成部分承包工作但尚未形成永久工程实物工程量,如仅完成了施工准备和场地平整。

实务中,对未完工工程质量的认定较为复杂。承包人中途退场后,发包人可能会擅自使用或者为了实现工程建设之目的将建设工程再次发包给第三方续建。对于发包人擅自使用或者又发包给第三方续建的建设工程,如果建设工程经竣工验收,则对承包人施工的未竣工工程的质量的判定并无异议。如果发包人擅自使用,视为验收合格。但是实务中对于如何认定发包人擅自使用以及发包人、承包人应该承担的责任有争议。如果发包人发包给第三方续建前没有组织承包人一起验收未完工工程,第三方续建该工程,工程完工后因质量问题未验收导致续建前承包人工程质量的认定产生争议,如何对承包人未完工工程质量进行认定,该问题较为复杂。

诉讼中,对于承包人未完工工程,在尚未到达工程竣工这一阶段时,法庭采取怎样的标准认定承包人施工质量是合格的?目前比较客观的标准就是查明“已完工程是否符合施工设计文件和国家有关工程技术的强制性规范要求”,以此代替“竣工验收”。

如果工程未由第三方续建,则对未完工工程已完工部分质量的认定可结合当事人提供的证据、工程的状态综合认定。如在发包人未提质量抗辩时,人民法院应当进行必要的释明,在发包人明确无质量异议的情况下,可视为发包人对承包人工程已完工部分质量的认可。如发包人对承包人工程已完工部分质量提出异议并提供初步证据时,根据举证责任的分配规则,应由承包人举证证明其质量合格。比如承包人提供了已完工程的分部分项的验收手续、中间验收包括隐蔽工程、建筑所用主材、建筑构配件和设备的进场实验报告，以及工程质量检测和功能性试验资料等，工程质量的判断可根据上述材料和工程状态综合认定。如果发包人认为质量不合格，应提供相反证据。在某局（承包人）诉某房地产开发公司（发包人）建设工程施工合同纠纷中，承包人提交了多达上千页分项分部验收记录、主材检验报告、监理认可质量合格、发包人认可质量合格的会议纪要后，法院认定承包人可以主张工程款，发包人没有相反证据证明工程质量不合格，其抗辩不予采纳。在承包人不能举证证明其施工的未完工程质量合格的情况下，可通过鉴定对争议的承包人未完工工程的质量作出判定。

三、建设工程"地基基础"和"主体结构"的概念

《建筑法》第六十条第一款规定："建筑物在合理使用寿命内，必须确保地基基础工程和主体结构的质量。"《建设工程质量管理条例》第四十条规定："在正常使用条件下，建设工程的最低保修期限为：（一）基础设施工程、房屋建筑的地基基础工程和主体结构工程，为设计文件确定的该工程的合理使用年限；……"《施工合同司法解释（一）》第十四条规定："建设工程未经竣工验收，发包人擅自使用后，又以使用部分质量不符合约定为由主张权利的，人民法院不予支持；但是承包人应当在建设工程的合理使用寿命内对地基基础工程和主体结构质量承担民事责任。"可见，在未竣工工程质量责任纠纷中，何为地基基础工程和主体结构尤为重要。地基基础和主体结构的认定是十分专业的问题，此处对其概念加以简述。

（一）地基基础

《建筑地基基础设计规范》（GB 50007—2011）规定，地基是支承基础的土体或岩体。基础是将结构所承受的各种作用传递到地基上的结构组成部分。地基处理即为提高地基强度或改善其变形性质或渗透性质而采取的工程措施。而《建筑地基基础工程施工规范》（GB 51004—2015）中的基础则表述为：将上部结构所承受的外来荷载及上部结构自重传递到地基上的结构组成部分。地基是指支撑由基础传递的上部结构负载的土体或岩体。地基不是建筑物的组成部分，但其对建筑物的承载安全与使用寿命起到非常重要的作用。地基必须能够承受其上部结构产生的荷载，且需要保证其地层条件能够将变形程度控制在标准范围之内。当天然土层的地质条件无法达到标准时，需要对地基进行人

工加固,形成人工地基。在地基之上与地基相连的是建筑物的基础,其为建筑物地面以下的承重结构,起到将建筑物上部结构荷载传递给地基的作用。地基和建筑基础的关系十分密切,共同承载着建筑物的地上结构,《施工合同司法解释(一)》《建设工程质量管理条例》以及《建筑法》中所提到的地基基础工程即是两者的结合体。

(二)主体结构

主体结构是基于地基基础之上,接受、承担和传递建设工程所有上部荷载,维持上部结构整体性、稳定性和安全性的有机联系的系统体系,它和地基基础一起共同构成的建设工程完整的结构系统,是建设工程安全使用的基础,是建设工程结构安全、稳定、可靠的载体和重要组成部分。① 它的基本功能包括三部分:一是主体结构本身形成一个有机联系的系统整体,有效地协调工作,承受主体结构部件本身相互传递的荷载,发挥主体框架支撑功能;二是附着于其体系表面的所有维护结构、装饰面层、相关设备重量及其施工和使用期间的活荷载,以及在设计规范限定范围内的相关风载、尘载、雪载、地震荷载等自然力通过主体结构体系有效地承担,使建设工程能正常发挥各部分的使用功能;三是与地基基础可靠地联系,将其自身荷载和承受荷载系统地、有效地、稳定地传递给地基基础结构体系,并能与地基基础结构形成协调工作的整体结构体系,和谐地工作以共同维护建设工程整体安全和使用安全。②

在实务当中,对主体结构的认定存在不同的界定:如针对房屋建筑的《建筑面积计算规范》将主体结构描述为接受、承担和传递建设工程所有上部荷载,维持上部结构整体性、稳定性和安全性的有机联系的构造。而道路工程中参照建筑工程中的主体结构的定义,道路工程的主体即为承受荷载的道路(包括路面的底基层、基层、面层等结构层),而综合管廊的主体就是承受上部荷载的钢混结构本身。绿化、管线等其他附属工程则不属于主体的范畴。各省高级人民法院在裁判文书中亦对主体结构的概念作了不同表述。北京市高级人民法院在(2021)京民终 209 号案件中认定,“建筑物的主体结构是指在建筑中,由若干构

① 参见牛彦磊主编:《建筑工程类专业实习实训全程指导企业实习分册》,中国环境出版社 2014 年版,第 53 页。

② 参见最高人民法院民事审判第一庭编著:《最高人民法院新建设工程司法解释(一)理解与适用》,人民法院出版社 2021 年版,第 150 页。

建连接而成的能承受作用的平面或空间体系”；山东省高级人民法院在(2018)鲁民申2962号案件中认定，“房屋主体结构是指房屋的主要构件相互连接、作用的平面或空间构成体，如地基、承重墙等”；吉林省高级人民法院在(2017)吉民申1636号案件中认定，“建筑物的主体结构是指在建筑中由若干构件连接而成的能承受作用、具备足够强度、刚度和稳定性的平面或空间体系”；河南省高级人民法院在(2020)豫民申2623号案件中认定：“建筑物的主体结构是指在建筑中，由若干构件连接而成的能承受作用的平面或者空间体系，主要结构要具备足够的强度、刚度、稳定性，用以承重建筑物上的各种负载。”综上所述，建筑物主体结构可以描述为：“具有足够强度、刚度的、能够承受建筑物各种负载的、由各连接部件组合而成的平面或空间整体。”一些辅助的工程如装修装饰、消防工程则不应认定为建筑物的主体工程。

第二节　未竣工工程发包人质量责任的承担

一、建设工程未竣工验收发包人擅自使用情形下发生质量问题责任的承担

(一)擅自使用的理解与认定

《建筑法》第六条第二款和《民法典》第七百九十九条第二款均规定：“建筑工程竣工经验收合格后，方可交付使用；未经验收或者验收不合格的，不得交付使用。”《建设工程质量管理条例》第十六条规定：“建设单位收到建设工程竣工报告后，应当组织设计、施工、工程监理等有关单位进行竣工验收。……建设工程经验收合格的，方可交付使用。”从上述法条可见，竣工验收是建设单位(发包人)的法定义务，竣工验收合格是建设工程合法使用的前提条件。建设工程的质量关系到国家和人民的生命和财产安全，是社会和谐稳定的重要前提。因此建设工程施工合同不仅由承、发包双方当事人的真实意思表示而决定，还要受到国家法律、行政法规、工程标准和规范的强制干预。本书所说的“擅自使用”即为发包人违反上述法律及行政法规的强制性规定，在未依照法定程序组织竣工验收或竣工验收未合格的情况下，使用建设工程的行为。

将"擅自"和"使用"分开看：对于"擅自"一词的含义，《现代汉语词典》解释为"对不在自己职权范围内的事情自作主张"；《汉语大词典》解释为"超越职权范围自作主张"。因此通过文义解释，有观点认为"擅自"体现的是行为的单方性，即在建设工程中，"擅自使用"指的是发包人未经承包人、监理单位、勘察单位、设计单位等单位的同意，对建设工程使用的行为。在此观点下，若发包人与各方达成了"合意"则不属于发包人"擅自使用"。这种观点有明显的不合理之处。首先，即使用文义解释的方法，该观点将词典中的"自作主张"简单地理解成一种单方行为是不全面的。词典对"擅自"一词的释义，应当理解成超越自己的权限强行实施的行为。发包人的权限不仅受其与承包人"合意"的限制，亦受法律法规的强制性规定的限制。另外，对"擅自"的理解不能仅仅采用文义解释，更应采用"目的解释"。2021 年最高人民法院民一庭编著了《最高人民法院新建设工程施工合同司法解释（一）理解与适用》一书，其中提到了《施工合同司法解释（一）》第十四条发包人"擅自使用"相关规定的目的：就是为了落实《民法典》《建筑法》等关于"建筑工程竣工经验收后，方可交付使用；未经验收或者验收不合格的，不得交付使用"的规定，是为了保证交付使用的建设工程质量，保护人民群众的生命和财产安全，并对使用未竣工工程的发包人进行一定的惩戒。若认为发包人与项目各方达成合意就不构成"擅自使用"，那么该规定的目的显然难以实现。

对"使用"一词的含义，《现代汉语词典》和《汉语大词典》均解释为"使人或器物等为某种目的服务"。在建设工程项目中，"使用"目的应在于实现建筑的一般使用价值，即实现建设工程合同中工程设计所标明的用途，一些非实际的使用方式并不能构成"擅自使用"中的"使用"，如在建筑物的外围悬挂标语、做广告或利用建筑物的形象进行宣传等。另外，"使用"不能是临时性的占有、不以发挥建筑物功能为目的的利用，如发包人短时间进出建筑工程的行为、特定情况下对建筑物的临时修缮维护、对特殊建筑的试用行为、商场仅用于囤放货物、召开临时会议等不能视为"擅自使用"中的"使用"。

（二）构成"擅自使用"的几种特殊情形

1. 建设工程未竣工验收，即使承包人、监理单位等各方同意，发包人对建设工程的提前使用仍然构成擅自使用

对于发包人与承包人、监理等各方达成合意的情形下，发包人是否构成"擅

自使用”的问题,在上文对“擅自”一词的理解中我们看到两种不同的观点。两种观点均有法院在司法实务中采纳的案例。其中成立“擅自使用”的观点更具有合理性,为司法实践中的主流观点。

(1)认为成立“擅自使用”的案例:“擅自”是针对“工程是否竣工验收”而言,与发包人、承包人是否达成一致意见无关。即使承包方一直无法对案涉工程产生的问题进行整改从而致使工程无法竣工验收,发包人亦不能擅自使用,否则应当对地基基础和主体结构之外的建设工程质量问题自行承担责任

海南省第一中级人民法院审理的(2021)琼96民终970号案件(展佳环境科技股份有限公司、中远海运博鳌有限公司建设工程合同纠纷)[①]中,发包人中远海运博鳌有限公司(以下简称中远公司)与承包人展佳环境科技股份有限公司(以下简称展佳公司)签订施工合同,由展佳公司承包中远公司某建筑内中心多联机空调系统的采购及安装工程。施工过程中,监理公司发现施工质量不符合规范,多次要求展佳公司进行整改。2016年12月,项目完工,展佳公司将案涉工程交付给中远公司使用,双方代表在工程交接单上签名确认。由于博鳌亚洲论坛2017年会召开在即,经展佳公司与中远公司协商,一致同意先使用,遗留问题继续整改,具备竣工验收条件后再办理竣工验收手续。2017年5月,发包人中远公司针对该项目的整改和结算召开专题会议,项目各方均参与,形成的会议意见为:“(1)展佳公司继续对案涉项目进行整改,确保7月30前完成。(2)展佳公司完成上述相关整改后,按程序提出验收申请,甲方和监理重新组织验收。……(5)若展佳公司整改后验收仍无法通过,即使结算资料符合规定也无法进行结算。”之后展佳公司对存在问题的整改仍然达不到规范要求,工程一直未能竣工验收及结算。展佳公司向中远公司催讨工程款未果后,向法院提起了诉讼。

在该案件中,法院认为关于发包人擅自使用工程的认定应当考虑三个方面:①工程是否发生了转移占有的事实。②发包人是否对案涉工程进行了具有实际意义的使用行为。③发包人是否是“擅自”使用。

针对以上问题,法院作出了如下认定:①根据双方提交的证据,法院查明2016年12月案涉工程由承包人展佳公司交付给中远公司占有。②本案中,因为博鳌亚洲论坛的召开,发包人中远公司对涉案工程有实质意义的使用行为。

① 参见海南省第一中级人民法院(2021)琼96民终970号判决书。

③“擅自”是针对“工程是否竣工验收”而言的，与发包人、承包人是否达成一致意见无关。案涉工程未经过竣工验收，本案中远公司对涉案工程的使用已经构成擅自使用。虽然展佳公司在《会议纪要》上签字，并不能据此认定中远公司作为发包人无须承担擅自使用的法律责任。最终法院认定展佳公司仅在建设工程的合理使用寿命内对地基基础工程和主体结构质量承担民事责任。

该案为“合意使用”的典型案例，法院针对此种情形对建设工程项目中发包人“擅自使用”的认定作出了全面的分析。本案中，虽然承包方一直无法对案涉工程产生的问题进行整改从而致使工程无法竣工验收，对发包人的提前使用承包人具有一定过错。另外，为保证博鳌亚洲论坛2017年会的顺利召开，发、承包双方对项目的提前使用亦达成了“合意”。然而，法院的认定非常清楚：“擅自”是针对“工程是否竣工验收”而言的，与承包人是否有过错及发包人、承包人是否达成一致意见无关。该案中，虽然案涉工程存在质量问题且承包人一直未能整改，但发包人完全可以采用其他方式追究承包人的质量责任或对工程不能按期交付产生的损失向承包人追偿，而不能提前使用未竣工验收的工程。该案例表明“建筑工程竣工经验收后，方可交付使用”是法律的底线，违反相关法律规定的发包人应当受到自行承担相应“质量责任”的惩戒。

（2）认为不成立“擅自使用”的案例：承包人主动交付使用，发包人并非“擅自使用”。双方均违反合同约定，因此按照过错责任大小承担责任

广东省惠州市中级人民法院审理的（2017）粤13民终2808号案件中（惠州市惠阳区中粤建筑工程公司与惠州市俊武实业有限公司建设工程施工合同纠纷）[①]，惠州市俊武实业有限公司（以下简称俊武公司）与惠州市惠阳区中粤建筑工程公司（以下简称中粤公司）于2009年8月签订《建设工程施工合同》，由中粤公司承建俊武公司的一处厂房。合同签订后，中粤公司进场施工。2010年5月10日，中粤公司的工作人员在超过约定工期的情况下，出具一份《保证书》，保证厂房于2010年5月30日交付使用。工程于5月底正式完工，经中粤公司交付建设工程后，俊武公司使用了该厂房，然而双方一直未对工程进行竣工验收。2017年，俊武公司以工期延误及工程出现质量问题为由提起诉讼。案件审理中，原告俊武公司提出鉴定申请，法院对案涉工程进行了质量鉴定。从鉴定结论来看，工程质量不合格是由于承包人中粤公司施工造成，与发包人提

---

① 参见广东省惠州市中级人民法院（2017）粤13民终2808号判决书。

前使用无关。值得注意的是，双方签订的《建设工程施工合同》第15.1款约定："……因承包人原因工程质量达不到约定的质量标准，承包人承担违约责任。"第32.8款约定："工程未经竣工验收或竣工验收未通过的，发包人不得使用。发包人强行使用时，由此发生的质量问题及其他问题，由发包人承担责任。"第35.2款第(2)项约定："本通用条款第15.1款提到的因承包人原因工程质量达不到协议书约定的质量标准，承包人承担违约责任，赔偿因此违约给发包人造成的损失。"

本案中，法院的观点主要为两点：

观点一：关于发包人是否属于对案涉工程"擅自使用"的问题。法院的观点为：根据承包人在工期超过约定期限的情况下出具的《保证书》可以认定，厂房是承包人主动交付使用的，而非发包人擅自使用。不能依据原《施工合同司法解释》第十三条(《施工合同司法解释(一)》第十四条)的规定确定由发包人承担工程质量问题的责任。

观点二：关于质量责任如何分配的问题。法院认为，中粤公司与俊武公司的建设工程合同是双方对各自权利义务自愿协商一致的结果，是双方当事人就涉案建设工程的约定，并未违反法律、行政法规的强制性规定，合法有效，应当依据双方的约定处理工程质量问题的责任承担。根据鉴定结果来看，案涉工程的质量问题主要由承包人施工造成，承包人违反了合同第15.1款及第35.2款第(2)项的规定。承包人在涉案工程未经竣工验收的情形下主动将建设工程交付使用，发包人亦同意交付并已经使用了该建设工程，发包人违反了合同第32.8款的约定。双方均违反了合同的相关约定，应当各自承担相应的责任。最终，一审法院酌定承包人承担70%的责任，发包人承担30%的责任，二审法院对一审法院的判决予以维持。

该案为在承包人同意的情形下，发包人提前使用未竣工工程而被认定为不是"擅自使用"的典型案例。法院的理由主要为：承包人不仅同意发包人提前使用建设工程，甚至由于工期问题主动交付发包人使用，因此不属于发包人"擅自使用"。这种观点值得商榷，详见本节第一小节第二段，对"擅自"一词的分析。

若发包人和承包人双方约定由于承包人原因致使建设工程不能按期竣工验收，发包人可以提前使用未竣工工程，发包人不承担责任。该约定明显与《施工合同司法解释(一)》第十四条的规定相悖。双方的约定与司法解释的规定不符时，该约定是否有效？理论上亦有不同观点：第一种观点认为，《民法典》第一百四十三条明确规定,不违反法律、行政法规强制性规定的民事法律行为有效,司法解释明显不属于法律和行政法规的范畴,因此即使民事行为违反司法解释的规定,依然应认定为有效。第二种观点认为,法律需经解释才能适用,司法解释是最高法院对现有法律如何适用的解释,可以说其就是法律本身,因此违反司法解释规定的民事行为应当认定为无效。

2. 项目仅经初步验收发包人即投入使用的,依然应当认定为“擅自使用”

建设工程完工后,建设工程各方往往会对建设工程进行多次检验,包括承包方自检、初步验收和竣工验收等。其中初步验收一般由监理单位组织,发包人、承包人和设计单位等均需参加。在初步验收中,各方对建设工程的施工合同、项目实体、设计标准、施工资料等多方面进行严格审查,承包人对审查出的问题进行整改,由此可见初步验收也是对建设项目的一次全面审查。然而初步验收并不能代替竣工验收,初步验收合格仅为项目进入正式竣工验收的前提条件。在司法实践中,如果发包人在项目仅通过初步验收即将建设工程投入使用,亦应视为对工程的“擅自使用”。

深圳市中级人民法院审理的深圳市永洁净化工程有限公司、广东科信电子有限公司等装饰装修合同纠纷①中,法院认为,建设工程虽然经过了初步验收并符合标准,发包人也对验收中发现的质量瑕疵要求承包人进行整改。但发包人在未正式竣工验收的情况下对案涉工程进行了使用,其行为视为对工程质量的认可,自愿承担质量责任。故自其擅自使用之时起,工程质量的责任风险转移至发包人科信公司自行承担。四川省广安市中级人民法院审理的重庆腾鲁建筑安装工程有限公司、四川中睿电器设备有限公司建设工程施工合同纠纷②中法院亦作了相似论述:建设工程仅进行初步验收,未经竣工验收,发包人投入使用的应当认定为擅自使用。发包人以擅自使用部分质量不合格为由抗辩拒付工程款,法院不予采纳。

3. 缺少法律、行政法规强制性规定的竣工验收资料,但形式上已经竣工验收并使用的,是否视为发包人擅自使用,需要根据实际情况进行分析

《建筑法》第六十一条第一款规定:“交付竣工验收的建筑工程,必须符合规定的建筑工程质量标准,有完整的工程技术经济资料和经签署的工程保修书,

---

① 参见广东省深圳市中级人民法院(2021)粤03民终8596号判决书。

② 参见四川省广安市中级人民法院(2021)川16民终881号判决书。

并具备国家规定的其他竣工条件。”《建设工程质量管理条例》第十六条第二款规定了竣工验收的5个基本条件详见本书第四章第四节“建设工程竣工验收与竣工验收备案及工程质量责任承担”。

不满足法定条件的,不能竣工验收。但实际操作中,可能存在不满足条件却依然进行竣工验收程序并实际使用的情况,该种情形是否应当视为《建设工程司法解释(一)》第十四条中的“擅自使用”,并无统一的定论,应当视不同的实际情况并依据公平合理的原则进行判定。

(1)若缺少的资料非重要资料,且发包人并不知情的,不应视为发包人擅自使用。但若缺少竣工验收的重要资料,发包人对建设工程进行使用的,应当被认定为“擅自使用”

竣工验收是一项庞杂的工程(详细的竣工验收程序详见本书第四章的内容),参与者除发包人外,还有承包人、监理单位、勘察单位及设计单位等。在最终形成的“工程竣工验收报告”上,参与竣工验收的各方负责人均需要签字并加盖单位公章,并负相应的法律责任。竣工验收程序中,参与的各方均需要准备法定职责内的相关材料,且所有资料由各单位共同组成的验收小组审核,可见保证竣工验收资料齐全并非发包方一方的义务。竣工验收程序中仅是某些非重要资料缺失且无证据证明发包人知情的,该情形下发包人对建设项目的使用不应认定为《建设工程司法解释(一)》第十四条中的“擅自使用”,否则将对发包人过于苛责,不符合公平原则。

但是若使用的工程缺少竣工验收中的重要资料,则发包人即使确不知情,亦不能免除其责任。重要资料一旦缺失将导致该次竣工验收程序失去效力,发包人对建筑工程进行使用的,应当被认定为“擅自使用”。一般来说,所述的重要资料包括以下文件。

1)单位工程预检记录;

2)单位(子单位)工程质量控制资料核查记录、单位(子单位)工程安全和功能检验资料核查及主要功能抽查记录、单位(子单位)工程观感质量检查记录;

3)单位(子单位)工程质量竣工验收记录;

4)涉及安全和功能的试验、检测资料;

5)建设工程竣工档案预验收意见;

6)单位工程室内环境检测报告;

7)规划验收认可文件;

8)建筑工程消防验收意见书;

9)勘察、设计、监理、建设单位出具的对工程的评价或验收文件;

10)法规、规章规定必须提供的其他文件;

11)工程其他必备资料:

①单位工程质量综合评(核)定表;

②质量保证资料核查表(施工单位、监理单位各一份);

③单位工程质量分部汇总表;

④地基与基础质量评(核)定表;

⑤主体工程质量评(核)定表;

⑥屋面工程质量评(核)定表;

⑦工程结构质量抽样检测报告;

⑧公共建筑使用、维护说明书、建筑工程保修书;

⑨无使用功能质量通病住宅工程评定表,住宅质量保证书,住宅使用说明书;

⑩十八项使用功能检测表;

⑪工程竣工报告;

⑫工程主体结构质量自评报告(施工单位、监理单位各一份)①;

……

(2)若发包人明知缺少竣工验收所需要的资料,但为了提前使用通过非法手段强行推进竣工验收程序的,构成虚假验收

在工程实践中,发包人为了对建设工程提前使用,可能通过非法手段在明知不具备竣工验收条件的情况下对建设工程强行竣工验收,这属于"虚假验收"的情形。关于"虚假验收"是否属于《建设工程司法解释(一)》第十四条规定的"擅自使用"的问题,理论上有两种观点:第一种观点认为,如果单纯从文义解释的角度看,虚假验收具备竣工验收的形式条件,不属于"未经竣工验收或竣工验收不合格"的情形。另外,承包方也参与了虚假验收,亦有过错。若在此情形下将承包人的质量责任转移给发包人承担,对发包人不公。因此发包方虚假验收

① 平塘县人民政府:《建设工程竣工验收全流程(2022)》,载 http://www.gzpt.gov.cn/zwgk_500411/zfxxgkml/zdlyxx/zdjsxm/202203/t20220324_73106552.html,发布日期:2022-03-24。

并使用的,不属于"擅自使用"。第二种观点认为,发包方虚假验收属于违法行为,必然不能产生法律上"竣工验收"的效果,因此依然属于"擅自使用"的情形。另外,从目的解释的角度来看,《建设工程司法解释(一)》第十四条的规定就是为了惩戒发包人提前使用未竣工工程的行为,而"虚假验收"更具有可罚性,因此应当认定为"擅自使用"。第二种观点更具有合理性,其有利于保障建设工程质量合格,维护人民生命财产利益,更符合立法本意。

(三)"擅自使用"的例外情形

在司法实践中,即使发包人对未竣工验收的建设工程进行使用,亦可能不被视为《建设工程司法解释(一)》第十四条规定中的"擅自使用",本节对相关情形进行归纳梳理如下。

1. 承包人施工质量不合格,故意拖延整改或缺乏整改能力,发包人为了阻止损失继续扩大,将建设工程交由第三方整改的,不属于"擅自使用"

在建设工程项目施工过程中,对于工程出现的质量问题,承包人可能会故意拖延整改或根本缺乏整改能力。在此情形下,发包人为了阻止损失继续扩大,通知承包人移交建设工程并交由第三方进行整改属于合理行为,不应被认定为"擅自使用"。

山东省烟台市中级人民法院审理的(2017)鲁06民终1997号案件中(山东广源岩土工程有限公司、中国科学院烟台海岸带研究所建设工程施工合同纠纷二审案)[①]中,中国科学院烟台海岸带研究所(以下简称海岸带研究所)、山东广源岩土工程有限公司(以下简称广源公司)于2013年签订《建设工程施工合同》,由广源公司承包某管道面支护加固工程。合同约定项目竣工验收后,发包人支付项目工程款。广源公司从2013年1月12日开始施工,2013年1月19日完工。施工完毕后,监理单位进行质检时发现工程质量不合格,便通知广源公司整改。广源公司一直未按照监理单位的要求进行整改,为避免损失扩大,发包人海岸带研究所于2013年5月安排第三方烟台市海兴建设工程有限公司进行整改,并另行支付了费用。至承包人广源公司起诉之时,涉案工程一直未能竣工验收。

该案中,法院认为:(1)承包人广源公司无法证明其施工的部分质量合格,

① 参见山东省烟台市中级人民法院(2017)鲁06民终1997号判决书。

反而有相关证据证明其施工的部分与工程图纸的设计不符,确需要整改;(2)发包人没有拖延、阻碍验收的情形,工程无法竣工验收不能归责于发包人;(3)海岸带研究所提供的证据可以证明,虽然其委托第三方对涉案工程进行了整改,但并未对涉案工程实际使用,不属于"擅自使用"。本案中双方约定于项目竣工验收后发包人支付工程款,现条件未成就。最终法院依法驳回承包人主张发包人支付工程款的诉讼请求。

在该案中,双方约定于项目竣工验收之日,发包人支付工程款。《施工合同司法解释(一)》第九条规定:"当事人对建设工程实际竣工日期有争议的,人民法院应当分别按照以下情形予以认定:(一)建设工程经竣工验收合格的,以竣工验收合格之日为竣工日期;(二)承包人已经提交竣工验收报告,发包人拖延验收的,以承包人提交验收报告之日为竣工日期;(三)建设工程未经竣工验收,发包人擅自使用的,以转移占有建设工程之日为竣工日期。"承包人广源公司在案件中以发包人海岸带研究所"擅自使用"为由辩称案涉工程应视为已经竣工验收,法院未予支持。该案中在承包人一直未对案涉工程进行整改的情况下,发包人为了防止损失继续扩大,委托第三方整改的,不视为"擅自使用"。另外,法院查明发包人没有"拖延验收"的行为,解释中的第(二)、(三)项特殊情形均不存在。因此案涉项目未经竣工验收,海岸带研究所支付项目工程款的条件未成就。

2. 根据工程性质,发包人需要对建设工程先行试用的,试用行为不视为"擅自使用"

"试用"是一种短时间的使用行为,目的在于测试建设工程的功能、质量是否符合设计标准。部分工程具有特殊性质,需要先行试用方可给出整改意见,如铁路工程、发电工程、港口码头工程等。这些工程在未试用的情况下,无法测试其工程质量及使用效果,甚至直接投入使用有造成巨大的经济损失的风险。对于这些具有特殊性质的工程,发包人的短期试用行为不视为擅自使用。

贵州省遵义市中级人民法院审理的(2021)黔03民终6499号(深圳市证通电子股份有限公司、遵义思达旅游管理有限公司建设工程施工合同纠纷民事二审)就是该种情形的典型案例。[①]

2017年4月20日,深圳市证通电子股份有限公司(以下简称证通电子公

---

① 参见贵州省遵义市中级人民法院(2021)黔03民终6499号判决书。

司）与遵义思达旅游管理有限公司（以下简称思达公司）签订《建设工程施工合同》，由证通电子公司承建某泛光照明工程。5 月 10 日案涉工程开工，8 月 27 日完成产品封样，9 月 27 日施工完成并交付。但思达公司认为证通电子公司所完成的工程存在灯光效果不合格、灯具损坏等质量问题，未予竣工验收。2017 年 11 月 15 日，证通电子公司向思达公司发送工程联系函，请求其给出调整方案，但由于工程未经使用，无法给出相应的整改方案。2018 年世界杯足球赛期间(6 月 14 日至7 月 15 日)，思达公司举办啤酒节，临时使用了案涉工程演绎播放灯光秀节目。之后思达公司 2018 年 7 月 14 日展开工程建设工作协调会议，提出案涉工程存在的问题以及完善意见，要求施工单位于 2018 年 8 月 25 日根据方案完成整改，案涉项目至今未能整改，亦未竣工验收。承包人证通电子公司在庭审中提出案涉工程已经投入使用，争议的质量责任应当由发包人承担。

针对承包人的这一主张，法院认为案涉工程系泛光照明工程，与普通的房屋建设工程不同，其需要通过演绎播放才能发现工程质量是否存在问题、能否达到设计效果。发包人思达公司虽然在世界杯期间对案涉工程进行了使用，但并非长时间不间断地持续使用，且在世界杯结束后立即召开协调会议要求设计单位及承包人进行整改，其行为不宜认定为擅自使用，对承包人的该主张不予支持。

建设工程施工案件较为复杂，在司法实践中，亦有大量发包人提前使用建设工程的行为未被认定为“擅自使用”的案件，大多数原因为发包人未对建设工程有实际的、持续性的使用行为，需要在具体案件中进行判断。

（四）“擅自使用”的后果

1. 转移占有之日视为工程竣工之日

《施工合同司法解释（一）》第九条第三项规定：“建设工程未经竣工验收，发包人擅自使用的，以转移占有建设工程之日为竣工日期。”在发包人实际转移占有工程后，意味着发包人已经接受工程、认同工程质量，承包人完成了交付工程的合同义务，享有工程价款请求权。

2. 部分质量责任转移至发包人自行承担，但发包人仅对擅自使用部分承担工程质量风险责任

《建设工程质量管理条例》第三十二条规定：“施工单位对施工中出现质量问题的建设工程或者竣工验收不合格的建设工程，应当负责返修。”由于发包人

"擅自使用"建设工程的,以转移占有建设工程之日为竣工日期,承包人不再对建设工程承担返修责任。至于承包人是否仍然承担保修责任的问题,司法实践中有争议,具体分析详见本章第三节"未竣工工程承包人质量责任的承担"的内容。

发包人仅对擅自使用的部分承担责任。发包人擅自使用,其质量问题自行承担的范围,最高人民法院民一庭在讨论中曾有不同意见:一种意见为发包人擅自使用,无论使用多少,均应承担全部工程的质量责任,理由是建筑工程是一个整体,一旦使用其中一部分,施工单位将对其他部分无法管理或施工;另一种意见是仅对其使用部分承担工程质量责任,理由是依照法律规定承包人应该对工程质量承担责任,对发包人承担的质量责任应严格限制,不应作扩大性解释。最终最高法院采纳了后一种意见。

如何认定发包人擅自使用部分,是审判实践中必须解决的问题,各法院的理解和做法也不相同。最高法院认为对发包人使用部分的认定应结合建设工程的结构、使用功能、发包人使用情况等综合予以认定,对于与发包人使用部分不可明确分割的部分,虽然没有证据证明发包人使用,也应认定发包人擅自使用,反之则应予以排除。

关于发包人应该承担质量责任的范围,是否包括除地基基础和主体结构质量以外的所有质量问题,司法实务中各法院的认定存在差异。最高法院认为发包人应承担除地基基础和主体结构质量以外的所有质量问题。理由有二:一是从该规定的文义推导可知,二是从该规定的目的看,是为了落实《民法典》《建筑法》等对此规定而制定是为了防止未经验收即使用,给人民生命和财产带来风险,属于强制性规定,不应作限缩解释。[①]

3. 不得以存在质量问题为由拒付工程款

发包人以存在质量问题为由拒绝给付工程款实质上是一种抗辩权。对于已由发包人擅自使用的未竣工工程,由于法律规定视为竣工验收合格,工程质量问题不再是拒绝给付的合理抗辩,此时发包人应按合同约定支付工程款。发包人未依约支付工程款的,应当承担相应违约责任。

4. 行政责任

发包人未经竣工验收擅自使用的,除承担前述民事法律责任外,还要承担

---

① 参见最高人民法院民事审判第一庭编著:《最高人民法院新建设工程施工合同司法解释(一)理解与适用》,人民法院出版社 2021 年版,第 149 ~ 153 页。

行政法律责任。《建设工程质量管理条例》第五十八条明确规定:“违反本条例规定,建设单位有下列行为之一的,责令改正,处工程合同价款百分之二以上百分之四以下的罚款;造成损失的,依法承担赔偿责任:

(一)未组织竣工验收,擅自交付使用的;

(二)验收不合格,擅自交付使用的;

(三)对不合格的建设工程按照合格工程验收的。”

二、建设工程未经验收发包人交由第三方续建情形下发生质量问题责任的承担

在工程未完工而承包人撤场的情况下,如果发包人没有使用未完工程,法院将结合当事人、证据、工程状态判断质量责任。若发包人对工程质量无异议则推定认可工程质量,有异议则需承包方履行举证责任、提供证据。

承包人主张其已完成部分的工程款的,后续工程已经由第三方施工完毕,并竣工验收合格的,发包人又以承包人施工部分的工程质量不合格为由主张付款条件不成就或者拒付工程款的,人民法院不予支持。后续工程已经由第三方施工完毕但未进行竣工验收,或者未由第三方继续施工,但分部分项验收合格的,发包人以承包人施工部分的工程质量不合格为由主张付款条件不成就或者拒付工程款的,人民法院不予支持,但确由于承包人原因导致建设工程的地基基础工程和主体结构存在质量问题的除外。① 对于上述情形,下文选取了一些典型案例。

1. 最高人民法院审理的(2020)最高法民申4310号(云南仟浩房地产开发有限公司与江苏弘盛建设工程集团有限公司建设工程施工合同纠纷再审案)②

发包人同意承包人撤场,并安排第三方进场施工续建,视为对工程质量无异议

2015年6月12日,云南仟浩房地产开发有限公司(以下简称仟浩公司)与江苏弘盛建设工程集团有限公司(以下简称弘盛公司)签订《施工合同》,由弘盛公司承建仟浩尚城项目。仟浩公司、弘盛公司、实信监理公司分别于2016年8月5日、8月8日、9月7日签署《会议纪要》,载明:“江苏弘盛集团文山仟浩尚城项目部提出退场要求……乙方要求退场,经过双方协商,甲方同意乙方退

---

① 参见《河北省高级人民法院建设工程施工合同案件审理指南》(2018年6月13日发布)。

② 参见最高人民法院(2020)最高法民申4310号判决书。

场。”工程于2016年1月20日停工,2016年4月26日经双方当事人和监理单位共同申请同意后复工;2016年7月16日再次停工后,弘盛公司退出工地。之后,双方及监理单位于2016年8月12日签署了《仟浩尚城项目2016年7月16日已完成工程形象进度》和《2016年8月8日至8月10日工程形象进度复核各栋号、裙楼区域质量问题》。弘盛公司退场后,仟浩公司又请其他施工单位在弘盛公司已完工程的基础上继续进行了施工。双方就工程结算及退场协议签订事项不能达成一致意见,双方发生争议。

在该案中法院认为,2016年8月8日的《会议纪要》明确“甲方同意乙方退场”“双方认可已完成的工程形象进度起3日内,新的施工队伍就可以进场施工”,仟浩公司在一审庭审中也承认有他人进场施工。在此情形下,仟浩公司接受工程,并安排让人进场,视为对工程质量无异议,故对工程质量、修复或拆除费、未完工程造价进行鉴定已无必要,应推定续建前工程质量合格。

2. 最高人民法院审理的(2018)最高法民终1313号(中色十二冶金建设有限公司与本溪庆永房地产开发有限公司建设工程施工合同纠纷二审案):发包人提前强行接管案涉工程进行了续建并使用,导致施工现场被覆盖,不具备进行质量鉴定的条件,发包人关于工程质量问题的主张,法院不予采纳[①]

2012年7月,中色十二冶金建设有限公司(以下简称中色十二冶公司)与本溪庆永房地产开发有限公司(以下简称庆永公司)签订建设工程施工合同,约定:中色十二冶公司承包庆永公司开发的本溪县小市天龙家园住宅小区。2013年6月,中色十二冶公司以庆永公司未依约支付工程进度款为由予以停工。2013年6月26日,本溪县宏业建设监理事务所出具证明确认:由中色十二冶公司施工的天龙家园多栋楼处于停工状态未复工。2013年8月8日,本溪县住房保障办公室主持双方调解,双方签订了《会议纪要》,约定:在2013年8月18日前中色十二冶公司必须保证全面复工;2013年11月8日,因气温降低,不符合施工要求,中色十二冶公司向本溪庆永公司提交停工报告,经庆永公司批准后停工……拟复工日期为2014年4月1日。2014年3月27日,庆永公司通知中色十二冶公司退出施工现场。同日,庆永公司实际控制了施工场地。中色十二冶公司回复称不同意撤场。2014年4月,庆永公司将案涉工程发包给第三方继续施工。2014年11月,该工程全部施工完毕,已办理竣工备案手续。中色十二

① 参见最高人民法院(2018)最高法民终1313号判决书。

冶公司提起诉讼，提出工程款支付等诉讼请求。庆永公司提出反诉，向中色十二冶公司索要因工程质量不合格造成的损失包括工程整改费用及工程质量不合格的鉴定费用。庭审中，庆永公司申请对中色十二冶公司施工工程存在的质量问题、整改方案及整改施工的工程造价进行鉴定。一审法院依法委托鉴定机构进行鉴定。因存在工程质量问题的部位已整改完毕，现场已经被覆盖，鉴定申请人不能提供现场检测鉴定取样的前提条件，鉴定项目无法检测鉴定，鉴定机构退回了鉴定委托。因对质量问题的整改方案无法鉴定，庆永公司申请整改施工的工程造价亦无法进行鉴定。

在该案中法院认为，一审法院辽宁省高级人民法院(2014)辽民一初字第00021号民事判决书中认定庆永公司在同意中色十二冶公司进入冬休阶段的申请后，又在复工前提前接管了案涉工程，进行了续建并使用，对于18栋楼存在的工程质量问题，已不具备司法鉴定条件，导致鉴定委托被退回。中色十二冶公司提供了基础结构验收证明和混凝土分项工程质量验收记录等证据。庆永公司关于工程质量问题的主张，法院不予采纳。

二审法院最高人民法院认为，关于案涉工程质量问题，庆永公司与监理单位已对中色十二冶公司施工的18栋楼的基础结构和混凝土分项工程进行了验收。在案涉工程冬休期即将结束之时，庆永公司未与中色十二冶公司对已完工工程进行交接、验收，即强行进场接管案涉工程，并交由他人继续施工至竣工验收，导致中色十二冶公司已完工工程被覆盖而不具备质量鉴定条件，一审法院委托的鉴定机构因而作退鉴处理。庆永公司应当承担举证不能的法律后果。故，庆永公司以工程质量存在缺陷为由，主张不应支付工程款，要求中色十二冶公司赔偿工程质量缺陷损失的上诉理由证据不足，不予支持。

3. 最高人民法院审理的(2020)最高法民申2939号(河南空港城置业有限公司、亚翔建设集团有限公司建设工程施工合同纠纷案)[①]：发包人未经验收即将建设工程交由第三人续建，导致质量责任无法确定的，推定续建前承包人施工的工程质量合格

2015年6月12日，河南空港城置业有限公司(以下简称空港城公司)与亚翔建设集团有限公司(以下简称亚翔公司)签订《施工总承包协议书》，由亚翔公司承建民航·国际馨苑项目A地块项目工程。协议签订后，亚翔公司于

① 参见最高人民法院(2020)最高法民申2939号判决书。

2015 年 7 月 1 日对项目工程进行施工。后因与空港城公司就工程款支付、工期等问题产生分歧未能协商一致,亚翔公司于 2016 年 5 月停工,合同未继续履行。空港城公司迫于工期压力急于让他人进驻工地继续施工,强行要求亚翔公司撤离工程现场,但亚翔公司在未收到工程款剩余款项的情形下拒绝离场。后双方达成协议,在 2016 年 11 月 3 日前与具有甲级资质的造价咨询单位签订委托协议进行工程结算。亚翔公司于 2016 年年底从工程项目中撤离,仅有零星人员留守,空港城公司将该项目工程交由其他公司继续进行施工。2017 年 8 月 7 日,联创工程造价公司出具《民航 · 国际馨苑住宅小区 A 地块已完工程结算报告》对已完工部分造价进行了结算,但空港城公司对该结算价款不予认可,拒绝支付亚翔公司工程款,导致了该案诉讼的发生。

最高法院认为,案涉工程未经竣工验收,在亚翔公司撤离工程现场后,工程已经交由第三人续建。在将工程交由第三人续建前,发包人应首先对承包人施工的工程情况进行确认,否则,如工程质量无法确定,则可推定续建前承包人施工的工程质量合格。

值得注意的是,该案原审一审法院郑州市中级人民法院及原审二审法院河南省高级人民法院①认为,发包人将建设工程交由第三方续建构成"擅自使用"的情形,并以该理由认定案涉工程已完工部分质量合格。

此外,河南省高级人民法院审理的(2019)豫民终 1353 号案件(中航长城大地建工集团湖北宏欣泰工程有限公司、河南汉丰科技园开发有限公司建设工程施工合同纠纷)、广东省佛山市中级人民法院审理的(2020)粤 06 民终 1909 号案件(冯某盛与冯某强建设工程施工合同纠纷二审案)、安徽省黄山市中级人民法院审理的(2021)皖 10 民终 137 号案件(阜阳建工集团第二劳务有限公司、席某杰建设工程分包合同纠纷)等法院均作出了同样认定,可见"发包人未经验收即将建设工程交由第三人续建,导致质量责任无法确定的,推定续建前承包人施工的工程质量合格"为司法实践中的主流观点。

为了分清责任,在承包人撤场时,建议发包人与承包人做好交接验收工作,如不能进行交接验收,更要做好相关证据的搜集、保存。发包方应收集并保存施工的过程性资料,为后续申请司法鉴定提供依据。发包人应对已完工程的质

---

① 参见郑州市中级人民法院(2017)豫 01 民初 5076 号民事判决书、河南省高级人民法院(2018)豫民终 909 号民事判决书。

量进行检测评估。如已完工程有较大质量问题，或者需要进行整改的，应及时要求原承包人进行修复整改。若承包人无能力修复或拒绝修复，发包方在将工程交由第三人续建前，应当先对续建前承包人施工部分的工程情况进行确认、交接、验收，在第三方进场前做好证据固定工作，避免质量责任争议。

三、承包人撤场后，发包人对未竣工工程未尽合理维护义务产生质量问题责任的承担

承包人撤场后，由于发包人尚未结清工程款，承包人往往会将在建工程依然掌控在自己手中，派遣工人看护工地；也有的发包人将承包人赶走，控制在己方手中。承包人中途撤场，由于涉及的问题较多，很难在短时间内解决问题，这时就会出现已完工程的维护问题。

根据《民法典》第五百九十一条第一款规定，当事人一方违约后，对方应当采取适当措施防止损失的扩大；没有采取适当措施致使损失扩大的，不得就扩大的损失请求赔偿。因此，在已完工工程掌控在发包人手中时，即使是承包人违约撤场，发包人亦有义务防止损失扩大，否则就扩大部分不能向承包人主张。

如某案例中，承包人与发包人产生纠纷，承包人中途撤场。撤场之初，承包人派工人看护工地。发包人将工人赶出工地，接手了工地。案涉工程在海边，需要维护，但是发包人在长达 7 年的时间里没有进行任何维护，也未及时通知承包人维修，导致出现严重的外观缺陷，扩大了损失。发包人起诉至法院，要求承包人就工程质量承担维修费等，被法院驳回。具体案例参见本章第三节。

四、因新冠疫情导致的未竣工工程质量问题属于不可抗力，造成的损失如何承担

从《最高人民法院关于依法妥善审理涉新冠疫情民事案件若干问题的指导意见（一）》（法发〔2020〕12 号）第二条“依法准确适用不可抗力规则。人民法院审理涉疫情民事案件，要准确适用不可抗力的具体规定，严格把握适用条件”以及 2020 年 2 月 10 日全国人大常委会法工委做出的解答可知，新冠疫情符合法律规定的不可抗力的规定要件，属于不可抗力。

对于不可抗力，《民法典》第一百八十条第一款、第五百九十条规定：“因不可抗力不能履行民事义务的，不承担民事责任。法律另有规定的，依照其规定”，“当事人一方因不可抗力不能履行合同的，根据不可抗力的影响，部分或者

全部免除责任,但是法律另有规定的除外。因不可抗力不能履行合同的,应当及时通知对方,以减轻可能给对方造成的损失,并应当在合理期限内提供证明。当事人迟延履行后发生不可抗力的,不免除其违约责任”。

从上述规定可知:

首先,只有在合同不能履行是不可抗力导致的情况下,合同当事人才能以不可抗力为由主张免责。因此,如果新冠疫情对工程合同的履行未造成实质性影响,或者合同当事人违约并非新冠疫情导致的,当事人不得以新冠疫情构成不可抗力为由主张免责。

其次,不可抗力的适用需要满足时间条件,也即责任需在不可抗力发生后产生,且不能履行方应及时通知并提供证明。所以,对疫情前就已出现工程质量问题,因疫情导致不能及时修复加重的损失应由施工单位承担。这是因为上述损失系由于施工单位履行瑕疵产生,不能以不可抗力为由免责。而且,虽然疫情属于不可抗力,其性质同地震、台风、洪水等这类具有破坏性、能对工程质量造成较大影响的因素不同,疫情对建筑工程的影响主要表现在对工期时长和是否履行迟延上。所以,如果承包人以疫情发生为由主张免除适当责任,需要证明该质量瑕疵责任与疫情有直接因果关系。绍兴市中院发布的涉新冠疫情建设工程合同纠纷指导意见也表示,在建设工程质量纠纷中,施工方以疫情原因抗辩工程质量瑕疵的,不予支持。综上所述,仅以疫情作为工程质量的抗辩理由一般不会得到支持。

最后,发生新冠疫情后,基于诚信原则的要求,发包人和承包人双方均应采取措施尽量避免和减少损失的扩大,任何一方没有采取有效措施导致损失扩大的,应对扩大的损失承担责任。

疫情是突发公共卫生事件,属于不可抗力。对于疫情导致的工期延误、材料供应等问题除最高人民法院的明确意见可参照执行以外,与不可抗力相关的司法解释和实践案例也可进行参考。在双方签订的建设工程施工合同中,如明确约定了不可抗力和处理原则,有约定从约定,没有约定可参照《建设工程合同范本》(GF—2017—0201)第17条处理:

“17.2　不可抗力的通知

合同一方当事人遇到不可抗力事件,使其履行合同义务受到阻碍时,应立即通知合同另一方当事人和监理人,书面说明不可抗力和受阻碍的详细情况,并提供必要的证明。

不可抗力持续发生的,合同一方当事人应及时向合同另一方当事人和监理人提交中间报告,说明不可抗力和履行合同受阻的情况,并于不可抗力事件结束后28天内提交最终报告及有关资料。

17.3 不可抗力后果的承担(涉及停工期间工程修复费用)

17.3.1 不可抗力引起的后果及造成的损失由合同当事人按照法律规定及合同约定各自承担。不可抗力发生前已完成的工程应当按照合同约定进行计量支付。

17.3.2 不可抗力导致的人员伤亡、财产损失、费用增加和(或)工期延误等后果,由合同当事人按以下原则承担:

……”

第三节 未竣工工程中承包人质量责任的承担

一、未竣工工程中承包人的返修责任和保修责任

返修责任,是指承包人在入场施工之后,工程竣工验收合格之前,对施工质量不符合标准规定的部位采取的整改、维修等措施的责任。保修责任,是指工程竣工验收后,承包人在质量保修书中约定和法律规定的范围内,对工程质量问题承担的责任。《建设工程质量管理条例》第四十条第二款规定:“建设工程的保修期,自竣工验收合格之日起计算。”即在竣工验收之前,承包人应该承担返修责任,竣工验收之后承担保修责任。然而对于未竣工工程,并无“竣工验收合格”这一时间节点,实务中关于承包人的质量责任问题分为两种情形区别对待。

(一)发包人对未竣工工程擅自使用,承包人是否承担保修责任

《施工合同司法解释(一)》第十四条规定:“建设工程未经竣工验收,发包人擅自使用后,又以使用部分质量不符合约定为由主张权利的,人民法院不予支持;但是承包人应当在建设工程的合理使用寿命内对地基基础工程和主体结构质量承担民事责任。”从字面上来看,该规定中所说的“民事责任”被限定在了地基基础工程和主体结构的范围内,这比法律规定的“保修责任”范围明显缩

小。那么发包人对未竣工工程擅自使用,承包人承担的是此条解释中的“民事责任”,还是法律规定的“保修责任”,这个问题在理论和实务中虽有争议,但当下司法实务界持有的观点更具合理性,即发包人如果违反法律规定,在未经竣工验收的情况下擅自使用建设工程,即视为发包人对建设工程质量认可,其自愿承担质量责任,因此承包人对擅自使用部分应承担的保修责任应转移给发包人自行承担,承包人仅对严重影响建设工程使用安全的地基基础和主体工程承担质量责任。详细的论证内容可参见本书第六章第四节的相关内容。

(二)未竣工工程未擅自使用,而是由发包人长期搁置,保修期如何认定

《施工合同司法解释(一)》第九条规定[①]的竣工验收日期的认定规则仅明确了在发包人擅自使用的情形下,转移占有建设工程之日为竣工日期。实务中经常遇到未完工工程长期搁置(如烂尾工程)。承包人是否对案涉工程一直承担返修责任?对于该问题,本节第五部分“以某案例解析承包人在未完工工程长期搁置情形下质量责任的承担”中进行了详细的讨论。

二、未竣工工程质量合格是承包人主张工程价款的前提

建设工程施工合同解除,承包人中途撤场后,可以就未完工工程已完工部分的工程款向发包人主张权利。《民法典》第五百零七条规定:“合同不生效、无效、被撤销或者终止的,不影响合同中有关解决争议方法的条款的效力。”

承包人仅履行了部分工程,无论施工合同是否有效,已完工工程质量合格均是承包人请求发包人支付工程款的前提。在承包人就未完工工程已完工部分主张工程款的案件中,需要审查未完工工程中已完工部分的质量是否合格的证据。

(一)未竣工工程存在质量问题,承包人未修复,其工程价款支付请求法院不予支持

在最高人民法院审查的白某平、陕西文信建筑工程有限公司与神木市东大

---

① 《最高人民法院关于审理建设工程施工合同纠纷案件适用法律问题的解释(一)》第九条第三项规定:“建设工程未经竣工验收,发包人擅自使用的,以转移占有建设工程之日为竣工日期。”

信达商贸有限责任公司(以下简称东大公司)建设工程施工合同纠纷再审申请[①]一案中,案涉工程承包人白某平认为一、二审法院对“工程存在质量问题未修复,发包人东大公司支付工程条件未成就”的认定错误。案涉工程为未完工工程,尚未竣工验收,原审法院经过司法鉴定确定工程存在质量问题,鉴定意见书中载明的加固、修复费用为120,096.73元。再审申请中,白某平提交了执行程序中的谈话笔录,证明其已经履行了给付工程加固、修复费用120,096.73元的义务,案涉工程质量已经合格,发包人东大公司应当给付工程款。

对于白某平的主张,法院认为,白某平在再审程序中提交的新证据无法推翻原审判决。原审中鉴定机构出具的鉴定意见书明确载明案涉工程质量存在六类问题,且白某平未提供证据证明案涉工程已经被验收合格,故白某平关于案涉工程整体合格的主张不能成立。另外,由于工程原设计单位并未出具整体的修复方案,鉴定意见书中认定的工程加固、修复费120,096.73元仅是对部分工程项目修复费用的确定,不能证明白某平对工程整体质量问题承担了修复义务。最终最高法院驳回了白某平的再审申请。

本案中,白某平在原审裁判的执行程序中承担了部分修复费用,即使案涉工程质量因此合格,原审法院的裁判并无错误。另外,工程修复方案应当由设计单位作出,修复费用应根据修复方案计算,鉴定意见中的加固、修复费用仅能作为参考,不能因为承包人承担了鉴定书中的修复费用,就视为案涉工程质量合格。未完工工程质量合格是承包人主张工程价款的前提,承包人不能证明案涉工程质量合格却请求发包人支付工程款的,人民法院不予支持。

(二)工程质量问题产生的主要原因不在于承包人,承包人的施工虽有瑕疵但对结构安全性能无影响,承包人就其施工瑕疵部分承担修复费用之后,发包人应当支付工程款

安徽省高级人民法院审理的安徽亿森服饰有限公司(以下简称亿森公司)与安徽祥瑞建筑工程有限公司(以下简称祥瑞公司)建设工程施工合同纠纷[②]一案中,亿森公司(发包人)与祥瑞公司(承包人)于2012年7月3日签订《建设工程施工合同》,约定祥瑞公司承建亿森公司位于霍邱县冯井镇工业园区厂区

---

① 参见最高人民法院(2021)最高法民申4168号判决书。

② 参见安徽省高级人民法院(2017)皖民终527号判决书。

的亿森贵宾楼及宿舍楼工程。祥瑞公司于2012年7月16日开始施工,2013年5月14日工程全部封顶。发包人亿森公司在对工程质量进行检查时发现贵宾楼工程出现多处井字梁跨中裂缝、转换层梁上起柱处裂缝等质量问题,故委托安徽省建设工程测试有限责任公司对该建筑进行结构安全性鉴定,鉴定结果为:该建筑结构安全性等级为《民用建筑可靠性鉴定标准》(GB 50292—1999)中的Csu级,不符合该标准对Asu级的要求,[①]建议部分构件采取加固措施。具体加固方案应由具有资质的设计单位设计,具体加固施工应由具有资质的加固施工单位施工。后因承包人祥瑞公司的申请,一审法院又依法委托该鉴定公司对贵宾楼项目主体安全性不符合Asu级的原因进行鉴定,鉴定结果为:导致本建筑安全性等级为Csu级的原因是设计不满足相关标准、规范要求。可见工程质量问题主要是由于设计单位的原因造成,承包人祥瑞公司的施工虽有瑕疵但对结构安全性并无影响且可以修复。一审法院判决在扣除瑕疵维修费用之后发包人支付剩余的工程款,亿森公司上诉,二审法院予以维持。

在该案中法院认为,亿森公司上诉认为祥瑞公司施工的案涉工程质量不合格,应当修复合格后主张工程价款。但根据鉴定机构的检测结果,案涉贵宾楼项目主体工程检测结构安全性等级不符合Asu级要求的主要原因为工程设计不满足相关标准、规范要求,导致部分构件承载力、挠度及裂缝不满足要求。而因承包人施工造成的11根井字梁构件裂缝、梁箍筋间距不足等质量问题均对结构安全性无影响,且经维修后可满足使用要求,故案涉工程安全性能不合格的主要原因并非祥瑞公司施工造成。最终法院在扣除了施工瑕疵维修费之后,判令亿森公司支付相应的剩余工程款。

该案中,虽然案涉工程的项目主体安全性不符合标准,质量不合格,但是并非由承包人的原因造成。承包人祥瑞公司在施工中的瑕疵对结构安全性无影响,且可以通过维修方式满足使用要求。承包人对其施工产生的瑕疵承担修复责任之后,发包人应当给付工程款。

---

① 《民用建筑可靠性鉴定标准》(GB 50292—1999)
Asu级(完好)——结构承载力能满足正常使用要求,未发现危险点,房屋结构安全。
Bsu级(基本完好)——结构承载力基本能满足正常使用要求,个别结构构件处于危险状态,但不影响主体结构,基本满足正常使用要求。
Csu级(限制使用)——部分承重结构承载力不能满足正常使用要求,局部出现险情,构成局部危房。
Dsu级(危险)——承重结构承载力已不能满足正常使用要求,房屋整体出现险情,构成整幢。

三、未完工工程质量合格是承包人主张优先受偿权的前提

我国原《合同法》第二百八十六条首次规定了建设工程价款优先受偿权。最高人民法院相继公布了多部涉及工程款优先权的司法解释。《民法典》生效后,《民法典》第八百零七条①取代了原《合同法》第二百八十六条,2021 年 1 月 1 日起施行的《施工合同司法解释(一)》第三十九条②对未竣工工程的工程款优先权的问题作出明确规定。

《民法典》第八百零七条并未限制未完工工程不能主张优先受偿权,《施工合同司法解释(一)》第三十九条更加明确了承包人就未竣工工程在一定条件下也享有工程价款优先受偿权的规定。在建设工程施工合同中,通常会约定预付款的支付、进度款的支付、竣工后付款、工程尾款的支付等,并不是只有工程竣工验收后,承包人才能向发包人主张工程价款。在建设工程停工或合同解除的情形下,就未完工的建设工程,承包人有权主张建设工程价款优先受偿权。这样规定有利于保护承包人,尤其是建筑工人的利益,也符合立法原意。因此,承包人对未完工程享有优先受偿的权利。最高人民法院发布了 73 号指导案例:通州建总集团有限公司(以下简称通州公司)诉安徽天宇化工有限公司(以下简称天宇化工)别除权纠纷案③中,承包人通州公司对涉案工程是否享有优先受偿权为本案的一个争议焦点,一审法院认为:"建筑工程的承包人的优先受偿权是由法律直接规定的一种法定优先权,且优于抵押权和其他债权。本案建设工程施工合同虽约定了竣工时间,但涉案工程因天宇化工未能按合同约定支付工程款,致使工程停工,至今未竣工,应当认定为在建工程不受优先权行使期限的限制,并且在本院受理对天宇化工破产申请前,在仲裁期间,双方达成的和解协议中已明确如处置天宇化工土地及建筑物偿债时,通州公司的工程款有优先受偿权,通州公司在向破产管理人申报债权时也已明确主张对涉案工程享有优先

---

① 《民法典》第八百零七条规定,发包人未按照约定支付价款的,承包人可以催告发包人在合理期限内支付价款。发包人逾期不支付的,除根据建设工程的性质不宜折价、拍卖外,承包人可以与发包人协议将该工程折价,也可以请求人民法院将该工程依法拍卖。建设工程的价款就该工程折价或者拍卖的价款优先受偿。

② 《施工合同司法解释(一)》第三十九条规定:"未竣工的建设工程质量合格,承包人请求其承建工程的价款就其承建工程部分折价或者拍卖的价款优先受偿的,人民法院应予支持。"

③ 参见安徽省滁州市中级人民法院(2013)滁民一初字第 00122 号民事判决书、安徽省高级人民法院(2014)皖民一终字第 00054 号民事判决书。

权。因此,通州公司要求确认其工程价款依法享有优先受偿权符合法律规定,本院予以支持”。二审法院支持了一审法院的观点,维持了原审判决。

《施工合同司法解释(一)》第三十九条明确规定未完工工程主张优先受偿权的前提是工程质量必须合格。建设工程价款优先受偿权是法定权利,以法律规定的构成要件成就为条件。无论建设工程是否竣工,只要承包人已完成的工程质量合格,承包人就有权对发包人尚欠的工程价款请求就建设工程的折价、拍卖的价款优先受偿。建设工程施工合同无效或建设工程施工合同解除后,如已完成的建设工程质量合格,承包人就可向发包人主张工程价款,亦享有就其承建的建设工程部分折价或者拍卖的价款优先受偿之权利。

四、承包人应重视在项目施工过程中以及离场时进行过程结算,过程结算单是工程验收合格的重要证据

根据《建设工程价款结算暂行办法》(财建〔2004〕369 号),建设工程价款的结算范围包括工程预付款、工程进度款、工程竣工价款结算。

施工过程结算,是指在工程项目实施过程中,发、承包双方依据施工合同,对约定结算周期(时间或进度节点)内完成的工程内容(包括现场签证、工程变更、索赔等)开展工程价款计算、调整、确认及支付等的活动。

2016 年 1 月 17 日实施的《国务院办公厅关于全面治理拖欠农民工工资问题的意见》(国办发〔2016〕1 号)首次明确要求全面推行施工过程结算;2017 年住建部《关于加强和改善工程造价监管的意见》(建标〔2017〕209 号)再次提出要推行工程价款施工过程结算制度。

2019 年 12 月 24 日住建部发布《关于进一步加强房屋建筑和市政基础设施工程招标投标监管的指导意见》(建市规〔2019〕11 号)中提出:严格合同履约管理和工程变更,强化工程进度款支付和工程结算管理,招标人不得将未完成审计作为延期工程结算、拖欠工程款的理由。

2020 年 9 月 23 日,住建部发布《关于落实建设单位工程质量首要责任的通知》(建质规〔2020〕9 号),要求严格落实建设单位工程质量首要责任,同时提出推行施工过程结算。建设工程施工合同应约定施工过程结算周期、工程进度款结算办法等内容。分部工程验收通过时原则上应同步完成工程款结算,不得以设计变更、工程洽商等理由变相拖延结算。政府投资工程应当按照国家有关规定确保资金按时支付到位,不得以未完成审计作为延期工程款结算的理由。

在宁夏永宁县人民法院审理的贾某帅与宁夏聚鑫海保温防水工程有限公司、河南宏业光大建设有限公司宁夏分公司等建设工程施工合同纠纷一案中[(2018)宁0121民初2117号]①中,承包人贾某帅中途退场,但双方已经签订《工程量结算单》,法院判决应参照合同约定给付工程款。

该案中,宁夏闽宁金润通实业有限公司(以下简称金润通公司)为发包人,河南宏业光大建设有限公司宁夏分公司为总包人,宁夏聚鑫海保温防水工程有限公司(以下简称聚鑫海公司)为案涉保温工程的分包人。2016年1月,聚鑫海公司将涉案工程转包给原告贾浩帅施工。2016年12月,聚鑫海公司与贾浩帅对施工的工程量进行确认及结算,并出具《工程量确认单》和《工程量结算单》。贾浩帅所施工的工程尚未进行竣工验收的情况下部分投入使用。在诉讼中发包人金润通公司以案涉工程尚未验收合格为由进行抗辩。

法院认为,聚鑫海公司在2016年12月向贾浩帅出具《工程量确认单》和《工程量结算单》,对案涉工程量进行了结算和确认。聚鑫海公司应当参照合同约定支付工程款。

承包人完工离场时应当及时对已完工部分进行确认和结算,并出具相应凭证,此亦为案涉工程质量合格的关键证据。

五、承包人在未完工工程长期搁置情形下质量责任的承担

2014年1月,承包人与发包人签订了《建设工程施工合同》。2014年10月,承包人撤场未再复工。2017年7月,承包人在某中院起诉发包人索要工程款。某中院判决发包人向承包人支付工程款。

2018年9月,承包人向某中院申请强制执行。发包人以承包人所建在建工程存在质量缺陷为由向某法院提起诉讼索赔修复费用及各项损失。执行法院某中院就执行案件和质量纠纷案件并案调解,双方达成《和解协议》,约定发包人撤回质量纠纷起诉,放弃全部诉讼请求,不再向承包人主张任何权利,并分期支付工程款。如发包人未按照约定支付款项,承包人可依据判决书申请恢复执行。之后发包人按照约定撤回了对承包人的起诉,但在履行部分付款义务后,以“又发现工程有重大质量问题”为由拒绝支付剩余款项。承包人申请恢复执行。

2020年8月,发包人再次就案涉工程质量问题向法院提起诉讼。承包人认

① 参见宁夏永宁县人民法院(2018)宁0121民初2117号判决书。

为:(1)发包人再次起诉违反一事不再理原则,双方签订的《和解协议》依然有效,发包人已经不能再就质量问题向承包人主张权利;(2)发包人擅自将承包人承包的工程发包给案外人,应视为已经验收;(3)案涉工程保修期已过;(4)因为案涉工程项目手续不全,承包人被迫撤场后,案涉工程掌控在发包人手中7年之久,系发包人没有及时维护维修所致,即使工程质量存在问题,也与承包人无关等。法院向发包人释明,要求发包人就案涉工程地基基础和主体结构存在质量问题举证。经发包人申请,法院委托鉴定机构就案涉工程地基基础和主体结构质量问题进行鉴定。

在该案件中,鉴定机构就柱截面尺寸、板截面尺寸、板筋保护层厚度、构件混凝土强度、现浇结构质量缺陷等进行现场勘查,出具鉴定报告,主要鉴定依据为《混凝土结构工程施工质量验收规范》(GB 50204—2015);报告中明确混凝土强度符合设计要求;柱截面、板截面尺寸合格;钢筋保护层厚度对结构性能和使用功能无明显影响;案涉工程主要存在现浇结构外观质量缺陷(严重缺陷和一般缺陷):一般为混凝土疏松、延裂、蜂窝、孔洞、空鼓、显老锈或者伴露箍筋和主筋,体现长期暴露的气候条件影响,不符合GB 50204—2015的相关规定。最终鉴定意见为:(1)地基基础:地下防水工程存在性能缺陷,致局部有渗漏,影响使用功能。(2)主体结构:部分混凝土构件存在现浇结构外观质量严重或一般质量缺陷,其中严重缺陷影响结构性能之承载安全,一般缺陷影响使用功能之耐久性……

承包人认为鉴定机构的鉴定依据生效时间为2015年,不能评价2014年就已经停工未再建设的工程;鉴定机构鉴定的仅是工程现状,承包人仅对7年前施工时存在的重大质量问题承担责任,不对工程现状存在的质量问题承担责任,该鉴定报告不能评价承包人施工时工程的质量状况。混凝土疏松、延裂、蜂窝、孔洞、空鼓等系工程施工过程中难以完全避免的一般的质量瑕疵,及时修复不会出现报告中所列举的现浇结构外观质量缺陷,鉴定机构亦明确系长期暴露的气候条件影响所致,系没有得到及时维修导致的问题,承包人对此不承担任何责任。外观质量缺陷不是严重的质量缺陷,不会影响在建工程的安全性能和使用性能。鉴定报告结论无法得出案涉工程地基基础和主体结构存在重大质量问题影响安全使用的明确结论。

鉴定人亦明确,混凝土疏松等系工程施工过程中难以完全避免的一般的质量瑕疵,如及时修复不会出现报告中所列举的现浇结构外观质量缺陷。工程现状存在的质量问题与时间有关，工程质量问题可以通过修复解决。据此，法院认定系一般质量缺陷，承包人不再承担责任。

该案中，法院认为争议焦点有二：一是案涉工程基础和主体是否存在质量问题；二是承包人应否对存在的质量问题承担维修费用。法院认为基础和主体存在的质量问题，为一般质量缺陷，且鉴定机构出庭人员接受质询时答复能够通过维修加以完善。承包人与发包人签订的和解协议有效，该和解协议对双方的权利义务与案涉工程包括质量问题在内的权利义务一并进行了处理。该和解协议即为双方综合考虑各自权利义务的情况下达成的，应视为对案涉工程质量进行了处理。按照和解协议的约定，发包人已放弃案涉工程包括质量问题在内的所有诉讼请求，不再主张任何权益。案涉工程基础和主体经鉴定虽存在一般性质量缺陷，但均可以通过维修加以完善，并非严重的质量问题。发包人在该和解协议未撤销的情况下再行主张质量问题，违反一事不再理原则，驳回起诉。发包人上诉，二审法院经审理后，维持原判。

对该案的法律分析如下：

1. 由于发包人过错造成的建设工程质量问题，免除或部分免除承包人的责任

法院在进行审理时，会对全案进行综合考虑，结合各方过错对质量责任进行分配。在发包人以未竣工工程质量不合格发起责难时，承包人应当辨析该质量问题的产生发包人是否有过错。若发包人确实存在过错，则应针对其过错进行合理抗辩。

上述案例中在承包人撤场之后，案涉工程由发包人全面掌控，由于其未对建设工程进行合理维护，导致案涉工程质量问题扩大。蜂窝、麻面是建设工程施工时不可避免的质量瑕疵，承包人本可对其进行简单维修，但由于发包人的原因承包人提前撤场，承包人不再具有对案涉工程维护的条件。发包人任由案涉工程长期搁置，导致混凝土内部钢筋由于自然原因腐蚀，发包人应当承担相应的责任。

2. 在未竣工工程质量纠纷中，如何对鉴定报告进行质证

(1)对鉴定依据的抗辩

未竣工工程往往可能搁置数年，工程施工依据的质量标准可能会经过多次更迭，鉴定依据应该依照承包人撤场时适用的质量标准。

本案中，承包人于 2014 年 10 月撤场，工程一直掌控在发包人手中。在搁置 7 年后，发包人才申请对案涉工程地基基础和主体结构是否存在严重问题申

请鉴定。鉴定机构采用的鉴定标准为《混凝土结构工程施工质量验收规范》(GB 50204—2015),不能依此标准评价承包人在2014年撤场时的工程质量。

(2)注重对鉴定人的询问

在上述案例中,承包人申请鉴定人员出庭接收质询,庭前设计了十几个相关问题,包括鉴定依据能否评价承包人施工部分,报告中所列举的质量问题的产生原因,及时修复能否避免等。最终鉴定人承认鉴定报告中所列质量问题为一般质量问题且与长期搁置气候影响有关,在当时可以通过维修完善,法院亦采纳了该观点。因此承包人应当深入研究鉴定报告,重视鉴定人出庭环节,做好提问的提纲,做好突发情况的预判、对策。

3. 承包人可以以未完工工程超过保修期为由进行抗辩

对于搁置的未完工工程,承包人撤场之后,对案涉工程是否承担保修责任以及如何承担保修责任,实务之中有争议(具体详见本书第五章第四节"未完工工程的保修期"的内容)。承包人在庭审当中主张存在保修期有利于减免其负担的质量责任。承包人不对超过保修期的质量问题承担责任。需要注意的是,由于未竣工工程没有竣工验收环节,亦无《质量保修书》,即双方对保修期没有约定,此时应适用《建筑质量管理条例》第四十条的法定最低保修期。① 注意该条文有一个明显的前提,即"正常使用条件下",若承包人有证据证明发包人对案涉工程进行了"非正常使用",则亦可免除其保修责任。

第四节 未竣工工程举证责任的承担

举证责任是指当事人对自己提出的主张有收集或提供证据的义务,并有运用该证据证明主张成立的责任。《民事诉讼法》第六十七条规定"当事人对自己

---

① 《建设工程质量管理条例》第四十条规定:"在正常使用条件下,建设工程的最低保修期限为:

"(一)基础设施工程、房屋建筑的地基基础工程和主体结构工程,为设计文件规定的该工程的合理使用年限;

"(二)屋面防水工程、有防水要求的卫生间、房间和外墙面的防渗漏,为5年;

"(三)供热与供冷系统,为2个采暖期、供冷期;

"(四)电气管线、给排水管道、设备安装和装修工程,为2年。

"其他项目的保修期限由发包方与承包方约定。

"建设工程的保修期,自竣工验收合格之日起计算。"

提出的主张,有责任提供证据”,确立了“谁主张,谁举证”的原则。建设工程质量纠纷亦属于民事纠纷的范畴,因此若没有法律规定的特殊情形,亦适用“谁主张,谁举证”原则。在未竣工工程中,由于没有竣工验收报告,导致承包人举证的难度相比于已竣工工程更大,承包人只能通过其他的证据证明已完工部分的工程质量合格。另外,在未竣工工程中,发包人擅自使用、转交第三人续建等行为可视为承包人已完工部分的工程质量合格,承包人可以通过证明上述事实的存在,曲线达到认定工程质量合格的目的。本节对未竣工工程举证责任的承担进行探究,主要包括承担举证责任的主体及举证方法两方面问题。

一、未竣工工程质量纠纷中“谁主张,谁举证”原则

(一)发包人主张建设工程存在质量问题,应承担初步举证责任

《建设工程质量管理条例》第二十六条第一款规定:“施工单位对建设工程的施工质量负责。”但是,若发包人以工程质量不合格为由请求扣减工程款或要求承包人承担相应赔偿责任的,根据“谁主张,谁举证”原则,应对工程质量不合格承担初步的举证责任。最高人民法院在《民法典合同编理解与适用》一书中认为:“虽然原则上应由承包人对其已施工工程质量合格承担举证责任,但并非发包人一旦提出建设工程存在质量问题,就需要承包人申请鉴定。而是应先由发包人对建设工程质量存在问题提出初步证据,包括证明工程存在渗水、裂缝等表面瑕疵或经鉴定存在质量问题后,再由承包人提出证据证明其施工的工程质量合格。”司法实践中,大量案例亦支持了该观点,如最高法院在(2016)最高法民申1272号案件中认为,在案涉合同解除后,承包人有权就已完工的工程主张工程款。按照“谁主张,谁举证”的原则,若发包人对工程质量提出异议,其应承担相应的举证责任,而非由承包人就工程质量合格承担举证责任。① 河南省高级人民法院在(2021)豫民申3951号案件中认为,若发包人提交的证据不能证明案涉工程质量不合格,发包人请求承包人返还已支付工程款的,不予支持。② 在四川省德阳市中级人民法院审理的(2018)川06民终359号案件中法院认为,发包人认为案涉工程存在质量问题,在没有提供其他证据的情况下亦

---

① 参见最高人民法院(2016)最高法民申1272号判决书。
② 参见河南省高级人民法院(2021)豫民申3951号判决书。

未提出司法鉴定,应认定发包人举证不能,其应支付相应工程款。[①] 由此可见,即使承包人是建设工程施工质量的第一责任人,但若发包人主张案涉工程存在质量问题,亦应首先承担初步的举证责任。

(二)承包人诉请发包人支付工程款,应对已完工部分质量合格承担举证责任

由《建设工程质量管理条例》第二十六条可知,承包人是工程质量的第一责任人。对于未竣工工程,承包人请求发包人支付已完工部分工程款的,自然应对其已完工部分工程质量合格承担举证责任。最高人民法院民一庭《最高人民法院建设工程施工合同司法解释(二)理解与适用》一书中认为:“在承包人就已完工程诉请发包人支付工程款案件中,应先由承包人就已完工程质量合格提供初步证据,发包人提出质量异议抗辩后,应提供足以推翻已完工程质量合格的相关证据。”司法实践中,大量的案例亦支持了该观点,如在最高法院审理的(2019)最高法民终237号案件中,最高法院认为,建设工程项目施工方在无证据证明案涉工程合格的情况下请求建设方支付工程价款,缺乏法律依据,不予支持。[②] 陕西省渭南市中级人民法院审理的(2021)陕05民终3077号案件中,法院认为,案涉工程虽未竣工验收,但承包人提交的证据足以证明工程监理单位对建设工程每一阶段的验收均为合格,且承包人退场后发包人也明确认可建设工程质量合格。发包人虽提交了部分证据,但不足以证明案涉工程存在影响竣工验收的质量问题。因此法院推定承包人已施工的工程质量合格,其有权就工程已完工部分向发包人主张工程价款。[③]

二、发包人如何举证未竣工工程存在质量问题

(一)若发包人主张案涉工程存在质量问题,发包人的初步举证应达到使法院形成初步确信的程度

发包人对案涉工程存在质量问题进行举证,可以向法庭提交现场照片、录像、工程联系单、检测报告、监理单位出具的证明等证据证明工程质量存在问

① 参见四川省德阳市中级人民法院(2018)川06民终359号判决书。
② 参见最高人民法院(2019)最高法民终237号判决书。
③ 参见陕西省渭南市中级人民法院(2021)陕05民终3077号判决书。

题,其提出的证据应当达到"使法院对案涉工程存在质量瑕疵形成确信"的程度。在司法实践中,法院会根据案件实际情况对发包人提交的证据进行综合考虑,对该证据能否证明案涉工程存在质量问题、质量问题的严重程度以及谁应对该质量问题负责等进行判定。

在最高法院审理的(2015)民四终字第30号案中,肇东鹏程房地产开发有限责任公司(以下简称鹏程公司)、汇聚投资有限公司(以下简称汇聚公司)与江苏省苏中建设集团股份有限公司(以下简称苏中公司)建设工程施工合同纠纷①中法院对发包人提交的证据进行了综合评定,对双方的权利责任进行了合理的划分。

鹏程公司与汇聚公司于2009年3月签订《联合建设开发协议书》,约定双方联合开发翔龙城小区商品房屋开发建设项目。2009年10月24日,鹏程公司与苏中公司签订了《建设工程施工合同》,约定苏中公司对案涉工程进行建设。在施工过程中,鹏程公司委托黑龙江省寒地建筑工程质量检测中心(以下简称寒地检测中心)对苏中公司施工的5栋楼部分桩基础混凝土的抗压强度进行检测并出具了《主体结构检测报告》,其结论为桩身混凝土的试件抗压强度分别只达到设计强度的9.3%~71.3%。2010年5月29日,鹏程公司组织了专家论证会,苏中公司代表崔某某、肖某某参加,强调要继续检测,混凝土强度随时间和温度的变化有增长。2010年6月1日,监理公司向苏中公司下达《技术联系单》称:"根据寒地检测中心桩基础《主体结构检测报告》,诉争五栋楼桩身混凝土强度非常低,参差不齐,达不到设计要求,桩基础工程不能通过验收,必须采取补救措施,在加强补固验收后再施工,请苏中公司停止下一步施工。"2010年6月4日,肇东市建筑工程质量监督站及设计单位黑龙江省城科建筑设计中心均依据寒地检测中心的《主体结构检测报告》出具处理意见,认为桩基础出现了严重的质量问题,案涉项目应当立即停工。2010年6月10~17日,鹏程公司与苏中公司以函件形式解除合同,自此苏中公司未再对案涉工程进行建设。

然而在该案诉讼中,寒地检测中心于2011年3月25日出具《说明》,证实其出具的诉争桩基础《主体结构检测报告》系受鹏程公司委托,取样部位亦系委托单位指定。该报告仅作为当时取样条件、取样部位、当时龄期和当时土壤温度情况下的强度数据。2013年10月25日寒地检测中心向苏中公司出具《复

① 参见最高人民法院(2015)民四终字第30号判决书。

函》一份,对其于2011年3月25日出具的《说明》再次说明:(1)2011年3月25日出具的《说明》中已对检测时现场混凝土的环境状态作出描述,《主体结构检测报告》本身也对混凝土的浇筑日期清楚标明。(2)《主体结构检测报告》中的混凝土强度推定值只是当时温度、龄期条件下的混凝土抗压强度值。(3)《主体结构检测报告》中"达设计强度%"一栏仅是现场条件下的强度值与设计强度的比值,只是为了对比直观。(4)《主体结构检测报告》只是检测混凝土强度,并未对混凝土试件质量是否合格作出任何评价。2013年10月29日,寒地检测中心向黑龙江省建设工程质量监督管理总站出具《回复》一份,内容为:寒地检测中心2010年5月受鹏程公司委托,对其开发建设的肇东市翔龙城项目的5栋楼灌注桩混凝土强度进行检测,检测的数量、位置均由委托方确定,寒地检测中心出具了5栋楼的《主体结构检测报告》。对于依据该检测报告是否能推定混凝土最终强度,寒地检测中心认为,由于其仅受托对混凝土强度进行检测,不是进行鉴定,并不了解整个基础施工过程及环境情况,因此不能确定当时混凝土的强度是否为最终强度,也不能确定混凝土的最终强度。

在该案中法院认为,对涉案争议的桩基础工程质量问题,寒地检测中心虽然出具了《主体结构检测报告》,但其在2011年3月25日出具的《证明》、2013年10月25日《复函》及2013年10月29日《回复》中,均阐明其作出的《主体结构检测报告》检测的仅是当时温度、龄期条件下的混凝土强度,并未对混凝土试件的质量合格与否作出任何评价,该检测报告不能推定当时的混凝土强度是否为最终强度,也不能确定混凝土的最终强度,且寒地检测中心《主体结构检测报告》显示的单个构件取样数量及抽检数量不符合《建筑基桩检测技术规范》及《钻芯法检测混凝土强度技术规程》的规定。此外,监理公司、设计单位及质量监督部门下达的《技术联系单》及处理意见,均是在寒地检测中心《主体结构检测报告》的基础上作出,并不属于对争议的桩基础工程质量进行的检测或鉴定。发包人鹏程公司以此来证明案涉工程质量不合格从而拒付工程款,法院不予支持。

但是,寒地检测中心抽检的23个试件的抗压强度均未合格,且在诉讼过程中司法鉴定机构所作的单桩抗压静载实验结果也表明桩基础没有达到设计要求。因此可以认定苏中公司的施工质量存在一定瑕疵,应当承担一定的赔偿责任。

该案件中,法院认为发包人提交的证据并不能证明案涉工程桩基础的质量问题达到发包人主张的“废桩”程度，仅能证明施工质量确实存在一定的瑕疵，在施工单位承担赔偿责任之后，发包人仍需支付工程款项。

（二）承包人证明未竣工工程已完工部分质量合格后，发包人可以提出反证

对于未竣工工程，在承包人提交已完工部分工程质量合格的证据之后，发包人可以提出反证。福建省漳州市中级人民法院审理的（2021）闽06民终1896号案件中，承包人提交了监理公司出具的《质量评估报告》以及华安县建设工程质量安全站对建设工程的抽检、抽测结论证明案涉工程质量合格。但发包人提交了《质量评估报告》之后项目五方出具的验收记录，明确表明在验收中发现案涉工程存在质量问题，施工方需要进行整改。此外发包人还对案涉工程进行了鉴定，鉴定结果表明案涉主体工程存在屋面板底普遍开裂等质量缺陷，需要进行修复。发包人提交的两份证据为强有力的反证，法院最终认定案涉工程存在质量问题。①

（三）在其他证据不足以证明工程存在质量问题的情况下，发包人可以对案涉工程申请鉴定

工程质量是否合格属于专业问题，鉴定是常用的判定工程质量是否合格的手段。未竣工工程质量存在争议时，若发包人无其他证据证明案涉工程质量不合格或者证据不足，可以申请人民法院对案涉工程的质量进行鉴定。关于鉴定的具体内容参见本书第三章“建设工程质量司法鉴定”的内容。

三、承包人如何举证未竣工工程质量合格

（一）一般情形下，由于项目未能竣工验收，承包人只能提供其他能够证明案涉工程质量合格的证据

承包人提供的能够证明未竣工工程质量合格的证据一般包括以下材料：

（1）已完工部分的中间验收、分部分项验收资料；

（2）工程使用的主要建筑材料、建筑构配件和设备的进场试验报告；

---

① 参见福建省漳州市中级人民法院（2021）闽06民终1896号判决书。

(3)工程质量检测和功能性试验资料等验收资料；

(4)施工设计文件、合同约定和施工技术规范要求的施工过程质量检查检验记录；

(5)发包人、监理人对已完工部分工程质量核验确认的相关证据材料；

……

若没有能够证明工程质量合格的证据，承包人也可以申请法院对案涉工程进行司法鉴定。但由于鉴定的结果难以把握，且要垫付鉴定费用，承包人需要谨慎考虑。此外在司法实践中，能够证明已完工部分工程质量合格的证据种类多种多样，需要根据案情进行判定，不限于上述形式。

(二)在特殊情形下，承包人可以举证证明发包人存在某些行为，从而推定案涉工程质量合格

1. 发包人对承包人工程量的确认、工程款的结算行为可视为其对建设工程质量的认可

在未竣工工程中，承包方撤场时双方可能对已完工部分工程进行结算，发包人的该行为是其承认建设工程质量合格的有力证明，若无其他证明案涉工程存在重大质量问题的证据，发包人以工程存在质量问题为由拒付工程款的，法院不予支持。贵州省六盘水市中级人民法院审理的(2020)黔02民终1885号案件中，发包人吴某黄对分包人刘某万完成的工程量及工程款进行了确认，并出具了欠条。法院认定该行为是吴某黄对刘某万施工部分工程量及工程质量的认可，因此判决吴某黄应付相应的工程款项。[①]

2. 通过证明“发包人擅自使用”的行为使法院推定案涉工程质量合格

本章第二节，对发包人“擅自使用”的情形做了较为详细的分析。建设工程未经竣工验收，发包人擅自使用的，可视为已完工工程质量合格。因此，若承包人能够举证证明发包人存在“擅自使用”的行为，除非发包人能够证明工程主体结构及地基基础存在质量问题，否则视为案涉工程质量合格，发包人应当给付工程款。

发包人擅自使用，就是在工程未经竣工验收，或者虽经竣工验收但不合格的情形下，发包人实际控制和使用了工程。同时，发包人的行为需要经历一定

---

① 参见贵州省六盘水市中级人民法院(2020)黔02民终1885号判决书。

的时间跨度。在司法实践中，证明发包人"擅自使用"的证据形式多种多样，下面结合案例列举几例。在审理具体建设工程的案件中，法院会结合案件情形具体分析。

(1)案涉工程各方的往来邮件、会议纪要、通话录音、聊天记录等证据

若案涉工程已经投入使用，那么承、发包双方的上述沟通往来记录中很有可能有能证明发包人擅自使用的表述。例如，在江苏省无锡市中级人民法院审理的(2017)苏02民终5150号案件中：承包人上海正帆科技股份有限公司(以下简称正帆公司)提交了发包人无锡元创华芯微机电有限公司(以下简称元创公司)2014年7月17日发送的邮件，其载明："现我们公司冷冻机组频繁出现冷却水流量开关跳脱而导致冰机故障停机(从几个月一次到现在的半天会出现一次，较频繁)，以至于我们公司洁净室内的设备因非正常温度运行(温度过高)而停机或故障，严重影响公司生产进度，造成相当大的损失。"涉案工程仅进行过内部初验，并未竣工验收。正帆公司认为元创公司的这一邮件可以证明元创公司已经开始生产，相关设备等已投入使用。法院亦认可正帆公司的这一观点，认定2014年7月17日为案涉工程的竣工验收时间，案涉工程推定质量合格。①

(2)发包人已经运营/营业的证据，如开业通知、开业的视频/照片、招聘信息等

建设工程项目往往用于工业、商业、居住或科研等用途。若承包人能够证明发包人已经利用建设工程开展了相关的工业、商业或其他活动，自然能够证明建设工程已经被投入了使用。广东省中山市中级人民法院审理的(2021)粤20民终1818号案件中，承包人广东骏成建设工程有限公司(以下简称骏成公司)承包了中山德美运动制品有限公司(以下简称德美公司)口罩净化车间的装修工程。骏成公司在诉讼中提交了工作人员在案涉工厂内工作的照片、其员工与德美公司法定代表人的聊天记录，骏成公司拍摄的现场视频等证据证明德美公司对案涉工程进行了擅自使用。另外，德美公司也在一审中自认接管了工程并放置了一些物品。因此法院综合双方当事人的陈述及提交的证据认定发包人德美公司在工程未经相关部门验收的情况下即擅自使用涉案工程，应视为工程质量合格。②

---

① 参见江苏省无锡市中级人民法院(2017)苏02民终5150号判决书。

② 参见广东省中山市中级人民法院(2021)粤20民终1818号判决书。

（3）进入下一道工序施工的证据

工程未完工，发包人擅自进入下一道工序施工的，亦属于发包人“擅自使用”的范畴。江苏省无锡市中级人民法院审理的（2017）苏02民终4658号案件[①]中，承包人江阴中盛岩土工程有限公司（以下简称中盛公司）对案涉工程进行了压密注浆施工之后，在双方未办理验收手续的情形下，发包人江苏华强房地产开发有限公司（以下简称华强公司）即在施工路面上进行了花岗岩铺设。法院认为，项目未经竣工验收，华强公司的行为构成“擅自使用”，华强公司以施工部分开裂为由主张对抗工程款的支付，法院不予支持。对于确实存在的质量问题，华强公司有权根据双方之间的质保约定进行处理。

（4）通过现场勘查证明案涉工程已经使用

在某些情况下，法院为了查明案件事实，可能对建设工程进行现场勘察，从而认定案涉工程已经被使用的情形。江苏省无锡市中级人民法院审理的（2017）苏02民终2477号案件中，发包人邵某梅将江南影视学院篮球场塑胶面层工程发包给无锡超隆运动地面材料有限公司（以下简称超隆公司）施工，后产生纠纷诉至法院。诉讼中法院为了查明事实，对案涉工程江南影视学院塑胶篮球场进行现场勘察，发现该案所涉篮球场已经投入使用。因此法院认为，在篮球场已经实际使用的情形下，邵某梅以使用部分质量不符合约定为由主张权利的，不予支持。

值得注意的是，该案中邵某梅抗辩称案涉篮球场是学生擅自使用，不能认定为发包人“擅自使用”。但法院认为篮球场建设的用途就是供学生使用，在学生已实际使用的情形下，应认定该篮球场设计用途已经实现，应当视为“擅自使用”。[②] 从另一角度分析，在案涉篮球场未经竣工验收且江南影视学院已经实际掌握建设项目的情形下，学院应当有阻止学生使用的义务；并且学院的学生受到学院的管理，对学生的行为学院亦应负有责任。因此法院对邵某梅（江南影视学院）的抗辩不予支持是符合情理的。

（5）通过大量综合证据，证明案涉工程已经投入使用

在司法实践中，可能某一份证据还不足以证明案涉工程已经被投入使用。但可能通过提出多份证据，形成证据链条，共同证明案涉工程已被使用的事实。

---

① 参见江苏省无锡市中级人民法院（2017）苏02民终4658号判决书。

② 参见江苏省无锡市中级人民法院（2017）苏02民终2477号判决书。

在江苏瀚阳新材料科技有限公司(以下简称瀚阳公司)与传典机电系统工程(济南)有限公司(以下简称传典公司)建设工程施工合同纠纷①一案中,发包人瀚阳公司与承包人传典公司于2014年6月30日签订合约书,由传典公司对某车间第二层的空调安装工程进行施工。传典公司于2014年7月开始实际施工,后双方产生纠纷,在工程未竣工验收的情形下传典公司即撤场。后传典公司将瀚阳公司诉至法院,请求其支付案涉工程的工程款。

在庭审中,传典公司提出案涉工程已经投入使用,并提供了如下证据:

(1)与瀚阳公司副总邓某的短息聊天记录、与瀚阳公司员工马某海的短信聊天记录;

(2)证人邱某出庭作证;

(3)法院于2017年5月26日对施工现场进行了现场勘查;

(4)支付工程款情况;

(5)传典公司开具的发票。

该案中,法院认定瀚阳公司已经实际使用涉案工程,理由有以下四个。

第一,首先从现场勘查情况看:(1)涉案现场办公区域摆放了办公桌、凳子,桌子上有电脑、电话;(2)无尘室地面存在磨损;(3)位于楼顶的两台冷水机组均显示“空调泵运转时数890小时、1号机运转时数557小时,一号机启停次数1845次”等内容;(4)尽管位于三楼的空调设备上没有显示运转时间,但传典公司对空调设备的工作原理进行了解释,具有一定的合理性,而瀚阳公司则表示不清楚。以上内容可以说明设备已经实际运转使用。

第二,传典公司申请曾任瀚阳公司厂长的邱某出庭作证,邱某也称“2014年10月,瀚阳公司将机械设备搬入二楼无尘室,然后对生产设备进行了调试,调试后无尘室就启动了,在无尘室生产了产品样品,并记录了无尘室的湿度和温度。生产出来的产品样品交给客户,由客户对样品进行检验……”

第三,从款项支付催讨情况看,2014年12月11日之前瀚阳公司向传典公司支付了两次各59.4万元,2015年2月16日传典公司向瀚阳公司相关负责人邓(某)发信息催要款项,邓某回复“我已放假回家,付款申请我已签出,现在具体情况我再了解下”,故可以说明瀚阳公司已经对第三次付款进行审查处理,根据合约书约定的“1.合约签订后,预付30%,594,000元。2.全部工程完工且工

① 参见江苏省无锡市中级人民法院(2018)苏02民终228号民事判决书。

程竣工验收合格后，付 30%，594,000 元。3. 2014 年 12 月 20 日前，付 30%，594,000 元。4. 一年保固期满后付 10%，198,000 元"，也可以印证工程在 2015 年 2 月之前已经实际使用。

第四，从发票开具情况看，传典公司于 2016 年 4 月 23 日将一张金额为 198 万元的发票交给瀚阳公司，一般情况下，建设工程款项的结算、发票开具均在实际竣工之后，故也可以说明，在瀚阳公司接受发票之前，工程已经实际竣工。

该案为法院通过综合所有证据认定案涉工程已经投入使用的典型案例。该案中，法院通过 4 个角度、大量证据认定发包人对案涉工程进行了"擅自使用"，可谓"铁证如山"。从该案例我们可感受到，法院对"擅自使用"的认定是综合案件全局的，任何形式的证据或证据组合都可能成为认定发包人"擅自使用"的依据。

在司法实践中，认定发包人"擅自使用"的证据形式尚有许多，此处不再一一列举。

（三）在第三人续建的情形下，推定续建前承包人施工部分质量合格，若发包人对案涉工程质量提出异议的，应当承担举证责任。因此承包人可以举证证明案涉工程已经交由第三人续建，从而使举证责任转移至发包人承担

根据最高人民法院的裁判观点及指导意见，未竣工工程，承包人撤场时，发包人应当就工程已完工部分交接验收。若未交接验收亦未固定工程质量，直接将工程交由第三人续建的，推定承包人工程已完工部分质量合格。发包人对续建前的工程质量提出异议，应当承担举证责任。若工程质量的确认需要进行鉴定，但由于已完工部分被后续工程覆盖，不具备鉴定条件的，发包人应当承担举证不能的法律后果。

因此，若发包人将未竣工工程交由第三方续建的，承包人可以收集相关证据举证证明，若被法院采纳，则推定已完工部分质量合格。即使发包人有异议，由于案涉工程已经交由第三方续建，发包人的举证责任往往难以完成，亦难以以工程质量问题为由拒付工程款项。证明第三人续建的证据亦多种多样，如发包人与案外第三人签订的施工合同、现场勘察、邮件往来、会议纪要、通话录音、聊天记录等，需要在具体案件中具体分析。

后　　记

北京市中闻律师事务所自从设立以来，就一直在追求和践行专业化，其中房地产与建设工程业务的专业化努力更是始终在路上。正因为这样才聚集了一批既精通土地、房地产开发、建设工程、PPP等法规与政策，又熟悉前述行业和法律业务的同行人，大家在执业过程中同心同向同行，团队逐步积累了处理涉及规划、用地、环境保护、投融资、建设工程、地产运营、诉讼（仲裁）等复杂项目的众多业绩和丰富经验。

众所周知，虽然改革开放以来建筑市场投入越来越大，建设规模屡创新高，但我国建筑市场仍然一定程度上存在一些尚需进一步规范的情况和为大家所诟病的乱象，这些情况和乱象所导致的不良影响最终还是会传导到建设工程质量上。

近年来，基于外部大环境的日趋严峻，同时又叠加了大型房地产开发企业爆雷、新冠疫情影响等诸多因素，房地产开发、建设工程类纠纷也是频发不断。在这样的背景下，中闻所的房地产与建设工程律师们有感于建设工程质量领域法律实务问题解决的紧迫性，有志于为更好地解决工程质量争议贡献一份力量，历时一年半时间，完成了本书。

而今，本书的撰写工作终于告一段落，自去年起国家为稳固楼市新出台的相关政策已经取得了一些初步成效，今年第一季度房地产建工行业相较去年有了明显复苏，众多经济学者和业内人士也对市场持较为乐观的态度。作为法律从业人员，同时也是房地产建工市场的积极参与者，我们始终期待这一领域的理性发展，也祈盼房地产与建工的从业者都能实现富裕、美好生活的愿景。为此，当产生工程质量纠纷时，若我们能尽一份微薄之力，为建工领域的机构和相关人员提供一部有效解决问题的实务书籍，帮助其解决实际问题，那么也就不枉我们的一番苦心和努力。

在书稿付印之际，我们要特别感谢为本书编写工作提供指导的法律出版社李沂蔚老师，是她的无私指导和悉心支持才让我们以比较高的效率完成书稿。同时我们要感谢作者团队里的桂媛媛、郭琦乐、胡浡晅、李博文、胡春霞、王子淼，还有山东师范大学2020级法学专业的单一杰、2021级法学专业的李赫岚、中国社会科学院大学2019级法律硕士专业的刘晓冉，这些小伙伴为我们完成书稿加班加点搜集部分参考资料、协助录入文稿、帮助文稿校对，并就部分内容提供了合理化建议，在书稿质量和完成效率上助力良多。

最后，我们将本书献给建工路上的同行者，若能为广大法律实务同人解决建设工程质量纠纷案件提供一些启示和参考，我们将荣幸之至。

2023年6月于北京